BARUCH DE SPINOZA · SÄMTLICHE WERKE
IN SIEBEN BÄNDEN

1

Kurze Abhandlung von Gott, dem Menschen und seinem Glück
(PhB 91)

2

Die Ethik (PhB 92)

3

Theologisch-Politischer Traktat (PhB 93)

4

Descartes' Prinzipien der Philosophie (PhB 94)

5

Abhandlung über die Verbesserung des Verstandes
Abhandlung vom Staate
(PhB 95)

6

Briefwechsel (PhB 96 a)

7

Lebensbeschreibungen und Gespräche (PhB 96 b)

BARUCH DE SPINOZA

Sämtliche Werke in sieben Bänden

In Verbindung mit Otto Baensch und Artur Buchenau
herausgegeben und mit Einleitungen, Anmerkungen
und Registern versehen von

CARL GEBHARDT

FELIX MEINER VERLAG

HAMBURG

BARUCH DE SPINOZA

Die Ethik

nach geometrischer Methode
dargestellt

Übersetzung, Anmerkungen und Register von

OTTO BAENSCH

Einleitung von

RUDOLF SCHOTTLAENDER

FELIX MEINER VERLAG
HAMBURG

PHILOSOPHISCHE BIBLIOTHEK BAND 92

1868	Übersetzt und herausgegeben von J. H. von Kirchmann
1905	Neu übersetzt und hrsg. von Otto Baensch
1910	2., durchgesehene Auflage
1949	Typographische Neugestaltung (ohne Einleitung)
1955	Erweiterung um eine Einleitung von Rudolf Schottlaender
1967	Nachdruck mit ergänztem Literaturverzeichnis
1976	Nachdruck mit erneut ergänztem Literaturverzeichnis

ISBN 3-7873-0160-7
Druck: fotokop wilhelm weihert kg, Darmstadt
Bindung: Hamburger Druckereigesellschaft
Kurt Weltzien KG
Printed in Germany

INHALT

Vorbemerkung zur Übersetzung V

Einleitung. Von Rudolf Schottlaender VII

Zur Geschichte des Werkes. Nach Otto Baensch . . XXI

Aus Spinozas „Traktat über die Verbesserung des Verstandes" XXV

Literatur XXIX

Ethik nach geometrischer Methode dargestellt . . . 1

I. Von Gott 3

II. Von der Natur und dem Ursprung der Seele . . 49

III. Von dem Ursprung und der Natur der Affekte 108

IV. Von der menschlichen Knechtschaft oder von den Kräften der Affekte 186

V. Von der Macht des Verstandes oder von der menschlichen Freiheit 262

Anmerkungen des Übersetzers 297

Namen- und Sachregister 316

VORBEMERKUNG ZUR ÜBERSETZUNG

Die vorliegende Übersetzung von Otto Baensch erschien zuerst 1905. Baensch hat zwar alle früheren deutschen Übersetzungen und auch die holländische Übersetzung von Willem Meijer und die englische Übersetzung von W. Hale White vielfach zu Rate gezogen, keine jedoch durchgängig verglichen. „Mein hauptsächliches Bestreben war darauf gerichtet, die Terminologie möglichst gleichmäßig festzuhalten, und ich habe, um dies zu erreichen, hin und wieder auf die Glätte der sprachlichen Form verzichten müssen. Mag es sonst auch richtig sein, daß sklavische Wörtlichkeit der Übersetzung den Autor oft geradezu fälscht, für Spinoza gilt das Umgekehrte. Die Worte haben bei ihm fast den Charakter mathematischer Zeichen. Es ist daher für die Übersetzung seiner Schriften und besonders für die der Ethik unbedingtes Erfordernis, dasselbe lateinische Wort, wenn es irgend geht, stets wieder durch dasselbe deutsche Wort wiederzugeben: zwischen dem Original und der Übersetzung muß ein genauer Parallelismus bestehen. Damit läßt sich freilich Eleganz der Rede nicht immer vereinigen. Da die Ethik aber ohnehin nicht zu den Büchern gehört, die man fließend lesen kann, so fällt dieser unvermeidliche Mangel nicht so schwer ins Gewicht; auch glaube ich kaum, daß die Übersetzung über den Sinn irgendeiner Stelle Zweifel erweckt. Zur Orientierung für den Leser habe ich im Register den deutschen Ausdrücken überall die lateinischen des Originals beigefügt."
Die Baenschsche Übersetzung erschien 1910 in zweiter verbesserter Auflage, bei der zahlreiche neue, hauptsächlich philologisch-kritische Ergebnisse im Text berücksichtigt sind und in den Anmerkungen darüber Rechenschaft abgelegt wurde. Die Einheitlichkeit der Terminologie wurde noch um einiges strenger durchgeführt als das erste Mal. Trotzdem konnte auch die Glätte der Form noch verbessert werden. —
Die Übersetzung von Otto Baensch wurde 1920 für die auf 150 Abzüge beschränkte zweifarbige Monumentalausgabe der Ernst-Ludwig-Presse in Darmstadt, die von Ch. H. Kleukens gestaltet und durch Karl Simon zu Ende geführt war, verwendet.

Der Übersetzung von Baensch lag die lateinische Ausgabe von van Vloten und Land in der zweiten Auflage (Hagae 1895) zugrunde. Abweichungen vom Text wurden in den Anmerkungen begründet, dabei auch Übersetzung einzelner Stellen und einige Termini, über die in den gangbaren Lehrbüchern der Geschichte der Philosophie keine genügende Aufklärung zu finden war, gerechtfertigt.
Inzwischen erschien 1925 die neue und fortan maßgebend gebliebene, im Auftrag der Heidelberger Akademie der Wissenschaften von Carl Gebhardt herausgegebene, textkritische lateinische Ausgabe. Sie zeigt, daß Gebhardt in wesentlichen Punkten den Ansichten von Baensch gefolgt ist. Deshalb konnten bei der typographischen Neugestaltung des Werkes im Jahre 1949 zahlreiche Anmerkungen Baensch's zu seiner Übersetzung fortgelassen werden. Jedoch wurden diejenigen Anmerkungen stehengelassen, in denen eine von Gebhardt abweichende Ansicht Baensch's ihre Begründung fand.

EINLEITUNG

Von Rudolf Schottlaender

Mathematische Sachverhalte haben von jeher die erwünschte Symbolik hergegeben, mit der ein Denker das ihm vorschwebende metaphysische Grundverhältnis zu verdeutlichen suchte. Die Transzendenz der „Idee" hatte Platon erläutert durch das Hinaussein des Einen „reinen" (d. h.: in seiner restlosen Definitionsgemäßheit nur denkbaren, nicht sichtbaren) Kreises über die vielen auch bei größter relativer Reinheit immer noch unreinen Kreise, wie sie in den Kreisgestalten realer Gebilde oder konstruierter Zeichnungen vorkommen[1]). Die Immanenz Gottes erläutert Spinoza an dem Ineinandersein der *Natur* des Dreiecks und seiner lehrsatzmäßig aussagbaren *Eigenschaften*, beispielsweise der Eigenschaft, daß die Summe der Dreieckswinkel gleich zwei Rechten ist, welcher Sachverhalt, ob nun entfaltet oder unentfaltet, in der Dreieckswesenheit ebenso enthalten ist wie sie in ihm (22/23). Dieses Ineinandersein der begründenden Wesenheit und der eigenschaftlichen Folgen ist „Immanenz" in dem prägnanten Sinne des Wortes bei Spinoza; man könnte es mit Meister Eckharts Verdeutschung das „Inwesendsein" nennen. Solche Immanenz ist unvergleichlich viel inniger als etwa das — ebenfalls gewöhnlich „pantheistisch" genannte — Einwohnen einer göttlichen Weltseele in einem Weltleibe. Denn in der Vorstellung der immanenten Weltseele liegt immer noch das Un- oder Mindergöttliche der zu beseelenden Weltmaterie. Der spinozistische Pantheismus statuiert daher aus einem bis dahin unerhörten Ernstnehmen des Immanenzgedankens heraus die Gleichgöttlichkeit des Materiellen und des Seelenhaften, wie sie in dem Lehrstück von den beiden Attributen der Einen Substanz: Bewußtsein und Ausdehnung, ihren Ausdruck findet. Diese Verkörperlichung Gottes ist das, was die spiritualistischen Religionen durch den Mund ihrer Theologen stets als „Atheismus" verdammt haben. Da Spinoza andererseits an dem Inwesendsein Gottes in jeglicher „Idee" —

[1]) Siebenter Brief p. 342/43.

ein Wort, das bei ihm nichts weiter bedeutet als „Bewußtwerdung“ — mit dem gleichen Nachdruck festhält, ist er für die Rechtfertigung eines rein materialistischen Atheismus' ebensowenig als Anwalt zu brauchen. In den körperlichen Erleidnissen ist ebenso wie in ihren Bewußtwerdungen Gott als Allgrund inwesend[2]) und wirksam.

Die Strenge, mit der der Begriff der Immanenz als der eines Inwesendseins — keines bloßen „Drinsteckens“ — gefaßt wird, hat zur Folge, daß die Lehre von der *Natur* bei Spinoza eine Zuspitzung erfährt, wie sie die antiken und nachantiken Doktrinen von physis und natura nicht entfernt hatten ahnen lassen. Es ist ihm nicht mehr möglich, die Natur als „Künstlerin“ aufzufassen. Zwar sieht auch *Aristoteles* den Unterschied zwischen menschlicher „techne“ und naturhafter Wirkensvollkommenheit darin, daß der „Technit“ von außen auf den Stoff einwirkt, die „physis“ aber von innen her[3]) den, ob größten oder kleinsten, Stoff gestaltet und daher nichts an ihm undurchdrungen, unbewältigt läßt. Aber die Dualität der gestaltenden Kraft und des zu gestaltenden Stoffes bleibt erhalten und mit ihr denknotwendig die Konzeption eines Stoffes, der jeweils zu Beginn eines Prozesses unvollkommen wäre und erst im Verlauf einer längeren oder kürzeren Zeit zu seiner je besonderen Vollkommenheit gebracht würde. Diese vom Gedanken des Künstlertums unabtrennbare zeitweilige Unvollkomenheit verschwindet, sobald wir uns radikal lösen von dem Gedanken an ein zu erreichendes Ziel. Es ist viel zu wenig gesagt, wenn man feststellt, daß Spinoza, dem Zuge seines Jahrhunderts folgend, den Typus der mechanischen Naturnotwendigkeit zum allbeherrschenden und allverbindlichen ausgeprägt habe. Mag immerhin insofern seine Philosophie eine „Ausgeburt der Zeit“[4]) sein, so ist sie doch in noch viel höherem Grade eine Frucht des Bestrebens, die Idee der absoluten Vollkommenheit auch noch von der allerletzten strukturellen Unvollkommenheit zu befreien, die selbst der unfehl-

[2]) In der Übersetzung: „inbleibend“.

[3]) Metaphysik p. 1070 a 2. Nikomachische Ethik p. 1140 a 13 ff.

[4]) Mit dem Ausdruck von Francis Bacon, vgl. die Widmung vor seinem Hauptwerk.

baren Meisterschaft noch anhaftet, weil sie „Wege“ zum Ziel braucht. Hieran zu erinnern, erscheint um so mehr angebracht, als die Leugnung der Teleologie der Natur auch ganz andere Beweggründe und Konsequenzen haben kann. *Nicolai Hartmann* in seiner methodischen Destruktion des „Teleologischen Denkens“ sieht in der Vorstellung von zielstrebig und zweckmäßig wirkenden Naturkräften eine Herabwürdigung nicht der Natur, sondern des Menschen: ihm allein sei es vorbehalten, durch sein Zweckdenken die Welt zu beherrschen; wer daher der Natur eine mit menschlicher Planmäßigkeit vergleichbare Finalität beilege, verringere den Abstand und beraube den menschlichen Geist seines unbedingten Vorrangs.[5]) Dagegen hat Goethe ganz im Sinne Spinozas und mit vollbewußter Dankbarkeit gegen ihn eine relative Schwäche des Menschen in dem Planenmüssen und -wollen gesehen. Nichts anderes besagen seine Verse:

„Der Philosoph, dem ich zumeist vertraue,
Lehrt, wo nicht gegen alle, doch die meisten,
Daß unbewußt wir stets das Beste leisten.“[6])

Hier bedeutet „unbewußt“ soviel wie: ungeplant, ungezielt; das erkennt man deutlich aus der Rechenschaft, die er von seinem Verhältnis zu Spinoza am Anfang des 4. Teils von „Dichtung und Wahrheit“ gibt: der wichtigste Punkt ihrer Übereinstimmung und zugleich das Beglückendste an der Lektüre sei die Rechtfertigung und Verherrlichung einer schlechthin planfremden und doch gesetzmäßigen Wirkensnotwendigkeit gewesen; daher sein gutes Gewissen, das ihm „innewohnende Talent ganz als Natur zu betrachten“, wovon das charakteristische Merkmal sei, daß seine „Dichtergabe ... am freudigsten und reichlichsten unwillkürlich, ja wider Willen hervortrat“.[7])

Spinoza selbst hat deutlich erkannt, daß er sich mit der Ausmerzung der finalen Vollkommenheitsweise aus dem Gottesgedanken die Pflicht auferlegt, auf andere Art die Unter-

---

[5]) Teleologisches Denken, Berlin 1951, S. 80 f.

[6]) WW. Jub.-Ausg. 4, 113.

[7]) 25,9. Vgl. An Zelter, 29. Januar 1830 (Weimarer Ausg. IV, 46, S. 223).

scheidung von Graden der Vollkommenheit begreiflich zu machen, eine Unterscheidung, ohne die der Begriff der Vollkommenheit ja jeden Sinn verlieren würde. Wenn es nicht die größere oder geringere Annäherung an ein Ziel ist, die uns einen Zustand als mehr oder minder vollkommen bezeichnen läßt, so bleibt nur übrig, daß „Vollkommenheitsgrad“ lediglich ein anderer Name für „Wirklichkeitsgrad“ sein darf. Was aber heißt „Wirklichkeitsgrad“? Was soll man unter der superlativischen Identifizierung Gottes mit dem „ens realissimum“ verstehen? Spinoza führt hier den Begriff des „Betätigungsvermögens“ (agendi potentia) ein.[8]) Was mit „Sichbetätigen“ (agere) gemeint sei, erläutert er so: ein Geschehen in oder außer uns möge unsere „Betätigung“ dann heißen, wenn es aus unserer Natur derart folgt, daß es „durch sie allein klar und deutlich verstanden werden kann“ (110).

Wodurch unterscheidet sich demnach eine seelische Betätigung von einem seelischen Erleidnis? —: dadurch, daß die Bewußtwerdungen entweder den je besonderen Affektionen, denen sie parallel laufen, als partikulären physischen Geschehnissen verhaftet bleiben und insofern bloße Erleidnisse sind, oder aber daß sie „adäquat“ werden, indem sie das je Einzelne, von dem sie Bewußtwerdung sind, „per Deum“, d. h. auf dem Wege über Gott, im Lichte eines zeitlos notwendigen Resultierens aus Gott, erfassen. Nehmen wir zur Erläuterung den Unterschied zwischen Schmerzgefühl und Schmerzverständnis! Setzt man mit Spinoza die Wesenheit der Seele in das Sichbewußtwerden, so kann irgendein Schmerzgefühl in ihr, obzwar bewußtwerdend, doch nicht ausschließlich aus dem Sichbewußtwerden verstanden werden, sondern bedarf zu seiner Erklärung noch der Einsicht in den körperlichen Zustand und seine Verursachung; das Schmerzgefühl ist also ein seelisches Erleidnis, die Bewußtwerdung selbst ist von diesem Gefühl nur Teilursache, nicht Vollursache (= „adäquate Ursache“). Dagegen das völlige Begreifen und Erklären des Schmerzes, zum Unterschied davon, daß man ihn bloß fühlt, wäre ausschließlich auf

[8]) „Wirkungskraft“, wie die Übersetzung sagt, läßt mehr an einen zu beeinflussenden Gegenstand als an den Gegensatz zum „Erleidnis“ (passio) denken.

das „klare und deutliche" Bewußtsein zurückzuführen, und somit wäre die dergestalt begreifende Seele die „adäquate Ursache" des Schmerzverständnisses, mithin eben dieses Verständnis ihre „Betätigung" (actio). Je „tätiger" in diesem Sinne etwas ist, desto „wirklicher", und je wirklicher, desto „vollkommener" ist es, denn Tätigkeit, Wirklichkeit, Vollkommenheit sind Wechselbegriffe. Wir sehen also, daß das Prädikat der „Vollkommenheit" funktional abhängig ist von dem Sichfügen der Dinge in eine bestimmte, durch ergründendes Erfassen des Einfachsten ausgezeichnete Bewußtseinsweise. Und dieses Erfassen ist zugleich der Weg der Selbstheilung, denn ein in dieser Weise recht eigentlich ergründeter eigener Affekt verwandelt sich aus einem Erleidnis in eine Betätigung, aus einem bloßen Bewußtseinszustand in einen Bewußtseinsakt (267). Jeder Zuwachs an solcher Betätigung bedeutet zugleich ein Mehr an Freude, und Freude, die um ihren Ursprung weiß, ist nichts anderes als Liebe zu diesem Ursprung. So kann denn von einer „geistigen (genauer: intellektuellen) Liebe zu Gott" nur unter der Voraussetzung die Rede sein, daß die durchgeführten Bewußtwerdungen (d. h. „klaren und deutlichen Ideen") unserer wechselnden physischen Zustände immer wieder Ihn — den auch „natura naturans" Genannten (32) — als inwesenden Grund entdecken müssen. Handelt nun Spinoza, da er ja eine Ethik schreibt, vornehmlich von den Affekten, in denen es der Mensch unmittelbar mit sich selber zu tun hat, so gilt doch das gleiche von den uns durch unseren Körper vermittelten Erscheinungen der gesamten Außenwelt. Wenn daher Goethe in Italien einmal von den edelsten Werken antiker Plastik eben wegen ihres Höchstnatürlichseins aussagt „Da ist die Notwendigkeit, da ist Gott"[9], so ist das in der Tat der reinste Spinozismus. Denn es ist eben in der Hinwendung zu solcher Notwendigkeit der Gipfel des Glücks erreicht, auf den Spinoza seinen Leser führen will.

So sehr dies aber an dem besonderen Fall, den Goethe beschreibt, einleuchtend werden mag, so wenig eindeutig scheint doch, den bisherigen Auslegern zufolge[10]), der spinozistische

---

[9]) 27, 108. [10]) Vgl. Überweg, Grundriß der Geschichte der Philosophie III[13], 289 f.

Begriff des vollkommensten geistigen Verhaltens zu sein. Die intellektuelle Betätigungsweise, die damit gemeint ist, heißt eine „intuitive“[11]). Hierin liegt von vornherein, daß die Intuition nicht etwa, wie bei Bergson, dem Intellekt entgegengesetzt wird. Und doch wird sie als „dritte“, suprarationale Erkenntnisgattung von der „ratio“ als der „zweiten“ unterschieden, mit ihr gemeinsam allerdings von der „imaginativen“ (überhaupt: sinnlich-empirischen) „ersten“ abgehoben. Spinoza sagt selbst, daß der ganze erste Teil seiner Ethik, der von Gott handelt, dem Leser, auch wenn er ihn vollständig begriffen habe, nur erst rationales, nicht aber schon intuitives Wissen verschaffe, denn es handle sich da durchweg um allgemeine Erkenntnis und noch nicht um Erkenntnis der Einzeldinge (290). Sinngemäß läßt sich das gleiche von dem ganzen Werk sagen, in welchem ja durchgängig rational bewiesen wird. Also wäre das Buch bloß — um Fichtes späteren Ausdruck zu borgen — eine „Anweisung“ zum seligen Leben? Offenbar ist dies die Meinung, und der Verfasser scheint zuversichtlich zu sein, denn er versichert uns, daß wir, „da alles in Gott ist und durch Gott begriffen wird, aus dieser Erkenntnis sehr viele adäquate Erkenntnisse ableiten und so jene dritte Erkenntnisgattung bilden können“ (96). Das unscheinbare Beispiel aus der Arithmetik, an dem die Struktur der Intuition verdeutlicht wird (90), zeigt zunächst nur, wie ein an und für sich beweisbarer Sachverhalt auch ohne den Umweg des Beweises eingesehen werden kann. Das schließt nicht aus, daß die Methodik des Beweisens dennoch Vorschule der Intuition sein könnte; und in diesem Sinne will Spinoza offenbar sein eigenes, geometrisches Verfahren aufgefaßt wissen: von einem Übergang von der zweiten zur dritten Erkenntnisgattung ist ja unzweideutig die Rede (284). Aus jenem Beispiel arithmetischer Intuition bleibt für die

[11]) In der Übersetzung: „anschauende“. Von der Stelle (90), an der Spinoza diesen Begriff einführt, sagt Goethe in einem Brief an Jacobi vom 5. Mai 1786: „Wenn du sagst, man könne an Gott nur glauben . . . , so sage ich dir, ich halte viel aufs Schauen, und wenn Spinoza von der Scientia intuitiva spricht . . . , so geben mir diese wenigen Worte Mut, mein ganzes Leben der Betrachtung der Dinge zu widmen, die ich reichen und von deren essentia formali ich mir eine adaequate Idee zu bilden hoffen kann . . .“.

Analogie zur philosophischen noch der Fingerzeig übrig, daß die intuitive Erkenntnis hier wie dort eine unvergleichliche Vereinfachung zustande bringt. Wie dort an den einfachsten Zahlen die Intuition sich vollzieht, so leistet sie hier den Rückgang auf das Wesen der Seele und des Leibes, genauer: des Bewußtseins und der Ausdehnung als der einzig erkennbaren — uns Menschen erkennbaren — „Attribute“ Gottes und zugleich den Hinabgang von dort zu der Erkenntnis des So-seinmüssen der je einzelnen materiellen Prozesse und seelischen Vorgänge.

Damit verglichen, erreicht das Wissen der ersten, empirischen, aber auch noch das der zweiten, rationalen Erkenntnisgattung seinen Gegenstand in relativ äußerlicher Weise. Das Objekt kommt den Sinnen von ungefähr in den Weg. Der Verstand gewinnt abstrakte Lehrsätze, die konkreten Fälle aber liegen für ihn gewissermaßen draußen. Der intuitiv erkennende Intellekt dagegen verweilt ebensosehr *bei* dem j e b e s o n d e r e n Geschehen, wie er zugleich *in* der W e s e n s tiefe weilt, aus der dieses und alles andere Geschehen mit begreifbarer Notwendigkeit hervorgeht. Eine Anweisung, zumindest alle seelischen „Erleidnisse“ — dies scheint mir für „passio“[12]) das wenigst mißverständliche Äquivalent — unbeschadet ihrer reichen Mannigfaltigkeit aus dem einfachsten Wesen der Seele und des Leibes abzuleiten, stellt der ganze III. Teil „Von dem Ursprung und der Natur der Affekte“ dar. Wenn wir uns diese rationale Anweisung befolgt, zu Intuitionen fortgebildet denken, so mündet das Verfahren aus in Analysen und Rekompositionen der verwickeltsten Motivkomplexe, eigener wie verstandener fremder, wie sie auch dem Historiker, dem Psychologen, ja dem Dichter höchst dienlich sein können. Solche Gesetzestransparenz im Konkreten meint Spinoza mit dem Wort „im Lichte der Ewigkeit“[13]). Ewigkeit unterscheidet er scharf von bloßer unbegrenzter Dauer, es schwebt ihm als Muster die Zeitlosigkeit vor, mit der mathematische Sachver-

---

[12]) In der Übersetzung: „Leidenschaft“.

[13]) Nur so und nicht mit „Art“ (Baensch) oder „Gesichtspunkt“ (J. Stern) scheint mir das schwierige „(sub) specie (aeternitatis)“ einigermaßen getroffen.

halte in der Natur ihres zugrundeliegenden Prinzips (z. B. der Dreieckswesenheit) gründen. Die intuitive Erkenntnis, in der es dem Geiste gelingt, solcher Immanenz begreifend und zugleich anschauend innezuwerden, ist ein dem Einzelding Immanentwerden, der Nachvollzug einer ansichseienden — von Spinoza „formal" (im Sinne der Scholastiker) genannten — Wirkensnotwendigkeit. Wenn nun *Goethe* gleich nach den Versen, in denen er sein Bekenntnis zu Spinoza am deutlichsten ausspricht, das Immanentsein Gottes in die Worte faßt: „Natur in sich, sich in Natur zu hegen", so darf man sich wohl durch das unmittelbar anschließende Gedicht dazu anregen lassen — schon zur Abwehr der immer wiederkehrenden Kennzeichnung Spinozas als eines „Atheisten", die gleich töricht ist, ob sie nun von Gottgläubigen im tadelnden oder von Gottesleugnern im lobenden Sinne gemeint wird —, auf diesen immanenten Gott einmal das Kriterium anzuwenden:

„Daß jeglicher das Beste, was er kennt,
Er Gott, ja, seinen Gott benennt".[14])

Das Beste, was Spinoza kennt, ist die intuitive Erkenntnis. Der so Erkennende wird den Einzeldingen immanent. Solches Immanentsein, dem Menschen nur selten gelingend und daher zwar das für ihn Beste, aber doch nicht das erdenklich Beste überhaupt, wird dem Denker zum schlechthin Allerbesten, wenn er es von den Bedingungen der menschlichen Endlichkeit loslöst, es ins Absolute erhebt; und dann nennt er es „Gott". Spinoza nannte es nicht „seinen", sondern „den" Gott, und so haben andere, die „ihren", von anderem Besten aus erreichten Gott als „den" Gott anerkannt sehen wollten, ihn einen als Pantheist verkleideten Atheisten genannt. In dem Maße, wie es gelingt, die Vereinbarkeit des „Besten, was er (Spinoza) kennt", mit dem, was andere als ihr Bestes kennen, nachzuweisen, wird auch das hier und dort „Gott" Genannte als verträglich erscheinen. — Hiermit berühren wir die Frage nach dem religionsgeschichtlichen Aspekt dieser Metaphysik. Spinoza ist in der Geschichte des nachantiken Judentums der erste bedeutende Geist, der aufhört, Jude zu sein, ohne zugleich

[14]) 4,3 f.

Christ zu werden. Die Amsterdamer jüdische Gemeinde hat ihn für seine Abtrünnigkeit mit dem „Großen Bann" gestraft, einer Verfluchungsformel, die an Schärfe nicht übertroffen werden kann. Als er 14 Jahre später (1670) seinen „Theologisch-politischen Traktat" veröffentlichte, zog er sich auch die Feindschaft der calvinistischen Orthodoxie in den Niederlanden zu. Sein Name ist von da an für nahezu ein Jahrhundert zum Inbegriff der abscheulichsten atheistischen Verirrung geworden. (Mit einem aus Grauen und Bewunderung gemischten Gefühl spricht sein zuverlässigster zeitgenössischer Biograph, der deutsche Prediger *Colerus*, von ihm.) Daß ein solcher Mann als Gottesleugner galt, muß zunächst überraschen, denn in keinem Werk eines Philosophen wird Gott so an den Anfang und ans Ende gestellt, so über alle Maßen erhöht wie in Spinozas „Ethik". Es erhebt sich die Frage, ob darin wirklich, wie die zeitgenössischen Gegner glaubten, nichts als versteckter Mißbrauch von Gottes Namen liege oder aber eine Art von Frömmigkeit, die anders und vielleicht tiefer sein könnte als diejenige von Denkern, die neben ihrer Philosophie noch Christen oder Juden geblieben waren. Jedenfalls ist Spinoza keineswegs ein bloßer „Freigeist", der sich nur deswegen von allen religiösen Gemeinschaften losgesagt hätte, weil ihm Bindungen irgendwelcher Art unbequem geworden wären. Die Ursache seiner Entfernung von allen bestehenden Religionen ist viel ernsterer Art, so ernst, daß man sie wohl bezeichnen darf als ein Verfolgen ältester israelitischer Denkmotive bis in Konsequenzen von so extremer Strenge, daß weder jüdische noch christliche Gläubigkeit ihm dahin zu folgen bereit sein konnte.

Es sind zwei Grundzüge des alttestamentarischen Judentums, die sich, zwar kaum für den gläubigen Theologen, wohl aber für den Betrachter geistesgeschichtlicher Zusammenhänge in Spinozas System der Philosophie wiedererkennen lassen: die *Unvergleichlichkeit Gottes* und die *Gesetzesfreude des Menschen.* Gott in Menschengestalt abzubilden galt deswegen als Götzendienst, weil er so zu einem mit Menschen immerhin vergleichbaren Übermenschen herabgesetzt wurde, den man, wo nicht physisch anzugreifen, so doch magisch zu überwältigen oder zu überlisten versucht sein konnte. Aber Jahve behielt doch menschliche Gefühle wie Zorn und Erbarmen, menschlichen Schöpfungswillen, menschliche Vorstellungen von Zeit und Gericht. Diese Inkonsequenz ist in Spinozas System getilgt. Wer diesen „Deus sive Natura“ liebt, kann nicht erwarten, daß er ihn wiederliebt, denn Ihm sind alle Affekte fremd (277f). Gott wirkt auch nicht als „übergehende Ursache“ (24: causa transiens mit dem scholastischen Ausdruck), d. h. nicht als ein Wesen, dessen Einfluß auf den Stoff „übergängig“, wie es der Begriff der Kreatur verlangt, wirken könnte; auch das wäre noch Analogie zu menschlichem Kunstschaffen. Man versteht, daß Spinoza, seinen der tiefsten Vertrautheit mit der hebräischen Überlieferung verdankten Denkantrieben folgend, die kausalgesetzliche Allnotwendigkeit, der kein Rest von Zweck und Gefühl mehr ankleben sollte, nicht als mechanistische Entseelung, sondern als höchste Bewahrheitung der Erhabenheit ansehen mußte: nun erst ist etwas *schlechthin* Unvergleichliches konzipiert, und er fühlt sich im vollsten Recht, es „Gott“ zu nennen. Vom Menschen aus gesehen bedeutet dies ein äußerstes Zunichtewerden des Endlichen, welches nun absolut ungleich dem Unendlichen ist, andererseits ein neues Hochgefühl. „Gesetzesfreude“, Inbegriff alles frommen Stolzes im Judentum und zugleich der Name eines jüdischen Festes, ist eine durchaus angemessene Umschreibung des amor intellectualis Dei. Nur stammt der Inhalt des Gesetzes nicht mehr aus der oft unbegreiflichen Kür des Jahve der Thora, ist überhaupt nicht Satzung, sondern Naturgesetz, gegen das keine Versündigung möglich, weil es unentrinnbar ist, dessen begreifende Erfassung aber ebensowohl gedankenlos versäumt wie freudig vollzogen werden kann. In dieser Richtung hatte freilich das Christentum die mosaische Gesetzesreligion nicht entwickeln wollen; das Gesetz wird dort vielmehr relativiert, der Werkgehorsam der Gnade, die Gerechtigkeit der Liebe untergeordnet. Dieser Absolutheitsverlust der menschlichen Gesetzesfreude geht einher mit dem Abbau der radikalen göttlichen Unvergleichbarkeit: der Gottmensch als Mittler tritt hinzu. Aber von Gott dem Vater ebenso weit ab wie von Gott dem Herrn steht, unvereinbar mit verzeihender

Liebe und strafender Gerechtigkeit, der Gott Spinozas. — Wir sahen allerdings, daß auch diese „Gottnatur" noch einem Besten entspricht, das der Mensch *kennt,* indem sie den Dingen als existierenden in analoger Weise absolut immanent ist wie die intuitive Erkenntnis den Dingen als begriffenen. Diese Analogie rechtfertigt es, daß wir sagen: Spinoza hat uns das religiöse Moment offenbart, das im Vollzuge des wissenschaftlichen Betrachtens eo ipso mitgegeben ist, nicht etwa erst an den Grenzen des Erforschlichen als ein Glaube an das jenseits dieser Grenzen Geahnte hinzukommt. Darin liegt zugleich die Beschränkung, daß Spinozas „Ethik" für Menschen ohne ein inneres Verhältnis zum Geiste der Kontemplation überhaupt kein Interesse und für ein Philosophieren ohne die grundsätzliche Anerkennung des Wissenschaftscharakters der Philosophie nur noch historisches Interesse haben kann.

Es bliebe noch zu fragen, was dieses „Ethik" genannte System, das sich ja darbietet als eine durchgeführte Metaphysik mit ethischer Spitze, denn doch für die Ethik im engeren Wortsinne, dem es doch nicht umsonst seinen Namen verdankt, hergeben mag. Zu seiner ethisch vor allem bedeutsamen Unterscheidung von „Freiheit" und „Knechtschaft" kommt Spinoza durch einen Kunstgriff, der darin besteht, daß er „Betätigung" und Freisein, „Erleidnis" und Unfreiheit definitorisch gleichsetzt. Freisein heißt ihm also nicht etwa Unverursachtsein — insofern wäre ihm Freiheit ein Ungedanke, denn alles läßt er aus Gott naturnotwendig folgen, auch die Zustände unserer Seele. Man kann von diesem Freiheitsbegriff nur sagen, daß er den Willen gar nicht erreicht, da er nur das Denken betrifft. Spinoza allerdings bestreitet von vornherein, daß der Wille etwas anderes sei als der Intellekt. Diese Identifizierung beider beweist er keineswegs, ja, er versucht es nicht einmal, sondern dekretiert nur, daß er unter dem „Willen" das „Vermögen" verstehe, „kraft dessen die Seele, was wahr oder falsch ist, bejaht oder verneint, und nicht die Begierde, kraft deren die Seele Dinge erstrebt oder verabscheut" (98). Er sieht also nicht oder ignoriert, daß das willentliche Wählen etwas wesentlich anderes ist als das intellektuelle Fürwahrhalten, und daß andererseits das verwerfende Nichtwählen keineswegs zusammenfällt mit dem Verabscheuen, man vielmehr auch das Heißbegehrte sich versagen kann. Die Identifizierung des Willens mit dem Intellekt resultiert zwar daraus, daß Spinoza das Wesen der Seele auf die Bewußtwerdung reduziert — weswegen er ja auch stets „mens" und nicht „animus" (oder „anima") für Seele" sagt! —; aber diese Anerkennung einer inneren Konsequenz im System nötigt uns zugleich zu der Feststellung, daß eine derart eingeschränkte Anthropologie wohl über die Geistesfreiheit, nicht aber über die Willensfreiheit Entscheidendes sagen kann. Es ist also mehr der Intellektualismus als der Determinismus, der hier der Erörterung des Freiheitsproblems unübersteigliche Schranken setzt. — Im übrigen finden sich fast von allen bedeutenden ethischen Doktrinen Spuren bei Spinoza, und doch kann man nicht sagen, daß diese Vielseitigkeit aus einer im schlechten Sinne eklektischen Willkür käme. Am meisten Anregung verdankt er dem *Descartes*, insbesondere dessen letzter Schrift „Les Passions de l'Âme" (263 ff). Dort ist bereits das Bestreben leitend, die Moralphilosophie ganz und gar auf ein psychologisches Fundament zu gründen. Der Unterschied ist im wesentlichen der, daß Descartes ganz unbefangen empirisch vorgeht und so zu einer nur locker geordneten Vielzahl von Affekten kommt, während Spinoza eine systematische Deduktion versucht, die, von den „drei ursprünglichen Affekten: Begierde, Freude, Trauer" (163) ausgehend, in ihrem Verlauf den Anschein einer streng logischen Folgerichtigkeit und daraus resultierenden völligen Unabhängigkeit von empirischen Bestätigungen erweckt. — Zeitlich noch näher steht ihm *Hobbes*, der, obschon älter als Descartes, doch erst etwas später zur vollen Wirkung kam. In die Augen fällt die übereinstimmende Ansetzung des Selbsterhaltungstriebs als des einfachsten Prinzips der Moral (118, 190, 208)[15]. Besonders die Ableitung der staatlichen Ordnung und Strafgerichtsbarkeit aus der im Eigeninteresse jedes Einzelnen liegenden Bändigung des ungehemmten Triebs (222) ist ganz im Geiste von Hobbes gehalten. — Ein sehr viel älterer Gedanke ist es aber, daß unser

[15]) Vgl. Phil. Bibl. Bd. 158, S. 26.

eigentliches Selbst, das es zu „erhalten" gelte, der leidenschaftslos sich betätigende Geist sei (209); geht doch die Lehre von dem Nus als dem Kern des Individuums auf *Aristoteles*[16]) zurück. — Noch älter ist die Auszeichnung der Erkenntnisfreuden vor den anderen Lustgefühlen dergestalt, daß sie, unbeschadet der aller Lust eigenen unbestimmbaren Steigerungsfähigkeit, an Reinheit und Beständigkeit überlegen seien; eine Auffassung, die *Platon* im „Philebos"[17]) vorträgt. — *Stoisch* wirkt an der Affektenlehre Spinozas schon die selbstgestellte Aufgabe: der Leidenschaften Herr zu werden, weiterhin aber auch der strenge Determinismus mit dem Resultat der erhaben gleichmütigen Ergebung in die erkannte Notwendigkeit. — Mehr dem *Epikur* als der Stoa ähnlich sieht die generelle Behauptung, daß die „Trauer", womit jede Art von Unlustgefühl gemeint ist, an sich schlecht sei; die Stoiker haben den Schmerz nur für etwas „Indifferentes" und einzig das Laster für ein „Übel" gehalten. — Nach dieser Übersicht könnte man, so wie Goethe mit Bezug auf sich selbst, wohl fragen: „Was ist denn an dem ganzen Wicht Original zu nennen?"[18]) Auf diese nicht gerade Antwort heischende Frage scheint, was Spinozas Ethik angeht, eine Antwort dennoch möglich: der Grundgedanke, aus dem alle jene mannigfachen Ähnlichkeiten mit den verschiedensten Vorgängern entspringen, ist enthalten in der, auch gegenüber seinem unmittelbaren Vorläufer *Geulincx*[19]) durchaus neuartigen Leitidee, daß *ineins mit der methodischen Selbsterkenntnis eo ipso die stellvertretende Allerkenntnis gewonnen werde.* Nirgends sonst nämlich findet es sich, daß der einzelne Mensch, nicht nur alleingelassen mit sich, sondern sogar ausschließlich beschäftigt mit der Ergründung seines eige-

---

[16]) Nikomachische Ethik p. 1168b 35 und 1178a 2 ff.

[17]) 63 E. 66 C.

[18]) 4,99.

[19]) Der Flame Arnold G e u l i n c x hatte in seiner 1665 erschienenen „Ethica" (deutsch von Georg Schmitz im Richard Meiner Verlag, Hamburg 1948) zwar schon im Titel die Selbsterkenntnis als den Königsweg der Ethik gefordert (vgl. hierzu: Kuno Fischer, Spinoza[6], Heidelberg 1946, S. 33), war aber in seiner Tugendlehre nicht zu der tätigen Freude der Naturerkenntnis, sondern lediglich zu der Demut der Weltentsagung und Unterwerfung unter Gottes Willen gekommen.

nen sowohl seelischen als auch leiblichen Lebens, prinzipiell imstande sei, eben an diesen innerpersönlichen „Einzeldingen" die Gesetze der großen, der unendlichen Welt erkennen zu lernen. Für die Stoiker war im Menschen nur der Geist ein Funke des vernünftigen Allfeuers, den Leib kennzeichnen sie oft mit den herbsten Ausdrücken[20]. Und das Erstaunliche ist, daß diese Einstellung Spinozas, die man beim ersten Kenntnisnehmen als „introvertiert" abzuwerten geneigt sein könnte, in bestbegründeter Harmonie mit jeder noch so „extravertierten" Naturforschung steht; ja, sie ist überhaupt entstanden aus der Überzeugung von der universellen Übertragbarkeit der dort erprobten exakten Methodik. Es ist eine Ethik für solche wissenschaftlich denkenden Menschen, die ihre eigene Person ebensosehr zum Objekt der Kontemplation zu machen bereit und bestrebt sind wie jedes sonstige Gebiet, auf dem sie sich forschend bewegen.

20) Besonders Epiktet in seinen „Diatriben".

ZUR GESCHICHTE DES WERKES

Nach O. Baensch

Die Ethik ist Spinozas Lebenswerk. Solange wir ihn literarisch tätig wissen, hat er daran gearbeitet.

Die früheste seiner uns erhaltenen Schriften, der in einer holländischen Übersetzung auf uns gekommene, etwa 1660 vollendete „Kurze Traktat von Gott, dem Menschen und dessen Glückseligkeit“, ist nichts anderes als ein noch unreifer Entwurf dazu. Wir finden darin denselben Grundriß und dieselben metaphysischen Hauptgedanken wie in der späteren „großen Ethik“. Ja, die Beweisführungen besonders des ersten Teiles haben teilweise schon eine Gestalt, die den Formen der geometrischen Darstellung ziemlich nahekommt. Andrerseits jedoch erscheint Spinozas Denken hier noch sehr unfertig; in dem zweiten ethischen Teil zeigt er sich durchaus abhängig von Descartes, aber auch die schon völlig selbständige Metaphysik ist nicht in ihre letzte Konsequenz hinein durchgeführt.

Wie sich aus diesem Erstlingswerk nach und nach der geschlossene Bau der Ethik entwickelt hat, darüber sind wir nur sehr schlecht unterrichtet. Insbesondere ist die Entstehung der neuen Affektenlehre für uns fast gänzlich in Dunkel gehüllt. Dagegen können wir über die weitere Ausgestaltung der Metaphysik ein wenig mehr sagen.

Den nächsten Fortschritt über die Aufstellungen des Kurzen Traktats hinaus bringt der erste Anhang zu diesem. Hier hat Spinoza zum erstenmal den Versuch gemacht, seine Beweisführung in die Form der geometrischen Methode zu kleiden. Mit Hilfe von 7 Grundsätzen beweist er in 4 Lehrsätzen und einem Folgesatz den wesentlichen Inhalt des zweiten Kapitels des Traktates, worin die metaphysischen Hauptbegriffe erörtert worden waren. Aber auch sachlich unterscheidet sich der Anhang von dem Traktat selbst, indem nunmehr, wie in der Ethik, den Attributen die notwendige Existenz zugeschrieben wird.

In der Formulierung und daher wohl auch zeitlich sehr nahe steht dem Anhang die Beilage eines Briefes an Oldenburg vom September 1661, die uns zwar selbst nicht erhalten ist, sich aber aus den Verhandlungen über ihren Inhalt in den späteren Briefen einigermaßen rekonstruieren läßt. Der Gegenstand ist derselbe wie im Anhange, und wieder ist er auf geometrische Art dargestellt. Neu aber ist, daß den schärfer gefaßten und anders geordneten Grund- und Lehrsätzen jetzt eine Reihe von Definitionen vorangeschickt wird. Damit steht die Form, in der Spinoza die geometrische Methode handhabt, endgültig fest.

Ihre reifste Ausbildung haben die in dem Anhange und der Beilage mitgeteilten Fundamentalsätze in dem Anfang der Ethik gefunden. Ob aber die beiden Skizzen schon als bewußte Vorarbeiten zu dieser angesehen werden dürfen, ist zweifelhaft. Aus einer Mitteilung des 6. Briefes und einigen Andeutungen in dem um dieselbe Zeit in Angriff genommenen „Traktat über die Verbesserung des Verstandes" ergibt sich, daß Spinoza Anfang des Jahres 1662 sein System im unmittelbaren Anschluß an diesen Traktat ohne Verwendung der geometrischen Methode zur Darstellung bringen wollte, wohl unter Benutzung der Materialien des „Kurzen Traktats", und es ist nicht glaublich, daß er es zu gleicher Zeit auf zweierlei Weise habe ausarbeiten wollen.

Er scheint die Absicht indessen bald aufgegeben zu haben, denn schon im Februar des Jahres 1663 befragt ihn Simon de Vries brieflich über einige Punkte im 1. Teile der Ethik, den er gerade mit seinen Freunden studierte, und der also damals bereits fertig gewesen sein muß. Indessen hat der Teil zu dieser Zeit noch nicht die Gestalt besessen, in der er uns heute vorliegt, wie aus den in den Briefen gegebenen Anführungen und Verweisungen hervorgeht.

Das nächstfolgende Datum zur Entstehung des Werkes enthält ein Brief an Blyenbergh vom 13. März 1665, wo sich Spinoza für die Definition des „gerechten Mannes" auf seine noch nicht veröffentlichte Ethik, wie sie hier zum erstenmal genannt wird, beruft. Und im Juni desselben Jahres schreibt er, wahrscheinlich an Bouwmeester, daß er seinen Freunden binnen kurzem den in der Ausarbeitung befindlichen 3. Teil seiner Philosophie ungefähr bis zum 80. Lehrsatz schicken werde. Diese Angaben lassen erkennen, daß die Ethik damals nahezu beendigt war, zugleich aber, daß sie noch keineswegs ihre abschließende Gestalt gefunden hatte. Jene zitierte Definition kehrt nämlich in dem vollendeten Werk erst in der Anmerkung zum Lehrsatz 37 des 4. Teils wieder, und daraus folgt, daß der heutige Inhalt des 4. Teils damals zum 3. Teil gehörte, wodurch auch eine falsche Verweisung in der Ethik (Seite 97, 10) erklärlich wird. Bemerkenswert ist weiter, daß jene Definition in dem Briefe nicht wie in der Ethik naturrechtlich, sondern von der Erkenntnis Gottes aus begründet ist. Da Spinoza seine naturrechtlichen Gedanken zweifellos unter dem Einfluß von Hobbes ausgebildet hat, dieser Einfluß aber erst in dem 1665—1669 geschriebenen Theologisch-politischen Traktat in voller Deutlichkeit hervortritt, so ist wohl anzunehmen, daß die im Jahre 1665 fertigen ethischen Partien noch nicht tiefer davon berührt waren und später einer wesentlichen Revision unterzogen worden sind. Und da ferner auch die Naturgeschichte der Affekte des heutigen 3. Teils sich weitgehend von den Lehren des Hobbes bestimmt zeigt, und deshalb vermutlich ihre letzte Gestaltung ebenfalls erst in den Jahren während oder nach der Entstehung des Theologisch-politischen Traktats bekommen hat, so kann es als wahrscheinlich angesehen werden, daß die Ethik, wie sie 1665 aussah, in drei Teile zerfiel, deren erster die Metaphysik, deren zweiter die allgemeine Psychologie und deren dritter endlich, ähnlich wie der zweite Teil des Kurzen Traktats, die Affektenlehre und eigentliche Ethik in ungeschiedener Einheit in sich faßte. Daß in der Tat Spinozas ethisch-psychologische Ansichten damals denen des Kurzen Traktats noch näher standen als später, lehrt eine Stelle in der Anmerkung zum 48. Lehrsatz des 2. Teiles der Ethik (Seite 89, 18 ff.), die offenbar von der Gestalt her, die das Werk 1665 hatte, unbemerkt in die letzte Redaktion übergegangen ist, und in der Spinoza die in der Ethik sonst aufgegebene Unterscheidung des Kurzen Traktats zwischen Wille und Begierde ausdrücklich aufrechterhält.

Ihre endgültige Fassung hat Spinoza der Ethik dann in den Jahren nach dem Erscheinen des Theologisch-politischen Traktats gegeben. Über die Fortschritte seiner Arbeit wissen wir jedoch nichts Genaueres. Wir entnehmen einem Briefe Tschirnhausens vom 5. Januar 1675, daß das Werk zu dieser Zeit in der Hauptsache fertig war und im Freundeskreise Spinozas gelesen wurde. Und im Juli desselben Jahres tat Spinoza in einem uns verlorengegangenen Briefe an Oldenburg diesem die Absicht kund, die „fünfteilige Abhandlung“ nunmehr zu veröffentlichen. Er ist auch wirklich noch im selben Monat nach Amsterdam gereist, um dort die Drucklegung in die Wege zu leiten. Schließlich hat aber der Verfasser des Theologisch-politischen Traktats auf die Ausführung seiner Arbeit verzichten müssen. Über die Gründe, die ihn dazu nötigten, berichtet er an Oldenburg: „Während ich den Druck betreibe, wird überall das Gerücht ausgestreut, ein neues Buch von mir über Gott sei unter der Presse, und ich suchte darin zu beweisen, es gebe keinen Gott. Dieses Gerücht fand weite Verbreitung. Daher nahmen gewisse Theologen, vermutlich die Urheber des Gerüchtes, Gelegenheit, über mich beim Prinzen von Oranien und den Behörden öffentlich Klage zu erheben. Außerdem hörten einige alberne Kartesianer, die im Rufe standen, mir günstig gesinnt zu sein, nicht auf, allenthalben meine Ansichten und Schriften zu schmähen, um jenen Verdacht von sich zu wälzen, und sie hören noch jetzt damit nicht auf. Als ich dies von einigen vertrauenswürdigen Männern erfahren hatte, die mir zugleich versicherten, daß die Theologen überall gegen mich tätig seien, beschloß ich, die Veröffentlichung, die ich vorbereitete, so lange aufzuschieben, bis ich zu sehen vermöchte, was aus der Sache würde.“

Einen zweiten Versuch, sein Hauptwerk der Welt bekanntzugeben, hat Spinoza nicht mehr unternommen. Aber noch im Jahre seines Todes gaben Freunde die nachgelassenen Schriften heraus; als Teil des diese enthaltenden Bandes erschien die Ethik, wie der Verfasser gewollt, ohne Angabe seines Namens, im November 1677.

AUS SPINOZAS „TRAKTAT ÜBER DIE VERBESSERUNG DES VERSTANDES"

Nach O. Baensch

Die Selbstbekenntnisse, die Spinoza seinem Traktat über die Verbesserung des Verstandes vorangeschickt hat, enthüllen uns die in den Tiefen seiner Seele wirksamen Triebfedern und geben unmittelbar Zeugnis von dem, was wir sonst nur aus den hervorspringenden Zügen des Systems erschließen können. Es scheint daher gerechtfertigt, sie in dieser Einführung in das seiner Form nach so unpersönliche Hauptwerk, gewissermaßen zur Ergänzung, im Wortlaut anzuführen:

„Nachdem die Erfahrung mich gelehrt hatte, daß alles, was den gewöhnlichen Inhalt des Lebens ausmacht, eitel und nichtig ist; als ich sah, daß alles, was [ich erhoffte] und wovor ich mich fürchtete, an sich weder gut noch schlecht ist, sondern beides nur insofern, als es unser Gemüt bewegt, entschloß ich mich endlich zu untersuchen, ob es irgend etwas gebe, das ein wahres und mitteilbares Gut wäre, von dem das Gemüt ganz und gar und mit Ausschließung alles anderen ergriffen werden könnte; ja, ob es irgend etwas gebe, dessen Erwerb und Besitz mir den Genuß einer beständigen und höchsten Freude auf ewig gewährte. Ich sagte: „ich entschloß mich endlich"; denn auf den ersten Blick schien es nicht geraten, wegen einer noch unsicheren Sache das Sichere darangeben zu wollen. Sah ich doch die Vorteile, die Ehre und Reichtum uns bringen, und daß ich gezwungen sein würde, auf ihren Erwerb zu verzichten, wenn ich mir um etwas anderes und neues ernsthafte Mühe geben wollte. Und wenn etwa darin das höchste Glück gelegen sein sollte, so war ich mir klar, daß ich dann seiner entbehren müsse; sollte es dagegen nicht darin gelegen sein und gäbe ich mir trotzdem darum Mühe, so würde ich auch in diesem Fall des höchsten Glückes entbehren.

Ich überlegte nun hin und her, ob es wohl möglich wäre, zu der neuen Lebensweise, oder doch wenigstens zur Gewißheit über sie zu gelangen, ohne die Ordnung und die gewöhnliche Einrichtung meines Lebens zu verändern. Das aber habe ich oft vergebens versucht. Denn was zumeist den Inhalt des Lebens ausmacht, und was die Menschen, wie man aus ihrem Tun schließen darf, als höchstes Gut schätzen, kann auf drei Dinge zurückgeführt werden: Reichtum, Ehre und Sinnenlust. Durch diese drei wird die Seele so in Anspruch genommen, daß sie an irgend ein anderes Gut zu denken gar nicht imstande ist. Denn was die Sinnenlust anlangt, so wird das Gemüt durch sie derartig festgehalten, als ob es in einem Gute Ruhe gefunden hätte, und dadurch völlig gehindert, an etwas anderes zu denken; allein auf den Genuß folgt größte Trauer, die die Seele, wenn sie sie nicht ganz in Banden hält, doch stört und abstumpft. Ebenso nimmt die Jagd nach Ehren und Reichtümern die Seele nicht wenig in Anspruch, zumal wenn sie nur um ihrer selbst willen gesucht werden, weil sie dann für das höchste Gut gelten. Die Ehre aber nimmt die Seele noch sehr viel mehr in Anspruch: denn sie gilt stets als Gut an sich und als letzter Zweck, auf den alles sich richtet. Sodann gibt es hierbei keine Reue, wie bei der Sinnenlust, sondern je mehr wir von beidem besitzen, um so mehr wächst die Freude daran, und folglich der Reiz, beides zu vermehren; wenn dann aber einmal unsere Hoffnung zunichte wird, dann entsteht die größte Trauer. Es ist endlich die Ehre ein großes Hindernis darum, weil man, um sie zu erlangen, sein Leben notwendig nach der Auffassung der Menschen einrichten und also fliehen muß, was sie fliehen, und erstreben, was sie gewöhnlich erstreben.

Als ich daher sah, daß dies alles meinem Entschlusse, mir um eine neue Lebensweise Mühe zu geben, derartig entgegenstand, ja ihm so sehr entgegengesetzt war, daß ich notwendig auf das eine oder auf das andere verzichten mußte, war ich gezwungen, mir die Frage vorzulegen, was mir nützlicher wäre; denn, wie gesagt, es schien mir, als ob ich ein sicheres Gut für ein unsicheres darangeben wollte. Allein nachdem ich mich eine Weile mit dieser Frage beschäftigt hatte, fand ich zunächst, daß ich, wenn ich jenes aufgäbe und mich für die neue Lebensweise bereit machte, ein, wie wir aus dem Gesagten klar entnehmen können, seiner Natur nach unsicheres Gut für ein Gut aufgeben würde, das zwar auch unsicher sein

mochte, aber nicht seiner Natur nach (denn ich suchte ja ein festes Gut), sondern nur hinsichtlich seiner Erreichbarkeit. Durch anhaltendes Nachdenken kam ich jedoch zu der Einsicht, daß ich, wenn ich mich nur ernstlich entschließen könnte, sichere Übel für ein sicheres Gut aufgeben würde. Ich sah nämlich, daß ich in höchster Gefahr schwebte und gezwungen sei, ein wenn auch unsicheres Heilmittel mit allen Kräften zu suchen; wie ein an schwerer Krankheit Leidender, der dem sicheren Tode entgegensieht, wenn kein Heilmittel angewendet wird, gezwungen ist, ein solches, auch wenn es unsicher ist, mit allen Kräften zu suchen, da auf ihm seine ganze Hoffnung beruht. All das aber, dem die große Menge nachtrachtet, bringt uns nicht nur kein Mittel zur Erhaltung unseres Seins, sondern verhindert sie sogar und ist häufig die Ursache des Verderbens für die, die es besitzen, und immer die Ursache des Verderbens für die, die davon besessen sind. Gibt es doch zahlreiche Beispiele dafür, daß die Menschen, um ihrer Reichtümer willen, eine Verfolgung bis auf den Tod gelitten haben, und auch dafür, daß sie sich, um Schätze zu sammeln, so vielen Gefahren ausgesetzt haben, daß sie schließlich ihre Torheit mit dem Leben bezahlten. Und nicht geringer an Zahl sind die Beispiele für die, die, um Ehre zu erwerben oder zu behaupten, das größte Elend gelitten haben. Endlich gibt es unzählige Beispiele für die, die durch allzugroße Sinnenlust ihren Tod beschleunigt haben.
Es schienen ferner diese Übel daraus hervorgegangen zu sein, daß das ganze Glück oder Unglück allein in folgendem gelegen ist: nämlich in der Beschaffenheit des Objekts, dem wir in Liebe anhängen. Denn wegen eines Dinges, das keiner liebt, wird niemals Streit entstehen; es wird keine Trauer sein, wenn es zugrunde geht, kein Neid, wenn ein anderer es besitzt, keine Angst, kein Haß, und mit einem Worte, keine Gemütsbewegung. Dies alles kommt aber bei der Liebe zu Dingen vor, die zugrunde gehen können wie alle die, über die wir bisher gesprochen haben. Dagegen die Liebe zu einem ewigen und unendlichen Dinge erfüllt das Gemüt mit lauterer Freude, und dieser Freude bleibt jede Trauer fern. Das aber ist sehr zu wünschen und mit allen Kräften zu erstreben.

Ich habe mich indessen nicht ohne Grund der Worte bedient: wenn ich mich nur ernstlich entschließen könnte. Denn obzwar ich dies in meinem Innern klar wahrnahm, konnte ich gleichwohl deswegen nicht alle Habgier, Sinnenlust und Ruhmsucht ablegen. Das Eine sah ich, daß meine Seele, solange sie diesen Gedanken nachhing, sich von jenen Dingen abwandte und ernstlich an die neue Lebensweise dachte. Und das war mir ein großer Trost. Denn ich sah, daß jene Übel nicht von der Art waren, daß sie keinen Heilmitteln weichen wollten. Und wenn auch im Anfang diese Zwischenzeiten selten waren und nur eine sehr kurze Zeitspanne hindurch dauerten, so wurden sie doch, nachdem ich mir über das wahre Gut mehr und mehr klar geworden war, immer häufiger und länger, zumal nachdem ich erkannt hatte, daß Gelderwerb oder Sinnenlust und Ruhm nur solange schädlich sind, als sie um ihrer selbst willen und nicht als Mittel zu anderem erstrebt werden; wenn sie dagegen als Mittel erstrebt werden, dann werden sie auch ein Maß haben und keineswegs schädlich sein, sondern vielmehr zu dem Zweck, um dessentwillen sie erstrebt werden, gar vieles beitragen, wie wir seines Orts zeigen werden.

Hier will ich nur kurz angeben, was ich unter einem wahren Gute verstehe, und zugleich, was das höchste Gut ist. Damit dies richtig eingesehen werde, muß bemerkt werden, daß wir gut und schlecht nur beziehungsweise aussagen, dergestalt, daß ein und dasselbe Ding gut und schlecht genannt werden kann in verschiedenen Beziehungen, in der selben Weise wie vollkommen und unvollkommen. Denn nichts kann, seiner Natur nach betrachtet, vollkommen oder unvollkommen genannt werden; zumal nachdem wir wissen, daß alles, was geschieht, nach einer ewigen Ordnung und nach bestimmten Gesetzen der Natur geschieht. Da nun aber die menschliche Schwachheit jene Ordnung mit ihren Gedanken nicht erreichen kann, und inzwischen der Mensch den Begriff einer menschlichen Natur bildet, die viel gefestigter ist als die seinige, und zugleich nichts dem entgegenstehen sieht, daß er eine solche Natur erlange, so fühlt er sich angetrieben, die Mittel aufzusuchen, die ihn zu einer solchen Vollkommenheit bringen können. Und all das, was ein Mittel sein kann, dahin zu gelangen, heißt ein wahres Gut; das höchste Gut aber ist, dahin zu gelangen, daß man mit anderen Individuen, wenn es sein kann, einer solchen Natur genieße. Was das aber für eine Natur sei, werden wir seines Orts zeigen, nämlich, daß es die Erkenntnis der Einheit der Seele mit der ganzen Natur sei."

LITERATUR

a) Zusammenstellung von O. Baensch zu den ersten beiden Auflagen:

Sigwart: Spinozas neuentdeckter Traktat von Gott usw. Gotha 1866.

Camerer: Die Lehre Spinozas. Stuttgart 1877.

Tönnies: Studie zur Entwicklungsgeschichte des Spinoza. (In der Vierteljahrsschr. für wissenschaftl. Philosophie. VII.) 1883.

Baltzer: Spinozas Entwicklungsgang. Kiel 1888.

Richter, Raoul: Der Willensbegriff in der Lehre Spinozas. Leipzig 1898. (In Wundts Philos. Studien. Bd. 14.)

Leopold: Ad Spinozae opera posthuma. Hagae 1902.

Camerer: Spinoza und Schleiermacher. Stuttgart 1903.

Duff, Robert A.: Spinoza's Political and Ethical Philosophy, Glasgow 1903.

Freudenthal: Spinoza. Bd. 1. Das Leben Spinozas. Stuttgart 1904.

Baensch, Otto: Die Entwicklung des Seelenbegriffs bei Spinoza als Grundlage für das Verständnis seiner Lehre vom Parallelismus der Attribute. 1907. (Arch. f. Gesch. d. Philos. Bd. XX, Heft 3 u. 4.)

Tumarkin, Anna: Spinoza. Leipzig 1908.

Erhardt, Franz: Die Philosophie Spinozas im Lichte der Kritik. Leipzig 1908. (Besonders zweckmäßig für solche, die durch Spinoza zu eigenem Philosophieren angeregt worden sind.)

Hierzu von Baensch ausführliche Besprechung in den Gött. gel. Anzeigen 1909, Nr. 12, S. 1019—1028.

Fischer, Kuno: Spinozas Leben, Werke und Lehre. 5. Aufl. besorgt von Carl Gebhardt. Heidelberg 1909. [6] 1946.

Stumpf, C.: Spinozastudien in: Abhandlungen der Berliner Akademie der Wissenschaften 1919, Nr. 4.

Alexander, S.: Spinoza and Time, London 1921.

Alexander, B: Spinoza. München 1923.
Höffding, H.: Spinozas Ethica. Heidelberg 1924.
Spinoza, Baruch de: Tractatus de intellectus emendatione. Ethica. Herausg. v. Carl Gebhardt. Heidelberg: C. Winter 1926.
Erhardt, F.: Die Weltanschauung Spinozas. Stuttgart. 1928.
Mac Keon, R.: The philosophy of Spinoza. 1928.
Robinson, L.: Kommentar zu Spinozas Ethik, Bd. 1. Leipzig. F. Meiner 1928.
Carp, J. H.: Het Spinozisme als wereldbeschouwing. Arnhem 1931.
Gebhardt, C.: Spinoza. Leipzig (Reclam) 1932.
Septimana Spinozana. Acta conventus oecumenici in memoriam Benedicti de Spinoza diei natalis trecentesimi Hagae Comitis habiti. Curis Societatis Spinozanae edita. Den Haag 1933.
Spinoza-Festschrift, ed. S. Hessing. Heidelberg 1933. [2]Den Haag 1962.

b) Auswahl aus der inzwischen erschienenen wichtigsten Literatur:

Appuhn, Ch.: ed. Ethique de Spinoza, avec notice et notes, 2 Vol. Paris 1934.
Wolfson, H. A.: The Philosophy of Spinoza. Cambridge (Massachusetts) 1934. [2] New York 1958.
van Brakel Buys, W. G.: Het Godsbegrip bij Spinoza. Utrecht 1934.
Dunin Borkowski, S., von: Aus den Tagen Spinozas. Münster 1935. 1936.
Carré, J. R.: Spinoza. Paris 1936.
Pollock, F.: Spinoza. London 1936.
Francès, M.: Spinoza dans les pays néerlandais. Teil I. Paris 1937.
Martinetti, P.: ed. L'etica. Esposta e commentata. Turin 1937.
Siwek, P.: Spinoza et le panthéisme religieux. Préf. de J. Maritain. Brügge und Paris 1937.
Chartier, E.: Spinoza. Paris 1938.
Corsano, A.: ed. Etica. Introd., trad. e note. Milano 1938.
Hölters, H.: Der spinozistische Gottesbegriff bei M. Mendelsohn und F. H. Jacobi und der Gottesbegriff Spinozas. Emsdetten 1938.
Koyré, A.: Traité de la réforme de l'entendement de B. Spinoza. Avec notes. Paris 1938.
Paci E.: Etica (Auswahl, ital., introd. e note). Messina 1938.
Roelofsz, C.: De beteekenis van Christus voor Spinoza. Zeist 1938.
Schmoldt, Hans: Der Spinozastreit. Berliner Dissertation. Würzburg 1938.
Shanks, A.: An Introduction to Spinoza's Ethics. London 1938.

Renda, A.: ed. Etica. Trad., introd., commenti e note. Milano 1939.
Zweig, A.: Spinoza. London 1939.
Bidney, D.: The Psychology and Ethics of Spinoza. A study in the History and Logic of Ideas. New York 1940. ²1962.
Bierens de Haan, J. D.: De levende gedachten van Spinoza. Den Haag 1940.
Carp, H. J.: Uren met Spinoza. Baarn 1940.
Cresson, A.: Spinoza. Paris 1940. ²1960.
Gonzenbach, H.: Lessings Gottesbegriff in seinem Verhältnis zu Leipzig und Spinoza. Diss. Zürich. Leipzig 1940.
Joachim, H. H.: Spinoza's Tractatus De Intellectus Emendatione. A Commentary. Pref. W. D. Ross. Oxford 1940.
Powell, E. E.: Spinoza and Religion. Boston 1941.
Dujovne, León: Spinoza (spanisch). 4 Vol. Buenos Aires 1941 bis 1945.
Rensi, G.: Milano 1941.
Myers, H. A.: The Spinoza-Hegel Paradox. Ithaca (USA) 1944.
Ceriani, G.: Spinoza. Brescia 1945.
Hampshire, St.: Spinoza. Harmondsworth (England) 1951. Repr. 1965.
Colerus, J.: Das Leben des Spinoza. In der alten deutschen Übersetzung m. Einl. u. Anmerk. hrsg. v. C. Gebhardt, Heidelberg 1952.
Spinoza in Soviet philosophy. ed. G. L. Kline. London 1952.
Banfi, A.: Storia del materialismo II: Spinoza. Milano 1953.
Parkinson, G. H. R.: Spinoza's theory of knowledge. New York 1954.
Roth, L.: Spinoza. London 1954.
Spinoza: Die Ethik. Deutsch von Carl Vogl, dazu Schriften, Briefe. Mit Einführung von Friedrich Bülow. Kröners Taschenausgabe Band 24, Stuttgart 1955. ⁶1966.
Callot, E.: Problèmes du cartésianisme: Descartes, Malebranche, Spinoza. Annecy 1956.
Hallett, H. F.: Benedict de Spinoza: The elements of his philosophy. London 1957.
Jaspers, K.: Spinoza. Die großen Philosophen I. München 1957. S. 752–897.
Kolakowski, L.: Jednostka i nieskonczonosc: Wolnosc i antynomie wolnosci w filosofii Spinozy (Das Individuum und das Unendliche: Freiheit und die Antinomie der Freiheit in Spinozas Philosophie). Warszawa 1958.
Sullivan, C. J.: Critical and historical reflections on Spinoza's Ethics Berkeley 1958.
Wolff, H. M.: Spinozas Ethik. Eine kritische Einführung. Bern 1958
Zac, S.: La morale de Spinoza. Paris 1959.

di Vona, P.: Studi sull' ontologia di Spinoza I: L'ordinamento delle scienze filosofiche. La „ratio". Il concetto di ente. Firenze 1960.
Chiereghin, F.: L'influenza dello spinozismo nella formazione della filosofia hegeliana. Padova 1961.
Friedmann, G.: Leibniz et Spinoza. Paris 1962.
Hallett, H. F.: Creation, emanation and salvation. A spinozistic study. The Hague 1962.
Deregibus, A.: La filosofia etico-politica di Spinoza. Torino 1963.
Roth, L.: Spinoza, Descartes and Maimonides. New York 1963.
Zac, S.: L'idée de vie dans la philosophie de Spinoza. Paris 1963.
Hubbeling, H. G.: Spinoza's methodology. Assen 1964.
Joachim, H. H.: A study of the ethics of Spinoza (*Ethica ordine geometrico demonstrata*). New York 1964.
Misrahi, R.: Spinoza. Paris 1964.
Oko, A. S.: The Spinoza Bibliography. Boston 1964.
Pérez-Espejo, S.: Formallogische und dialektische Identität bei Spinoza. Frankfurt 1964.
Alain: Spinoza. Paris 1965.
Hoyack, L.: Spinoza als uitgangspunt (Mens en kosmos). Deventer 1965.
Zac, S.: Spinoza et l'interpretation de l'Ecriture. Paris 1965.
Cramer, W.: Die absolute Reflexion I: Spinozas Philosophie des Absoluten. Frankfurt 1966.
Löwith, K.: Spinoza – Deus sive Natura. Gott, Mensch und Welt in der Metaphysik von Descartes bis zu Nietzsche. Göttingen 1967. S. 197–251.
Préposiet, Jean: Spinoza et la liberté des hommes. (= Les Essais, 130.) Paris, 1967.
Reale Diliberto, Maria Adonella: L'errore nella filosofia di Spinoza. (= Studi e Ricerche di Storia della Filosofia. Bd. 80.) Turin, 1967.
Sassen, Ferd.: Kerngedachten van Spinoza. Roermond–Maaseik, 1967.
Schuhmann, K.: Le concept de réflexion dans l'Ethique de Spinoza. Revue philosophique de Louvain, 1967, Bd. LXV, Nr. 88, 449-466.
Text, Jan den: Spinoza over Tolerantie. (= Mededeelingen van wege het Spinozahuis. Bd. XXIII.) Leiden: Brill, 1967.
Boehm, Rudolf: Spinoza und die Metaphysik der Subjektivität. Zeitschrift für philosophische Forschung, 1968, Bd. XXII, Nr. 2, 165-186.
Borgia, Salvatore: Spinoza. La libertà e lo stato. Lecce: L'Orsa Maggiore, 1968.
Chubb, J. N.: Spinoza's argument for the existence of God. Indian Journal Theol. 1968, Bd. XVII, Nr. 3, 116-125.
Deleuze, Gilles: Spinoza et le problème de l'expression. Paris: Les éditions de Minuit, 1968.

Fabro, C.: La dissolution de l'Homme-Dieu dans le rationalisme spinozien. La Table Ronde, 1968, Nr. 250, 26-57.

Gallicet Calvetti, C.: Spinoza i presuppositi teoretici dell'irenismo etico. (= Pubbl. Dell'università Cattolica del Sacro Cuore, Scienze filosofiche. Bd. XII.) Mailand: Vita e Pensiero, 1968.

Gueroult, Martial: Spinoza. I. Dieu (Ethique, I). 1968; II. L'Ame (Ethique, II). 1974, Paris: Aubier-Montaigne/Hildesheim: Olms.

Mc Shea, Robert J.: The Political Philosophy of Spinoza. New York/London: Columbia Univ. Press, 1968.

Rousset, Bernard: La perspective finale de l'Ethique et le problème de la cohérence du spinozisme. L'autonomie comme salut. (Bibliothèque d'histoire de la philosophie.) Paris, 1968.

Hammacher, Klaus: Spinozas Gedanke der Identität und die Begründung im menschlichen Verhalten. Zeitschrift für philosophische Forschung, 1969, Bd. 23, 24-35.

Roed, Wolfgang: Spinozas Lehre von der Societas. (= Studi e Ricerche di Storia della Filosofia. Nr. 97.) Turin: Editioni di „Filosofia", 1969.

Bend, J. G. van der: Het problem subject-object in de wijsbegeerte van Spinoza. Tijdschrift voor Filosofie, 1969, Bd. XXXI, 327-362.

Di Vona, Piero: Studi sull'ontologia die Spinoza. Parte II: „Res" ed „ens". La necessità. La divisione dell'essere. (= Pubbl. della Facoltà di lettere e Filosofia dell'università di Milano. Sezione e cura dell'Instituto di Storia della Filosofia, Bd. XV. Florenz: La Nuova Italia, 1969.)

Curley, E. M.: Spinoza's Metaphysics: An Essay in Interpretation. Cambridge/Mass.: Harvard Univ. Press, 1969.

Knecht, Yvonne: Temps et modes chez Spinoza. Dialectica, 1968, Bd. XXII, 214-237.

Matheron, Alexandre: Individu et communauté chez Spinoza. Paris: Les Editions du Minuit, 1969.

Naulin, Paul: La connaissance du bien et du mal selon Spinoza. Etudes philosophiques, 1969, Nr. 3, 359-369. 1970, Nr. 1, 13-24.

Deleuze, Gilles: Spinoza. Paris: Presses univ. de France, 1970.

Levin, Dan: Spinoza. The young thinker who destroyed the past. New York 1970.

Lacroix, Jean: Spinoza et le problème du salut. Paris: Presses univ. de France, 1970.

Millet, Louis: La Pensée de Spinoza. Paris: Bordas, 1970.

Walther, Manfred: Metaphysik als Anti-Theologie. Die Philosophie Spinozas im Zusammenhang der religionsgeschichtlichen Problematik. Hamburg: Meiner, 1971.
Dijn, H. de: De Epistemologie van Spinoza. Diss. Löwen.
Moreau, Joseph: Spinoza et le Spinozisme. Paris: Presses univ. de France, 1971.
Sterian, M.: Einführung in das Gedankenreich Spinozas. Zürich: Diana, 1972.
Mark, Thomas Carson: Spinoza's Theory of truth. New York: Columbia Univ. Press, 1972.
Salviero Miori, F.: Richard Simone e il metodo storico-critico di B. Spinoza. Storia di un libro e di una polemica sulla sfondo delle lotte politico-religiose della Francia di Luigi XIV. (Collana di studi filosofici dell'Università di Pisa.) Florenz: Le Mournier, 1972.
Hecker, Konrad: Gesellschaftliche Wirklichkeit und Vernunft in der Philosophie Spinozas. Untersuchungen über die immanente Systematik der Gesellschaftsphilosophie Spinozas im Zusammenhang seines philosophischen Gesamtwerks und zum Problem ihres ideologischen Sinngehalts. Regensburg: Kommissionsverlag Buchhandlung Pustet, 1975.

Einschlägige Arbeiten, die in den unter c) genannten Sammelwerken etc. enthalten sind, wurden hier nicht aufgenommen.

c) Sammelbände, Festschriften, Hilfsmittel:

Chronicon Spinozanum, Bde. I - V. Haag: Comitis Curis Societatis Spinozanae, 1921–1927.
Bibliotheca Spinozana, curis Societatis Spinozanae. Tom. I: Spinozana 1897–1922. Tom. II: Die Schriften des Uriel da Costa. Tom. III: Leone Ebreo: Dialoghi d'Amore u. a. Tom. IV: Spinozas Ethica etc. v. H. Höffding. Tom. V: Spinozas Leben und Lehre v. J. Freudenthal, Heidelberg: Winter u. a. 1922–27.
Mededeelingen van Wege het Spinozahuis Leiden: Brill. Heft I: 1934. (Wird ständig fortgesetzt.)
Spinoza-Festschrift der Kantstudien: Bd. 32, Heft 1, Berlin 1927.
Benedetto Spinoza nel CCL Anno della morte 1632–1677, Rivista di Filosofia, Jg. XVIII, Heft 3, 1927.
Thalheimer, A./M. Deborin: Spinozas Stellung in der Vorgeschichte des dialektischen Materialismus. Reden und Aufsätze zur Wiederkehr seines 250. Todestages. Wien - Berlin: 1928.
Spinoza in America: A quarterly. Vol. 1. 2 parts. New York, 1931/32.
El centenario de un filosofo humanismo. Repertorio Americano 26, 1932.

Spinoza, the Man and his Thought: addresses delivered at the Spinoza tercentenary, sponsored by the Philosophy Club of Chicago, ed. by Edward Schaub. Chicago: Open Court, 1933.

Bierens de Haan, J. D.: Spinoza–Gezamelijke Redevoeringen, gebouhen bij de Spinoza-Herdenking door de Afdeeling Nederland van de Kant-Gesellschaft. Haarlem, 1933.

Spinoza nel terzo centenario della sua nascita. Rivista di Filosofia neoscolastica, supplemento speciale al Vol. XXV, Milano, 1934.

Spinozistisch Bulletin, uitgeven door de Societas Spinozana, afdeling Nederland. Zeist: Ploegsma, 1938–1940.

Travaux du Deuxième Congrés des Sociétés de Philosophie Françaises et de Langue Française: Thème historique: Spinoza. Thème de philosophie générale: L'idée de l'Univers. Lyon 1939.

Kline, G.-L. (Hrg): Spinoza in Soviet Philosophy. A Series of Essays selected and translated and with an Introduction by G. L. Kline. New York, 1952.

Spinoza. Wijsgerig Perspectief op Maatschappij en Wetenschap. Amsterdam, Bd. 8, Nr. 2, 1967/68.

Spinoza: Inquiry Bd. 12, 1969, Nr. 1.

The Philosophy of Spinoza. The Monist, La Salle, Ill.: Open Court, Bd. 55, 1971, Nr. 4. 525-690.

Altwicker, Norbert (Hrg): Texte zur Geschichte des Spinozismus. Darmstadt: Wiss. Buchgesellschaft, 1971.

Kashap, Paul S. (Hrg): Studies in Spinoza. Critical and Interpretative Essays, Univ. of California Press: Berkeley/Los Angeles/London, 1972.

Les Etudes Philosophiques. Numéro consacré a Spinoza. Juli–Sept. 1972.

Freeman, Eugene/Maurice Mandelbaum (Hrg): Spinoza: Essays in Interpretation. La Salle, Ill.: Open Court, 1973.

Grene, Marjorie (Hrg): Spinoza. A Collection of Critical Essays. Garden City, New York: Anchor/Doubleday, 1973.

Bend, J. G. van der (Hrg): Spinoza on Knowledge, Freedom and Beeing. Assen: van Gorcum, 1974.

Wetlesen, Jon: A Spinoza Bibliography, 1940–70. 2nd revised edition, arranged as a supplementary volume to A. S. Oko's Spinoza Bibliography. Oslo–Bergen–Tromsö: Univ. forlaget, 1971.

Preposiet, Jean: Bibliographie spinoziste. Répertoire alphabetique – Registre systematique – Textes et Documents. Préface de Gilbert Varet. Paris 1973.

Giancotti–Boscherini, Emilia: Lexicon Spinozanum. 2 Bde. Haag: Nijhoff, 1970.

Cropulli, G./Giancotti Boscherini, E.: Ricerche lessicali su opere di Descartes e Spinoza (Lessico entellettualo europeo II.) Rom: edizioni dell'Ateneo, o. J. (1969).

B. D. S.

OPERA

POSTHUMA,

Quorum ſeries poſt Præfationem exhibetur.

CIↃ IↃ C LXXVII.

ETHIK

nach geometrischer Methode dargestellt

und

in fünf Teile geschieden,

die da handeln

I. Von Gott

II. Von der Natur und dem Ursprung der Seele

III. Von dem Ursprung und der Natur der Affekte

IV. Von der menschlichen Knechtschaft
oder von den Kräften der Affekte

V. Von der Macht des Verstandes
oder von der menschlichen Freiheit

DER ETHIK ERSTER TEIL

VON GOTT

DEFINITIONEN

1.

Unter Ursache seiner selbst verstehe ich das, dessen Wesenheit die Existenz in sich schließt, oder das, dessen Natur nur als existierend begriffen werden kann.

2.

Das Ding heißt endlich in seiner Gattung, das durch ein anderes der selben Natur begrenzt werden kann. Z. B. heißt ein Körper endlich, weil wir stets einen anderen größeren begreifen. So wird ein Gedanke durch einen anderen Gedanken begrenzt. Dagegen wird kein Körper durch einen Gedanken begrenzt und kein Gedanke durch einen Körper.

3.

Unter Substanz verstehe ich das, was in sich ist, und durch sich begriffen wird, das heißt das, dessen Begriff, um gebildet werden zu können, den Begriff eines anderen Dinges nicht bedarf.

4.

Unter Attribut verstehe ich das, was der Verstand an der Substanz als deren Wesenheit ausmachend wahrnimmt.

5.

Unter Modus verstehe ich die Affektionen der Substanz oder das, was in einem Andern ist, durch das es auch begriffen wird.

6.

Unter Gott verstehe ich das unbedingt unendliche Wesen, das heißt die Substanz, die aus unendlich vielen Attributen besteht, deren jedes ewige und unendliche Wesenheit ausdrückt.

Erläuterung: Ich sage „unbedingt" und nicht „in seiner Gattung" unendlich. Denn von dem nur in seiner Gattung Unendlichen können wir unendlich viele Attribute verneinen; zur Wesenheit des unbedingt Unendlichen aber gehört alles, was Wesenheit ausdrückt und keinerlei Verneinung in sich schließt.

7.

Das Ding soll frei heißen, das nur kraft der Notwendigkeit seiner Natur existiert, und allein durch sich selbst zum Handeln bestimmt wird; notwendig dagegen, oder besser gezwungen, das Ding, das von einem anderen bestimmt wird, auf gewisse und bestimmte Weise zu existieren und zu wirken.

8.

Unter Ewigkeit verstehe ich die Existenz selbst, sofern sie als notwendige Folge aus der Definition eines ewigen Dinges begriffen wird.

Erläuterung: Eine solche Existenz wird nämlich ebenso als eine ewige Wahrheit begriffen, wie die Wesenheit eines Dinges, und sie kann deswegen durch die Dauer oder die Zeit nicht erklärt werden, mag auch die Dauer als anfangs- und endlos begriffen werden.

GRUNDSÄTZE

1.

Alles, was ist, ist entweder in sich oder in einem Anderen.

2.

Das, was nicht durch ein Anderes begriffen werden kann, muß durch sich selbst begriffen werden.

3.

Aus einer gegebenen bestimmten Ursache folgt mit Notwendigkeit eine Wirkung, und umgekehrt, wenn keine bestimmte Ursache gegeben ist, kann unmöglich eine Wirkung folgen.

4.

Die Erkenntnis der Wirkung hängt von der Erkenntnis der Ursache ab und schließt diese in sich.

5.

Dinge, die nichts miteinander gemein haben, können auch nicht auseinander erkannt werden, oder der Begriff des einen schließt den Begriff des anderen nicht in sich.

6.

Eine wahre Idee muß mit ihrem Gegenstande übereinstimmen.

7.

Was sich als nicht existierend denken läßt, dessen Wesenheit schließt die Existenz nicht ein.

Lehrsatz 1. Die Substanz ist der Natur nach vor ihren Affektionen.

Beweis: Dies erhellt aus Definition 3 und 5.

Lehrsatz 2. Zwei Substanzen, die verschiedene Attribute haben, haben nichts miteinander gemein.

Beweis: Dies erhellt ebenfalls aus Definition 3. Denn jede muß in sich sein und durch sich begriffen werden, oder der Begriff der einen schließt den Begriff der andern nicht ein.

Lehrsatz 3. Von Dingen, die nichts miteinander gemein haben, kann das eine nicht die Ursache des anderen sein.

Beweis: Wenn sie nichts miteinander gemein haben, so können sie (nach Grundsatz 5) auch nicht auseinander erkannt werden, und daher kann (nach Grundsatz 4) das eine nicht die Ursache des anderen sein. Was zu beweisen war.

Lehrsatz 4. Zwei oder mehr verschiedene Dinge unterscheiden sich voneinander entweder durch die Verschiedenheit der Attri-

bute oder durch die Verschiedenheit der Affektionen der Substanzen.

Beweis: Alles, was ist, ist (nach Grundsatz 1) entweder in sich, oder in einem Anderen, das heißt (nach Definition 3 und 5) es gibt außerhalb des Verstandes nur Substanzen und ihre Affektionen. Also außerhalb des Verstandes gibt es nichts, wodurch mehrere Dinge sich voneinander unterscheiden können, als die Substanzen oder, was (nach Definition 4) das selbe ist, ihre Attribute, und ihre Affektionen. W. z. b. w.

Lehrsatz 5. In der Natur der Dinge kann es nicht zwei oder mehrere Substanzen von der selben Natur oder von dem selben Attribut geben.

Beweis: Wenn es mehrere verschiedene Substanzen gäbe, müßten sie sich (nach dem vorigen Lehrsatz) entweder durch die Verschiedenheit ihrer Attribute oder durch die Verschiedenheit ihrer Affektionen unterscheiden. Unterscheiden sie sich allein durch die Verschiedenheit ihrer Attribute, so wird damit eingeräumt, daß es von jedem Attribut nur eine gibt. Unterscheiden sie sich dagegen durch die Verschiedenheit ihrer Affektionen, so muß man, da die Substanz (nach Lehrsatz 1) der Natur nach vor ihren Affektionen ist, von den Affektionen absehen, und die Substanzen an sich betrachten, das heißt (nach Definition 3 und Grundsatz 6) sie wahrheitsgemäß betrachten, und dann werden sie nicht als sich von einander unterscheidend begriffen werden können, das heißt (nach dem vorigen Lehrsatz) sie werden nicht mehrere sein können, sondern nur eine. W. z. b. w.

Lehrsatz 6. Eine Substanz kann nicht von einer anderen Substanz hervorgebracht werden.

Beweis: In der Natur der Dinge kann es (nach dem vorigen Lehrsatz) nicht zwei Substanzen von dem selben Attribut geben, das heißt (nach Lehrsatz 2) nicht zwei Substanzen, die etwas miteinander gemein haben. Und daher kann (nach Lehrsatz 3) keine die Ursache einer anderen sein, oder keine kann von einer anderen hervorgebracht werden. W. z. b. w.

Folgesatz: Hieraus folgt, daß die Substanz nicht von etwas anderem hervorgebracht werden kann. Denn es gibt in der Natur der Dinge nur Substanzen und ihre Affektionen, wie aus Grundsatz 1 und Definition 3 und 5 erhellt. Von einer Substanz aber kann eine Substanz (nach dem vorigen Lehrsatz) nicht hervorgebracht werden. Also kann sie überhaupt nicht von etwas anderem hervorgebracht werden. W. z. b. w.

Ein anderer Beweis: Man kann dies noch leichter aus der Ungereimtheit des Gegenteils beweisen. Könnte nämlich eine Substanz von etwas anderem hervorgebracht werden, so müßte (nach Grundsatz 4) ihre Erkenntnis von der Erkenntnis ihrer Ursache abhängen; und somit wäre sie (nach Definition 3) nicht Substanz.

Lehrsatz 7. Zur Natur der Substanz gehört die Existenz.

Beweis: Eine Substanz kann (nach dem Folgesatz zum vorigen Lehrsatz) nicht von etwas anderem hervorgebracht werden; sie ist daher die Ursache ihrer selbst, das heißt (nach Definition 1) ihre Wesenheit schließt notwendig die Existenz in sich, oder zu ihrer Natur gehört die Existenz. W. z. b. w.

Lehrsatz 8. Jede Substanz ist notwendigerweise unendlich.

Beweis: Eine Substanz von Einem Attribut ist (nach Lehrsatz 5) notwendig die einzige ihrer Natur, und es gehört (nach Lehrsatz 7) zu ihrer Natur, zu existieren. Demnach wird es in ihrer Natur liegen, entweder als endlich oder als unendlich zu existieren. Jedoch als endlich kann sie nicht existieren. Denn dann müßte sie (nach Definition 2) von einer anderen Substanz der selben Natur begrenzt werden, die (nach Lehrsatz 7) ebenfalls notwendig existieren müßte; und somit gäbe es zwei Substanzen von dem selben Attribut, was (nach Lehrsatz 5) ungereimt ist. Folglich existiert sie als unendlich. W. z. b. w.

Anmerkung 1: Da Endlichsein in Wahrheit die teilweise Verneinung, und Unendlichsein die unbedingte Bejahung der Existenz einer Natur ist, so folgt schon allein aus Lehrsatz 7, daß jede Substanz unendlich sein muß.

Anmerkung 2: Allen denen, die über die Dinge verworren urteilen, und die nicht gewohnt sind, sie von ihren ersten Ursachen aus zu erforschen, wird es unzweifelhaft schwer fallen, den Beweis des 7. Lehrsatzes zu begreifen, weil sie nämlich zwischen den Modifikationen der Substanzen und den Substanzen selbst keinen Unterschied machen und nicht wissen, wie die Dinge hervorgebracht werden. Daher kommt es, daß sie den Substanzen einen Anfang andichten, wie sie ihn die Dinge in der Natur haben sehen. Denn wer die wahren Ursachen der Dinge nicht kennt, verwirrt eben alles, bildet sich ein, ohne daß es ihm in seiner Seele widerstrebt, daß Bäume reden wie Menschen, und stellt sich vor, daß Menschen aus Steinen entstehen wie aus Samen, und daß überhaupt jede Form sich in jede beliebige andere verwandeln könne. So legt auch, wer die göttliche Natur mit der menschlichen verwirrt, Gott gar leicht menschliche Affekte bei, besonders solange ihm noch unbekannt ist, auf welche Weise die Affekte in der Seele hervorgebracht werden. Wenn die Menschen dagegen auf die Natur der Substanz acht haben wollten, so würde ihnen an der Wahrheit des 7. Lehrsatzes nicht der geringste Zweifel ankommen; ja dieser Lehrsatz würde ihnen allen als Grundsatz gelten und unter die Gemeinbegriffe gezählt werden. Denn sie würden dann unter Substanz das verstehen, was in sich ist und durch sich begriffen wird, das heißt das, dessen Erkenntnis der Erkenntnis eines anderen Dinges nicht bedarf; unter Modifikationen aber das, was in einem Anderen ist, und deren Begriff den Begriff des Dinges voraussetzt, in dem sie sind. Darum kann man auch von Modifikationen, die nicht existieren, wahre Ideen haben, denn wenn sie gleich außerhalb des Verstandes nicht wirklich existieren, so ist ihre Wesenheit doch in einem Anderen enthalten, so daß sie durch dies Andere begriffen werden können. Die Wahrheit der Substanzen hingegen beruht außerhalb des Verstandes allein auf ihnen selbst, weil sie durch sich selbst begriffen werden. Wenn also jemand sagen wollte, er habe von einer Substanz eine klare und deutliche, das heißt wahre Idee, und er sei nichtsdestoweniger ungewiß darüber, ob diese Substanz existiere, so wäre das fürwahr (wie jedem hinlänglich Aufmerksamen einleuchtet) das selbe, als wenn er sagte, er habe eine wahre Idee und sei nichtsdestoweniger ungewiß darüber, ob sie nicht falsch sei, oder, wenn jemand behauptet, die Substanz werde geschaffen, so behauptet er zugleich, eine falsche Idee sei wahr geworden, und etwas Ungereimteres kann wahrlich nicht gedacht werden. Man muß deshalb notwendig zugestehen, daß die Existenz einer Substanz wie ihre Wesenheit eine ewige Wahrheit ist.

Von hier aus kann man den Satz, daß jede Substanz die einzige von der selben Natur sei, noch auf andere Weise begründen, und ich halte es der Mühe wert, dies hier zu zeigen. Um aber dabei in der Ordnung zu verfahren, muß ich bemerken:

Erstens, daß die wahre Definition eines jeden Dinges nichts weiter in sich schließt und ausdrückt als die Natur des definierten Dinges; woraus

zweitens folgt, daß keine Definition eine bestimmte Anzahl von Individuen in sich schließt oder ausdrückt, eben weil keine etwas anderes ausdrückt als die Natur des definierten Dinges. Beispielsweise drückt die Definition des Dreiecks nichts anderes aus als die einfache Natur des Dreiecks, nicht aber eine bestimmte Anzahl von Dreiecken;

drittens ist zu bemerken, daß es für jedes Ding, das existiert, notwendig eine bestimmte Ursache gibt, kraft deren es existiert;

viertens muß ich endlich noch bemerken, daß diese Ursache, kraft deren ein Ding existiert, entweder in der Natur und Definition des existierenden Dinges enthalten sein muß (nämlich wenn die Existenz zu seiner Natur gehört), oder außerhalb seiner Natur gegeben sein muß.

Aus diesen Bemerkungen folgt, daß, wenn in der Natur eine bestimmte Anzahl von Individuen existiert, notwendig eine Ursache da sein muß, weshalb gerade diese, und nicht mehr oder weniger Individuen existieren. Wenn z. B. in der Natur der Dinge 20 Menschen existieren (von denen ich größerer Deutlichkeit halber annehmen will, daß sie zugleich existieren, und daß vorher in der Natur keine anderen existiert haben), so wird es (um den Grund anzugeben, warum 20 Menschen existieren) nicht genug sein, die Ursache der menschlichen Natur überhaupt nachzuweisen, sondern man wird außerdem die Ursache nachweisen müssen, weshalb nicht mehr oder weniger als 20 existieren, eben weil es (nach Bemerkung 3) für jeden einzelnen eine Ursache geben muß, weshalb er existiert. Diese Ursache aber kann (nach Bemerkung 2 und 3) nicht in der Natur des Menschen enthalten sein, da die wahre Definition des Menschen die Zahl 20 nicht in sich schließt; also muß (nach Bemerkung 4) die Ursache, weshalb diese 20 Menschen existieren und folglich auch weshalb jeder einzelne von ihnen existiert, notwendig außerhalb eines jeden gegeben sein; und deswegen ist unbedingt zu schließen, daß alles, von dessen Natur mehrere Individuen existieren können, notwendig eine äußere Ursache seiner Existenz haben muß. Da es nun zur Natur der Substanz gehört, zu existieren (wie schon in dieser Anmerkung gezeigt ist), so muß ihre Definition die Notwendigkeit ihrer Existenz in sich schließen, und folglich muß aus ihrer bloßen Definition ihre Existenz geschlossen werden. Aus ihrer Definition aber kann (wie wir bereits auf Grund von Bemerkung 2 und 3 gezeigt haben) die Existenz mehrerer Substanzen nicht folgen; also folgt aus ihr notwendig, daß nur eine einzige von der selben Natur existiere, wie es im Lehrsatz hieß.

Lehrsatz 9. Je mehr Realität oder Sein jedes Ding hat, um so mehr Attribute kommen ihm zu.

Beweis: Dies erhellt aus Definition 4.

Lehrsatz 10. Jedes einzelne Attribut einer Substanz muß durch sich selbst begriffen werden.

Beweis: Attribut nämlich ist (nach Definition 4) das, was der Verstand an der Substanz als deren Wesenheit ausmachend wahrnimmt; und somit muß es (nach Definition 3) durch sich selbst begriffen werden. W. z. b. w.

Anmerkung: Hieraus erhellt, daß, wenn zwei Attribute auch als real verschieden begriffen werden, das heißt eins ohne die Hilfe des anderen, wir daraus doch keineswegs schließen können, daß sie zwei Wesen oder zwei verschiedene Substanzen ausmachen; denn es gehört zur Natur der Substanz, daß jedes einzelne ihrer Attribute durch sich selbst begriffen wird, eben weil alle Attribute, die sie hat, von jeher in ihr zugleich vorhanden waren, und keins von ihnen von dem anderen hervorgebracht sein kann, sondern ein jedes die Realität oder das Sein der Substanz ausdrückt. Weit entfernt also, daß es ungereimt wäre, einer Substanz mehrere Attribute beizulegen, ist vielmehr nichts in der Natur klarer, als daß jedes Wesen unter irgend einem Attribut begriffen werden muß, und daß, je mehr Realität oder Sein es hat, es auch um so mehr Attribute besitzt, die sowohl Notwendigkeit oder Ewigkeit als auch Unendlichkeit ausdrücken; und folglich ist auch nichts klarer, als daß das unbedingt unendliche Wesen (wie wir in Definition 6 gesagt haben) notwendig als das Wesen zu definieren ist, das aus unendlich vielen Attributen besteht, deren jedes eine gewisse ewige und unendliche Wesenheit ausdrückt. Wenn nun aber jemand fragt, an welchem Zeichen sich hiernach die Verschiedenheit der Substanzen noch erkennen lasse, so möge er die folgenden Lehrsätze lesen, die beweisen, daß in der Natur der Dinge nur eine einzige Substanz existiert, und daß diese unbedingt unendlich ist, weswegen man ein solches Zeichen vergeblich suchen würde.

Lehrsatz 11. Gott oder die Substanz, die aus unendlich vielen Attributen besteht, deren jedes ewige und unendliche Wesenheit ausdrückt, existiert notwendig.

Beweis: Wer diesen Satz verneint, denke sich, wenn es möglich ist, Gott existiere nicht. Also schließt (nach Grundsatz 7) seine Wesenheit die Existenz nicht ein. Nun ist dies aber (nach Lehrsatz 7) ungereimt. Folglich existiert Gott notwendig. W. z. b. w.

Ein anderer Beweis: Von jedem Dinge muß sich eine Ursache oder ein Grund angeben lassen, weshalb es existiert oder weshalb es nicht existiert. Wenn z. B. ein Dreieck existiert, so muß ein Grund oder eine Ursache dasein, weshalb es existiert; wenn es aber nicht existiert, so muß ebenfalls ein Grund oder eine Ursache dasein, die hindert, daß es existiert oder die seine Existenz aufhebt. Ein solcher Grund aber oder eine solche Ursache muß entweder in der Natur des Dinges enthalten sein oder außerhalb ihrer liegen. Den Grund z. B., weshalb ein viereckiger Kreis nicht existiert, zeigt die Natur des viereckigen Kreises selbst an: schließt sie doch einen Widerspruch ein. Andrerseits folgt ebenso aus der bloßen Natur der Substanz, weshalb sie exitiert: weil nämlich ihre Natur (nach Lehrsatz 7) die Existenz in sich schließt. Demgegenüber folgt der Grund, weshalb ein Kreis oder ein Dreieck existiert oder nicht existiert, nicht aus der Natur dieser Dinge, sondern aus der Ordnung der allgemeinen körperlichen Natur; denn aus dieser folgt mit Notwendigkeit, entweder daß ein Dreieck jetzt existieren muß, oder daß seine Existenz jetzt unmöglich ist. Das alles ist ja selbstverständlich. Hieraus folgt, daß notwendig existiert, wofür ein Grund oder eine Ursache, die hindert, daß es existiert, nicht vorhanden ist. Wenn es daher einen Grund oder eine Ursache, die hindert, daß Gott existiert, oder die seine Existenz aufhebt, nicht geben kann, so ist unbedingt zu schließen, daß er notwendig existiert. Gäbe es dagegen einen solchen Grund oder eine solche Ursache, so müßte sie entweder in der eigenen Natur Gottes oder außerhalb ihrer liegen, das heißt in einer anderen Substanz von anderer Natur. Denn wäre sie von der selben Natur, so wäre eben damit eingeräumt, daß Gott da sei. Eine Substanz von anderer Natur könnte aber (nach Lehrsatz 2) mit Gott nichts gemein haben und also auch seine Existenz weder setzen noch aufheben. Da es mithin außerhalb der göttlichen Natur einen Grund oder eine Ursache, die die göttliche Existenz aufhöbe, nicht geben kann, so wird sie, wenn wirklich Gott nicht existiert, in seiner Natur selbst liegen müssen, die demnach einen Widerspruch einschlösse. Dies von dem unbedingt unendlichen und höchst vollkommenen Wesen zu behaupten, ist jedoch ungereimt. Also gibt es weder in Gott, noch außerhalb Gottes eine Ursache oder einen Grund, der seine Existenz aufhöbe; und mithin existiert Gott notwendig. W. z. b. w.

Ein anderer Beweis: Imstande sein, nicht zu existieren, ist Ohnmacht, imstande sein, zu existieren, dahingegen Macht (wie sich von selbst versteht). Wenn daher, was jetzt notwendig existiert, nur endliche Wesen sind, so sind endliche Wesen mächtiger, als das unbedingt unendliche Wesen; das ist jedoch (wie sich von selbst versteht) ungereimt; also existiert entweder nichts, oder das unbedingt unendliche Wesen existiert ebenfalls notwendig. Nun aber existieren wir selbst entweder in uns oder in einem Anderen, das notwendig existiert (siehe Grundsatz 1 und Lehrsatz 7). Folglich existiert das unbedingt unendliche Wesen, das heißt Gott, notwendig. W. z. b. w.

Anmerkung: In diesem letzten Beweis habe ich die Existenz Gottes a posteriori zeigen wollen, um den Beweis faßlicher zu machen, nicht etwa weil sich Gottes Existenz von derselben Grundlage aus nicht auch a priori folgern ließe. Denn, da existieren können Macht ist, so folgt, daß die Natur eines Dinges in sich um so mehr Kräfte hat, zu existieren, je mehr Realität ihr zukommt. Das unbedingt unendliche Wesen oder Gott muß sonach in sich unbedingt unendliche Macht haben, zu existieren, und mithin unbedingt existieren. Indessen wird es vielen wohl nicht leicht sein, die Evidenz dieses Beweises zu sehen, weil sie gewohnt sind, einzig und allein die Dinge zu betrachten, die aus äußeren Ursachen entspringen; und da sehen sie, wie von diesen Dingen die, die schnell entstehen, das heißt die leicht existieren, auch ebenso leicht vergehen, und urteilen umgekehrt, daß die Dinge schwerer entstehen, das heißt nicht so leicht existieren, zu denen, wie sie begreifen, mehr gehört. Um sie von diesen ihren Vorurteilen zu befreien, habe ich jedoch nicht nötig, hier zu zeigen, in welchem Sinne der Satz: „was schnell entsteht, vergeht schnell" wahr ist; auch nicht, ob in Rücksicht auf die ganze Natur alles gleich leicht ist oder nicht. Es genügt vielmehr allein die Bemerkung, daß ich hier nicht von Dingen spreche, die aus äußeren Ursachen entstehen, sondern bloß von Substanzen, die (nach Lehrsatz 6) von keiner äußeren Ursache hervorgebracht werden können. Denn Dinge, die aus äußeren Ursachen entstehen, mögen sie nun viele Teile haben oder wenige, verdanken alles, was sie an Vollkommenheit oder Realität besitzen, der Kraft ihrer äußeren Ursache; ihre Existenz entstammt somit allein der Vollkommenheit der äußeren Ursache und nicht ihrer eigenen. Was dagegen die Substanz an Vollkommenheit besitzt, verdankt sie keiner äußeren Ursache; demnach muß aus ihrer bloßen Natur auch ihre Existenz folgen, die daher nichts anderes ist, als ihre Wesenheit. Vollkommenheit hebt also die Existenz eines Dinges nicht auf, sondern umgekehrt: setzt sie. Unvollkommenheit dagegen hebt sie auf; folglich können wir der Existenz keines Dinges gewisser sein als der Existenz des unbedingt unendlichen oder vollkommenen Wesens, das heißt Gottes. Denn da seine Wesenheit alle Unvollkommenheit ausschließt und unbedingte Vollkommenheit enthält, so hebt sie eben dadurch jede Ursache, an seiner Existenz zu zweifeln, auf und gibt über sie die höchste Gewißheit, was, wie ich denke, auch jemandem, der nur halbwegs aufmerkt, klar einleuchten wird.

Lehrsatz 12. Kein Attribut einer Substanz kann wahrheitsgemäß gedacht sein, aus dem sich folgern ließe, daß die Substanz teilbar sei.

Beweis: Die Teile nämlich, in die eine so gedachte Substanz zerfiele, würden entweder die Natur der Substanz behalten oder nicht. Im ersten Falle würde (nach Lehrsatz 8) jeder Teil unendlich und (nach Lehrsatz 6) Ursache seiner selbst sein müssen und würde (nach Lehrsatz 5) aus einem besonderen Attribute bestehen müssen; dann aber würden sich aus einer Substanz mehrere Substanzen bilden, was (nach Lehrsatz 6) ungereimt ist. Überdies würden die Teile (nach Lehrsatz 2) mit ihrem Ganzen nichts gemein haben, und das Ganze könnte (nach Definition 4 und Lehrsatz 10) ohne seine Teile sein und begriffen werden, was unzweifelhaft durchaus ungereimt ist. Setzt man den zweiten Fall, daß nämlich die Teile die Natur der Substanz nicht behalten, dann würde, wenn die ganze Substanz in gleiche Teile geteilt wäre, sie die Natur der Substanz verlieren und aufhören zu sein, was (nach Lehrsatz 7) ungereimt ist.

Lehrsatz 13. Die unbedingt unendliche Substanz ist unteilbar.

Beweis: Wenn sie nämlich teilbar wäre, würden die Teile, in die sie zerfiele, entweder die Natur der unbedingt unendlichen Substanz behalten, oder nicht. Im ersten Falle würden sich mehrere Substanzen von der selben Natur ergeben, was (nach Lehrsatz 5) ungereimt ist. Setzt man den zweiten Fall, dann könnte (wie oben) die unbedingt unendliche Substanz aufhören zu sein, was (nach Lehrsatz 11) ebenfalls ungereimt ist.

Folgesatz: Hieraus folgt, daß keine Substanz, und folglich auch keine körperliche Substanz, sofern sie Substanz ist, teilbar ist.

Anmerkung: Daß die Substanz unteilbar ist, läßt sich noch einfacher bloß daraus erkennen, daß man die Natur der Substanz notwendig als unendlich denken muß, und daß man unter einem Teil der Substanz nichts anderes verstehen kann als eine endliche Substanz, was (nach Lehrsatz 8) einen offenbaren Widerspruch enthält.

Lehrsatz 14. Außer Gott kann keine Substanz sein und keine begriffen werden.

Beweis: Da Gott das unbedingt unendliche Wesen ist, von dem (nach Definition 6) kein Attribut, das die Wesenheit einer Substanz ausdrückt, verneint werden kann, und da Gott (nach Lehrsatz 11) notwendig existiert, so müßte eine Substanz außer Gott, wenn es eine solche gäbe, durch irgend ein Attribut Gottes erklärt werden, und dann würden zwei Substanzen von dem selben Attribut existieren, was (nach Lehrsatz 5) ungereimt ist; und demnach kann keine Substanz außerhalb Gottes sein, und folglich auch keine begriffen werden. Denn könnte sie begriffen werden, so müßte sie notwendig als existierend begriffen werden; das ist aber (nach dem ersten Teil dieses Beweises) ungereimt. Also kann außerhalb Gottes keine Substanz sein und keine begriffen werden. W. z. b. w.

Folgesatz 1: Hieraus folgt ganz klar, 1. daß Gott einzig ist, das heißt (nach Definition 6), daß es in der Natur der Dinge nur Eine Substanz gibt, und daß diese unbedingt unendlich ist, wie wir in der Anmerkung zu Lehrsatz 10 schon angedeutet haben.

Folgesatz 2: Es folgt 2., daß ein ausgedehntes Ding und ein denkendes Ding entweder Attribute Gottes sind, oder (nach Grundsatz 1) Affektionen von Attributen Gottes.

Lehrsatz 15. Alles, was ist, ist in Gott, und nichts kann ohne Gott sein oder begriffen werden.

Beweis: Außer Gott gibt es (nach Lehrsatz 14) keine Substanz und kann keine begriffen werden, das heißt (nach Definition 3), kein Ding, das in sich ist und durch sich begriffen wird. Modi aber können (nach Definition 5) ohne eine Substanz weder sein noch begriffen werden; sie können mithin nur in der göttlichen Natur sein und nur durch sie begriffen werden. Nun gibt es (nach Grundsatz 1) nichts als Substanzen und Modi. Folglich kann nichts ohne Gott sein oder begriffen werden. W. z. b. w

Anmerkung: Manche bilden sich ein, Gott bestehe wie der Mensch aus Körper und Seele, und sei den Leidenschaften unterworfen; aus dem bisher Bewiesenen geht indessen zur Genüge hervor, wie weit sie von der wahren Erkenntnis Gottes entfernt sind. Doch gehe ich auf sie nicht weiter ein: denn alle, die über die göttliche Natur ein wenig nachgesonnen haben, verneinen die Körperlichkeit Gottes. Sie beweisen das auch sehr gut damit, daß man unter Körper stets eine Größe versteht, die lang, breit und tief und durch eine bestimmte Gestalt begrenzt ist, was von Gott, als dem unbedingt unendlichen Wesen auszusagen, so ungereimt wäre, wie nur möglich. Inzwischen lassen jedoch andere ihrer Gründe, womit sie das selbe zu beweisen suchen, deutlich erkennen, daß sie die körperliche oder ausgedehnte

Substanz selbst von der göttlichen Natur überhaupt fernhalten, und namentlich behaupten sie, daß die körperliche Substanz erst von Gott geschaffen worden sei. Dabei wissen sie aber ganz und gar nicht, durch welche göttliche Macht sie geschaffen sein könnte; was klar zeigt, daß sie das, was sie selbst sagen, nicht verstehen. Ich für meinen Teil habe, nach meinem Urteil wenigstens, hinreichend klar bewiesen, daß keine Substanz von einer anderen hervorgebracht oder geschaffen werden kann (siehe den Folgesatz zu Lehrsatz 6 und die Anmerkung 2 zu Lehrsatz 8). Ferner haben wir im Lehrsatz 14 gezeigt, daß außer Gott keine Substanz sein und keine begriffen werden kann; und hieraus haben wir dann geschlossen, daß die ausgedehnte Substanz eins der unendlich vielen Attribute Gottes sei. Allein um die Sache besser zu erläutern, will ich noch die Gründe der Gegner widerlegen, die sämtlich auf die folgenden Punkte zurückgehen.

Erstens meinen sie, daß die körperliche Substanz, sofern sie Substanz ist, aus Teilen bestehe; und deswegen verneinen sie die Möglichkeit, daß sie unendlich sei, und folglich die Möglichkeit ihrer Zugehörigkeit zu Gott. Sie erläutern dies durch eine Menge von Beispielen, von denen ich das eine und das andere beibringen will. Angenommen, sagen sie, die körperliche Substanz sei unendlich, so möge man sich denken, daß sie in zwei Teile geteilt werde; ein jeder Teil wird dann entweder endlich sein oder unendlich. Demnach wird in dem einen Fall ein Unendliches aus zwei endlichen Teilen zusammengesetzt sein, was ungereimt ist. In dem anderen ergäbe sich ein Unendliches, das doppelt so groß wäre wie ein anderes Unendliche, was ebenfalls ungereimt ist. Ferner, wenn man eine unendliche Größe nach Teilen von der Länge eines Fußes mißt, so wird sie aus unendlich vielen solchen Teilen bestehen müssen, und das selbe gilt, wenn man sie nach Teilen von der Länge eines Zolles mißt; und damit wäre eine unendliche Zahl zwölfmal größer als eine andere unendliche Zahl. Endlich, wenn man annimmt, daß von einem Punkt aus in irgend einer unendlichen Größe zwei Linien, wie AB und AC, mit fest bestimmten Anfangsabständen, ins Unendliche verlängert werden, so wird sicherlich der Abstand zwischen B und C ständig wachsen,

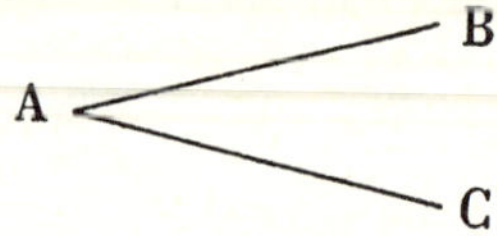

bis er zuletzt aus einem bestimmten zu einem unbestimmbaren wird. Da also aus der Annahme einer unendlichen Größe ihrer Meinung nach derartige Ungereimtheiten folgen, so schließen sie daraus, daß die körperliche Substanz notwendig endlich sei, und daß sie folglich nicht zur Wesenheit Gottes gehöre.

Einen zweiten Gegengrund leiten sie ebenfalls von Gottes höchster Vollkommenheit ab. Gott nämlich, sagen sie, kann als höchst vollkommenes Wesen nicht leiden: die körperliche Substanz aber kann leiden, da sie ja teilbar ist; daraus folgt, daß sie zur Wesenheit Gottes nicht gehört.

Dies sind die Gegengründe, wie ich sie bei den Schriftstellern finde, durch die sie zu zeigen suchen, daß die körperliche Substanz der göttlichen Natur unwürdig sei und zu ihr nicht gehören könne. Allein, wer recht acht gibt, wird bemerken, daß ich hierauf bereits geantwortet habe, da ja diese Gegengründe allein auf der Voraussetzung beruhen, daß die körperliche Substanz aus Teilen bestehe, was ich bereits (in Lehrsatz 12 und dem Folgesatz zu Lehrsatz 13) als ungereimt nachgewiesen habe. Wer die Sache recht überlegt, wird dann sehen, daß alle jene Ungereimtheiten (wenn sie alle wirklich Ungereimtheiten sind, worüber ich jetzt nicht streiten mag), aus denen sie schließen wollen, daß die ausgedehnte Substanz endlich sei, aus der Annahme einer unendlichen Größe nicht im geringsten folgen, sondern vielmehr aus der Annahme, daß die unendliche Größe meßbar und aus endlichen Teilen zusammengesetzt sei; sie können daher aus den Ungereimtheiten, die sie aus ihr folgern, nichts weiter schließen, als daß eine unendliche Größe nicht meßbar ist, und daß sie nicht aus endlichen Teilen zusammengesetzt sein kann. Was denn das selbe ist, was wir bereits oben (Lehrsatz 12 usw.) bewiesen haben. Das Geschoß, das sie gegen mich richten, trifft daher in Wahrheit sie selbst. Wenn sie also trotzdem aus ihrer ungereimten Annahme schließen wollen, daß die ausgedehnte Substanz notwendig endlich sei, so tun sie fürwahr genau das selbe wie jemand, der sich einbildet, der Kreis habe die Eigenschaften des Vierecks, und daraus schließt, der Kreis habe keinen Mittelpunkt, von dem aus alle nach der Peripherie gezogenen Linien gleich sind. Denn sie denken sich, daß die körperliche Substanz, die doch notwendig als unendlich, notwendig als einzig und notwendig als unteilbar begriffen werden muß (siehe Lehrsatz 8, 5 und 12), aus endlichen Teilen zusammengesetzt, vielfach und teilbar sei, um dann daraus ihre Endlichkeit zu schließen. Ganz ebenso bilden andere sich ein, eine Linie bestehe aus Punkten, und wissen dann gar viele Beweisgründe aufzufinden, um zu zeigen, daß eine Linie nicht ins Unendliche geteilt werden könne. Und in der Tat ist es gerade so ungereimt, zu behaupten, daß die körperliche Substanz aus Körpern oder Teilen bestehe, als wenn man sagt, ein Körper bestehe aus Flächen, eine Fläche aus Linien, und Linien endlich aus Punkten. Was denn auch alle zugestehen müssen, die wissen, daß klare Vernunft untrüglich ist, und zumal die, die verneinen, daß es einen leeren Raum gibt. Denn ließe sich die körperliche Substanz so teilen, daß ihre Teile real geschieden wären, warum sollte dann nicht ein Teil zu Nichts werden können, während die übrigen wie vorher miteinander verbunden blieben? Und warum sollten dann alle so zueinander passen, daß es keinen leeren Zwischenraum gäbe? Von Dingen, die real voneinander geschieden sind, kann gewiß das eine ohne das andere sein und in seinem Zustand verbleiben. Da es nun einen leeren Raum in der Natur nicht gibt (worüber anderswo), sondern alle Teile so aufeinander passen müssen, daß es einen leeren Raum nicht gibt, so folgt demnach auch hieraus, daß die Teile sich nicht real scheiden lassen, das heißt, daß die körperliche Substanz, sofern sie Substanz ist, unteilbar ist. Wenn nun aber jemand fragt, warum wir von Natur so geneigt sind, die Größe zu teilen, so erwidere ich ihm, daß die Größe von uns auf zweierlei Weise begriffen wird, nämlich einerseits abstrakt oder oberflächlich, wenn wir sie vorstellen, andererseits als Substanz, was allein durch den Verstand geschieht. Wenn wir daher die Größe ins Auge fassen, wie sie im Vorstellungsvermögen ist, was häufig geschieht und uns leichter fällt, so wird sie als endlich, teilbar und aus Teilen zusammengesetzt erscheinen; fassen wir sie aber ins Auge, wie sie im Verstande ist, und begreifen wir sie, sofern sie Substanz ist, was sehr schwierig ist, dann erscheint sie, wie wir schon zur Genüge bewiesen haben, als unendlich, einzig und unteilbar. Das wird für jeden, der gelernt hat, zwischen Vorstellungsvermögen und Verstand zu unterscheiden, am Tage liegen: zumal wenn man hierbei noch in Erwägung zieht, daß die Materie überall die gleiche ist, und daß sich Teile in ihr nur insofern unterscheiden lassen, als man die Materie auf verschiedene Weise affiziert denkt, woher sich dann ihre Teile nur auf modale, nicht aber auf reale Weise unterscheiden lassen. Beispielsweise denkt man das Wasser, sofern es Wasser ist, als teilbar, und seine Teile als voneinander trennbar, nicht aber, sofern es körperliche Substanz ist: insofern ist es nämlich weder trennbar noch teilbar. Ferner: Wasser als Wasser entsteht und vergeht; als Substanz dagegen entsteht es weder noch vergeht es.

Hiermit glaube ich auch den zweiten Gegengrund beantwortet zu haben: beruht er doch ebenfalls darauf, daß die Materie, als Substanz, teilbar und aus Teilen zusammengesetzt sei. Aber auch ohnedies wüßte ich nicht, warum die Materie der göttlichen Natur unwürdig sein sollte, da es doch (nach Lehrsatz 14) außer Gott keine Substanz geben kann, von der sie leiden könnte. Alles, sage ich, ist in Gott, und alles, was geschieht, geschieht allein durch die Gesetze der unendlichen Natur Gottes, und folgt aus der Notwendigkeit seiner Wesenheit (wie ich gleich zeigen werde); man kann daher in keiner Weise behaupten, daß Gott von anderem leide, oder daß die ausgedehnte Substanz der göttlichen Natur unwürdig sei, gesetzt selbst sie wäre teilbar, wenn man nur ihre Ewigkeit und ihre Unendlichkeit anerkennt. Doch hiervon für jetzt genug.

Lehrsatz 16. Aus der Notwendigkeit der göttlichen Natur muß unendlich vieles auf unendlich viele Weisen folgen (das heißt alles, was Objekt des unendlichen Verstandes sein kann).

Beweis: Dieser Lehrsatz muß jedem einleuchten, der bedenkt, daß der Verstand aus der gegebenen Definition eines jeden Dinges mehrere Eigenschaften erschließt, die in der Tat aus ihr (das heißt aus der Wesenheit des Dinges) notwendig folgen, und um so mehr Eigenschaften, je mehr Realität die Definition des Dinges ausdrückt, das heißt je mehr Realität die Wesenheit des definierten Dinges in sich schließt. Da nun die göttliche Natur (nach Definition 6) unbedingt unendlich viele Attribute hat, deren jedes wiederum unendliche Wesenheit in seiner Gattung ausdrückt, so muß folglich aus ihrer Notwendigkeit unendlich vieles auf unendlich viele Weisen (das heißt alles, was Objekt des unendlichen Verstandes sein kann) notwendig folgen. W. z. b. w.

Folgesatz 1: Hieraus folgt, daß Gott die bewirkende Ursache aller Dinge ist, die Objekt des unendlichen Verstandes sein können.

Folgesatz 2: Es folgt zweitens, daß Gott Ursache durch sich ist, nicht Ursache durch Zufall.

Folgesatz 3: Es folgt drittens, daß Gott die unbedingt erste Ursache ist.

Lehrsatz 17. Gott handelt allein nach den Gesetzen seiner Natur und von niemandem gezwungen.

Beweis: Daß allein aus der göttlichen Natur oder (was das selbe ist) allein aus den Gesetzen der göttlichen Natur unendlich vieles unbedingt folge, haben wir soeben im Lehrsatz 16 gezeigt; und im Lehrsatz 15 haben wir bewiesen, daß nichts ohne Gott sein noch begriffen werden könne, sondern daß alles in Gott sei; deswegen kann nichts außerhalb Gottes sein, wovon er zum Handeln bestimmt oder gezwungen würde, und folglich handelt Gott allein nach den Gesetzen seiner Natur und von niemandem gezwungen. W. z. b. w.

Folgesatz 1: Hieraus folgt erstens, daß es keine Ursache gibt, die Gott von außen oder von innen zum Handeln antreibt, außer der Vollkommenheit seiner Natur.

Folgesatz 2: Es folgt zweitens, daß Gott allein eine freie Ursache ist. Denn nur Gott allein existiert (nach Lehrsatz 11 und Folgesatz 1 zu Lehrsatz 14) kraft der bloßen Notwendigkeit seiner Natur, und nur er handelt (nach dem vorigen Lehrsatz) kraft der bloßen Notwendigkeit seiner Natur. Und folglich ist (nach Definition 7) nur er allein eine freie Ursache. W. z. b. w.

Anmerkung: Andere meinen, Gott sei deswegen eine freie Ursache, weil er ihrer Meinung nach bewirken kann, daß das, was, wie wir sagten, aus der Notwendigkeit seiner Natur folgt, das heißt das, was in seiner Gewalt steht, nicht geschieht, oder von ihm nicht hervorgebracht wird. Indessen dies wäre gerade so, als wollten sie sagen, Gott könne bewirken, daß aus der Natur des Dreiecks nicht folge, daß seine drei Winkel gleich zwei rechten seien, oder daß aus einer gegebenen Ursache keine Wirkung folge, was ungereimt ist. Ferner werde ich unten, ohne diesen Lehrsatz heranzuziehen, zeigen, daß zur Natur Gottes weder Verstand noch Wille gehört. Ich weiß allerdings, daß viele meinen beweisen zu können, daß zur Natur Gottes der höchste Verstand und ein freier Wille gehöre; denn sie versichern nichts Vollkommneres zu kennen, um es Gott beizulegen, als das, was an uns die höchste Vollkommenheit ist. Obgleich sie nun Gott als tatsächlich mit dem höchsten wirklichen Wissen begabt denken, so glauben sie weiterhin doch nicht, daß er bewirken kann, daß alles, was wirklicher Inhalt seines Verstandes ist, existiere, denn auf diese Art meinen sie, würden sie die Macht Gottes zerstören. Hätte Gott, sagen sie, alles, was in seinem Verstande ist, geschaffen, dann hätte er nichts weiter mehr erschaffen können, was, wie sie glauben, der Allmacht Gottes widerstreitet; und deshalb nehmen sie lieber an, daß Gott gegen alles indifferent sei und nichts weiter erschaffe, als was er nach einem unbedingten Willen zu erschaffen beschlossen habe.

Ich glaube jedoch klar genug gezeigt zu haben (siehe Lehrsatz 16), daß aus der höchsten Macht Gottes oder seiner unendlichen Natur unendlich vieles auf unendlich viele Weisen, das heißt Alles, notwendig geflossen ist oder immer mit der gleichen Notwendigkeit folgt; auf die selbe Weise, wie aus der Natur des Dreiecks von Ewigkeit und in Ewigkeit folgt, daß seine drei Winkel gleich zwei rechten sind. Deswegen war Gottes Allmacht von Ewigkeit wirklich und wird in Ewigkeit in der selben Wirklichkeit bleiben. Auf diese Weise erscheint die Allmacht Gottes, wenigstens nach meiner Ansicht, als bei weitem vollkommener. Ja (wenn ich offen reden darf) eigentlich verneinen meine Gegner Gottes Allmacht. Sie sind nämlich gezwungen zuzugestehen, daß Gott unendlich vieles als erschaffbar denkt, was er doch niemals wird schaffen können. Denn sonst, wenn er nämlich alles, was er denkt, schüfe, würde er nach ihnen seine Allmacht erschöpfen und sich unvollkommen machen. Um also Gott als vollkommen hinzustellen, sehen sie sich dahin gedrängt, zugleich behaupten zu müssen, daß er nicht alles zu bewirken vermag, worauf seine Macht sich erstreckt, und ich glaube, es läßt sich keine Annahme erdenken, die ungereimter wäre oder der Allmacht Gottes mehr entgegenstünde.

Nun noch einiges über den Gott gemeinhin zuerkannten Verstand und Willen: Wenn sie, nämlich Verstand und Wille, zu Gottes ewiger Wesenheit gehören, so ist unter diesen beiden Attributen offenbar etwas ganz anderes zu verstehen, als was die Menschen gewöhnlich damit meinen. Denn der Verstand und der Wille, die Gottes Wesenheit ausmachen würden, müßten von unserem Verstand und unserem Willen himmelweit verschieden sein und konnten höchstens im Namen damit übereinstimmen, so wie das Sternbild Hund und das bellende Tier Hund miteinander übereinstimmen. Mein Beweis ist folgender: Ein der göttlichen Natur zugehöriger Verstand würde nicht, wie der unserige, seiner Natur nach später als die erkannten Dinge (wie die meisten für richtig halten) oder gleichzeitig mit ihnen sein, da ja Gott (nach Folgesatz 1 zu Lehrsatz 16) allen Dingen ursächlich vorangeht. Vielmehr ist gerade umgekehrt die Wahrheit und die formale Wesenheit der Dinge deshalb so, wie sie ist, weil sie so in Gottes Verstand objektiv existiert. Deswegen ist Gottes Verstand, sofern er als die Wesenheit Gottes ausmachend begriffen wird, in Wahrheit die Ursache der Dinge, ihrer Wesenheit ebenso wie ihrer Existenz; was wohl auch alle die bemerkt haben, die behaupteten, daß Gottes Verstand, Gottes Wille und Gottes Macht ein und das selbe sei. Ist somit Gottes Verstand die alleinige Ursache der Dinge, und zwar (wie gezeigt) ihrer Wesenheit ebenso wie ihrer Existenz, so muß er selbst von ihnen notwendig verschieden sein, hinsichtlich der Wesenheit ebenso wie hinsichtlich der Existenz. Denn das Bewirkte unterscheidet sich von seiner Ursache genau in dem, was es von der Ursache hat. Ein Mensch ist z. B wohl die Ursache der Existenz, nicht aber der Wesenheit eines anderen Menschen, denn diese ist eine ewige Wahrheit: und deshalb können sie in der Wesenheit völlig übereinstimmen, in der Existenz dagegen müssen sie verschieden sein; und dementsprechend braucht, wenn die Existenz des einen untergeht, darum die des anderen nicht unterzugehen; wenn aber die Wesenheit des einen zerstört und falsch werden könnte, so würde auch die Wesenheit des anderen zerstört werden. Aus diesem Grunde muß ein Ding, das Ursache der Wesenheit sowohl wie der Existenz einer Wirkung ist, von dieser Wirkung hinsichtlich der Wesenheit ebenso wie hinsichtlich der Existenz verschieden sein. Nun ist aber Gottes Verstand die Ursache für die Wesenheit sowohl wie für die Existenz unseres Verstandes; folglich ist Gottes Verstand, sofern er als die göttliche Wesenheit ausmachend begriffen wird, von unserem Verstand hinsichtlich der Wesenheit ebenso wie hinsichtlich der Existenz verschieden, und kann höchstens im Namen mit ihm übereinstimmen, — wie wir es wollten. In betreff des Willens läßt sich ganz der selbe Beweis führen, wie jeder leicht sehen kann.

Lehrsatz 18. Gott ist die inbleibende, aber nicht die übergehende Ursache aller Dinge.

Beweis: Alles, was ist, ist (nach Lehrsatz 15) in Gott und muß durch Gott begriffen werden; und folglich ist (nach Folgesatz 1 zu Lehrsatz 16 dieses Teils) Gott die Ursache der Dinge, die in ihm sind, was das erste ist. Sodann kann es außerhalb Gottes (nach Lehrsatz 14) keine Substanz geben, das heißt (nach Definition 3) kein Ding, daß außerhalb Gottes in sich ist, was das zweite war. Gott ist also die inbleibende Ursache aller Dinge, aber nicht die übergehende. W. z. b. w.

Lehrsatz 19. Gott oder alle Attribute Gottes sind ewig.

Beweis: Gott ist nämlich (nach Definition 6) die Substanz, die (nach Lehrsatz 11) notwendig existiert, das heißt (nach Lehrsatz 7) zu deren Natur es gehört, zu existieren, oder (was das selbe ist) aus deren Definition das Existieren selbst folgt; und somit ist er (nach Definition 8) ewig. Unter Gottes Attributen sodann ist das zu verstehen, was (nach Definition 4) die Wesenheit der göttlichen Substanz ausdrückt, das heißt das, was zur Substanz gehört: genau das, sage ich, müssen die Attribute selbst in sich schließen. Nun aber gehört zur Natur der Substanz (wie ich eben auf Grund von Lehrsatz 7 bewiesen habe) die Ewigkeit; folglich muß ein jedes ihrer Attribute die Ewigkeit in sich schließen, und somit sind alle ewig. W. z. b. w.

Anmerkung: Dieser Lehrsatz erhellt gleichfalls sehr klar aus der Art, wie ich (Lehrsatz 11) die Existenz Gottes bewiesen habe. Durch diesen Beweis steht, meine ich, fest, daß Gottes Existenz ebenso wie seine Wesenheit eine ewige Wahrheit ist. Sodann habe ich Gottes Ewigkeit noch auf andere Art (Lehrsatz 19 der Prinzipien Descartes) bewiesen, doch ist es nicht nötig, das hier zu wiederholen.

Lehrsatz 20. Gottes Existenz und seine Wesenheit sind ein und das selbe.

Beweis: Gott und alle seine Attribute sind (nach dem vorigen Lehrsatz ewig, das heißt (nach Definition 8) jedes seiner Attribute drückt Existenz aus. Die selben Attribute Gottes, die (nach Definition 4) Gottes ewige Wesenheit darstellen, stellen somit zugleich seine ewige Existenz dar, das heißt: eben das, was Gottes Wesenheit ausmacht, macht zugleich seine Existenz aus, und folglich ist diese und seine Wesenheit ein und das selbe. W. z. b. w.

Folgesatz 1: Hieraus folgt erstens, daß Gottes Existenz wie seine Wesenheit eine ewige Wahrheit ist.

Folgesatz 2: Es folgt zweitens, daß Gott oder alle Attribute Gottes unveränderlich sind. Denn wenn sie sich hinsichtlich ihrer Existenz veränderten, müßten sie sich auch (nach dem vorigen Lehrsatz) hinsichtlich ihrer Wesenheit verändern, das heißt (wie sich von selbst versteht), aus wahren falsche werden, was ungereimt ist.

Lehrsatz 21. Alles, was aus der unbedingten Natur eines göttlichen Attributes folgt, hat immer und unendlich existieren müssen oder ist durch eben dies Attribut ewig und unendlich.

Beweis: Man denke sich, wenn es möglich ist, (falls man diesen Lehrsatz verneint,) daß etwas in einem Attribute Gottes aus der unbedingten Natur dieses Attributs folge, was endlich ist und eine bestimmte Existenz oder Dauer hat, z. B. die Idee Gottes im Denken. Nun ist das Denken, da es als Attribut Gottes gesetzt wird (nach Lehrsatz 11), notwendig seiner Natur nach unendlich. Dagegen wird es, sofern es die Idee Gottes hat, als endlich gesetzt. Als endlich aber kann es (nach Definition 2) nur begriffen werden, wenn es durch das Denken selbst bestimmt wird. Allein nicht durch das Denken, sofern es die Idee Gottes ausmacht, denn, wie vorausgesetzt, ist es ja in dieser Beziehung endlich; also durch das Denken, sofern es nicht die Idee Gottes ausmacht; dies aber muß (nach Lehrsatz 11) notwendig existieren: es gibt also ein Denken, das die Idee Gottes nicht ausmacht, und deswegen folgt aus Gottes Natur, sofern sie unbedingtes Denken ist, nicht notwendig die Idee Gottes (denn sie wird als die Idee Gottes ausmachend und als sie nicht ausmachend begriffen). Dies ist gegen die Voraussetzung. Wenn deshalb die Idee Gottes im Denken, oder überhaupt etwas (es ist gleich, was man nimmt, da der Beweis allgemein ist) in einem Attribute Gottes aus der Notwendigkeit der unbedingten Natur dieses Attributes folgt, so muß es notwendig unendlich sein. Das war das erste.

Sodann kann etwas, das aus der Notwendigkeit der Natur eines Attributes auf diese Weise folgt, keine bestimmte Dauer haben. Denn: wer dies verneint, möge annehmen, daß es ein derartiges Ding, das aus der Notwendigkeit der Natur eines Attributs folgt, in irgend einem Attribute gäbe, z. B. die Idee Gottes im Denken, und nehme weiter an, daß diese einmal nicht existiert habe oder nicht existieren werde. Da nun das Denken als Attribut Gottes gelten soll, so muß es (nach Lehrsatz 11 und Folgesatz 2 zu Lehrsatz 20) sowohl notwendig als auch unveränderlich existieren. Deshalb wird außerhalb der begrenzten Dauer der Idee Gottes (von der ja angenommen wird, daß sie einmal nicht existiert habe oder nicht existieren werde) das Denken ohne die Idee Gottes existieren müssen. Das ist aber gegen die Voraussetzung, denn es war ja angenommen, daß, wenn das Denken gegeben ist, notwendig die Idee Gottes daraus folge. Somit kann die Idee Gottes im Denken oder überhaupt etwas, was notwendig aus der unbedingten Natur eines Attributes Gottes folgt, keine bestimmte Dauer haben, sondern es ist durch dieses Attribut ewig. Das war das zweite. Es ist zu beachten, daß das selbe von jedwedem Dinge zu bejahen ist, das in einem Attribute Gottes aus der unbedingten Natur Gottes notwendig folgt.

Lehrsatz 22. Was aus einem Attribute Gottes folgt, sofern es durch eine Modifikation modifiziert ist, die durch eben dies Attribut notwendig und unendlich existiert, muß gleichfalls notwendig und unendlich existieren.

Beweis: Der Beweis für diesen Lehrsatz wird ebenso geführt, wie der Beweis für den vorigen.

Lehrsatz 23. Jeder Modus, der notwendig und unendlich existiert, ist entweder eine notwendige Folge aus der unbedingten Natur eines Attributes Gottes, oder aus einem Attribut, das durch eine Modifikation modifiziert ist, die notwendig und unendlich existiert.

Beweis: Der Modus ist nämlich (nach Definition 5) in einem Anderen, durch das er auch begriffen werden muß, das heißt (nach Lehrsatz 15): er ist allein in Gott und kann allein durch Gott begriffen werden. Wenn man also einen Modus als notwendig existierend und als unendlich begreift, so muß man dies beides notwendig schließen oder wahrnehmen vermittelst eines Attributes Gottes, sofern man es als Unendlichkeit und Notwendigkeit der Existenz oder (was nach Definition 8 gleich gilt) Ewigkeit ausdrückend begreift, das heißt (nach Definition 6 und Lehrsatz 19): sofern man es unbedingt betrachtet. Ein Modus also, der notwendig und unendlich existiert, muß aus der unbedingten Natur eines Attributes Gottes folgen; und dies entweder unmittelbar (worüber Lehrsatz 21) oder durch Vermittelung einer Modifikation, die aus dessen unbedingter Natur folgt, das heißt (nach dem vorigen Lehrsatz): die notwendig und unendlich existiert. W. z. b. w.

Lehrsatz 24. Die Wesenheit der von Gott hervorgebrachten Dinge schließt die Existenz nicht ein.

Beweis: Dies erhellt aus Definition 1. Denn ein Ding, dessen Natur (für sich betrachtet) die Existenz einschließt, ist Ursache seiner selbst, und existiert allein infolge der Notwendigkeit seiner Natur.

Folgesatz: Hieraus folgt, daß Gott nicht nur die Ursache dafür ist, daß die Dinge zu existieren anfangen, sondern auch dafür, daß sie im Existieren beharren, oder (um mich eines scholastischen Ausdrucks zu bedienen), daß Gott die Ursache des Seins der Dinge ist. Denn, ob die Dinge nun existieren oder ob sie nicht existieren, wir finden, so oft wir ihre Wesenheit betrachten, daß diese weder Existenz noch Dauer in sich schließt; und folglich kann ihre Wesenheit weder die Ursache ihrer Existenz, noch die Ursache ihrer Dauer sein, sondern nur Gott, zu dessen Natur allein (nach Folgesatz 1 zu Lehrsatz 14) die Existenz gehört.

Lehrsatz 25. Gott ist nicht nur die bewirkende Ursache der Existenz sondern auch der Wesenheit der Dinge.

Beweis: Verneint man dies, so wäre demnach Gott nicht die Ursache der Wesenheit der Dinge; und somit könnte (nach Grundsatz 4) die Wesenheit der Dinge ohne Gott begriffen werden: aber das ist (nach Lehrastz 15) ungereimt. Folglich ist Gott die Ursache auch der Wesenheit der Dinge. W. z. b. w.

Anmerkung: Dieser Lehrsatz folgt klarer aus Lehrsatz 16. Aus diesem folgt nämlich, daß wenn die göttliche Natur gegeben ist, aus ihr die Wesenheit der Dinge ebenso wie ihre Existenz notwendig geschlossen werden muß; und, um es kurz zu sagen, in dem Sinne, in dem Gott die Ursache seiner selbst heißt, muß er auch die Ursache aller Dinge heißen, was noch klarer aus dem nächsten Folgesatz hervorgeht.

Folgesatz: Die besonderen Dinge sind nur Affektionen von Attributen Gottes oder Modi, durch die Gottes Attribute in gewisser und bestimmter Weise ausgedrückt werden. Der Beweis erhellt aus Lehrsatz 15 und Definition 5.

Lehrsatz 26. *Ein Ding, das etwas zu wirken bestimmt ist, ist notwendig von Gott bestimmt worden; und ein Ding, das von Gott nicht bestimmt ist, kann sich nicht selbst zum Wirken bestimmen.*

Beweis: Das, dessentwegen man sagt, daß die Dinge bestimmt seien etwas zu wirken, ist notwendig etwas Positives (wie sich von selbst versteht); und daher ist von dessen Wesenheit ebenso wie von dessen Existenz Gott infolge der Notwendigkeit seiner Natur (nach Lehrsatz 25 und 16) die bewirkende Ursache. Das war das erste. Daraus folgt aufs klarste auch der zweite Teil des Lehrsatzes. Denn wenn ein Ding, das von Gott nicht bestimmt ist, sich selbst bestimmen könnte, wäre der erste Teil dieses Lehrsatzes falsch, was, wie wir gezeigt haben, ungereimt ist.

Lehrsatz 27. *Ein Ding, das von Gott bestimmt ist etwas zu wirken, kann sich selbst nicht zu einem nicht bestimmten machen.*

Beweis: Dieser Grundsatz erhellt aus dem dritten Grundsatz.

Lehrsatz 28. *Jedes Einzelne oder jedes Ding, das endlich ist und eine bestimmte Existenz hat, kann nur existieren und zum Wirken bestimmt werden, wenn eine andere Ursache es zum Existieren und Wirken bestimmt, die gleichfalls endlich ist und eine bestimmte Dauer hat; und diese Ursache wiederum kann auch nur existieren und zum Wirken bestimmt werden, wenn eine andere, die gleichfalls endlich ist und eine bestimmte Dauer hat, sie zum Existieren und Wirken bestimmt, und so weiter ins Unendliche.*

Beweis: Was zum Existieren und Wirken bestimmt ist, ist (nach Lehrsatz 26 und Folgesatz zu Lehrsatz 24) von Gott so bestimmt. Nun hat aber das, was endlich ist und eine bestimmte Existenz hat, von der unbedingten Natur eines Attributes Gottes nicht hervorgebracht werden können, denn was aus der unbedingten Natur eines Attributes Gottes folgt, ist (nach Lehrsatz 21) unendlich und ewig. Es mußte also aus Gott oder aus einem seiner Attribute folgen, sofern dies als durch irgend einen Modus affiziert angesehen wird; denn es gibt (nach Grundsatz 1 und Definition 3 und 5) nichts als Substanzen und Modi; und die Modi sind (nach Folgesatz zu Lehrsatz 25) nichts anderes als Affektionen von Attributen Gottes. Nun kann es aber aus Gott oder einem seiner Attribute, sofern dies durch eine Modifikation affiziert ist, die ewig und unendlich ist, ebensowenig folgen (nach Lehrsatz 22). Es mußte also folgen oder zum Existieren und Wirken bestimmt werden von Gott oder einem seiner Attribute, sofern dieses durch eine Modifikation modifiziert ist, die endlich ist und eine bestimmte Existenz hat. Das war das erste. Sodann muß wiederum diese Ursache oder dieser Modus (aus dem selben Grunde, aus dem wir soeben den ersten Teil dieses Lehrsatzes bewiesen haben) gleichfalls von einer anderen bestimmt werden, die gleichfalls endlich ist und eine bestimmte Existenz hat, und wiederum diese letzte (aus dem selben Grunde) von einer anderen und so (aus dem selben Grunde) immer weiter ins Unendliche. W. z. b. w.

Anmerkung: Da einige Dinge von Gott unmittelbar hervorgebracht werden mußten, nämlich die, die aus seiner unbedingten Natur notwendig folgen, andere Dinge durch

Vermittlung dieser ersten, doch so, daß sie ohne Gott weder sein noch begriffen werden können, so folgt daraus erstens, daß Gott die unbedingt nächste Ursache der von ihm unmittelbar hervorgebrachten Dinge ist, nicht aber, wie man sagt, die in ihrer Gattung nächste Ursache. Denn die Wirkungen Gottes können ohne ihre Ursache weder sein noch begriffen werden (nach Lehrsatz 15 und Folgesatz zu Lehrsatz 24). Es folgt zweitens, daß Gott nicht eigentlich die entfernte Ursache der einzelnen Dinge genannt werden kann, es sei denn etwa deswegen, um diese von denen, die er unmittelbar hervorgebracht hat, oder genauer, die aus seiner unbedingten Natur folgen, zu unterscheiden. Denn unter einer entfernten Ursache verstehen wir eine solche, die mit der Wirkung in keiner Weise zusammenhängt. Aber alles, was ist, ist in Gott und hängt von Gott derart ab, daß es ohne ihn weder sein noch begriffen werden kann.

Lehrsatz 29. In der Natur der Dinge gibt es nichts Zufälliges, sondern alles ist kraft der Notwendigkeit der göttlichen Natur bestimmt, auf gewisse Weise zu existieren und zu wirken.

Beweis: Alles was ist, ist (nach Lehrsatz 15) in Gott: Gott aber kann nicht ein zufälliges Ding genannt werden, denn er existiert (nach Lehrsatz 11) notwendig und nicht zufällig. Die Modi der göttlichen Natur sodann sind (nach Lehrsatz 16) aus ihr ebenfalls notwendig und nicht zufällig gefolgt, und zwar entweder sofern die göttliche Natur (nach Lehrsatz 21) unbedingt, oder sofern sie (nach Lehrsatz 22) als auf gewisse Weise modifiziert betrachtet wird. Ferner ist Gott nicht nur (nach Folgesatz zu Lehrsatz 24) die Ursache dieser Modi, sofern sie einfach existieren, sondern auch (nach Lehrsatz 26), sofern sie als zu irgend einem Wirken bestimmt betrachtet werden. Wenn sie (nach dem selben Lehrsatz) von Gott nicht bestimmt worden sind, ist es unmöglich und nicht zufällig, daß sie sich selbst bestimmen; und andererseits, wenn sie von Gott bestimmt worden sind, ist es (nach Lehrsatz 27) unmöglich und nicht zufällig, daß sie sich selbst zu nicht bestimmten machen. Demnach ist alles kraft der Notwendigkeit der göttlichen

Natur bestimmt, nicht nur überhaupt zu existieren, sondern auch auf gewisse Weise zu existieren und zu wirken, und es gibt nichts Zufälliges. W. z. b. w.

Anmerkung: Bevor ich weiter fortfahre, will ich hier erklären, was wir unter „naturender Natur" und was wir unter „genaturter Natur" zu verstehen haben, oder ich will vielmehr nur darauf aufmerksam machen. Denn ich glaube aus dem Vorangehenden geht es schon hervor, nämlich, daß wir unter naturender Natur das zu verstehen haben, was in sich ist und durch sich begriffen wird, oder solche Attribute der Substanz, die ewige und unendliche Wesenheit ausdrücken, das heißt (nach Folgesatz 1 zu Lehrsatz 14 und Folgesatz 2 zu Lehrsatz 17), Gott, sofern er als freie Ursache betrachtet wird. Unter genaturter Natur dagegen verstehe ich alles, was aus der Notwendigkeit der Natur Gottes oder eines jeden von Gottes Attributen folgt, das heißt, die gesamten Modi der Attribute Gottes, sofern sie als Dinge betrachtet werden, die in Gott sind, und die ohne Gott weder sein noch begriffen werden können.

Lehrsatz 30. Der wirklich endliche oder der wirklich unendliche Verstand muß die Attribute Gottes und Gottes Affektionen umfassen und nichts anderes.

Beweis: Eine wahre Idee muß (nach Grundsatz 6) mit ihrem Gegenstande übereinstimmen, das heißt (wie sich von selbst versteht), das, was im Verstande objektiv enthalten ist, muß notwendig in der Natur vorhanden sein: nun aber gibt es (nach Folgesatz 1 zu Lehrsatz 14) nur eine einzige Substanz, nämlich Gott; und (nach Lehrsatz 15) keine anderen Affektionen als solche, die in Gott sind, und die (nach dem selben Lehrsatz) ohne Gott weder sein noch begriffen werden können. Folglich muß der wirklich endliche oder der wirklich unendliche Verstand die Attribute Gottes und Gottes Affektionen umfassen, und nichts anderes. W. z. b. w.

Lehrsatz 31. Der Verstand als wirklicher, ob er nun endlich ist oder unendlich, wie auch der Wille, die Begierde, die Liebe müssen zur genaturten Natur und nicht zur naturenden gerechnet werden.

Beweis: Unter Verstand verstehen wir nämlich (wie unmittelbar klar ist) nicht das unbedingte Denken, sondern nur einen gewissen Modus des Denkens, der sich von anderen Modi, wie der Begierde, der Liebe usw., unterscheidet und somit (nach Definition 5) durch das unbedingte Denken begriffen werden muß; er muß nämlich (nach Lehrsatz 15 und Definition 6) durch ein Attribut Gottes, das die ewige und unendliche Wesenheit des Denkens ausdrückt, so begriffen werden, daß er ohne dies weder sein noch begriffen werden kann; und deswegen muß er (nach der Anmerkung zu Lehrsatz 29) zur genaturten Natur und nicht zur naturenden gerechnet werden, wie auch die übrigen Modi des Denkens. W. z. b. w.

Anmerkung: Der Grund, weshalb ich hier von dem Verstand als wirklichem rede, ist nicht, weil ich zugestehe, daß es einen Verstand als bloß möglichen gäbe; sondern, da ich alle Verwirrung zu meiden wünsche, wollte ich nur von einem von uns ganz klar wahrgenommenen Dinge reden, nämlich vom Verstehen selbst, das wir klarer wahrnehmen, als alles andere. Denn wir können nichts verstehen, das nicht dazu beitrüge, unsere Erkenntnis des Verstehens zu vervollkommnen.

Lehrsatz 32. Der Wille kann nicht eine freie Ursache genannt werden sondern nur eine notwendige.

Beweis: Der Wille ist nur ein gewisser Modus des Denkens, wie der Verstand; und daher kann jede einzelne Wollung (nach Lehrsatz 28) nur dann existieren und zum Wirken bestimmt werden, wenn sie von einer anderen Ursache bestimmt wird, und diese wiederum von einer anderen, und so weiter ins Unendliche. Nimmt man den Willen als unendlich an, so muß er ebenfalls zum Existieren und Wirken bestimmt werden, und zwar von Gott, nicht sofern er die unbedingt unendliche Substanz ist, sondern (nach Lehrsatz 23) sofern er das Attribut hat, das die unendliche und ewige Wesenheit des Denkens ausdrückt. Wie der Wille also auch begriffen werden mag, ob als endlich oder als unendlich, in jedem Falle erfordert er eine Ursache, durch die er zum Existieren und Wirken bestimmt wird; und folglich kann er (nach Definition 7) nicht eine freie Ursache genannt werden, sondern nur eine notwendige oder gezwungene. W. z. b. w.

Folgesatz 1: Hieraus folgt erstens, daß Gott nicht aus Freiheit des Willens handelt.

Folgesatz 2: Es folgt zweitens, daß sich Wille und Verstand zu Gottes Natur ebenso verhalten wie Bewegung und Ruhe, und überhaupt wie alle Naturdinge, die ja (nach Lehrsatz 29) alle von Gott bestimmt werden müssen, auf gewisse Weise zu existieren und zu wirken. Denn der Wille bedarf, wie alles übrige, einer Ursache, durch die er bestimmt wird, auf gewisse Weise zu existieren und zu wirken. Und wenn auch aus einem gegebenen Willen oder Verstand unendlich vieles folgt, so kann man deswegen doch nicht sagen, daß Gott aus Freiheit des Willens handle, so wenig wie man der Folgen aus Bewegung und Ruhe halber (auch aus diesen folgt nämlich unendlich vieles) sagen kann, Gott handle aus Freiheit der Bewegung und Ruhe. Demnach gehört der Wille nicht mehr zu Gottes Natur, wie die übrigen Naturdinge, sondern verhält sich zu ihr genau so wie Bewegung und Ruhe und alles übrige, was, wie ich gezeigt habe, aus der Notwendigkeit der göttlichen Natur folgt und von ihr bestimmt wird, auf gewisse Weise zu existieren und zu wirken.

Lehrsatz 33. Die Dinge konnten auf keine andere Weise und in keiner anderen Ordnung von Gott hervorgebracht werden, als sie hervorgebracht sind.

Beweis: Alle Dinge sind nämlich aus der gegebenen Natur Gottes (nach Lehrsatz 16) notwendig gefolgt und kraft der Notwendigkeit der Natur Gottes (nach Lehrsatz 29) bestimmt, auf gewisse Weise zu existieren und zu wirken. Wenn die Dinge daher von anderer Natur sein oder auf andere Weise zum Wirken hätten bestimmt werden können, so daß die Ordnung der Natur eine andere wäre, so könnte auch die Natur Gottes eine andere sein, als sie jetzt ist; und mithin müßte dann (nach Lehrsatz 11) diese andere ebenfalls existieren, und folglich könnte es zwei oder mehr Götter geben, was (nach Folgesatz 1 zu Lehrsatz 14) ungereimt ist. Demnach konnten die Dinge auf keine andere Weise und in keiner anderen Ordnung usw. W. z. b. w.

Anmerkung 1: Nachdem ich hiermit sonnenklar gezeigt habe, daß es ganz und gar nichts in den Dingen gibt, weswegen sie zufällig heißen dürften, will ich jetzt mit ein paar Worten auseinandersetzen, was wir unter zufällig zu verstehen haben; zuvor aber, was unter notwendig und unmöglich zu verstehen ist. Ein Ding heißt notwendig entweder im Hinblick auf seine eigene Wesenheit oder im Hinblick auf eine Ursache. Denn die Existenz eines Dinges folgt notwendig entweder aus seiner eigenen Wesenheit und Definition oder aus einer gegebenen bewirkenden Ursache. Aus eben den Ursachen sodann heißt ein Ding unmöglich, weil nämlich entweder seine Wesenheit oder Definition einen Widerspruch in sich schließt, oder weil keine äußere Ursache vorhanden ist, die dazu bestimmt wäre, es hervorzubringen. Dagegen heißt ein Ding zufällig allein im Hinblick auf einen Mangel unserer Erkenntnis und sonst aus keiner anderen Ursache. Denn ein Ding, von dem uns unbekannt ist, ob seine Wesenheit einen Widerspruch in sich schließt, oder von dem wir zwar genau wissen, daß seine Wesenheit keinen Widerspruch in sich schließt, über dessen Existenz wir aber mit Gewißheit nichts behaupten können, weil die Ordnung der Ursachen uns verborgen ist: ein solches Ding kann uns niemals weder als notwendig, noch als unmöglich erscheinen, und deshalb nennen wir es zufällig oder möglich.

Anmerkung 2: Aus dem Vorangegangenen folgt klar, daß die Dinge in höchster Vollkommenheit von Gott hervorgebracht sind; sind sie doch aus der gegebenen vollkommensten Natur notwendig gefolgt. Und dies zeiht Gott keiner Unvollkommenheit; denn gerade seine Vollkommenheit zwang uns ja, dies zu behaupten. Aus dem Gegenteil hiervon würde sogar umgekehrt (wie ich eben gezeigt habe) klar folgen, daß Gott nicht höchst vollkommen sei, weil wir nämlich, wenn die Dinge auf andere Weise hervorgebracht wären, Gott eine andere Natur beilegen müßten, verschieden von der, die wir auf Grund der Betrachtung des vollkommensten Wesens ihm beizulegen gezwungen sind.

Indessen zweifle ich nicht, daß viele diese Ansicht als ungereimt abweisen und sich nicht dazu entschießen mögen, sie ernsthaft in Erwägung zu ziehen, und dies einzig aus dem Grunde, weil sie gewohnt sind, Gott eine andere Art Freiheit beizulegen, sehr verschieden von der, die wir (in Definition 7) beschrieben haben, nämlich einen unbedingten Willen. Indessen zweifle ich ebensowenig, daß sie, wenn sie über die Sache recht nachsinnen und die Reihe unserer Beweise gehörig bei sich erwägen wollten, schließlich eine solche Art Freiheit, wie sie sie Gott jetzt beilegen, nicht bloß als töricht, sondern als ein großes Hindernis für die Wissenschaft gänzlich verwerfen würden. Ich brauche hier ja nicht zu widerholen, was ich in der Anmerkung zu Lehrsatz 17 gesagt habe. Doch will ich ihnen zuliebe noch zeigen, daß, selbst wenn man zugibt, der Wille gehöre zur Wesenheit Gottes, nichtsdestoweniger aus Gottes Vollkommenheit folgt, daß die Dinge auf keine andere Weise und in keiner anderen Ordnung von ihm geschaffen werden konnten. Dies wird sich leicht zeigen lassen, wenn wir zuvörderst das betrachten, was sie selbst zugestehen, nämlich daß es von Gottes Beschluß und Willen allein abhängt, daß jedes Ding ist, was es ist. Denn sonst wäre Gott nicht aller Dinge Ursache. Sodann daß alle Beschlüsse Gottes von Ewigkeit her von Gott selbst unwiderruflich gefaßt sind, denn sonst würde Gott der Unvollkommenheit und Unbeständigkeit geziehen. Da es aber in dem Ewigen kein Wann und kein Vor und kein Nach gibt, so folgt hieraus, nämlich aus der bloßen Vollkommenheit Gottes, daß Gott niemals etwas anderes beschließen kann, noch jemals hat beschließen können, oder daß Gott nicht vor seinen Beschlüssen gewesen ist, noch ohne sie sein kann. Nun aber werden sie behaupten, daß, auch wenn man annehmen wollte, daß Gott eine andere Natur der Dinge gemacht hätte, oder daß er von Ewigkeit her anders über die Natur und ihre Ordnung beschlossen hätte, daraus noch keine Unvollkommenheit in Gott folgen würde. Allein wer dies sagt, räumt damit zugleich ein, daß Gott seine Beschlüsse ändern könne. Denn wenn Gott über die Natur und ihre Ordnung anders beschlossen hätte, als er beschlossen hat, das heißt: wenn er hinsichtlich der Natur anders gewollt und gedacht hätte, dann hätte er einen anderen Verstand, als er jetzt hat, und einen anderen Willen, als er jetzt hat, haben müssen. Und wenn es erlaubt ist, Gott einen anderen Verstand und einen anderen Willen beizulegen, ohne daß sich dabei seine Wesenheit und seine Vollkommenheit irgendwie ändert: aus welchem Grunde sollte er da nicht jetzt seine Beschlüsse über die erschaffenen Dinge ändern und nichtsdestoweniger gleich vollkommen bleiben können? Ist es doch in bezug auf seine Wesenheit und seine Vollkommenheit ganz einerlei, wie sein Verstand und sein Wille hinsichtlich der erschaffenen Dinge und ihrer Ordnung gedacht wird. Sodann geben alle Philosophen, die ich kenne, zu, daß es in Gott keinen möglichen Verstand, sondern nur einen wirklichen gibt; da aber sein Verstand sowohl als sein Wille von seiner Wesenheit nicht verschieden sind, wie ebenfalls alle zugeben, so folgt also auch hieraus, daß, wenn Gott einen anderen wirklichen Verstand gehabt hätte und einen anderen Willen, auch seine Wesenheit notwendig eine andere wäre; wenn die Dinge anders von Gott hervorgebracht wären, als sie es jetzt sind, müßte demnach (wie ich von Anfang an geschlossen habe) Gottes Verstand und sein Wille, das heißt (zugegebenermaßen) seine Wesenheit anders sein, was ungereimt ist.

Da somit die Dinge auf keine andere Weise und in keiner anderen Ordnung von Gott hervorgebracht werden konnten, und die Wahrheit dieses Satzes aus Gottes höchster Vollkommenheit folgt, so kann uns gewiß keine gesunde Vernunft überreden, zu glauben, daß Gott nicht alles, was in seinem Verstande ist, mit der selben Vollkommenheit habe erschaffen wollen, mit der er es erkennt. Nun aber werden sie sagen, in den Dingen sei weder Vollkommenheit noch

Unvollkommenheit, sondern das, was in ihnen ist, und weswegen sie vollkommen oder unvollkommen sind und gut oder schlecht genannt werden, hänge allein von Gottes Willen ab, und folglich hätte Gott, wenn er gewollt hätte, bewirken können, daß, was jetzt Vollkommenheit ist, höchste Unvollkommenheit wäre und umgekehrt. Allein was hieße dies anders als offen bejahen, daß Gott, der das, was er will, notwendig erkennt, durch seinen Willen bewirken kann, daß er die Dinge anders erkennt, als er sie erkennt. Dies wäre (wie ich eben gezeigt habe) eine große Ungereimtheit. Demnach kann ich ihren Beweisgrund gegen sie selber kehren, und zwar folgendermaßen: Alles hängt von Gottes Gewalt ab. Sollten sich also die Dinge anders verhalten können, so müßte sich notwendig auch Gottes Wille anders verhalten. Nun kann Gottes Wille sich nicht anders verhalten (wie wir eben auf Grund von Gottes Vollkommenheit aufs einleuchtendste gezeigt haben). Folglich können auch die Dinge sich nicht anders verhalten.
Ich gestehe, daß diese Meinung, die alles einem indifferenten Willen Gottes unterwirft und von seinem Gutdünken alles abhängen läßt, weniger von der Wahrheit entfernt ist als die Meinung derer, die behaupten, Gott tue alles im Hinblick auf das Gute. Denn diese nehmen damit etwas außerhalb Gottes an, was von Gott nicht abhängt, auf das Gott beim Handeln wie auf ein Vorbild hinblickt, oder auf das er wie auf ein bestimmtes Ziel zustrebt. Dies heißt in der Tat nichts anderes als Gott dem blinden Schicksal unterwerfen, und etwas Ungereimteres kann man von Gott nicht behaupten, der, wie wir zeigten, von der Wesenheit aller Dinge ebenso wie von ihrer Existenz die erste und einzige freie Ursache ist. Ich brauche deshalb mit der Widerlegung dieser Ungereimtheit keine Zeit zu vergeuden.

Lehrsatz 34. Gottes Macht ist seine Wesenheit selbst.

Beweis: Aus der bloßen Notwendigkeit der Wesenheit Gottes folgt nämlich, daß Gott (nach Lehrsatz 11) Ursache seiner selbst und (nach Lehrsatz 16 und dessen Folgesatz) aller Dinge ist. Folglich ist die Macht Gottes, kraft deren er selbst und alles ist und handelt, seine Wesenheit selbst. W. z. b. w.

Lehrsatz 35. Alles, wovon wir begreifen, daß es in Gottes Gewalt steht, ist mit Notwendigkeit.

Beweis: Alles nämlich, was in Gottes Gewalt steht, muß (nach dem vorigen Lehrsatz) in seiner Wesenheit so einbegriffen sein, daß es daraus notwendig folgt; und demnach ist es mit Notwendigkeit. W. z. b. w.

Lehrsatz 36. Es existiert nichts, aus dessen Natur nicht irgend eine Wirkung folgte.

Beweis: Alles, was existiert, drückt (nach Folgesatz zu Lehrsatz 25) die Natur oder die Wesenheit Gottes auf gewisse und bestimmte Weise aus, das heißt (nach Lehrsatz 34) alles, was existiert, drückt die Macht Gottes, die aller Dinge Ursache ist, auf gewisse und bestimmte Weise aus; und demnach muß (nach Lehrsatz 16) aus allem irgend eine Wirkung folgen. W. z. b. w.

ANHANG

Hiermit habe ich die Natur Gottes und seine Eigenschaften entwickelt, nämlich daß er notwendig existiert, daß er einzig ist, daß er allein kraft der Notwendigkeit seiner Natur ist und handelt, daß er die freie Ursache aller Dinge ist und in welcher Weise er es ist, daß alles in Gott ist und von ihm derart abhängt, daß es ohne ihn weder sein noch begriffen werden kann, und schließlich, daß alles von Gott vorher bestimmt ist, und zwar nicht durch Freiheit des Willens oder durch ein unbedingtes Gutdünken, sondern durch Gottes unbedingte Natur oder unendliche Macht. Des weiteren habe ich bei jeder gegebenen Gelegenheit Sorge getragen, die Vorurteile wegzuräumen, die der Auffassung meiner Beweise hinderlich sein konnten.

Da jedoch noch eine ganze Reihe von Vorurteilen bleibt, die ebenso, ja sogar von allen am meisten es hindern konnten und können, daß die Menschen die Verkettung der

Dinge in der Weise, wie ich sie entwickelt habe, zu erfassen vermögen, so habe ich es der Mühe wert gehalten, sie hier einer Prüfung durch die Vernunft zu unterziehen. Und da alle Vorurteile, die ich hier zu besprechen gedenke, von dem einen abhängen, daß nämlich die Menschen gemeiniglich annehmen, alle Dinge in der Natur handelten, wie sie selber, um eines Zweckes willen, und sogar als gewiß behaupten, daß Gott selbst alles auf einen bestimmten Zweck hinleite — sagen sie doch, Gott habe alles um des Menschen willen gemacht, den Menschen aber, damit dieser ihn verehre —, so werde ich zuvörderst dies eine Vorurteil betrachten; und zwar will ich fürs erste die Ursache aufsuchen, weshalb die meisten sich in diesem Vorurteil befriedigt fühlen, und alle von Natur so sehr geneigt sind, es sich zu eigen zu machen. Sodann werde ich zeigen, daß es falsch ist, und schließlich, wie aus ihm die Vorurteile über Gut und Schlecht, Verdienst und Verbrechen, Lob und Tadel, Ordnung und Verwirrung, Schönheit und Häßlichkeit und über anderes dieser Gattung entsprungen sind.

Dies aus der Natur der menschlichen Seele abzuleiten, ist freilich hier nicht der Ort. Hier wird genügen, wenn ich zugrunde lege, was jedermann anerkennen muß, nämlich, daß alle Menschen ohne Kenntnis von den Ursachen der Dinge zur Welt kommen, und daß alle den Trieb haben, ihren Nutzen zu suchen, und sich dieses Triebes bewußt sind. Hieraus folgt nämlich erstens, daß die Menschen frei zu sein meinen, da sie sich ihrer Wollungen und ihres Triebes bewußt sind und an die Ursachen, von denen sie veranlaßt werden, etwas zu erstreben und zu wollen, weil sie ihrer unkundig sind, nicht im Traume denken. Es folgt zweitens, daß die Menschen alles um eines Zweckes willen tun, nämlich um des Nutzens willen, den sie erstreben; daher kommt es, daß sie von dem Vergangenen immer nur die Zweckursachen zu wissen wünschen und, sobald sie sie vernommen haben, befriedigt sind; weil sie nämlich keine Ursache haben, sich weitere Fragen vorzulegen. Wenn sie aber diese Zweckursachen von niemand vernehmen können, bleibt ihnen nichts übrig, als sich an sich selbst zu wenden und an die Zwecke zu denken, von denen sie selbst zu ähnlichem bestimmt zu werden pflegen, und so beurteilen sie die Sinnesweise eines anderen notwendig nach ihrer eigenen Sinnesweise. Da sie ferner in sich und außer sich eine große Menge Mittel vorfinden, die zur Erreichung ihres Nutzens erheblich beitragen, wie z. B. die Augen zum Sehen, die Zähne zum Kauen, die Kräuter und Tiere zur Nahrung, die Sonne zum Leuchten, das Meer Fische zu ernähren usw., so ist es gekommen, daß sie alles in der Natur als Mittel für ihren Nutzen ansehen. Und weil sie wissen, daß diese Mittel von ihnen selbst nur vorgefunden und nicht hergerichtet sind, nahmen sie hieraus Veranlassung, zu glauben, es sei irgend jemand anders, der diese Mittel zu ihrem Nutzen hergerichtet habe. Denn nachdem sie einmal die Dinge als Mittel betrachteten, konnten sie nicht glauben, daß diese sich selbst gemacht hätten, sondern aus den Mitteln, die sie selber für sich herzurichten pflegen, mußten sie schließen, daß es einen oder mehrere mit menschlicher Freiheit begabte Lenker der Natur gebe, die alles für sie besorgt und alles zu ihrem Nutzen gemacht hätten. Und ebenso mußten sie die Sinnesweise dieser Lenker, da sie ja niemals etwas darüber vernommen hatten, nach ihrer eigenen Sinnesweise beurteilen; und infolge hiervon behaupteten sie, daß die Götter alles zum Nutzen der Menschen lenken, um sich die Menschen zu verpflichten und bei ihnen der höchsten Ehre zu genießen. Daher ist es gekommen, daß jeder sich eine besondere Art der Gottesverehrung nach seinem Sinne ausgedacht hat, damit Gott ihn vor allen anderen liebe und die ganze Natur zum Nutzen für seine blinde Begierde und unersättliche Habsucht lenke. Und so hat sich dies Vorurteil in Aberglauben verwandelt und in den Seelen tiefe Wurzeln geschlagen; dies war die Ursache, daß jeder das größte Streben darein setzte, von allen Dingen die Zweckursachen zu erkennen und diese zu erklären. Aber indem sie zu zeigen suchten, daß die Natur nichts vergebens tue (das heißt nichts, was nicht zum Nutzen der Menschen diente), haben sie, wie mir scheint, damit bloß gezeigt, daß die Natur und die Götter ebenso wahnsinnig sind wie die Menschen. Man sehe nur, wohin die Sache schließlich führte! Unter so vielem Nützlichen in der Natur mußten sie eine Menge Schädliches finden, wie Stürme, Erdbeben, Krankheiten usw., und nun behaupteten sie, dies käme daher, weil die Götter über Beleidigungen zürnten, die ihnen von den Menschen zugefügt seien, oder über Verbrechen, die sie bei ihrer Verehrung begangen hätten. Und obgleich die Erfahrung tagtäglich laut widersprach und durch unzählige Beispiele zeigte, daß Nützliches und Schädliches ohne Unterschied Frommen sowie Gottlosen begegne, ließen sie deswegen von dem eingewurzelten Vorurteil doch nicht ab. Denn es war leichter für sie, solche Vorkommnisse unter anderes Unerkannte, dessen Nutzen sie nicht wußten, zu rechnen, und so ihren gegenwärtigen und angeborenen Zustand der Unwissenheit zu behalten, als jenes ganze Gebäude niederzureißen und ein neues zu erdenken. Daher erklärten sie es als gewiß, daß die Urteile der Götter die menschliche Fassungskraft weit übersteigen. Dieser Grund allein hätte sicherlich dazu geführt, daß die Wahrheit dem menschlichen Geschlecht in Ewigkeit verborgen geblieben wäre, wenn nicht die Mathematik, in der es sich nicht um Zwecke, sondern nur um die Wesenheit und die Eigenschaften von Figuren handelt, den Menschen eine andere Wahrheitsnorm gezeigt hätte; und neben der Mathematik könnten noch andere Ursachen bezeichnet werden (sie hier aufzuzählen ist überflüssig), die es ermöglichten, daß die Menschen sich über diese gemeinen Vorurteile klar wurden und zur wahren Erkenntnis der Dinge gelangten.

Hiermit habe ich mich über das, was ich an erster Stelle besprechen wollte, genugsam verbreitet. Um nun aber zu zeigen, daß die Natur sich keinen Zweck vorgesetzt hat, und daß alle Zweckursachen nichts weiter sind, als menschliche Einbildungen, bedarf es nur weniger Worte. Denn ich glaube, es ergibt sich dies bereits hinlänglich sowohl aus der Betrachtung der Grundlagen und Ursachen, von denen dieses Vorurteil, wie ich gezeigt habe, seinen Ursprung genommen hat, als auch aus Lehrsatz 16 und den Folgesätzen zu Lehrsatz 32 und außerdem aus all den Sätzen, in denen ich gezeigt habe, daß alles in der Natur mit einer ewigen Notwendigkeit und mit höchster Vollkommenheit vor sich geht. Doch will ich noch folgendes hinzufügen, nämlich, daß diese Lehre vom Zweck die Natur gänzlich auf den Kopf stellt. Denn was in Wahrheit Ursache ist, sieht sie als Wirkung an, und umgekehrt. Sodann macht sie das der Natur nach Frühere zum Späteren. Und endlich verwandelt sie das Höchste und Vollkommenste in das Unvollkommenste. Denn (ich lasse die ersten beiden Punkte beiseite, weil sie von selbst klar sind), wie sich aus den Lehrsätzen 21, 22 und 23 ergibt, ist die Wirkung am vollkommensten, die von Gott unmittelbar hervorgebracht wird, und je mehr Mittelursachen etwas zu seiner Hervorbringung bedarf, desto unvollkommener ist es. Wenn aber die Dinge, die von Gott unmittelbar hervorgebracht sind, aus dem Grunde gemacht wären, damit Gott seinen Zweck erreiche, dann wären notwendig die letzten, derentwegen die früheren gemacht sind, von allen die wertvollsten. Sodann hebt diese Lehre Gottes Vollkommenheit auf: Denn wenn Gott um eines Zwecks willen handelt, so erstrebt er notwendig etwas, woran es ihm fehlt. Und obwohl die Theologen und Metaphysiker zwischen dem Zweck des Bedürfnisses und dem Zweck der Anähnlichung unterscheiden, gestehen sie trotzdem, daß Gott alles nur seinetwillen und nicht der zu erschaffenden Dinge wegen getan habe; können sie doch vor der Schöpfung nichts außer Gott angeben, um dessentwillen Gott hätte handeln sollen; und folglich sind sie notwendig gezwungen einzugestehen, daß es Gott an dem, wofür er die Mittel herrichten wollte, gefehlt hat, und daß er es begehrt hat, wie ja von selbst klar ist. Ich darf hier auch nicht daran vorübergehen, daß die Anhänger dieser Lehre, die durch Angaben über die Zwecke der Dinge ihren Geist glänzen lassen wollten, um diese ihre Lehre zu begründen ein ganz neues Beweisverfahren aufgebracht haben, nämlich die Zurückführung nicht aufs Unmögliche, sondern auf die Unwissenheit; was denn zeigt, daß sie über kein anderes Beweismittel für diese Lehre verfügten. Wenn z. B. ein Stein von einem Dach jemand auf den Kopf gefallen ist und ihn getötet hat, so beweisen sie auf folgende Art, daß der Stein gefallen sei, um den Menschen zu töten: Wenn er nicht nach dem Willen Gottes zu diesem Zweck gefallen ist, wie kam es, daß zufällig gerade so viel Umstände (oft nämlich treffen viele zusammen) zusammentrafen? Man wird etwa antworten, es sei daher gekommen, weil der Wind wehte, und weil den Menschen sein Weg dort vorbeigeführt hat. Sie aber werden nicht locker lassen: Warum wehte der Wind gerade zu jener Zeit? Warum führte den Menschen sein Weg zu ganz derselben Zeit dort vorbei? Wenn man wiederum antwortet, der Wind habe sich damals erhoben, weil das Meer am vorangegangenen Tage, als das Wetter noch ruhig war, in Bewegung geriet, und daß der Mensch von einem Freunde eingeladen war, so werden sie, da des Fragens kein Ende ist, einem wiederum zusetzen: Warum bewegte sich dann aber das Meer, warum war der Mensch zu jener Zeit eingeladen? Und so werden sie nicht ablassen, weiter nach den Ursachen der Ursachen zu fragen, bis man seine Zuflucht zum Willen Gottes genommen hat, das heißt, zur Freistatt der Unwissenheit. Ebenso staunen sie, wenn sie den Bau des menschlichen Körpers betrachten, und weil ihnen die Ursachen von soviel Kunst unbekannt sind, so schließen sie, daß er nicht durch mechanische, sondern durch eine göttliche oder übernatürliche Kunst gebildet und so eingerichtet sei, daß kein Teil den anderen verletzt. Und daher kommt es, daß wer nach den wahren Ursachen der Wunder sucht und die Dinge in der Natur als ein Gelehrter zu verstehen und nicht als ein Tor sich über sie zu wundern bemüht ist, allenthalben als ein Ketzer und Gottloser gilt und als solcher von denen verschrien wird, in denen das Volk die Dolmetscher der Natur und der Götter verehrt. Denn sie wissen, daß mit dem Aufhören der Unwissenheit auch das Staunen aufhört, das heißt das einzige Mittel, das sie haben, um ihre Beweise zu führen und ihr Ansehen zu erhalten. — Doch ich verlasse jetzt diesen Punkt und gehe zu dem über, was ich hier an dritter Stelle zu behandeln beabsichtige.

Sobald die Menschen sich einmal eingeredet hatten, daß alles, was geschieht, um ihretwillen geschehe, mußten sie als die Hauptsache bei jedem Ding das beurteilen, was ihnen daran am meisten nützte, und alles das als das wertvollste schätzen, wovon sie am angenehmsten affiziert wurden. Daher mußten sie, um die Natur der Dinge zu erklären, Begriffe bilden, wie Gut, Schlecht, Ordnung, Verwirrung, Warm, Kalt, Schönheit und Häßlichkeit. Und weil sie sich für frei hielten, entstanden daraus Begriffe wie Lob und Tadel, Verbrechen und Verdienst. Diese letzteren will ich jedoch erst weiter unten nach der Untersuchung der menschlichen Natur besprechen. Jene dagegen werde ich hier kurz erklären. Alles, was zur Gesundheit und zur Gottesverehrung beiträgt, haben die Menschen gut, und das Gegenteil davon schlecht genannt. Und weil, wer die Natur der Dinge nicht verstandesmäßig erkennt, sondern die Dinge nur vorstellt, das Vorstellungsvermögen für den Verstand nimmt und sich bei der Vorstellung beruhigt, so glauben sie fest daran, daß eine Ordnung in den Dingen selbst befindlich sei, während sie doch die Dinge und ihre Natur gar nicht kennen. Denn wenn die Dinge so verteilt sind, daß wir, sobald sie uns durch unsere Sinne vergegenwärtigt werden, sie ohne Mühe vorstellen, und folglich uns ihrer ohne Mühe erinnern können, dann nennen wir sie gut geordnet; im umgekehrten Falle dagegen nennen wir sie schlecht geordnet oder verworren. Und da uns besonders angenehm ist, was wir ohne Mühe vorstellen können, so ziehen die Menschen die Ordnung der Verwirrung vor, als ob die Ordnung etwas in der Natur, abgesehen von der Beziehung auf unser Vorstellungsvermögen, wäre; und sie sagen, Gott habe alles geordnet geschaffen und legen auf diese Art, ohne es zu wissen, Gott ein Vorstellungsvermögen bei, es müßte denn sein, daß sie annehmen, Gott habe aus Vorsorge für das Vorstellungsvermögen der Menschen alle Dinge so verteilt, daß sie sie ohne die geringste Mühe vorstellen können; und sie werden sich wohl auch nicht weiter darüber aufhalten, daß sich unendlich viel findet, was unser Vorstellungsvermögen weit übersteigt, und sehr viel, was unser Vorstellungsvermögen, weil es zu schwach ist, verwirrt. Doch genug hiervon. Die übrigen Begriffe sodann sind ebenso weiter nichts, als Arten des Vorstellens, durch die das Vorstellungsvermögen in verschiedener Weise affiziert wird; und doch gelten sie bei den Unwissenden als wichtige Attribute der Dinge; denn sie glauben, wie wir schon sagten, daß alle Dinge ihretwegen gemacht seien; und so nennen sie die Natur eines Dinges gut oder schlecht, gesund oder faul und verdorben, je nachdem sie von ihm affiziert werden. Wenn z. B. die Bewegung, die die Nerven von Objekten, die mit den Augen wahrgenommen werden, erhalten, zur Gesundheit beiträgt, so heißen die einwirkenden Objekte schön; dagegen solche, die eine entgegengesetzte Bewegung hervorrufen, nennt man häßlich. Objekte sodann, die durch die Nase unsere Sinne erregen, heißen wohlriechend oder stinkend, die durch die Zunge, süß oder bitter, wohlschmeckend oder unschmackhaft usw.; die aber durch den Tastsinn hart oder weich, rauh oder glatt usw. Und von solchen endlich, die das Ohr reizen, sagt man, ginge ein Geräusch, ein Ton oder eine Harmonie aus, wovon die letztere die Menschen derart außer sich brachte, daß sie glaubten, auch Gott ergötze sich an der Harmonie. Und es gibt sogar Philosophen, die fest überzeugt sind, daß die Bewegungen der Himmelskörper eine Harmonie bilden. Dies alles zeigt zur Genüge, daß jeder die Dinge nach der Beschaffenheit seines Gehirns beurteilt oder vielmehr die Affektionen des Vorstellungsvermögens für die Dinge selbst genommen hat. Darum ist es kein Wunder (um auch dies im Vorbeigehen zu bemerken), daß unter den Menschen die vielen Streitigkeiten, von denen wir erfahren, entstanden sind, und daraus schließlich der Skeptizismus. Denn obwohl die Körper der Menschen sich in vielen Stücken gleichen, so weichen sie doch in den meisten voneinander ab, und deshalb erscheint das selbe dem einen gut und dem anderen schlecht; dem einen geordnet, dem anderen verworren; dem einen angenehm, dem anderen unangenehm, und ebenso im übrigen, worauf ich hier nicht eingehe, weil es dieses Orts nicht ist, diese Dinge erschöpfend abzuhandeln, und weil zudem alle dies genügend erfahren haben. Denn in aller Munde sind die Redensarten: viel Köpfe, viel

Sinne; jedem gefällt seine Kappe; jeder hat seine eigene Ansicht sowie seinen eigenen Geschmack. Diese Sprüche zeigen hinlänglich, daß die Menschen die Dinge je nach der Anlage ihres Gehirns beurteilen, und sie lieber vorstellen, als sie verstandesmäßig erkennen. Denn wenn sie die Dinge verstandesmäßig erkannt hätten, würden diese sie alle, wie die Mathematik bezeugt, wenn nicht für sich gewinnen, so doch wenigstens überzeugen.

Wir sehen also, daß alle Begriffe, durch die die große Menge die Natur zu erklären pflegt, nur Vorstellungsweisen sind, und keines Dinges Natur, sondern allein den Zustand des Vorstellungsvermögens anzeigen; und weil sie Namen haben, die lauten, als ob sie außerhalb des Vorstellungsvermögens existierende Wesen bedeuteten, nenne ich sie nicht Vernunftwesen, sondern Wesen des Vorstellungsvermögens. Und so lassen sich alle Beweisgründe, die gegen uns von ähnlichen Begriffen hergenommen werden, leicht zurückschlagen. Viele nämlich pflegen ihren Beweis so zu führen: Wenn alles aus der Notwendigkeit der vollkommensten Natur Gottes gefolgt ist, woher sind dann doch soviel Unvollkommenheiten in der Natur entstanden, als da sind: Fäulnis der Dinge, bis sie stinken, Häßlichkeit, die Ekel erregt, Verwirrung, Übel, Verbrechen usw.? Aber, wie ich eben sagte, sie lassen sich leicht widerlegen. Denn die Vollkommenheit der Dinge ist allein nach ihrer Natur und Kraft abzuschätzen, und darum sind die Dinge deswegen nicht mehr oder minder vollkommen, weil sie die Sinne der Menschen ergötzen oder beleidigen, oder weil sie der menschlichen Natur zusagen oder ihr widerstreiten. Wer aber fragt, warum Gott nicht alle Menschen so geschaffen hat, daß sie allein der Leitung der Vernunft gehorchen, dem antworte ich nichts anderes als: weil er Stoff genug hatte, alles zu schaffen, vom höchsten Grade der Vollkommenheit bis zum niedrigsten; oder eigentlicher zu reden: weil die Gesetze seiner Natur so umfassend waren, daß sie ausreichten alles hervorzubringen, was von einem unendlichen Verstande begriffen werden kann, wie ich im Lehrsatz 16 bewiesen habe.

Dies sind die Vorurteile, die ich hier anmerken wollte. Falls noch einige von diesem Schlage übrig sind, werden sie leicht von einem jeden bei einigem Nachdenken berichtigt werden können.

Ende des ersten Teils

DER ETHIK ZWEITER TEIL

VON DER NATUR UND DEM URSPRUNG DER SEELE

Ich gehe nunmehr dazu über auseinanderzusetzen, was aus der Wesenheit Gottes oder des ewigen und unendlichen Wesens notwendig folgen mußte. Indessen behandle ich nicht alles davon; muß doch aus ihr unendlich vieles auf unendlich viele Weisen folgen, wie wir im Lehrsatz 16 des 1. Teils bewiesen haben: ich beschränke mich vielmehr auf das, was uns zur Erkenntnis der menschlichen Seele und ihrer höchsten Glückseligkeit gleichsam an der Hand leiten kann.

DEFINITIONEN

1.

Unter Körper verstehe ich einen Modus, der Gottes Wesenheit, sofern sie als ein ausgedehntes Ding angesehen wird, auf gewisse und bestimmte Weise ausdrückt; siehe den Folgesatz zu Lehrsatz 25 des 1. Teils.

2.

Zur Wesenheit eines Dinges, sage ich, gehört das, wodurch, wenn es gegeben ist, das Ding notwendig gesetzt, und wodurch, wenn es aufgehoben wird, das Ding notwendig aufgehoben wird; oder das, ohne was das Ding, und umgekehrt, was ohne das Ding weder sein noch begriffen werden kann.

3.

Unter Idee verstehe ich einen Begriff der Seele, den die Seele bildet, weil sie ein denkendes Ding ist.

Erläuterung: Ich sage lieber Begriff als Wahrnehmung, weil das Wort Wahrnehmung anzudeuten scheint, daß die Seele vom Objekte leide, wogegen Begriff eine Handlung der Seele auszudrücken scheint.

4.

Unter einer adäquaten Idee verstehe ich eine Idee, die, sofern sie an sich und ohne Beziehung aufs Objekt betrachtet wird, alle Eigenschaften oder inneren Merkmale einer wahren Idee hat.
Erläuterung: Ich sage innere Merkmale, um das Merkmal auszuschließen, das ein äußeres ist, nämlich die Übereinstimmung der Idee mit ihrem Gegenstand.

5.

Dauer ist unbestimmte Fortsetzung der Existenz.

Erläuterung: Ich sage unbestimmt, weil die Fortsetzung der Existenz durch die eigene Natur des existierenden Dinges auf keine Weise bestimmt werden kann, und ebensowenig durch die bewirkende Ursache, da diese die Existenz des Dinges notwendig setzt, sie aber nicht aufhebt.

6.

Unter Realität und Vollkommenheit verstehe ich das selbe.

7.

Unter Einzeldingen verstehe ich Dinge, die endlich sind und eine bestimmte Existenz haben. Wenn mehrere Individuen bei einer Handlung so zusammenwirken, daß sie alle zugleich die Ursache Einer Wirkung sind, betrachte ich sie insofern in ihrer Gesamtheit als Ein Einzelding.

GRUNDSÄTZE

1.

Die Wesenheit des Menschen schließt nicht notwendige Existenz ein, das heißt nach der Ordnung der Natur kann es ebensowohl geschehen, daß dieser oder jener Mensch existiert, als daß er nicht existiert.

2.

Der Mensch denkt.

3.

Modi des Denkens, wie Liebe, Begierde, und welche sonst noch mit dem Wort Gemütsaffekt bezeichnet werden, gibt es nur, wenn es in dem selben Individuum die Idee eines geliebten, gewünschten usw. Dinges gibt. Eine Idee dagegen kann es geben, auch wenn kein anderer Modus des Denkens vorhanden ist.

4.

Wir empfinden einen gewissen Körper, wie er auf vielerlei Weisen affiziert wird.

5.

Wir empfinden keine anderen Einzeldinge und nehmen keine anderen wahr als Körper und Modi des Denkens.

Forderungen siehe nach Lehrsatz 13.

Lehrsatz 1. Das Denken ist ein Attribut Gottes, oder Gott ist ein denkendes Ding.

Beweis: Die einzelnen Gedanken, oder dieser und jener Gedanke, sind (nach Folgesatz zu Lehrsatz 25 des 1. Teils) Modi, die Gottes Natur auf gewisse und bestimmte Weise ausdrücken. Demnach kommt Gott (nach Definition 5 des 1. Teils) ein Attribut zu, dessen Begriff alle einzelnen Gedanken in sich schließen, und durch das sie auch begriffen werden. Folglich ist das Denken eins von den unendlich vielen Attributen Gottes, das Gottes ewige und unendliche Wesenheit ausdrückt (siehe Definition 6 des 1. Teils) oder Gott ist ein denkendes Ding. W. z. b. w.

Anmerkung: Dieser Lehrsatz erhellt auch daraus, daß wir den Begriff eines unendlichen denkenden Wesens bilden können. Nämlich je mehreres ein denkendes Wesen denken kann, desto mehr Realität oder Vollkommenheit enthält es nach unseren Begriffen. Ein Wesen also, das unendlich vieles auf unendlich viele Weisen denken kann, ist notwendig an Kraft des Denkens unendlich. Da wir sonach, indem wir das Denken allein ins Auge fassen, den Begriff eines unendlichen Wesens bilden, so ist das Denken (nach

Definition 4 und 6 des 1. Teils) notwendig eins von den unendlich vielen Attributen Gottes, wie wir wollten.

Lehrsatz 2. Die Ausdehnung ist ein Attribut Gottes, oder Gott ist ein ausgedehntes Ding.

Beweis: Der Beweis dieses Lehrsatzes wird ebenso geführt wie der des vorigen.

Lehrsatz 3. In Gott gibt es notwendig eine Idee von seiner Wesenheit und von allem, was aus seiner Wesenheit notwendig folgt.

Beweis: Gott kann nämlich (nach Lehrsatz 1 dieses Teils) unendlich vieles auf unendlich viele Weisen denken, oder (was nach Lehrsatz 16 des 1. Teils das selbe ist) er kann die Idee von seiner Wesenheit und von allem bilden, was notwendig aus dieser folgt. Alles aber, was in Gottes Gewalt steht, ist mit Notwendigkeit (nach Lehrsatz 35 des 1. Teils). Folglich gibt es notwendig eine solche Idee und (nach Lehrsatz 15 des 1. Teils) nur in Gott. W. z. b. w.

Anmerkung: Die große Menge versteht unter Gottes Macht Gottes freien Willen und sein Recht auf alles, was ist, was deswegen gemeiniglich als zufällig angesehen wird. Denn man sagt, Gott habe die Gewalt, alles zu zerstören und in Nichts zu verwandeln. Ferner vergleicht man sehr oft Gottes Macht mit der Macht der Könige. In den Folgesätzen 1 und 2 zu Lehrsatz 32 des 1. Teils haben wir dies jedoch widerlegt und in Lehrsatz 16 des 1. Teils gezeigt, daß Gott mit der selben Notwendigkeit handelt, mit der er sich selbst erkennt, das heißt: so wie aus der Notwendigkeit der göttlichen Natur folgt (wie alle einstimmig annehmen), daß Gott sich selbst erkennt, so folgt auch mit der selben Notwendigkeit, daß Gott unendlich vieles auf unendlich viele Weisen tut. Sodann haben wir im Lehrsatz 34 des 1. Teils gezeigt, daß Gottes Macht nichts sonst sei als Gottes tätige Wesenheit, und daher ist es uns ebenso unmöglich zu denken, Gott handle nicht, als Gott sei nicht. Wenn ich dies weiter verfolgen dürfte, könnte ich hier zeigen, daß jene Macht, die die große Menge Gott andichtet, nicht nur eine bloß menschliche ist (was zeigt, daß die große Menge Gott nur als Menschen oder nach dem Bilde eines Menschen begreift), sondern sogar Ohnmacht einschließt. Allein ich mag über die selbe Sache nicht so oft lange Auseinandersetzungen bringen. Ich bitte nur wieder und wieder den Leser, was im 1. Teil, von Lehrsatz 16 bis zum Schluß hierüber gesagt ist, einmal und noch einmal zu erwägen. Denn niemand wird, was ich will, richtig auffassen können, wenn er sich nicht sehr davor hütet, Gottes Macht mit der menschlichen Macht oder dem Recht der Könige zu verwirren.

Lehrsatz 4. Die Idee Gottes, aus der unendlich vieles auf unendlich viele Weisen folgt, kann nur einzig sein.

Beweis: Der unendliche Verstand umfaßt (nach Lehrsatz 30 des 1. Teils) nichts als Gottes Attribute und seine Affektionen. Nun aber ist Gott (nach Folgesatz 1 zu Lehrsatz 14 des 1. Teils) einzig. Folglich kann die Idee Gottes, aus der unendlich vieles auf unendlich viele Weisen folgt, nur einzig sein. W. z. b. w.

Lehrsatz 5. Das formale Sein der Ideen erkennt Gott nur als Ursache an, sofern er als denkendes Ding angesehen wird, und nicht sofern er durch ein anderes Attribut erklärt wird. Das heißt: die Ideen der Attribute Gottes und die der Einzeldinge erkennen nicht die Gegenstände selbst oder die wahrgenommenen Dinge als wirkende Ursache an sondern Gott selbst, sofern er ein denkendes Ding ist.

Beweis: Dies erhellt schon aus Lehrsatz 3 dieses Teils. Denn dort schlossen wir, daß Gott die Idee seiner Wesenheit und alles dessen, was aus ihr notwendig folgt, allein deshalb bilden könne, weil Gott ein denkendes Ding ist, und nicht deshalb, weil er das Objekt seiner Idee ist. Darum erkennt das formale Sein der Ideen Gott nur als Ursache an, sofern er ein denkendes Ding ist.

Der Satz läßt sich aber noch anders folgendermaßen beweisen: Das formale Sein der Ideen ist (wie sich von selbst versteht) ein Modus des Denkens, das heißt (nach Folgesatz zu Lehrsatz 25 des 1. Teils) ein Modus, der die Natur Gottes, sofern er ein denkendes Ding ist, in gewisser Weise ausdrückt, der also (nach Lehrsatz 10 des 1. Teils) den Begriff keines anderen Attributes Gottes einschließt und folglich (nach Grundsatz 4 des 1. Teils) keines anderen Attributes als des Denkens Wirkung ist. Daher erkennt das formale Sein der Ideen Gott nur als Ursache an, sofern er als ein denkendes Ding angesehen wird. W. z. b. w.

Lehrsatz 6. Die Modi eines jeden Attributes haben Gott nur zur Ursache, sofern er unter dem Attribut betrachtet wird, dessen Modi sie sind, und nicht, sofern er unter irgend einem anderen Attribut betrachtet wird.

Beweis: Jedes Attribut nämlich wird (nach Lehrsatz 10 des 1. Teils) durch sich, ohne Hilfe eines anderen begriffen. Darum schließen die Modi eines jeden Attributes den Begriff ihres Attributes ein, aber nicht den eines anderen; und folglich haben sie (nach Grundsatz 4 des 1. Teils) Gott nur zur Ursache, sofern er unter dem Attribut betrachtet wird, dessen Modi sie sind, und nicht sofern er unter irgend einem anderen Attribut betrachtet wird. W. z. b. w.

Folgesatz: Hieraus folgt, daß das formale Sein der Dinge, die nicht Modi des Denkens sind, nicht deswegen aus der göttlichen Natur folgt, weil sie die Dinge vorher erkannt hat; vielmehr folgen die gegenständlichen Dinge aus ihren Attributen und werden aus ihnen geschlossen auf die selbe Weise und mit der selben Notwendigkeit, wie nach unserer Darlegung die Ideen aus dem Attribut des Denkens folgen.

Lehrsatz 7. Die Ordnung und Verknüpfung der Ideen ist die selbe wie die Ordnung und Verknüpfung der Dinge.

Beweis: Dies erhellt aus Grundsatz 4 des 1. Teils. Denn die Idee jedes Verursachten hängt von der Erkenntnis der Ursache ab, deren Wirkung es ist.

Folgesatz: Hieraus folgt, daß Gottes Macht zu denken seiner wirklichen Macht zu handeln gleich ist. Das heißt, alles was aus der unendlichen Natur Gottes formal folgt, dies alles folgt in Gott aus der Idee Gottes in der selben Ordnung und Verknüpfung objektiv.

Anmerkung: Hier müssen wir uns, ehe wir weiter fortfahren, dessen erinnern, was wir oben gezeigt haben, nämlich, daß alles, was von dem unendlichen Verstand als die Wesenheit einer Substanz ausmachend wahrgenommen werden kann, nur zu einer einzigen Substanz gehört, und folglich, daß die denkende Substanz und die ausgedehnte Substanz eine und die selbe Substanz sind, die bald unter diesem, bald unter jenem Attribut gefaßt wird. Ebenso sind auch ein Modus der Ausdehnung und die Idee dieses Modus ein und das selbe Ding, nur auf zwei Weisen ausgedrückt. Dies scheinen einige Hebräer gleichsam durch einen Nebel gesehen zu haben, da sie nämlich behaupten, Gott, Gottes Verstand und die von ihm erkannten Dinge seien ein und das selbe. Zum Beispiel ist ein in der Natur existierender Kreis und die Idee dieses existierenden Kreises, die ebenfalls in Gott ist, ein und das selbe Ding, das durch verschiedene Attribute erklärt wird. Mögen wir daher die Natur unter dem Attribut der Ausdehnung oder unter dem Attribut des Denkens oder unter irgend einem anderen Attribut begreifen: immer werden wir eine und die selbe Ordnung oder eine und die selbe Verknüpfung der Ursachen, das heißt immer werden wir das Aufeinanderfolgen der selben Dinge finden. Aus keinem anderen Grunde habe ich auch gesagt, Gott sei die Ursache der Idee z. B. des Kreises, sofern er nur ein denkendes Ding ist, und des Kreises, sofern er nur ein ausgedehntes Ding ist, als deswegen, weil das formale Sein der Idee des Kreises nur durch einen anderen Modus des Denkens, als seine nächste Ursache, und dieser Modus des Denkens wiederum nur durch einen anderen, und so weiter ins Unendliche, wahrgenommen werden kann, dergestalt, daß wir, solange die Dinge als Modi des Denkens angesehen werden, die Ordnung der ganzen Natur oder die Verknüpfung der Ursachen allein durch das Attribut des Denkens erklären müssen, und daß, sofern sie als Modi der Ausdehnung angesehen werden, auch die Ordnung der ganzen Natur allein durch das Attribut der Ausdehnung erklärt werden muß; und das selbe gilt von den anderen Attributen. Darum ist Gott die Ursache der Dinge, wie sie an sich sind, in Wahrheit, sofern er aus unendlich vielen Attributen besteht. Klarer kann ich dies gegenwärtig nicht auseinandersetzen.

Lehrsatz 8. Die Ideen der Einzeldinge oder Modi, die nicht existieren, müssen in der unendlichen Idee Gottes so einbegriffen sein, wie die formalen Wesenheiten der Einzeldinge oder Modi in Gottes Attributen enthalten sind.

Beweis: Dieser Lehrsatz erhellt aus dem vorigen; noch besser aber ist er von der vorigen Anmerkung aus zu verstehen.

Folgesatz: Hieraus folgt, daß, solange die Einzeldinge nur insofern existieren, als sie in Gottes Attributen einbegriffen sind, ihr objektives Sein oder ihre Ideen auch nur insofern existieren, als die unendliche Idee Gottes existiert. Und sobald es von den Einzeldingen heißt, daß sie nicht nur insofern existieren, als sie in Gottes Attributen einbegriffen sind, sondern auch insofern, als man sagt, daß sie dauern, werden ihre Ideen auch die Existenz einschließen, derentwegen man sagt, daß sie dauern.

Anmerkung: Sollte jemand zur ausführlicheren Erläuterung des eben Gesagten ein Beispiel wünschen, so werde ich allerdings keins geben können, das die Sache, von der ich hier rede und die nun einmal einzigartig ist, adäquat erläutert; doch werde ich mich bestreben, die Sache, so gut es geht, anschaulich zu machen.

Der Kreis nämlich ist von solcher Natur, daß die Rechtecke aus den Segmenten der in ihm sich schneidenden Geraden einander gleich sind; es sind also im Kreise unendlich viele einander gleiche Rechtecke enthalten: gleichwohl kann man

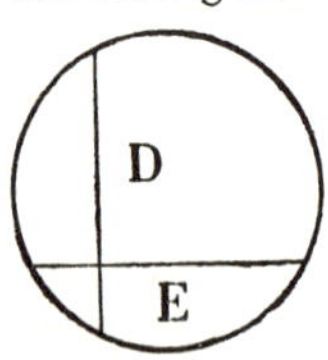

von keinem unter ihnen sagen, es existiere, außer sofern der Kreis existiert; und ebensowenig kann man von der Idee irgend eines dieser Rechtecke sagen, sie existiere, außer sofern sie in der Idee des Kreises einbegriffen ist. Nun denke man sich, von jenen unendlich vielen Rechtecken existierten nur zwei, nämlich die aus den Segmenten der Linien E und D. Dann existieren gewiß auch ihre Ideen nicht nur, sofern sie bloß in der Idee des Kreises einbegriffen sind, sondern auch sofern sie die Existenz jener Rechtecke in sich schließen; und dadurch unterscheiden sie sich von den anderen Ideen der anderen Rechtecke.

Lehrsatz 9. Die Idee eines wirklich existierenden Einzeldinges hat Gott zur Ursache, nicht sofern er unendlich ist, sondern sofern er als affiziert durch eine andere Idee eines wirklich existierenden Einzeldinges angesehen wird, deren Ursache auch Gott ist, sofern er durch eine andere dritte Idee affiziert ist, und so weiter ins Unendliche.

Beweis: Die Idee eines wirklich existierenden Einzeldinges ist (nach dem Folgesatz und der Anmerkung zu Lehrsatz 8 dieses Teils) ein einzelner und von den übrigen unterschiedener Modus des Denkens und hat daher (nach Lehrsatz 6 dieses Teils) Gott, sofern er nur ein denkendes Ding ist, zur Ursache. Jedoch nicht (nach Lehrsatz 28 des 1. Teils) sofern er ein unbedingt denkendes Ding ist, sondern sofern er als durch einen anderen Modus des Denkens affiziert angesehen wird; und auch von diesem Modus ist Gott die Ursache, sofern er durch einen anderen affiziert ist, und so weiter ins Unendliche. Nun aber ist (nach Lehrsatz 7 dieses Teils) die Ordnung und Verknüpfung der Ideen die selbe wie die Ordnung und Verknüpfung der Ursachen; folglich ist für eine einzelne Idee eine andere Idee, oder Gott, sofern er als affiziert durch eine andere Idee angesehen wird, die Ursache, und auch für diese Idee wiederum, sofern er durch eine andere affiziert ist, und so weiter ins Unendliche. W. z. b. w.

Folgesatz: Von allem, was in dem einzelnen Objekt einer jeden Idee geschieht, gibt es in Gott eine Erkenntnis, nur sofern er die Idee eben dieses Objektes hat.

Beweis: Von allem, was in dem Objekt einer jeden Idee geschieht, gibt es (nach Lehrsatz 3 dieses Teils) in Gott eine Idee, nicht sofern er unendlich ist, sondern (nach dem vorigen Lehrsatz) sofern er als affiziert durch eine andere Idee eines Einzeldinges angesehen wird. Die Ordnung und Verknüpfung der Ideen ist aber (nach Lehrsatz 7 dieses Teils) die selbe wie die Ordnung und Verknüpfung der Dinge; folglich wird die Erkenntnis dessen, was in einem einzelnen Objekt geschieht, in Gott nur sein, sofern er die Idee eben dieses Objekts hat. W. z. b. w.

Lehrsatz 10. Zur Wesenheit des Menschen gehört nicht das Sein der Substanz, oder die Substanz macht nicht die Form des Menschen aus.

Beweis: Das Sein der Substanz nämlich schließt (nach Lehrsatz 7 des 1. Teils) notwendige Existenz in sich. Wenn zur Wesenheit des Menschen also das Sein der Substanz gehörte, so würde demnach mit der Substanz zugleich (nach Definition 2 dieses Teils) notwendig auch der Mensch gegeben sein, und folglich würde der Mensch notwendig existieren, was (nach Grundsatz 1 dieses Teils) ungereimt ist. Folglich usw. W. z. b. w.

Anmerkung: Dieser Lehrsatz läßt sich auch auf Grund von Lehrsatz 5 des 1. Teils beweisen, wonach es zwei Substanzen von der selben Natur nicht gibt. Da mehrere Menschen existieren können, so ist ihm zufolge das, was die Form des Menschen ausmacht, nicht das Sein der Substanz. Außerdem erhellt dieser Lehrsatz auch aus den übrigen Eigenschaften der Substanz, also daraus, daß die Substanz ihrer Natur nach unendlich, unveränderlich, unteilbar usw. ist, wie jeder leicht sehen kann.

Folgesatz: Hieraus folgt, daß die Wesenheit des Menschen aus gewissen Modifikationen der Attribute Gottes besteht. Denn das Sein der Substanz gehört (nach dem vorigen Lehrsatz) nicht zur Wesenheit des Menschen. Somit ist sie (nach Lehrsatz 15 des 1. Teils) etwas, was in Gott ist, und was ohne Gott weder sein noch begriffen werden kann, oder (nach Folgesatz zu Lehrsatz 25 des 1. Teils) eine Affektion oder ein Modus, der Gottes Natur auf gewisse und bestimmte Weise ausdrückt.

Anmerkung: Jeder muß ja zugeben, daß nichts ohne

Gott sein oder begriffen werden kann. Denn allerseits wird anerkannt, Gott sei die alleinige Ursache aller Dinge, ihrer Wesenheit sowohl wie ihrer Existenz, das heißt Gott sei nicht nur die Ursache der Dinge hinsichtlich ihres Werdens, wie man zu sagen pflegt, sondern auch hinsichtlich ihres Seins. Nun aber sagen die meisten, zur Wesenheit eines Dinges gehöre das, ohne was das Ding weder sein noch begriffen werden kann, und auf Grund dieser Definition meinen sie dann entweder, daß die Natur Gottes zur Wesenheit der erschaffenen Dinge gehöre, oder daß die erschaffenen Dinge ohne Gott sein und begriffen werden können, oder aber, was wohl das wahrscheinlichste ist, sie vermögen sich darüber nicht recht schlüssig zu werden. Die Ursache hiervon ist, glaube ich, die, daß sie die Ordnung des philosophischen Denkens nicht eingehalten haben. Denn die göttliche Natur, die vor allen anderen Dingen hätte betrachtet werden sollen, weil sie sowohl der Erkenntnis wie der Natur nach das erste ist, hielten sie für das letzte in der Ordnung der Erkenntnis, und die Dinge, die man Objekte der Sinne nennt, glaubten sie, gingen allen anderen Dingen voran; woher es denn kam, daß sie bei der Betrachtung der natürlichen Dinge an nichts weniger dachten, als an die göttliche Natur, und daß sie nachgehends, als sie sich dann anschickten, die göttliche Natur zu betrachten, an nichts weniger denken konnten als an ihre vorausgesetzten Einbildungen, auf die sie die Erkenntnis von den natürlichen Dingen aufgebaut hatten, weil diese nämlich zur Erkenntnis der göttlichen Natur nichts helfen konnten. Kein Wunder daher, wenn sie sich da und dort selbst widersprochen haben. Doch will ich dies auf sich beruhen lassen. Denn meine Absicht war hier nur, die Ursache anzugeben, warum ich die Definition, daß zur Wesenheit eines Dinges das gehöre, ohne was das Ding weder sein noch begriffen werden kann, nicht verwendet habe, nämlich deswegen nicht, weil die Einzeldinge ohne Gott weder sein noch begriffen werden können und Gott gleichwohl zu ihrer Wesenheit nicht gehört. Ich habe dagegen gesagt, zur Wesenheit eines Dinges gehöre notwendig das, wodurch, wenn es gegeben ist, das Ding notwendig gesetzt, und wodurch, wenn es aufgehoben wird, das Ding notwendig aufgehoben wird, oder das, ohne was das Ding, und umgekehrt, was ohne das Ding weder sein noch begriffen werden kann.

Lehrsatz 11. *Das erste, was das wirkliche Sein der menschlichen Seele ausmacht, ist nichts anderes als die Idee eines wirklich existierenden Einzeldinges.*

Beweis: Die Wesenheit des Menschen besteht (nach dem Folgesatz zum vorigen Lehrsatz) aus gewissen Modi der Attribute Gottes; nämlich (nach Grundsatz 2 dieses Teils) aus Modi des Denkens, von denen allen (nach Grundsatz 3 dieses Teils) die Idee der Natur nach vorangeht; und wenn diese gegeben ist, so müssen (nach dem selben Grundsatz) die übrigen Modi (die nämlich, denen die Idee der Natur nach vorangeht) in dem selben Individuum vorhanden sein. Und demnach ist die Idee das erste, was das Sein der menschlichen Seele ausmacht. Es kann aber nicht die Idee eines nicht existierenden Dinges sein. Denn alsdann könnte man (nach Folgesatz zu Lehrsatz 8 dieses Teils) von der Idee selbst nicht sagen, daß sie existiere; somit wird es die Idee eines wirklich existierenden Dinges sein. Jedoch nicht eines unendlichen Dinges, denn ein unendliches Ding muß (nach Lehrsatz 21 und 22 des 1. Teils) immer notwendig existieren; dies aber wäre (nach Grundsatz 1 dieses Teils) ungereimt. Folglich ist das erste, was das wirkliche Sein der menschlichen Seele ausmacht, die Idee eines wirklich existierenden Einzeldinges. W. z. b. w.

Folgesatz: Hieraus folgt, daß die menschliche Seele ein Teil des unendlichen Verstandes Gottes ist. Wenn wir daher sagen, die menschliche Seele nehme dieses oder jenes wahr, so sagen wir nichts anderes, als daß Gott, nicht sofern er unendlich ist, sondern sofern er durch die Natur der menschlichen Seele erklärt wird oder sofern er die Wesenheit der menschlichen Seele ausmacht, diese oder jene Idee habe; und wenn wir sagen, Gott habe diese oder jene Idee, nicht nur, sofern er die Natur der menschlichen Seele ausmacht, sondern sofern er zugleich mit der menschlichen Seele auch die Idee eines anderen Dinges hat, dann heißt das, daß die menschliche Seele das Ding nur zum Teil oder inadäquat wahrnimmt.

Anmerkung: Hier werden meine Leser ohne Zweifel stocken, und es wird ihnen gar mancherlei einfallen, was dem im Wege steht; und darum richte ich an sie die Bitte, langsam mit mir weiterzugehen und nicht eher ein Urteil hierüber zu fällen, als bis sie alles durchgelesen haben.

Lehrsatz 12. Alles, was in dem Objekte der Idee, die die menschliche Seele ausmacht, geschieht, muß die menschliche Seele wahrnehmen, oder es muß in der Seele notwendig eine Idee davon geben: das heißt, wenn das Objekt der Idee, die die menschliche Seele ausmacht, ein Körper ist, so wird in diesem Körper nichts geschehen können, was die Seele nicht zugleich wahrnähme.

Beweis: Von allem nämlich, was in dem Objekte einer jeden Idee geschieht, gibt es notwendig (nach Folgesatz zu Lehrsatz 9 dieses Teils) in Gott eine Erkenntnis, sofern er als affiziert durch die Idee dieses Objektes angesehen wird, das heißt (nach Lehrsatz 11 dieses Teils), sofern er die Seele eines Dinges ausmacht. Daher gibt es von allem, was in dem Objekte der Idee, die die menschliche Seele ausmacht, geschieht, notwendig in Gott eine Erkenntnis, sofern er die Natur der menschlichen Seele ausmacht, das heißt (nach Folgesatz zu Lehrsatz 11 dieses Teils) die Erkenntnis davon muß notwendig in der Seele sein, oder die Seele nimmt es wahr. W. z. b. w.

Anmerkung: Dieser Lehrsatz erhellt ebenfalls und wird sogar noch besser verständlich auf Grund der Anmerkung zu Lehrsatz 7 dieses Teils, die man nachsehen möge.

Lehrsatz 13. Das Objekt der Idee, die die menschliche Seele ausmacht, ist der Körper oder ein gewisser wirklich existierender Modus der Ausdehnung und nichts anderes.

Beweis: Wäre nämlich der Körper nicht das Objekt der menschlichen Seele, dann wären (nach Folgesatz zu Lehrsatz 9 dieses Teils) die Ideen von den Affektionen des Körpers nicht in Gott, sofern er unsere Seele, sondern sofern er die Seele eines anderen Dinges ausmachte, das heißt (nach Folgesatz zu Lehrsatz 11 dieses Teils): die Ideen von den Affektionen des Körpers wären nicht in unserer Seele. Nun aber haben wir (nach Grundsatz 4 dieses Teils) die Ideen von den Affektionen des Körpers. Folglich ist das Objekt der Idee, die die menschliche Seele ausmacht, der Körper, und zwar (nach Lehrsatz 11 dieses Teils) der wirklich existierende Körper. Ferner, wenn außer dem Körper noch etwas anderes Objekt der Seele wäre, so müßte (nach Lehrsatz 11 dieses Teils) notwendig die Idee irgend einer Wirkung davon in unserer Seele vorhanden sein, da (nach Lehrsatz 36 des 1. Teils) nichts existiert, woraus nicht irgend eine Wirkung folgte. Nun aber gibt es (nach Grundsatz 5 dieses Teils) eine solche Idee nicht. Folglich ist das Objekt unserer Seele der existierende Körper und nichts anderes. W. z. b w.

Folgesatz: Hieraus folgt, daß der Mensch aus Seele und Körper besteht, und daß der menschliche Körper, so wie wir ihn empfinden, existiert.

Anmerkung: Hieraus erkennen wir nicht allein, daß die menschliche Seele mit dem Körper vereinigt ist, sondern auch, was man unter der Vereinigung von Seele und Körper zu verstehen hat. Adäquat oder deutlich wird man diese Vereinigung jedoch erst verstehen können, wenn man die adäquate Erkenntnis der Natur unseres Körpers besitzt. Denn was wir bisher erwiesen haben, ist allen Dingen gemein und gilt für die Menschen nicht mehr als für die übrigen Individuen, die alle, wenn auch in verschiedenen Graden, beseelt sind. Denn von jedem Dinge gibt es notwendig in Gott eine Idee, deren Ursache Gott ist, ganz ebenso, wie er die Ursache der Idee des menschlichen Körpers ist: und daher ist alles, was wir von der Idee des menschlichen Körpers gesagt haben, notwendig von der Idee jedes Dinges zu sagen. Andrerseits läßt sich aber auch nicht leugnen, daß die Ideen untereinander so verschieden sind wie die Objekte selbst, und daß die eine Idee wertvoller ist als die andere und mehr Realität in sich enthält, je nachdem das Objekt der einen wertvoller ist als das Objekt der anderen und mehr Realität in sich enthält. Um daher zu bestimmen, worin sich die menschliche Seele von den übrigen Seelen unterscheidet, und was sie an Wert vor ihnen voraus hat, müssen wir nach dem Gesagten notwendigerweise die Natur ihres Objekts, das heißt die Natur des menschlichen Körpers erkennen. Diese kann ich hier aber unmöglich näher erklären, und es ist auch für das, was ich beweisen will, nicht nötig. Doch sage ich im allgemeinen folgendes: je fähiger ein Körper vor anderen ist, vielerlei zugleich zu tun und zu leiden, um so fähiger ist seine Seele vor anderen Seelen, vieles auf einmal wahrzunehmen; und je mehr die Handlungen eines Körpers von ihm allein abhängen, und je weniger andere Körper bei seinem Tun mitwirken, um so fähiger ist seine Seele zu deutlicher Einsicht. Von hier aus läßt sich nun der Wert einer Seele im Vergleich mit anderen wohl erkennen; sodann wird auch die Ursache ersichtlich, warum wir von unserem eigenen Körper nur eine ganz verworrene Erkenntnis besitzen, und auch sonst mancherlei, was ich im folgenden aus den mitgeteilten Sätzen ableiten werde. Ich habe es darum der Mühe wert gehalten, diese Sätze genauer zu erklären und zu beweisen. Hierzu ist es aber erforderlich, einiges über die Natur der Körper vorauszuschicken.

Grundsatz 1. Alle Körper sind entweder in Bewegung oder in Ruhe.

Grundsatz 2. Jeder Körper bewegt sich bald langsamer, bald geschwinder.

Lehnsatz 1. Die Körper unterscheiden sich voneinander hinsichtlich der Bewegung und Ruhe, der Geschwindigkeit und Langsamkeit, aber nicht hinsichtlich der Substanz.

Beweis: Ich nehme an, daß der erste Teil dieses Satzes von selbst einleuchtet. Daß sich aber die Körper nicht nach der Substanz unterscheiden, erhellt aus Lehrsatz 5 wie aus Lehrsatz 8 des 1. Teils. Noch klarer aber wird es aus dem, was in der Anmerkung zu Lehrsatz 15 des 1. Teils gesagt worden ist.

Lehnsatz 2. In einigen Stücken stimmen alle Körper miteinander überein.

Beweis: Alle Körper stimmen nämlich darin überein, daß sie (nach Definition 1 dieses Teils) den Begriff eines und des selben Attributs einschließen. Sodann darin, daß sie sich bald langsamer, bald geschwinder bewegen können, und überhaupt bald sich bewegen und bald ruhen können.

Lehnsatz 3. Ein in Bewegung oder Ruhe befindlicher Körper mußte von einem anderen Körper zur Bewegung oder Ruhe bestimmt werden; dieser mußte ebenfalls von einem anderen zur Bewegung oder Ruhe bestimmt werden, und dieser wiederum von einem anderen, und so weiter ins Unendliche.

Beweis: Die Körper sind (nach Definition 1 dieses Teils) Einzeldinge, die sich (nach Lehnsatz 1) hinsichtlich der Ruhe und Bewegung voneinander unterscheiden; jeder von ihnen mußte somit (nach Lehrsatz 28 des 1. Teils) notwendig von einem anderen Einzeldinge zur Ruhe oder Bewegung bestimmt werden, nämlich (nach Lehrsatz 6 dieses Teils) von einem anderen Körper, der (nach Grundsatz 1) ebenfalls in Bewegung oder in Ruhe ist. Aber auch dieser konnte (aus dem selben Grunde) nicht in Bewegung oder in Ruhe sein, wenn er nicht von einem anderen zur Bewegung oder zur Ruhe bestimmt worden wäre, und dieser (aus dem selben Grunde) wiederum von einem anderen, und so weiter ins Unendliche. W. z. b. w.

Folgesatz: Hieraus folgt, daß ein in Bewegung befindlicher Körper sich so lange bewegt, bis er von einem anderen Körper zur Ruhe bestimmt wird, und daß ebenso ein in Ruhe befindlicher Körper so lange in der Ruhe verbleibt, bis er von einem anderen zur Bewegung bestimmt wird. Dies versteht sich ja auch von selbst. Denn nehme ich an, daß ein Körper, beispielsweise A, ruht, und lasse ich dabei andere in Bewegung befindliche Körper außer Betracht, so werde ich von dem Körper A weiter nichts sagen können, als daß er ruht. Geschieht es nun nachher, daß sich der Körper A bewegt, dann kann dies gewiß nicht daher gekommen sein, weil er ruhte: denn daraus konnte weiter nichts folgen, als daß der Körper A in der Ruhe verblieb. Nimmt man umgekehrt an, daß der Körper A sich bewegt, so wird man, so lange man nur A in Betracht zieht, nichts anderes über ihn aussagen können, als daß er sich bewegt. Geschieht es nun nachher, daß A ruht, so kann dies auch gewiß nicht von der Bewegung hergekommen sein, die er hatte; denn aus der Bewegung konnte weiter nichts folgen, als daß der Körper A sich bewegte. Es muß also von etwas hergekommen sein, was in A nicht war, nämlich von einer äußeren Ursache, die ihn zur Ruhe bestimmt hat.

Grundsatz 1. Alle Arten, auf die ein Körper von einem anderen Körper affiziert wird, folgen zugleich aus der Natur des affizierten Körpers und aus der Natur des affizierenden Körpers, dergestalt, daß ein und der selbe Körper auf verschiedene Arten bewegt wird, je nach der Verschiedenheit der Natur der bewegenden Körper und umgekehrt, daß verschiedene Körper von einem und dem selben Körper auf verschiedene Arten bewegt werden.

Grundsatz 2. Wenn ein Körper, der sich bewegt, auf einen anderen in Ruhe befindlichen trifft, und nicht imstande ist, diesen wegzubewegen, so prallt er zurück und setzt seine Bewegung fort; und hierbei wird der Winkel, den die Linie der zurückprallenden Bewegung mit der Fläche des ruhenden Körpers bildet, auf die er traf, dem Winkel gleich sein, den die Linie der einfallenden Bewegung mit der selben Fläche bildet.

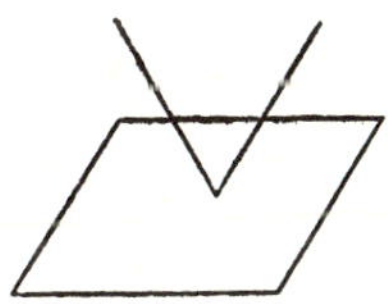

Soviel von den einfachsten Körpern, also denen, die sich allein nach Bewegung und Ruhe, Geschwindigkeit und Langsamkeit voneinander unterscheiden. Jetzt wollen wir zu den zusammengesetzten weitergehen.

D e f i n i t i o n. Wenn mehrere Körper der selben oder verschiedener Größe von anderen zusammengedrängt werden, dergestalt, daß sie aneinander anliegen, oder, falls sie sich mit dem selben oder mit verschiedenen Geschwindigkeitsgraden bewegen, dergestalt, daß sie ihre Bewegungen nach einer gewissen Regel einander mitteilen, so sagen wir, daß diese Körper miteinander vereinigt sind und alle samt Einen Körper oder Ein Individuum zusammensetzen, das sich von anderen durch diese Vereinigung von Körpern unterscheidet.

Grundsatz 3. Je größer oder kleiner die Flächen sind, mit denen die Teile eines Individuums oder eines zusammengesetzten Körpers aneinanderliegen, desto schwerer oder leichter lassen sie sich in eine veränderte Lage zueinander bringen, und folglich läßt es sich dementsprechend schwerer oder leichter bewirken, daß das Individuum selbst eine andere Gestalt annehme. Ich will daher solche Körper, deren Teile mit großen Flächen aneinanderliegen, hart nennen, solche dagegen, deren Teile mit kleinen Flächen aneinanderliegen, weich, und flüssig endlich solche, deren Teile sich untereinander bewegen.

Lehnsatz 4. Wenn von einem Körper oder Individuum, das aus mehreren Körpern zusammengesetzt ist, einige Körper sich trennen, zugleich aber ebensoviel andere von der selben Natur an ihre Stelle treten, so wird das Individuum seine vorige Natur behalten ohne irgend eine Veränderung seiner Form.

Beweis: Die Körper unterscheiden sich nämlich (nach Lehnsatz 1) nicht hinsichtlich der Substanz; das andrerseits, was die Form eines Individuums ausmacht, besteht (nach der vorangegangenen Definition) in der Vereinigung der Körper. Nun aber wird diese (nach der Voraussetzung) beibehalten, wenn auch die Teilkörper beständig wechseln. Folglich wird das Individuum hinsichtlich der Substanz sowohl wie des Modus seine vorige Natur behalten. W. z. b. w.

Lehnsatz 5. Wenn die Teile, die ein Individuum zusammensetzen, größer oder kleiner werden, doch in dem Verhältnis, daß die Regel der Bewegung und Ruhe zwischen ihnen allen die selbe bleibt wie vorher, dann wird das Individuum ebenfalls seine vorige Natur behalten ohne irgend eine Veränderung seiner Form.

Beweis: Die Beweisführung ist die selbe wie im vorigen Lehnsatz.

Lehnsatz 6. Wenn mehrere Körper, die ein Individuum zusammensetzen, gezwungen werden, die Bewegung, die sie nach einer Richtung haben, nach einer anderen Richtung hinzulenken, jedoch so, daß sie ihre Bewegungen fortsetzen und nach der selben Regel wie vorher einander mitteilen können, dann wird das Individuum ebenfalls seine Natur behalten ohne irgend eine Veränderung seiner Form.

Beweis: Dies ist von selbst klar. Denn es wird ja vorausgesetzt, daß es alles das behalte, wovon wir in seiner Definition sagten, daß es seine Form ausmache.

Lehnsatz 7. Ein so zusammengesetztes Individuum behält außerdem seine Natur, mag es als Ganzes sich nun bewegen oder ruhen oder sich nach dieser oder jener Richtung hin bewegen, wenn nur jeder Teil seine Bewegung behält und diese wie vorher den anderen mitteilt.

Beweis: Dies erhellt aus seiner Definition, die man vor Lehnsatz 4 findet.

Anmerkung: Hieraus sehen wir also, wie ein zusammengesetztes Individuum auf gar mannigfache Arten affiziert werden und nichtsdestoweniger seine Natur bewahren kann. Nun haben wir bisher nur den Begriff eines Individuums besprochen, das bloß aus solchen Körpern zusammengesetzt ist, die sich allein nach Bewegung und Ruhe, nach Geschwindigkeit und Langsamkeit voneinander unterscheiden, das heißt: das bloß aus einfachsten Körpern zusammengesetzt ist. Wenn wir aber jetzt den Begriff eines anderen, aus mehreren Individuen verschiedener Natur zusammengesetzten Individuums ins Auge fassen, so werden wir finden, daß dieses auf noch viel mehr und ganz andere Arten affiziert werden und nichtsdestoweniger seine Natur bewahren kann. Denn da jeder Teil von ihm aus mehreren Körpern zusammengesetzt ist, so wird demgemäß (nach dem vorigen Lehnsatz) jeder Teil ohne irgend eine Veränderung seiner Natur sich bald langsamer, bald geschwinder bewegen, und folglich seine Bewegungen den übrigen schneller oder langsamer mitteilen können. Bilden wir weiter den Begriff einer dritten Gattung von Individuen, die aus Individuen der zweiten Gattung zusammengesetzt sind, so werden wir finden, daß diese auf noch viel mehr und andere Arten affiziert werden können ohne irgend eine Veränderung ihrer Form. Und wenn wir so ins Unendliche weiter fortfahren, werden wir leicht begreifen, daß die ganze Natur Ein Individuum ist, dessen Teile, das heißt alle Körper insgesamt, unendlichfach wechseln ohne irgend eine Veränderung des Individuums als Ganzen. Wäre es meine Absicht gewesen, den Körper zum Hauptgegenstande meiner Untersuchung zu machen, so hätte ich diese Sätze weitläufiger erklären und beweisen müssen. Doch habe ich schon gesagt, daß ich auf etwas anderes hinaus will, und daß ich sie nur darum heranziehe, weil ich aus ihnen leicht ableiten kann, was zu beweisen ich mir eigentlich vorgesetzt habe.

FORDERUNGEN

1.

Der menschliche Körper ist aus sehr vielen Individuen (von verschiedener Natur) zusammengesetzt, deren jedes überaus zusammengesetzt ist.

2.

Von den Individuen, die den menschlichen Körper zusammensetzen, sind einige flüssig, andere weich und noch andere hart.

3.

Die Individuen, die den menschlichen Körper zusammensetzen, und folglich auch der menschliche Körper selbst werden von äußeren Körpern auf sehr viele Arten affiziert.

4.

Der menschliche Körper bedarf zu seiner Erhaltung sehr vieler anderer Körper, von denen er beständig gleichsam aufs neue erzeugt wird.

5.

Wenn ein flüssiger Teil des menschlichen Körpers von einem äußeren Körper bestimmt wird, auf einen anderen, weichen Teil häufig aufzutreffen, so verändert er dessen Fläche und prägt ihr gleichsam gewisse Spuren des den Antrieb gebenden äußeren Körpers auf.

6.

Der menschliche Körper kann die äußeren Körper auf sehr viele Arten bewegen, und auf sehr viele Arten auf sie einwirken.

Lehrsatz 14. Die menschliche Seele hat die Fähigkeit, sehr vieles wahrzunehmen, und diese Fähigkeit ist um so größer, auf je mehr Arten auf ihren Körper eingewirkt werden kann.

Beweis: Der menschliche Körper wird (nach Forderung 3 und 6) von äußeren Körpern auf sehr viele Arten affiziert und veranlaßt, äußere Körper auf sehr viele Arten zu affizieren. Nun aber muß die menschliche Seele (nach Lehrsatz 12 dieses Teils) alles, was im menschlichen Körper geschieht, wahrnehmen. Folglich hat die menschliche Seele die Fähigkeit, sehr vieles wahrzunehmen, und diese Fähigkeit ist um so größer usw. W.z.b.w.

Lehrsatz 15. Die Idee, die das formale Sein der menschlichen Seele ausmacht, ist nicht einfach, sondern aus sehr vielen Ideen zusammengesetzt.

Beweis: Die Idee, die das formale Sein der menschlichen Seele ausmacht, ist (nach Lehrsatz 13 dieses Teils) die Idee des Körpers und dieser ist (nach Forderung 1) aus sehr vielen und überaus zusammengesetzten Individuen zusammengesetzt. Nun aber gibt es (nach Folgesatz zu Lehrsatz 8 dieses Teils) von jedem Individuum, das den Körper mit zusammensetzt, notwendig in Gott eine Idee; folglich ist (nach Lehrsatz 7 dieses Teils) die Idee des menschlichen Körpers aus diesen sehr zahlreichen Ideen der Teilkörper zusammengesetzt.

Lehrsatz 16. Die Idee jeder Art von Affektion, die der menschliche Körper von äußeren Körpern erleidet, muß die Natur des menschlichen Körpers und zugleich auch die Natur des äußeren Körpers in sich schließen

Beweis: Alle Arten von Affektion, die ein Körper erleidet, folgen (nach Grundsatz 1 hinter dem Folgesatz aus

Lehnsatz 3) aus der Natur des affizierten und zugleich aus der Natur des affizierenden Körpers: ihre Idee muß also (nach Grundsatz 4 des 1. Teils) notwendig die Natur beider Körper in sich schließen; und folglich schließt die Idee jeder Art von Affektion, die der menschliche Körper von einem äußeren Körper erleidet, die Natur des menschlichen Körpers und die Natur des äußeren Körpers in sich. W. z. b. w.

Folgesatz 1. Hieraus folgt erstens, daß die menschliche Seele die Natur sehr vieler Körper zusammen mit der Natur ihres eigenen Körpers wahrnimmt.

Folgesatz 2. Es folgt zweitens, daß die Ideen, die wir von äußeren Körpern haben, mehr den Zustand unseres Körpers, als die Natur der äußeren Körper anzeigen, was ich im Anhang zum 1. Teile an vielen Beispielen klargemacht habe.

Lehrsatz 17. Wenn der menschliche Körper auf eine Art affiziert ist, die die Natur eines äußeren Körpers in sich schließt, so wird die menschliche Seele eben diesen äußeren Körper als wirklich existierend oder als gegenwärtig betrachten, bis ihr Körper in einen Affekt versetzt wird, der die Existenz dieses äußeren Körpers oder seine Gegenwart ausschließt.

Beweis: Dies ist klar. Denn so lange der menschliche Körper auf die angegebene Art affiziert ist, wird die menschliche Seele (nach Lehrsatz 12 dieses Teils) diese Affektion ihres Körpers betrachten, das heißt (nach dem vorigen Lehrsatz) sie wird von der wirklich existierenden Affektionsart eine Idee haben, die die Natur des äußeren Körpers in sich schließt, das heißt eine Idee, die die Existenz oder Gegenwart der Natur des äußeren Körpers nicht ausschließt, sondern setzt; und folglich wird die Seele (nach Folgesatz 1 zum vorigen Lehrsatz) den äußeren Körper als wirklich existierend oder als gegenwärtig betrachten, bis ihr Körper in einen Affekt versetzt wird usw. W. z. b. w.

Folgesatz: Die Seele kann äußere Körper, von denen der menschliche Körper einmal affiziert ward, selbst wenn sie nicht mehr existieren oder nicht mehr gegenwärtig sind, dennoch betrachten, als ob sie gegenwärtig wären.

Beweis: Wenn äußere Körper die flüssigen Teile des menschlichen Körpers so bestimmen, daß diese auf die weicheren Teile häufig auftreffen, so verändern sie (nach Forderung 5) deren Flächen; daher kommt es dann (siehe Grundsatz 2 nach dem Folgesatz zu Lehnsatz 3), daß sie von dort auf andere Art zurückprallen, als es vorher zu geschehen pflegte, und daß sie auch nachher, wenn sie in eigener selbständiger Bewegung auf diese neuen Flächen stoßen, ganz ebenso zurückprallen, wie damals, wo sie von äußeren Körpern gegen jene Flächen getrieben wurden, und folglich daß sie den menschlichen Körper, indem sie so zurückprallend ihre Bewegung fortsetzen, ganz ebenso affizieren. Bei dieser Affektion wird sich in der Seele (nach Lehrsatz 12 dieses Teils) wiederum das gleiche Denken einstellen, das heißt (nach Lehrsatz 17 dieses Teils) die Seele wird den äußeren Körper wiederum als gegenwärtig betrachten, und dies so oft, als die flüssigen Teile des menschlichen Körpers in ihrer selbständigen Bewegung auf diese Flächen stoßen. Selbst wenn daher die äußeren Körper, von denen der menschliche Körper einmal affiziert ward, nicht mehr existieren, wird die menschliche Seele sie doch so oft als gegenwärtig betrachten, als diese Tätigkeit des Körpers sich wiederholt. W. z. b. w.

Anmerkung: Wir sehen also, auf welche Weise es kommen kann, daß wir nicht Vorhandenes, wie es oft vorkommt, betrachten als ob es gegenwärtig wäre. Es kann zwar sein, daß dies aus anderen Ursachen geschieht; hier genügt es mir aber, eine Ursache angegeben zu haben, aus der sich die Sache ebenso erklären läßt, als wenn ich dazu die wahre benutzt hätte. Doch glaube ich nicht, von der wahren Ursache sehr weit entfernt zu sein, da alle die von mir hier aufgenommenen Forderungen schwerlich etwas enthalten, was die Erfahrung nicht bestätigte, und an dieser dürfen wir nicht mehr zweifeln, seitdem wir bewiesen haben, daß der menschliche Körper, so wie wir ihn empfinden, existiert (siehe Folgesatz nach Lehrsatz 13 dieses Teils). Ferner erkennen wir (aus dem vorigen Folgesatz und aus dem Folgesatz 2 zu Lehrsatz 16 dieses Teils) klar, was für ein

Unterschied ist zwischen der Idee z. B. Peters, die die Wesenheit der Seele Peters selbst ausmacht, und der Idee Peters, die in einem anderen Menschen, etwa in Paul ist. Jene nämlich erklärt unmittelbar die Wesenheit von Peters eigenem Körper und schließt die Existenz nur so lange in sich, als Peter existiert; diese dagegen zeigt mehr einen Zustand des Körpers von Paul an, als die Natur Peters, und darum wird, so lange dieser Zustand von Pauls Körper dauert, Pauls Seele den Peter als gegenwärtig betrachten, selbst dann, wenn Peter nicht mehr existiert. Weiter wollen wir, um die gebräuchlichen Wörter beizubehalten, die Affektionen des menschlichen Körpers, deren Ideen äußere Körper vergegenwärtigen, als ob sie uns wirklich gegenwärtig wären, Vorstellungsbilder der Dinge nennen, obgleich sie die Gestalten der Dinge nicht widergeben. Und wenn die Seele die Körper auf diese Weise betrachtet, wollen wir sagen, daß sie vorstellt. Und hier möchte ich, um die Frage nach dem Irrtum anzuschneiden, darauf aufmerksam machen, daß die Vorstellungen der Seele, an und für sich betrachtet, durchaus keinen Irrtum enthalten, oder daß die Seele darum, weil sie vorstellt, noch nicht irrt, sondern nur, sofern sie betrachtet wird als der Idee entbehrend, die die Existenz der Dinge, deren Gegenwart sie sich vorstellt, ausschließt. Denn wenn die Seele in dem Zustande, wo sie sich Dinge, die nicht existieren, als gegenwärtig vorstellt, zugleich wüßte, daß diese Dinge in Wirklichkeit nicht existieren, würde sie gewiß diese ihre Kraft vorzustellen einem Vorzug und nicht einem Fehler ihrer Natur zurechnen, besonders wenn dies Vermögen vorzustellen von ihrer Natur allein abhinge, das heißt (nach Definition 7 des 1. Teils) wenn dies Vermögen der Seele vorzustellen frei wäre.

Lehrsatz 18. Wenn der menschliche Körper einmal von zwei oder mehreren Körpern zugleich affiziert gewesen ist, und die Seele stellt sich später einen von ihnen vor, so wird sie sich dabei sogleich auch der anderen erinnern.

Beweis: Die Seele stellt sich (nach dem vorigen Folgesatz) einen Körper deswegen vor, weil der menschliche Körper von den Spuren eines äußeren Körpers ebenso affiziert und in den gleichen Zustand versetzt wird, wie dies geschehen ist, als einige seiner Teile von dem äußeren Körper selbst angetrieben wurden; nun befand sich aber (nach der Voraussetzung) der Körper damals in einem solchen Zustande, daß die Seele sich zwei Körper zugleich vorstellte; folglich wird sie sich auch jetzt zwei zugleich vorstellen, und wenn die Seele sich einen von ihnen vorstellt, so wird sie sich sogleich auch des anderen erinnern. W. z. b. w.

Anmerkung: Von hier aus ist klar einzusehen, was die Erinnerung ist. Sie ist nämlich nichts anderes als eine gewisse Verkettung von Ideen, die die Natur außerhalb des menschlichen Körpers befindlicher Dinge in sich schließen, und diese Verkettung vollzieht sich in der Seele gemäß der Ordnung und Verkettung der Affektionen des menschlichen Körpers. Ich sage erstlich, sie sei eine Verkettung bloß solcher Ideen, die die Natur außerhalb des menschlichen Körpers befindlicher Dinge in sich schließen, nicht aber eine Verkettung von Ideen, die die Natur eben dieser Dinge erklären; denn es sind in der Tat (nach Lehrsatz 16 dieses Teils) nur Ideen von Affektionen des menschlichen Körpers, die ebenso dessen Natur als die Natur der äußeren Körper in sich schließen. Ich sage zweitens, diese Verkettung vollziehe sich gemäß der Ordnung und Verkettung der Affektionen des menschlichen Körpers, um sie von der Verkettung der Ideen zu unterscheiden, die sich gemäß der Ordnung des Verstandes vollzieht, nach der die Seele die Dinge vermittelst ihrer ersten Ursachen wahrnimmt, und die bei allen Menschen die selbe ist. Und von hier aus läßt sich weiter klar einsehen, warum der Seele bei dem Gedanken eines Dinges sofort der Gedanke eines anderen Dinges einfällt, das mit dem ersten gar keine Ähnlichkeit hat, wie z. B. einem Deutschen bei dem Gedanken des Wortes „Apfel" gleich der Gedanke der Frucht einfällt, die doch mit jenem artikulierten Schall durchaus keine Ähnlichkeit besitzt noch sonst irgend etwas damit gemein hat, außer daß der Körper des selben Menschen von diesen beiden Dingen oft zusammen affiziert gewesen ist, das heißt, daß der Mensch oft das

Wort Apfel gehört hat, während er zugleich die Frucht selbst sah. Und so wird jedem bei einem Gedanken ein anderer einfallen, je nachdem die Gewohnheit eines jeden die Vorstellungsbilder der Dinge in seinem Körper geordnet hat. Denn z. B. dem Soldaten, der im Sande Pferdespuren sieht, wird beim Gedanken des Pferdes gleich der Gedanke des Reiters und bei diesem der Gedanke des Krieges usw. einfallen. Dem Landmann dagegen wird beim Gedanken des Pferdes der Gedanke des Pfluges, Ackers usw. einfallen; und so wird jedem bei einem Gedanken dieser oder jener Gedanke einfallen, je nachdem jeder gewohnt ist, die Vorstellungsbilder der Dinge so oder so zu verbinden und zu verketten.

Lehrsatz 19. Die menschliche Seele erkennt den menschlichen Körper und weiß um seine Existenz nur durch die Ideen der Affektionen, die der Körper erleidet.

Beweis: Die menschliche Seele ist nämlich (nach Lehrsatz 13 dieses Teils) die Idee oder Erkenntnis des menschlichen Körpers, die (nach Lehrsatz 9 dieses Teils) in Gott ist, sofern er als affiziert durch eine andere Idee eines Einzeldinges angesehen wird; oder genauer: weil der menschliche Körper (nach Forderung 4) sehr vieler Körper bedarf, von denen er beständig gleichsam aufs neue erzeugt wird, und da (nach Lehrsatz 7 dieses Teils) die Ordnung und Verknüpfung der Ideen die selbe ist wie die Ordnung und Verknüpfung der Ursachen, so wird diese Idee in Gott sein, sofern er als affiziert durch die Ideen sehr vieler Einzeldinge angesehen wird. Gott hat daher die Idee des menschlichen Körpers oder er erkennt den menschlichen Körper, sofern er durch sehr viele andere Ideen affiziert ist, und nicht sofern er die Natur der menschlichen Seele ausmacht, das heißt (nach Folgesatz zu Lehrsatz 11 dieses Teils) die menschliche Seele erkennt nicht den menschlichen Körper. Dagegen sind die Ideen von den Affektionen des Körpers in Gott, sofern er die Natur der menschlichen Seele ausmacht, oder (nach Lehrsatz 12 dieses Teils) die menschliche Seele nimmt diese Affektionen wahr, und folglich auch (nach Lehrsatz 16 dieses Teils) den menschlichen Körper und zwar (nach Lehrsatz 17 dieses Teils) als wirklich existierend; nur insofern also nimmt die menschliche Seele den menschlichen Körper wahr. W. z. b. w.

Lehrsatz 20. Von der menschlichen Seele gibt es ebenfalls in Gott eine Idee oder Erkenntnis, die in Gott auf die selbe Weise folgt, und sich auf Gott auf die selbe Weise bezieht wie die Idee oder Erkenntnis des menschlichen Körpers.

Beweis: Das Denken ist (nach Lehrsatz 1 dieses Teils) ein Attribut Gottes; und daher muß es (nach Lehrsatz 3 dieses Teils) notwendig von ihm sowohl wie von allen seinen Affektionen und folglich auch (nach Lehrsatz 11 dieses Teils) von der menschlichen Seele in Gott eine Idee geben. Sodann folgt (nach Lehrsatz 9 dieses Teils), daß es diese Idee oder Erkenntnis der Seele in Gott nicht gibt, sofern er unendlich, sondern sofern er durch eine andere Idee eines Einzeldinges affiziert ist. Nun aber ist (nach Lehrsatz 7 dieses Teils) die Ordnung und Verknüpfung der Ideen die selbe wie die Ordnung und Verknüpfung der Ursachen; daher folgt diese Idee oder Erkenntnis der Seele in Gott und bezieht sich auf Gott auf die selbe Weise wie die Idee oder Erkenntnis des Körpers. W. z. b. w.

Lehrsatz 21. Diese Idee der Seele ist mit der Seele auf die selbe Weise vereinigt wie die Seele selbst mit dem Körper vereinigt ist.

Beweis: Daß die Seele mit dem Körper vereinigt ist, haben wir auf Grund davon bewiesen, daß der Körper das Objekt der Seele ist (siehe Lehrsatz 12 und 13 dieses Teils); aus diesem selben Grunde muß folglich auch die Idee der Seele mit ihrem Objekt, das heißt mit der Seele selbst auf die selbe Weise vereinigt sein wie die Seele selbst mit dem Körper vereinigt ist. W. z. b. w.

Anmerkung: Dieser Lehrsatz läßt sich noch viel klarer auf Grund des in der Anmerkung zu Lehrsatz 7 dieses Teils Gesagten einsehen. Dort bewiesen wir nämlich, daß die Idee des Körpers und der Körper, das heißt (nach Lehrsatz 13 dieses Teils) die Seele und der Körper, ein und das selbe Individuum sind, das bald unter dem Attribut des Denkens, bald unter dem Attribut der Ausdehnung begriffen wird; mithin ist die Idee der Seele und die Seele selbst ein und das selbe Ding, das unter einem und dem selben Attribut begriffen wird, nämlich unter dem Attribut des Denkens. Es folgt, sag ich, in Gott aus der selben Kraft des Denkens mit der selben Notwendigkeit sowohl das Vorhandensein der Idee der Seele wie das der Seele selbst. Denn in der Tat ist die Idee der Seele, das heißt die Idee der Idee nichts anderes als die Form der Idee, sofern sie als Modus des Denkens und ohne Beziehung aufs Objekt angesehen wird; wenn jemand nämlich etwas weiß, so weiß er damit unmittelbar, daß er dies weiß, und zugleich weiß er, daß er weiß, daß er dies weiß, und so weiter ins Unendliche. Doch darüber später mehr.

Lehrsatz 22. Die menschliche Seele nimmt nicht nur die Affektionen des Körpers wahr sondern auch die Ideen dieser Affektionen.

Beweis: Die Ideen von den Ideen der Affektionen folgen in Gott auf die selbe Weise und beziehen sich auf Gott auf die selbe Weise, wie die Ideen der Affektionen selbst; dies wird ebenso bewiesen wie Lehrsatz 20 dieses Teils. Nun aber sind die Ideen der Affektionen des Körpers (nach Lehrsatz 12 dieses Teils) in der menschlichen Seele, das heißt (nach Folgesatz zu Lehrsatz 11 dieses Teils) in Gott, sofern er die Wesenheit der menschlichen Seele ausmacht; folglich müssen die Ideen von diesen Ideen in Gott sein, sofern er die Erkenntnis oder Idee der menschlichen Seele hat, das heißt (nach Lehrsatz 21 dieses Teils) sie müssen in der menschlichen Seele selbst sein, und diese nimmt deshalb nicht nur die Affektionen des Körpers wahr, sondern auch deren Ideen. W. z. b. w.

Lehrsatz 23. Die Seele erkennt sich selbst nur, sofern sie die Ideen von den Affektionen des Körpers wahrnimmt.

Beweis: Die Idee oder Erkenntnis der Seele folgt in Gott (nach Lehrsatz 20 dieses Teils) auf die selbe Weise und bezieht sich auf Gott auf die selbe Weise wie die Idee oder Erkenntnis des Körpers. Da nun aber (nach Lehrsatz 19 dieses Teils) die menschliche Seele den menschlichen Körper nicht erkennt, das heißt (nach Folgesatz zu Lehrsatz 11 dieses Teils) da die Erkenntnis des menschlichen Körpers sich nicht auf Gott bezieht, sofern er die Natur der menschlichen Seele ausmacht, so bezieht sich infolgedessen auch die Erkenntnis der menschlichen Seele nicht auf Gott, sofern er die Wesenheit der menschlichen Seele ausmacht; und daher erkennt (nach dem selben Folgesatz zu Lehrsatz 11 dieses Teils) insofern die menschliche Seele sich selbst nicht. Sodann schließen die Ideen der Affektionen, die der Körper erleidet (nach Lehrsatz 16 dieses Teils), die Natur des menschlichen Körpers selbst in sich, das heißt (nach Lehrsatz 13 dieses Teils) sie stimmen mit der Natur der Seele überein; darum wird die Erkenntnis dieser Ideen die Erkenntnis der Seele notwendig einschließen: Nun aber ist (nach dem vorigen Lehrsatz) die Erkenntnis dieser Ideen in der menschlichen Seele; folglich erkennt sich die menschliche Seele nur insofern selbst. W. z. b. w.

Lehrsatz 24. Die menschliche Seele schließt die adäquate Erkenntnis der Teile, die den menschlichen Körper zusammen setzen, nicht in sich.

Beweis: Die Teile, die den menschlichen Körper zusammensetzen, gehören zur Wesenheit des Körpers nur, sofern sie ihre Bewegungen nach einer gewissen Regel einander mitteilen (siehe die Definition nach dem Folgesatz zu Lehnsatz 3), und nicht, sofern sie sich als Individuen und ohne Beziehung auf den menschlichen Körper betrachten lassen. Denn die Teile des menschlichen Körpers sind (nach Forderung 1) überaus zusammengesetzte Individuen, deren Teile sich (nach Lehnsatz 4) von dem menschlichen Körper, ohne daß die geringste Änderung seiner Natur und seiner Form dabei stattfände, trennen und ihre Bewegungen (siehe Grundsatz 1 nach Lehnsatz 3) anderen Körpern nach einer anderen Regel mitteilen können; und somit muß (nach Lehrsatz 3 dieses Teils) von jedem Teil des Körpers eine

Idee oder Erkenntnis in Gott sein, und zwar (nach Lehrsatz 9 dieses Teils) sofern er als affiziert angesehen wird durch eine andere Idee eines Einzeldinges, welches Einzelding (nach Lehrsatz 7 dieses Teils) nach der Ordnung der Natur dem Teile selbst vorangeht. Das selbe gilt außerdem auch wieder von jedem Teil des Individuums selbst, das den menschlichen Körper mit zusammensetzt. Und daher ist die Erkenntnis von jedem Teil, der den menschlichen Körper mit zusammensetzt, in Gott, sofern er durch die Ideen sehr vieler Dinge affiziert ist, und nicht, sofern er nur die Idee des menschlichen Körpers hat, das heißt (nach Lehrsatz 13 dieses Teils) die Idee, die die Natur der menschlichen Seele ausmacht; und somit schließt (nach Folgesatz zu Lehrsatz 11 dieses Teils) die menschliche Seele die adäquate Erkenntnis der Teile, die den menschlichen Körper zusammensetzen, nicht in sich. W. z. b. w.

Lehrsatz 25. *Die Idee einer Affektion des menschlichen Körpers, es sei, welche es wolle, schließt die adäquate Erkenntnis des äußeren Körpers nicht in sich.*

Beweis: Wir haben bewiesen (siehe Lehrsatz 16 dieses Teils), daß die Idee einer Affektion des menschlichen Körpers die Natur des äußeren Körpers insofern in sich schließt, als dieser äußere Körper den menschlichen Körper auf gewisse Weise bestimmt. Sofern aber der äußere Körper ein Individuum für sich ohne Beziehung auf den menschlichen Körper ist, ist seine Idee oder Erkenntnis (nach Lehrsatz 9 dieses Teils) in Gott, sofern Gott als affiziert durch die Idee eines anderen Dinges angesehen wird, das (nach Lehrsatz 7 dieses Teils) dem äußeren Körper der Natur nach vorangeht. Daher ist die adäquate Erkenntnis des äußeren Körpers nicht in Gott, sofern er die Idee einer Affektion des menschlichen Körpers hat, oder die Idee einer Affektion des menschlichen Körpers schließt die adäquate Erkenntnis des äußeren Körpers nicht in sich. W. z. b. w.

Lehrsatz 26. *Die menschliche Seele nimmt einen äußeren Körper als wirklich existierend nur wahr vermöge der Ideen von den Affektionen ihres Körpers.*

Beweis: Wenn der menschliche Körper von einem äußeren Körper auf keine Weise affiziert ist, so ist auch (nach Lehrsatz 7 dieses Teils) die Idee des menschlichen Körpers, das heißt (nach Lehrsatz 13 dieses Teils) die menschliche Seele auf keine Weise durch die Idee der Existenz jenes Körpers affiziert, oder sie nimmt die Existenz jenes äußeren Körpers auf keine Weise wahr. Insofern dagegen der menschliche Körper von einem äußeren Körper auf irgend eine Weise affiziert wird, insofern nimmt er (nach Lehrsatz 16 dieses Teils und dem 1. Folgesatz dazu) den äußeren Körper wahr. W. z. b. w.

Folgesatz: Insofern die menschliche Seele sich einen äußeren Körper vorstellt, hat sie von ihm keine adäquate Erkenntnis.

Beweis: Wenn die menschliche Seele vermöge der Ideen von den Affektionen ihres Körpers äußere Körper betrachtet, so sagen wir, daß sie sich diese vorstellt (siehe Anmerkung zu Lehrsatz 17 dieses Teils); auf andere Art aber kann sich die Seele (nach dem vorigen Lehrsatz) äußere Körper nicht als wirklich existierend vorstellen. Und folglich hat die menschliche Seele (nach Lehrsatz 25 dieses Teils), sofern sie sich äußere Körper vorstellt, von ihnen keine adäquate Erkenntnis. W. z. b. w.

Lehrsatz 27. *Die Idee einer Affektion des menschlichen Körpers, es sei welche es wolle, schließt die adäquate Erkenntnis des menschlichen Körpers nicht in sich.*

Beweis: Jede Idee einer Affektion des menschlichen Körpers schließt die Natur des menschlichen Körpers insofern in sich, als der menschliche Körper selbst als auf gewisse Weise affiziert angesehen wird (siehe Lehrsatz 16 dieses Teils). Sofern aber der menschliche Körper ein Individuum ist, das noch auf viele andere Weisen affiziert werden kann, ist seine Idee usw. Siehe den Beweis zu Lehrsatz 25 dieses Teils.

Lehrsatz 28. *Sofern die Ideen von den Affektionen des menschlichen Körpers sich nur auf die menschliche Seele beziehen, sind sie nicht klar und deutlich sondern verworren.*

Beweis: Die Ideen von den Affektionen des menschlichen Körpers schließen (nach Lehrsatz 16 dieses Teils) die Natur der äußeren Körper sowohl, als die des menschlichen Körpers selbst in sich; und sie müssen nicht nur die Natur des menschlichen Körpers, sondern auch die Natur seiner Teile in sich schließen; denn die Affektionen sind (nach Forderung 3) die Arten, auf die zunächst die Teile des menschlichen Körpers affiziert werden und folglich dann auch der ganze Körper. Nun aber ist (nach Lehrsatz 24 und 25 dieses Teils) die adäquate Erkenntnis der äußeren Körper wie auch der Teile, die den menschlichen Körper zusammensetzen, in Gott nicht, sofern er als affiziert durch die menschliche Seele, sondern sofern er als affiziert durch andere Ideen angesehen wird. Demzufolge sind die Ideen von den Affektionen des menschlichen Körpers, sofern sie sich bloß auf die menschliche Seele beziehen, gleichsam Schlußsätze ohne Vordersätze, das heißt (wie sich von selbst versteht) sie sind verworrene Ideen. W. z. b. w.

Anmerkung: Auf die selbe Art läßt sich beweisen, daß die Idee, die die Natur der menschlichen Seele ausmacht, für sich allein angesehen, nicht klar und deutlich ist; und ebensowenig die Idee der menschlichen Seele und die Ideen der Ideen von den Affektionen des menschlichen Körpers, sofern sie sich auf die Seele allein beziehen, wie jeder leicht sehen kann.

Lehrsatz 29. Die Idee der Idee von einer Affektion des menschlichen Körpers, es sei welche es wolle, schließt die adäquate Erkenntnis der menschlichen Seele nicht in sich.

Beweis: Die Idee einer Affektion des menschlichen Körpers schließt nämlich (nach Lehrsatz 27 dieses Teils) die adäquate Erkenntnis des Körpers selbst nicht in sich oder sie drückt dessen Natur nicht adäquat aus; das heißt (nach Lehrsatz 13 dieses Teils) sie stimmt mit der Natur der Seele nicht adäquat überein; und somit drückt die Idee dieser Idee (nach Grundsatz 6 des 1. Teils) die Natur der menschlichen Seele nicht adäquat aus oder schließt deren adäquate Erkenntnis nicht in sich. W. z. b. w.

F o l g e s a t z: Hieraus folgt, daß die menschliche Seele, so oft sie die Dinge nach der gemeinsamen Ordnung der Natur wahrnimmt, weder von sich selbst, noch von ihrem Körper, noch von den äußeren Körpern eine adäquate Erkenntnis hat, sondern nur eine verworrene und verstümmelte. Denn die Seele erkennt sich selbst (nach Lehrsatz 23 dieses Teils) nur sofern sie die Ideen von den Affektionen des Körpers wahrnimmt. Ihren Körper aber nimmt sie (nach Lehrsatz 19 dieses Teils) nur vermöge eben dieser Ideen seiner Affektionen wahr und auch die äußeren Körper nimmt sie (nach Lehrsatz 26 dieses Teils) nur vermöge dieser Ideen wahr; sofern sie also diese Ideen hat, hat sie weder (nach Lehrsatz 29 dieses Teils) von sich selbst, noch (nach Lehrsatz 27 dieses Teils) von ihrem Körper, noch (nach Lehrsatz 25 dieses Teils) von den äußeren Körpern eine adäquate Erkenntnis, sondern nur (nach Lehrsatz 28 dieses Teils mit seiner Anmerkung) eine verstümmelte und verworrene. W. z. b. w.

A n m e r k u n g: Ich sage ausdrücklich, daß die Seele weder von sich selbst, noch von ihrem Körper, noch von den äußren Körpern eine adäquate Erkenntnis, sondern nur eine verworrene habe, so oft sie die Dinge nach der gemeinsamen Ordnung der Natur wahrnimmt, das heißt, so oft sie von außen, nämlich durch die zufällige Begegnung mit den Dingen, bestimmt wird, dies oder jenes zu betrachten, und nicht, wenn sie von innen, dadurch nämlich, daß sie mehrere Dinge zugleich betrachtet, bestimmt wird, deren Übereinstimmungen, Unterschiede und Gegensätze einzusehen; denn wenn sie so oder auch auf andere Weise von innen bestimmt wird, dann betrachtet sie die Dinge klar und deutlich, wie ich weiter unten zeigen werde.

Lehrsatz 30. Wir können von der Dauer unseres Körpers nur eine sehr inadäquate Erkenntnis haben.

B e w e i s: Die Dauer unseres Körpers hängt (nach Grundsatz 1 dieses Teils) von seiner Wesenheit nicht ab, und ebensowenig (nach Lehrsatz 21 des 1. Teils) von der unbedingten Natur Gottes. Er wird vielmehr (nach Lehrsatz 28 des

1. Teils) zum Existieren und Wirken von solchen Ursachen bestimmt, die ihrerseits auch von anderen auf gewisse und bestimmte Weise zum Existieren und Wirken bestimmt sind, und diese wiederum von anderen und so weiter ins Unendliche. Die Dauer unseres Körpers hängt also von der gemeinsamen Ordnung der Natur und der Einrichtung der Dinge ab. Davon aber, wie die Dinge eingerichtet sind, gibt es eine adäquate Erkenntnis in Gott, nur sofern er die Ideen aller Dinge überhaupt, und nicht, sofern er bloß die Idee des menschlichen Körpers hat (nach Folgesatz zu Lehrsatz 9 dieses Teils); daher ist die Erkenntnis der Dauer unseres Körpers in Gott sehr inadäquat, sofern man ihn nur daraufhin ansieht, daß er die Wesenheit der menschlichen Seele ausmacht, das heißt (nach Folgesatz zu Lehrsatz 11 dieses Teils) diese Erkenntnis ist in unserer Seele sehr inadäquat. W. z. b. w.

Lehrsatz 31. Wir können von der Dauer der Einzeldinge, die sich außer uns befinden, nur eine sehr inadäquate Erkenntnis haben.

Beweis: Jedes Einzelding muß nämlich (nach Lehrsatz 28 des 1. Teils) ebenso, wie der menschliche Körper von einem anderen Einzeldinge auf gewisse und bestimmte Weise zum Existieren und Wirken bestimmt werden, und dies wiederum von einem anderen und so weiter ins Unendliche. Da wir aber auf Grund dieser gemeinsamen Eigenschaft der Einzeldinge im vorigen Lehrsatz bewiesen haben, daß wir von der Dauer unseres Körpers nur eine sehr inadäquate Erkenntnis haben, so wird man hinsichtlich der Dauer der Einzeldinge diesen selben Schluß machen müssen, nämlich daß wir von ihr nur eine sehr inadäquate Erkenntnis haben können. W. z. b. w.

Folgesatz: Hieraus folgt, daß alle besonderen Dinge zufällig und vergänglich sind. Denn wir können (nach dem vorigen Lehrsatz) von ihrer Dauer keine adäquate Erkenntnis haben: und dies eben ist es, was wir unter der Zufälligkeit der Dinge und der Möglichkeit ihres Vergehens zu verstehen haben (siehe Anmerkung zu Lehrsatz 33 des 1. Teils).

Denn außer diesem gibt es (nach Lehrsatz 29 des 1. Teils) kein anderes Zufälliges.

Lehrsatz 32. Alle Ideen sind wahr, sofern sie sich auf Gott beziehen.

Beweis: Alle Ideen nämlich, die in Gott sind, stimmen mit ihren Gegenständen (nach Folgesatz zu Lehrsatz 7 dieses Teils) völlig überein, und folglich sind sie (nach Grundsatz 6 des 1. Teils) insgesamt wahr. W. z. b. w.

Lehrsatz 33. In den Ideen ist nichts Positives, um dessentwillen man sie falsch nennt.

Beweis: Wer diesen Lehrsatz verneint, denke sich, wenn es möglich ist, einen positiven Modus des Denkens, der die Form des Irrtums oder der Falschheit ausmache. Dieser Modus des Denkens kann (nach dem vorigen Lehrsatz) nicht in Gott sein; außer Gott aber kann er (nach Lehrsatz 15 des 1. Teils) auch weder sein noch begriffen werden. Und folglich kann es in den Ideen nichts Positives geben, um dessentwillen man sie falsch nennt. W. z. b. w.

Lehrsatz 34. Jede Idee, die in uns unbedingt oder adäquat und vollkommen ist, ist wahr.

Beweis: Wenn wir sagen, es gebe in uns eine adäquate und vollkommene Idee, so sagen wir damit (nach Folgesatz zu Lehrsatz 11 dieses Teils) nichts anderes, als daß es in Gott, sofern er die Wesenheit unserer Seele ausmacht, eine adäquate und vollkommene Idee gibt; und folglich sagen wir damit (nach Lehrsatz 32 dieses Teils) nichts anderes, als daß eine solche Idee wahr ist. W. z. b. w.

Lehrsatz 35. Die Falschheit besteht in dem Mangel an Erkenntnis, den die inadäquaten oder verstümmelten und verworrenen Ideen in sich schließen.

Beweis: Es gibt (nach Lehrsatz 33 dieses Teils) nichts Positives in den Ideen, das die Form der Falschheit ausmachte. Nun aber kann die Falschheit nicht in einem völligen Mangel bestehen (denn von Seelen und nicht von Körpern sagt man, daß sie irren und sich täuschen) und ebensowenig in völliger Unwissenheit, denn Nichtwissen und Irren ist durchaus nicht das selbe. Daher besteht sie in dem Mangel an Erkenntnis, den die inadäquate Erkenntnis oder die inadäquaten und verworrenen Ideen in sich schließen. W. z. b. w.

Anmerkung: In der Anmerkung zu Lehrsatz 17 dieses Teils habe ich erklärt, inwiefern der Irrtum in einem Mangel an Erkenntnis besteht. Indessen will ich, um die Sache noch ausführlicher zu erläutern, ein Beispiel geben: Die Menschen täuschen sich, wenn sie sich für frei halten; und diese ihre Meinung besteht allein darin, daß sie sich ihrer Handlungen bewußt sind, ohne eine Kenntnis der Ursachen zu haben, von denen sie bestimmt werden. Die Idee ihrer Freiheit ist also die, daß sie keine Ursache ihrer Handlungen kennen. Denn wenn sie sagen, die menschlichen Handlungen hingen vom Willen ab, so sind das Worte, mit denen sie keine Idee verbinden. Was nämlich Wille sei, und wie er den Körper bewegt, das wissen sie alle nicht, und die, die etwas anderes vorgeben und sich allerlei von einem Sitz und Wohnplatz des Seelenwesens einbilden, erregen bei anderen gewöhnlich Lachen oder endlich Überdruß. Ebenso stellen wir uns, wenn wir die Sonne ansehen, vor, daß sie ungefähr 200 Fuß von uns entfernt sei; dieser Irrtum besteht nicht in dieser Vorstellung für sich allein, sondern darin, daß wir, indem wir uns die Sonne solchergestalt vorstellen, dabei ihre wahre Entfernung und die Ursache dieser Vorstellung nicht wissen. Denn wenn wir auch nachher erkennen, daß sie über 600 Erddurchmesser von uns entfernt ist, so werden wir sie uns nichtsdestoweniger noch immer als nah vorstellen; denn wir stellen uns die Sonne nicht darum als so nah vor, weil wir ihre wahre Entfernung nicht wissen, sondern darum, weil die Affektion unseres Körpers die Wesenheit der Sonne in sich schließt, sofern der Körper selbst von ihr affiziert wird.

Lehrsatz 36. Die inadäquaten und verworrenen Ideen folgen mit der selben Notwendigkeit wie die adäquaten oder klaren und deutlichen Ideen.

Beweis: Alle Ideen sind (nach Lehrsatz 15 des 1. Teils) in Gott; und sofern sie sich auf Gott beziehen, sind sie (nach Lehrsatz 32 dieses Teils) wahr und (nach dem Folgesatz zu Lehrsatz 7 dieses Teils) adäquat; inadäquat oder verworren sind sie daher nur, sofern sie sich auf die einzelne Seele irgend eines Menschen beziehen (worüber man Lehrsatz 24 und 28 dieses Teils nachsehen möge). Und daher folgen (nach Folgesatz zu Lehrsatz 6 dieses Teils) alle Ideen, die adäquaten wie die inadäquaten, mit der selben Notwendigkeit. W. z. b. w.

Lehrsatz 37. Was allen Dingen gemein (siehe darüber oben Lehnsatz 2) *und was gleichermaßen im Teil wie im Ganzen ist, macht nicht die Wesenheit eines Einzeldinges aus.*

Beweis: Wer diesen Lehrsatz verneint, denke ich, wenn es möglich ist, daß gerade dies die Wesenheit eines Einzeldinges ausmache, etwa die Wesenheit von B. Folglich wird dies (nach Definition 2 dieses Teils) ohne B weder sein noch begriffen werden können. Nun aber ist das wider die Voraussetzung: Folglich gehört dies nicht zur Wesenheit von B, noch macht es die Wesenheit eines anderen Einzeldinges aus. W. z. b. w.

Lehrsatz 38. Was allen Dingen gemein und was gleichermaßen im Teil wie im Ganzen ist, läßt sich nur adäquat begreifen.

Beweis: A möge etwas sein, was allen Körpern gemein und was gleichermaßen im Teil eines jeden Körpers wie im Ganzen ist. Nun behaupte ich, A lasse sich nur adäquat begreifen. Denn die Idee von A wird (nach Folgesatz zu Lehrsatz 7 dieses Teils) notwendig in Gott adäquat sein nicht nur, sofern er die Idee des menschlichen Körpers, sondern auch sofern er die Ideen von dessen Affektionen hat, die (nach Lehrsatz 16, 25 und 27 dieses Teils) sowohl die Natur des menschlichen Körpers wie die der äußeren Körper teilweise in sich schließen; das heißt (nach Lehrsatz 12 und 13 dieses Teils) diese Idee wird notwendig in Gott adäquat sein, sofern er die menschliche Seele ausmacht oder sofern er die

Ideen hat, die in der menschlichen Seele sind; die Seele nimmt also (nach Folgesatz zu Lehrsatz 11 dieses Teils) A notwendig adäquat wahr, und zwar sowohl insofern sie sich, als insofern sie ihren eigenen oder irgend einen äußeren Körper wahrnimmt, und A läßt sich auf keine andere Weise begreifen. W. z. b. w.

Folgesatz: Hieraus folgt, daß es gewisse Ideen oder Begriffe gibt, die allen Menschen gemeinsam sind, denn alle Körper stimmen (nach Lehnsatz 2) in einigen Stücken überein, und diese müssen (nach dem vorigen Lehrsatz) von allen Menschen adäquat oder klar und deutlich wahrgenommen werden.

Lehrsatz 39. Was dem menschlichen Körper und einigen äußeren Körpern, von denen der menschliche Körper affiziert zu werden pflegt, gemeinsam und eigentümlich ist, und was gleichermaßen im Teil eines jeden dieser äußeren Körper wie im Ganzen ist, davon wird auch in der Seele eine adäquate Idee sein.

Beweis: A möge das sein, was dem menschlichen Körper und einigen äußeren Körpern gemeinsam und eigentümlich ist, und was gleichermaßen im menschlichen Körper wie in eben diesen äußeren Körpern, und was endlich gleichermaßen im Teil eines jeden dieser äußeren Körper wie im Ganzen ist. Von A wird es dann (nach Folgesatz zu Lehrsatz 7 dieses Teils) in Gott eine adäquate Idee geben, sowohl insofern er die Idee des menschlichen Körpers, als insofern er die Ideen der angenommenen äußeren Körper hat. Nun nehme man an, daß der menschliche Körper von einem äußeren Körper durch das affiziert werde, was er mit ihm gemein hat, das heißt von A. Dann wird die Idee dieser Affektion (nach Lehrsatz 16 dieses Teils) die Eigenschaft A in sich schließen, und somit wird (nach eben dem Folgesatz zu Lehrsatz 7 dieses Teils) die Idee dieser Affektion, sofern sie die Eigenschaft A in sich schließt, in Gott adäquat sein, sofern er durch die Idee des menschlichen Körpers affiziert ist, das heißt (nach Lehrsatz 13 dieses Teils) sofern er die Natur der menschlichen Seele ausmacht. Und folglich ist diese Idee (nach Folgesatz zu Lehrsatz 11 dieses Teils) auch in der menschlichen Seele adäquat. W. z. b. w.

Folgesatz: Hieraus folgt, daß die Fähigkeit der Seele mehrerlei adäquat wahrzunehmen um so größer ist, je mehr ihr Körper mit anderen Körpern gemein hat.

Lehrsatz 40. Alle Ideen, die in der Seele aus solchen Ideen folgen, die in ihr adäquat sind, sind ebenfalls adäquat.

Beweis: Dies ist klar. Denn wenn wir sagen, in der menschlichen Seele folge eine Idee aus solchen Ideen, die in ihr adäquat sind, so sagen wir (nach Folgesatz zu Lehrsatz 11 dieses Teils) nichts anderes, als daß es im göttlichen Verstande selbst eine Idee gibt, deren Ursache Gott ist, nicht sofern er unendlich ist, noch sofern er durch die Ideen sehr vieler Einzeldinge affiziert ist, sondern sofern er bloß die Wesenheit der menschlichen Seele ausmacht.

Anmerkung 1: Hiermit habe ich die Ursache der Begriffe dargelegt, die „Gemeinbegriffe" genannt werden, und die die Grundlagen unseres Schlußverfahrens sind. Es gibt aber von einigen Grundsätzen oder Begriffen auch andere Ursachen, die nach dieser unserer Methode darzulegen gewiß von Vorteil sein würde: denn dadurch ließe sich festsetzen, welche Begriffe nützlicher als alle übrigen, und welche dagegen fast von gar keinem Nutzen sind; ferner welche Begriffe gemeinsam sind, und welche Begriffe nur Menschen, die nicht an Vorurteilen kranken, als klar und deutlich gelten, und endlich, welche Begriffe schlecht begründet sind. Außerdem ließe sich festsetzen, worin die Begriffe, die man „zweite Begriffe" nennt, und folglich auch die Grundsätze, die auf ihnen beruhen, ihren Ursprung haben, und noch manches andere Ergebnis meines bisherigen Nachsinnens über diese Dinge. Allein da ich dies für eine andere Abhandlung bestimmt habe und da ich fürchte, durch allzu große Weitläufigkeit langweilig zu werden, so habe ich mich dafür entschieden, hier darüber hinwegzugehen. Um aber doch nichts fortzulassen, was zu wissen nötig ist, will ich wenigstens kurz die Ursachen angeben, von denen die sogenannten „transscendentalen Ausdrücke", wie Wesen, Ding, Etwas, ihren Ursprung herleiten. Diese Ausdrücke entstehen dadurch, daß der menschliche Körper, da er ja beschränkt ist, nur eine bestimmte Anzahl von Vorstellungsbildern (was ein Vorstellungsbild ist, habe ich in der Anmerkung zu Lehrsatz 17 dieses Teils erklärt) zugleich deutlich in sich zu bilden vermag. Wird sie überschritten, so beginnen die Vorstellungsbilder sich zu verwirren. Und wenn diese Anzahl von Vorstellungsbildern, die der Körper zugleich deutlich in sich zu bilden vermag, sehr weit überschritten wird, so werden sich alle gänzlich mit einander verwirren. Da sich dies so verhält, so wird aus Folgesatz zu Lehrsatz 17 und aus Lehrsatz 18 weiter klar werden, daß die menschliche Seele sich gerade so viel Körper zugleich deutlich vorstellen kann, als sich in ihrem Körper Vorstellungsbilder zugleich bilden können. Sobald sich dagegen die Vorstellungsbilder im Körper gänzlich verwirren, wird auch die Seele sich alle Körper verworren und ohne alle Unterscheidung vorstellen und sie gleichsam unter Einem Attribut zusammenfassen, nämlich unter dem Attribut des Wesens, Dinges usw. Dies läßt sich auch daraus ableiten, daß die Vorstellungsbilder nicht immer gleich lebhaft sind, und aus anderen verwandten Ursachen, die ich hier nicht auseinanderzusetzen brauche; denn für das Ziel, auf das wir zustreben, genügt es, nur eine in Betracht zu ziehen. Denn alle laufen darauf hinaus, daß diese Ausdrücke Ideen bezeichnen, die im höchsten Grade verworren sind. Aus ähnlichen Ursachen sind ferner die Begriffe entstanden, die man „allgemeine Begriffe" nennt, wie Mensch, Pferd, Hund usw., nämlich weil im menschlichen Körper sich soviel Vorstellungsbilder z. B. von Menschen zugleich bilden, daß sie die Kraft des Vorstellens zwar nicht überhaupt, aber doch in so hohem Grade übersteigen, daß die Seele sich die geringen Unterschiede zwischen den einzelnen (also eines jeden Farbe, Größe usw.) und ihre bestimmte Anzahl nicht vorstellen kann, und sich nur das deutlich vorstellt, worin alle, sofern der Körper von ihnen affiziert wird, übereinstimmen; denn dadurch ist der Körper am meisten, nämlich von jedem einzelnen aufs neue affiziert worden; und dies drückt die Seele mit dem Wort Mensch aus, und legt es den unendlich vielen Einzelmenschen bei. Denn wie gesagt, die bestimmte Anzahl der Einzelmenschen kann sie sich nicht vorstellen. Doch ist zu beachten, daß diese Begriffe nicht von allen auf die selbe Weise gebildet werden, sondern bei jedem sind sie wider andere, je nach dem, was seinen Körper am häufigsten affiziert hat, und was sich daher seine Seele am leichtesten vorstellt oder ins Gedächtnis ruft. Wer z. B. am häufigsten mit Bewunderung die Statur der Menschen betrachtet, wird unter dem Wort Mensch ein Tier von aufrechter Statur verstehen; wer dagegen gewohnt ist, etwas anderes am Menschen zu betrachten, wird sich ein anderes gemeinsames Vorstellungsbild von ihm bilden und ihn etwa als ein Tier, das lacht, als ein zweifüßiges Tier ohne Federn oder als ein vernünftiges Tier bezeichnen. Und so wird auch bei allem übrigen sich jeder je nach der Beschaffenheit seines Körpers allgemeine Vorstellungsbilder von den Dingen bilden. Kein Wunder daher, daß unter den Philosophen, die die Naturdinge durch die bloßen Vorstellungsbilder der Dinge erklären wollten, so viele Streitigkeiten entstanden sind.

Anmerkung 2. Aus allem oben Gesagten geht klar hervor, daß wir vielerlei wahrnehmen und allgemeine Begriffe bilden:

Erstens aus Einzeldingen, die uns durch die Sinne verstümmelt, verworren und ohne verstandesmäßige Ordnung vergegenwärtigt werden (siehe Folgesatz zu Lehrsatz 29 dieses Teils); ich pflege solche Wahrnehmungen deshalb Erkenntnis aus unsicherer Erfahrung zu nennen.

Zweitens aus Zeichen, z. B. daraus, daß wir beim Vernehmen oder Lesen gewisser Worte uns zugleich der entsprechenden Dinge erinnern und uns von ihnen Ideen machen, ähnlich denen, durch die wir uns die Dinge vorstellen. (Siehe Anmerkung zu Lehrsatz 18 dieses Teils.) Diese beiden Weisen, die Dinge zu betrachten, werde ich künftighin Erkenntnis der ersten Gattung, Meinung oder Vorstellung nennen.

Drittens endlich daraus, daß wir Gemeinbegriffe und adäquate Ideen von den Eigenschaften der Dinge haben. (Siehe Folgesatz zu Lehrsatz 38, Lehrsatz 39 mit seinem Folgesatz und Lehrsatz 40 dieses Teils.) Und diese Weise, die Dinge zu betrachten, werde ich Vernunft oder Erkenntnis der zweiten Gattung nennen.

Über diesen beiden Gattungen der Erkenntnis gibt es, wie im folgenden zeigen will, noch eine dritte Gattung, die wir das anschauende Wissen nennen wollen. Und diese Gattung des Erkennens schreitet von der adäquaten Idee der formalen Wesenheit einiger Attribute Gottes fort zu der adäquaten Erkenntnis der Wesenheit der Dinge.

Ich will dies alles an einem Beispiel erläutern. Es seien z. B. drei Zahlen gegeben, um eine vierte zu finden, die sich zur dritten verhält, wie die zweite zur ersten. Ein Kaufmann wird sich nicht bedenken und die zweite mit der dritten multiplizieren und das Produkt durch die erste dividieren, und dies entweder, weil er noch nicht vergessen hat, was er von seinem Rechenlehrer ohne irgend welchen Beweis vernommen, oder weil er es oft bei den ganz einfachen Zahlen erfahren hat, oder endlich auf Grund des Beweises zu Lehrsatz 19 im 7. Buch des Euklid, nämlich auf Grund der gemeinsamen Eigenschaft der Proportionalzahlen. Allein bei den ganz einfachen Zahlen ist dies alles nicht nötig. Sind z. B. die Zahlen 1, 2, 3 gegeben, so sieht jedermann, daß die vierte Proportionalzahl 6 ist, und zwar viel klarer, weil wir aus dem Verhältnis der ersten zur zweiten Zahl, das wir auf Ein Anschauen sehen, die vierte selbst erschließen.

Lehrsatz 41. Die Erkenntnis der ersten Gattung ist die einzige Ursache der Falschheit, die der zweiten und dritten dagegen ist notwendig wahr.

Beweis: Zur Erkenntnis der ersten Gattung, sagten wir in der vorigen Anmerkung, gehören alle Ideen, die inadäquat und verworren sind; und infolgedessen ist diese Erkenntnis (nach Lehrsatz 35 dieses Teils) die einzige Ursache der Falschheit. Zur Erkenntnis der zweiten und dritten Gattung, sagten wir weiter, gehören die Ideen, die adäquat sind;

und folglich ist sie (nach Lehrsatz 34 dieses Teils) notwendig wahr. W. z. b. w.

Lehrsatz 42. Die Erkenntnis der zweiten und dritten, nicht die der ersten Gattung, lehrt uns das Wahre vom Falschen unterscheiden.

Beweis: Dieser Lehrsatz ist an sich klar. Wer nämlich zwischen dem Wahren und dem Falschen zu unterscheiden weiß, muß von dem Wahren und dem Falschen eine adäquate Idee haben, das heißt (nach Anmerkung 2 zu Lehrsatz 40 dieses Teils), er muß das Wahre und das Falsche in der zweiten oder dritten Gattung der Erkenntnis erkennen.

Lehrsatz 43. Wer eine wahre Idee hat, weiß zugleich, daß er eine wahre Idee hat, und kann an der Wahrheit der Sache nicht zweifeln.

Beweis: Eine wahre Idee in uns ist (nach Folgesatz zu Lehrsatz 11 dieses Teils) eine Idee, die in Gott adäquat ist, sofern er durch die Natur der menschlichen Seele erklärt wird. Setzen wir also, es gebe in Gott, sofern er durch die Natur der menschlichen Seele erklärt wird, die adäquate Idee A. Von dieser Idee muß es (nach Lehrsatz 20, dessen Beweis allgemein ist) notwendig auch eine Idee in Gott geben, die sich auf Gott in der selben Weise bezieht, wie die Idee A. Nun aber bezieht sich der Voraussetzung nach die Idee A auf Gott, sofern er durch die Natur der menschlichen Seele erklärt wird; demnach muß sich auch die Idee der Idee A in der selben Weise auf Gott beziehen, das heißt (nach eben dem Folgesatz zu Lehrsatz 11 dieses Teils) diese adäquate Idee der Idee A wird in eben der Seele sein, die die adäquate Idee A hat. Wer eine adäquate Idee hat oder (nach Lehrsatz 34 dieses Teils) wer eine Sache wahrheitsgemäß erkennt, muß folglich zugleich eine adäquate Idee oder eine wahre Erkenntnis seiner Erkenntnis haben, das heißt (wie von selbst einleuchtet) er muß zugleich ihrer gewiß sein. W. z. b. w.

Anmerkung: In der Anmerkung zu Lehrsatz 21 dieses Teils habe ich auseinandergesetzt, was die Idee einer Idee ist; doch muß ich bemerken, daß der vorige Lehrsatz schon an sich einleuchtend genug ist. Denn jeder, der eine wahre Idee hat, weiß genau, daß die wahre Idee die höchste Gewißheit in sich schließt. Denn eine wahre Idee haben, bedeutet eben nichts anderes, als eine Sache vollkommen oder aufs beste erkennen; und hieran kann sicherlich niemand zweifeln, er müßte denn glauben, eine Idee sei etwas Stummes, wie ein Gemälde auf einer Tafel, und nicht ein Modus des Denkens, nämlich das Verstehen selbst. Und ich bitte: wie kann jemand wissen, daß er eine Sache versteht, wenn er nicht schon vorher die Sache versteht? Das heißt, wer kann wissen, daß er einer Sache gewiß ist, wenn er nicht schon vorher dieser Sache gewiß ist? Ferner, was kann es Klareres und Gewisseres geben, um als Wahrheitsnorm zu dienen, als eine wahre Idee? Wahrlich, wie das Licht sich selbst und die Finsternis offenbart, so ist die Wahrheit die Norm ihrer selbst und des Falschen. Und hiermit glaube ich auch folgende Fragen bereits beantwortet zu haben, nämlich: Wenn man die wahre Idee von der falschen nur insofern unterscheidet, als man von ihr sagt, daß sie mit ihrem Gegenstande übereinstimmt, hat demnach nicht die wahre Idee an Realität oder Vollkommenheit nichts vor der falschen voraus (da man sie ja nur durch ein äußeres Merkmal voneinander unterscheidet), und hat folglich nicht auch ein Mensch, der wahre Ideen hat, vor einem, der nur falsche Ideen hat, an Realität und Vollkommenheit nichts voraus? Ferner: Woher kommt es, daß die Menschen falsche Ideen haben? Und endlich: Woher kann jemand gewiß wissen, daß er Ideen hat, die mit ihren Gegenständen übereinstimmen? Diese Fragen, glaube ich, wie gesagt, bereits beantwortet zu haben. Denn was den Unterschied zwischen wahrer und falscher Idee anlangt, so steht durch Lehrsatz 35 dieses Teils fest, daß jene sich zu dieser verhält wie Wesen zu Nichts. Die Ursachen der Falschheit aber habe ich von Lehrsatz 19 bis Lehrsatz 35 und dessen Anmerkung so klar wie nur möglich nachgewiesen. Daraus erhellt auch der Unterschied zwischen einem Menschen, der wahre Ideen hat, und einem Menschen, der nur falsche hat. Was endlich das letzte anlangt, nämlich, woher denn der Mensch wissen kann, daß er eine Idee hat, die mit ihrem Gegenstande übereinstimmt, so habe ich eben erst mehr als zur Genüge nachgewiesen, daß dies allein daher entspringt, weil er eine Idee hat, die mit ihrem Gegenstand übereinstimmt, oder weil die Wahrheit die Norm ihrer selbst ist. Hierzu kommt, daß unsere Seele, sofern sie die Dinge wahrheitsgemäß wahrnimmt (nach Folgesatz zu Lehrsatz 11 dieses Teils), ein Teil von Gottes unendlichem Verstand ist; und daher müssen die klaren und deutlichen Ideen der Seele ebenso wahr sein als Gottes Ideen.

Lehrsatz 44. Es liegt in der Natur der Vernunft, die Dinge nicht als zufällig, sondern als notwendig zu betrachten.

Beweis: Es liegt (nach Lehrsatz 41 dieses Teils) in der Natur der Vernunft, die Dinge wahrheitsgemäß wahrzunehmen, nämlich (nach Grundsatz 6 des 1. Teils) wie sie an sich sind, das heißt (nach Lehrsatz 29 des 1. Teils) nicht als zufällig, sondern als notwendig. W. z. b. w.

Folgesatz 1: Hieraus folgt, daß es bloß vom Vorstellungsvermögen herkommt, wenn wir die Dinge hinsichtlich der Vergangenheit sowohl wie hinsichtlich der Zukunft als zufällig betrachten.

Anmerkung: Wie dies zugeht, will ich hier mit ein paar Worten erklären. Wir haben oben (Lehrsatz 17 dieses Teils mit seinem Folgesatz) nachgewiesen, daß die Seele sich Dinge, auch wenn sie nicht existieren, doch allezeit als gegenwärtig vorstellt, wenn nicht Ursachen eintreten, die ihre gegenwärtige Existenz ausschließen. Ferner haben wir Lehrsatz 18 dieses Teils) nachgewiesen, daß wenn der menschliche Körper einmal von zwei äußeren Körpern zugleich affiziert worden ist und die Seele sich später einen von ihnen vorstellt, sie sich dabei sogleich auch des anderen erinnert, das heißt, daß sie beide Körper als gegenwärtig betrachtet, wenn nicht Ursachen eintreten, die deren gegenwärtige Existenz ausschließen. Des weiteren zweifelt niemand daran, daß wir uns auch die Zeit vorstellen, nämlich auf Grund davon, daß wir uns von den Körpern einige langsamer, einige geschwinder und einige ebenso geschwind bewegt vorstellen als andere. Nehmen wir also an, ein Knabe habe gestern zuerst morgens den Peter gesehen, mittags dann den Paul, und abends den Simeon, und heute wieder morgens den Peter. Wie aus Lehrsatz 18 dieses Teils erhellt, wird er beim Anblick des Morgenlichts sich sogleich die Sonne in ihrem Lauf durch den selben Teil des Himmels vorstellen, wo er sie tags zuvor gesehen hat, mit anderen Worten er wird sich den ganzen Tag vorstellen und zugleich mit der Morgenstunde den Peter, mit der Mittagszeit den Paul und mit der Abendzeit den Simeon, das heißt er wird sich die Existenz Pauls und Simeons in Beziehung auf die Zukunft vorstellen; und umgekehrt, wenn er zur Abendstunde den Simeon sieht, wird er den Paul und den Peter auf die Vergangenheit beziehen, indem er sie sich nämlich zugleich mit der Vergangenheit vorstellt; und diese Vorstellungsverbindung wird um so fester werden, je öfter er diese Personen in der selben Ordnung gesehen hat. Trifft es sich nun einmal, daß er an einem anderen Abend statt des Simeon den Jakob sieht, dann wird er am folgenden Morgen bei dem Gedanken an die Abendzeit sich bald den Simeon vorstellen und bald den Jakob, dagegen nicht beide zugleich; denn der Voraussetzung nach hat er in der Abendzeit immer nur einen von beiden, nicht aber beide zugleich gesehen. Sein Vorstellungsvermögen wird daher hin und her schwanken, und er wird bei dem Gedanken an die kommende Abendzeit sich bald diesen und bald jenen vorstellen, das heißt, er wird das Kommen keines von beiden als gewiß, das Kommen des einen oder des anderen von ihnen dagegen als zufällig betrachten. Und diese Schwankung des Vorstellungsvermögens wird stets eintreten, wenn sich das Vorstellungsvermögen auf Dinge richtet, die wir auf die selbe Weise in Beziehung auf Vergangenheit oder Zukunft betrachten, und folglich werden wir uns die Dinge in Beziehung auf Gegenwart, Vergangenheit oder Zukunft als zufällig vorstellen.

Folgesatz 2: Es liegt in der Natur der Vernunft, die Dinge unter einer gewissen Art der Ewigkeit wahrzunehmen.

B e w e i s: Es liegt nämlich (nach dem vorigen Lehrsatz) in der Natur der Vernunft, die Dinge als notwendig und nicht als zufällig zu betrachten. Diese Notwendigkeit der Dinge aber nimmt sie (nach Lehrsatz 41 dieses Teils) wahrheitsgemäß, das heißt (nach Grundsatz 6 des 1. Teils) wie sie an sich ist, wahr. Nun ist aber diese Notwendigkeit der Dinge (nach Lehrsatz 16 des 1. Teils) die Notwendigkeit der ewigen Natur Gottes selbst. Folglich liegt es in der Natur der Vernunft, die Dinge unter dieser Art der Ewigkeit zu betrachten. Dazu kommt, daß die Grundlagen der Vernunft (nach Lehrsatz 38 dieses Teils) Begriffe sind, die das erklären, was allen Dingen gemeinsam ist, und die (nach Lehrsatz 37 dieses Teils) nicht die Wesenheit irgend eines Einzeldinges erklären und die deswegen ohne die mindeste Beziehung auf die Zeit unter einer gewissen Art der Ewigkeit begriffen werden müssen. W. z. b. w.

L e h r s a t z 45. Jede Idee von einem Körper oder einem wirklich existierenden Einzeldinge, es sei welches es wolle, schließt notwendig Gottes ewige und unendliche Wesenheit in sich.

B e w e i s: Die Idee eines wirklich existierenden Einzeldinges schließt (nach Folgesatz zu Lehrsatz 8 dieses Teils) sowohl die Wesenheit als die Existenz dieses Dinges notwendig in sich. Nun aber können die Einzeldinge (nach Lehrsatz 15 des 1. Teils) ohne Gott nicht begriffen werden, sondern weil sie (nach Lehrsatz 6 dieses Teils) Gott zur Ursache haben, sofern er unter dem Attribut betrachtet wird, dessen Modi sie selber sind, müssen notwendig ihre Ideen (nach Grundsatz 4 des 1. Teils) den Begriff ihres Attributes, das heißt (nach Definition 6 des 1. Teils) Gottes ewige und unendliche Wesenheit in sich schließen. W. z. b. w.

A n m e r k u n g: Unter Existenz verstehe ich hier nicht die Dauer, das heißt die Existenz, sofern sie abstrakt und gleichsam als eine gewisse Art der Größe begriffen wird. Denn ich spreche von der Natur der Existenz selbst, die den Einzeldingen deswegen beigelegt wird, weil aus der ewigen Notwendigkeit der Natur Gottes unendlich vieles auf unendlich viele Weisen folgt (siehe Lehrsatz 16 des 1. Teils).

Ich spreche, sage ich, von der Existenz der Einzeldinge selbst, sofern sie in Gott sind. Denn obwohl jedes von ihnen von einem anderen Einzelding bestimmt wird, auf gewisse Weise zu existieren, so folgt doch die Kraft, mit der jedes in der Existenz beharrt, aus der ewigen Notwendigkeit der Natur Gottes. Man sehe darüber den Folgesatz zu Lehrsatz 24 des 1. Teils.

Lehrsatz 46. Die Erkenntnis der ewigen und unendlichen Wesenheit Gottes, wie jede Idee sie in sich schließt, ist adäquat und vollkommen.

Beweis: Der Beweis des vorigen Lehrsatzes ist allgemein, und, mag man ein Ding nun als einen Teil oder als ein Ganzes betrachten, die Idee von ihm, ob nun als von einem Ganzen oder als von einem Teil, muß (nach dem vorigen Lehrsatz) Gottes ewige und unendliche Wesenheit in sich schließen. Darum ist das, was die Erkenntnis der ewigen und unendlichen Wesenheit Gottes gewährt, allen Dingen gemein und gleichermaßen im Teil wie im Ganzen, und folglich muß diese Erkenntnis (nach Lehrsatz 38 dieses Teils) adäquat sein. W. z. b. w.

Lehrsatz 47. Die menschliche Seele hat eine adäquate Erkenntnis der ewigen und unendlichen Wesenheit Gottes.

Beweis: Die menschliche Seele hat (nach Lehrsatz 22 dieses Teils) Ideen, vermöge deren sie (nach Lehrsatz 23 dieses Teils) sich und (nach Lehrsatz 19 dieses Teils) ihren Körper und (nach Folgesatz 1 zu Lehrsatz 16 und nach Lehrsatz 17 dieses Teils) äußere Körper als wirklich existierend wahrnimmt; und folglich hat sie (nach Lehrsatz 45 und 46 dieses Teils) eine adäquate Erkenntnis der ewigen und unendlichen Wesenheit Gottes. W. z. b. w.

Anmerkung: Wir sehen hieraus, daß Gottes unendliche Wesenheit und seine Ewigkeit jedermann bekannt sind. Da nun aber alles in Gott ist und durch Gott begriffen wird, so folgt, daß wir aus dieser Erkenntnis sehr viele adäquate Erkenntnisse ableiten und so jene dritte Erkenntnisgattung bilden können, deren wir in der Anmerkung 2 zu Lehrsatz 40 dieses Teils erwähnten, und von deren Wert und Nutzen wir im 5. Teile zu reden haben werden. Wenn aber die Menschen keine ebenso klare Erkenntnis von Gott wie von den Gemeinbegriffen haben, so kommt das daher, weil sie sich Gott nicht wie die Körper vorzustellen vermögen, und weil sie das Wort Gott mit den Vorstellungsbildern von Dingen verbunden haben, die sie gewöhnlich sehen; dies können die Menschen kaum vermeiden, da sie fortwährend von äußeren Körpern affiziert werden. In der Tat bestehen die meisten Irrtümer nur darin, daß wir die Worte nicht richtig auf die Dinge anwenden. Denn wenn jemand sagt, die vom Mittelpunkt eines Kreises nach seiner Peripherie gezogenen Linien seien ungleich, so wird er sicherlich in diesem Augenblick wenigstens unter Kreis etwas anderes verstehen als die Mathematiker. Ebenso haben die Menschen, wenn sie Rechenfehler machen, andere Zahlen im Kopfe als vor sich auf dem Papier. Wenn man darum auf ihre Seele sieht, so irren sie sich in der Tat nicht; dennoch scheinen sie sich zu irren, weil man glaubt, sie hätten eben die Zahlen im Kopf, die auf dem Papier stehen. Wenn das nicht wäre, würden wir nicht glauben, daß sie sich irren, ebensowenig wie ich geglaubt habe, der Mann irre sich, den ich neulich rufen hörte, sein Hof sei auf des Nachbars Henne geflogen, weil ich nämlich ganz wohl verstand, was er eigentlich meinte. Und hieraus entspringen die meisten Streitigkeiten, nämlich daher, weil die Menschen ihre Gedanken nicht richtig erklären oder weil sie die Gedanken des anderen falsch deuten. Denn wenn sie einander am heftigsten widersprechen, denken sie in Wahrheit entweder ganz gleich oder sie denken überhaupt an ganz verschiedene Dinge, so daß, was sie bei dem anderen für Irrtum und Ungereimtheit halten, es gar nicht ist.

Lehrsatz 48. Es gibt in der Seele keinen unbedingten oder freien Willen, sondern die Seele wird bestimmt, dies oder jenes zu wollen, von einer Ursache, die ebenfalls von einer anderen bestimmt ist und diese wiederum von einer anderen und so weiter ins Unendliche.

Beweis: Die Seele ist (nach Lehrsatz 11 dieses Teils) ein gewisser und bestimmter Modus des Denkens, und folglich kann sie (nach Folgesatz 2 zu Lehrsatz 17 des 1. Teils) keine freie Ursache ihrer Handlungen sein, oder sie kann kein unbedingtes Vermögen haben zu wollen und nicht zu wollen; sondern um dies oder jenes zu wollen, muß sie (nach Lehrsatz 28 des 1. Teils) von einer Ursache bestimmt werden, die ebenfalls von einer anderen bestimmt ist, und diese wiederum von einer anderen usw. W. z. b. w.

Anmerkung: Auf diese selbe Art läßt sich beweisen, daß es in der Seele kein unbedingtes Vermögen gibt, zu erkennen, zu begehren, zu lieben usw. Woraus dann folgt, daß diese und ähnliche Vermögen entweder rein eingebildet oder doch weiter nichts sind als metaphysische oder allgemeine Wesen, wie wir sie aus den besonderen zu bilden pflegen. Es verhalten sich also hiernach Verstand und Wille zu dieser und jener Idee oder zu dieser und jener Wollung ebenso, wie die Steinheit zu diesem und jenem Stein oder wie der Mensch zu Peter und Paul. Die Ursache aber, warum die Menschen sich für frei halten, haben wir im Anhang zum 1. Teil darlegt. Bevor ich aber weiter fortfahre, möchte ich hier bemerken, daß ich unter Wille das Vermögen zu bejahen und zu verneinen verstehe, nicht aber die Begierde; das Vermögen sag ich, kraft dessen die Seele, was wahr oder falsch ist, bejaht oder verneint, und nicht die Begierde, kraft deren die Seele Dinge erstrebt oder verabscheut. Nachdem wir aber bewiesen haben, daß diese Vermögen allgemeine Begriffe sind, die von den Einzeldingen, aus denen wir sie bilden, nicht verschieden sind, müssen wir nunmehr untersuchen, ob die einzelnen Wollungen etwas besonderes neben den Ideen der Dinge sind. Wir müssen untersuchen, sage ich, ob es in der Seele noch eine andere Bejahung und Verneinung gibt, außer der, die die Idee, sofern sie Idee ist, in sich schließt. Man sehe darüber den folgenden Lehrsatz, wie auch Definition 3 dieses Teils, damit man aus dem Denken keine Gemälde mache. Denn ich verstehe unter Ideen nicht Vorstellungsbilder, wie sie sich auf dem Grunde des Auges oder, wenn man lieber will, inmitten des Gehirns bilden, sondern Begriffe des Denkens.

Lehrsatz 49. Es gibt in der Seele keine Wollung oder keine Bejahung und Verneinung außer der, die die Idee, sofern sie Idee ist, in sich schließt.

Beweis: Es gibt in der Seele (nach dem vorigen Lehrsatz) kein unbedingtes Vermögen zu wollen und nicht zu wollen, sondern nur einzelne Wollungen, nämlich diese und jene Bejahung und diese und jene Verneinung. Denken wir uns daher eine einzelne Wollung, etwa den Modus des Denkens, durch den die Seele bejaht, daß die drei Winkel des Dreiecks gleich zwei rechten sind! Diese Bejahung schließt den Begriff oder die Idee des Dreiecks in sich, das heißt ohne die Idee des Dreiecks kann sie nicht begriffen werden. Denn es ist das selbe, ob ich sage, daß A den Begriff B in sich schließen muß, oder ob ich sage, daß A ohne B nicht begriffen werden kann. Sodann kann diese Bejahung (nach Grundsatz 3 dieses Teils) ohne die Idee des Dreiecks auch nicht sein. Folglich kann diese Bejahung ohne die Idee des Dreiecks weder sein noch begriffen werden. Ferner muß diese Idee des Dreiecks eben die selbe Bejahung in sich schließen, nämlich die Bejahung, daß seine drei Winkel gleich zwei rechten sind. Daher kann auch umgekehrt diese Idee des Dreiecks ohne diese Bejahung weder sein noch begriffen werden; und folglich gehört diese Bejahung (nach Definition 2 dieses Teils) zur Wesenheit der Idee des Dreiecks und ist nicht noch etwas anderes neben ihr. Und was wir von dieser Wollung gesagt haben, gilt (da wir sie beliebig herausgegriffen haben) ebenso von jeder Wollung, nämlich daß sie nichts als die Idee ist. W. z. b. w.

Folgesatz: Wille und Verstand sind ein und das selbe.

Beweis: Wille und Verstand sind (nach Lehrsatz 48 dieses Teils und seiner Anmerkung) nichts weiter als die einzelnen Wollungen und Ideen selbst. Nun aber sind die einzelne Wollung und die einzelne Idee (nach dem vorigen Lehrsatz) ein und das selbe. Folglich sind Wille und Verstand ein und das selbe. W. z. b. w.

Anmerkung: Damit haben wir hinweggeräumt, was man gemeinhin für die Ursache des Irrtums hält. Wir haben oben gezeigt, daß die Falschheit bloß in dem Mangel besteht, den die verstümmelten und verworrenen Ideen in sich schließen. Darum schließt die falsche Idee, sofern sie falsch ist, keine Gewißheit ein. Wenn wir daher sagen, ein Mensch sei bei falschen Ideen befriedigt und zweifle nicht an ihnen, so sagen wir darum noch nicht, daß er gewiß sei, sondern nur, daß er nicht zweifle oder daß er bei falschen Ideen befriedigt sei, weil keine Ursachen da sind, die sein Vorstellungsvermögen ins Schwanken bringen. Man sehe hierüber die Anmerkung zu Lehrsatz 44 dieses Teils. Gesetzt also, ein Mensch hänge noch so sehr am Falschen, so werden wir doch niemals sagen, daß er dessen gewiß sei. Denn unter Gewißheit verstehen wir etwas Positives (siehe Lehrsatz 43 dieses Teils mit seiner Anmerkung) und nicht den Mangel des Zweifels. Dagegen unter Mangel an Gewißheit verstehen wir Falschheit.

Es ist nun zur ausführlichen Erläuterung des vorigen Lehrsatzes noch einiges zu erinnern übrig. Des weiteren muß ich noch auf die Einwürfe antworten, die sich gegen diese unsere Lehre machen lassen. Und endlich, um alle Bedenken zu entfernen, habe ich es der Mühe wert gehalten, einiges von dem Nutzen dieser Lehre anzugeben; einiges, sage ich, denn das wichtigste läßt sich auf Grund der Ausführungen des 5. Teils besser verstehen.

Ich beginne also mit dem ersten und erinnere die Leser daran, daß sie zwischen der Idee oder dem Begriff der Seele und den Vorstellungsbildern der Dinge, die wir uns vorstellen, genau unterscheiden müssen. Sodann ist es nötig, daß sie zwischen den Ideen und den Worten unterscheiden, mit denen wir die Dinge bezeichnen. Denn weil diese drei, nämlich Vorstellungsbilder, Worte und Ideen, von vielen entweder ganz und gar verwirrt werden oder nicht genau genug oder auch nicht vorsichtig genug voneinander unterschieden werden, ist die hier gegebene Lehre vom Willen gänzlich unbekannt geblieben, so unumgänglich notwendig zur Spekulation wie zur weisen Führung des Lebens ihre

Kenntnis auch ist. Alle nämlich die da meinen, die Ideen bestünden in den Vorstellungsbildern, die in uns durch die Einwirkung der Körper entstehen, halten sich überzeugt, daß Ideen von solchen Dingen, von denen wir uns kein ähnliches Vorstellungsbild machen können, nicht Ideen sind, sondern nur Einbildungen, die wir uns aus freier Willkür einbilden; sie betrachten also die Ideen gleichsam als stumme Gemälde auf einer Tafel und durch dies Vorurteil voreingenommen sehen sie nicht, daß die Idee, sofern sie Idee ist, Bejahung und Verneinung in sich schließt. Die sodann, die die Worte mit der Idee oder mit der Bejahung, die die Idee in sich schließt, verwirren, glauben im Widerstreit zu dem, was sie empfinden, wollen zu können, sobald sie etwas mit bloßen Worten im Widerstreit zu dem, was sie empfinden, bejahen oder verneinen. Diese Vorurteile kann aber jeder leicht ablegen, der auf die Natur des Denkens acht hat, die den Begriff der Ausdehnung nicht im mindesten in sich schließt; auf diese Art wird er klar erkennen, daß die Idee (da sie ja ein Modus des Denkens ist) weder in dem Vorstellungsbilde eines Dinges noch in Worten besteht. Denn die Wesenheit der Worte und Vorstellungsbilder besteht in bloßen körperlichen Bewegungen, die den Begriff des Denkens nicht im mindesten in sich schließen.

Diese wenigen Erinnerungen hierüber mögen genügen. Ich gehe darum zu den vorher erwähnten Einwürfen über.

Der erste von ihnen ist der: man glaubt, es sei ausgemacht, daß der Wille sich weiter erstreckt als der Verstand, und folglich, daß er von ihm verschieden ist. Der Grund aber, warum man glaubt, daß der Wille sich weiter erstreckt als der Verstand, ist folgender: unsere eigene Erfahrung zeigt, sagt man, daß wir kein größeres Vermögen der Zustimmung oder der Bejahung und Verneinung brauchen als wir bereits haben, um noch unendlich vielen Dingen, von denen wir jetzt gar keine Wahrnehmung haben, zuzustimmen; wohl aber brauchten wir dazu ein größeres Verstandesvermögen. Wille und Verstand unterscheiden sich also dadurch, daß dieser endlich, jener dagegen unendlich ist.

Zweitens kann man uns einwerfen, daß die Erfahrung nichts

klarer zu lehren scheint, als daß wir vermögend seien, unser Urteil zurückzuhalten und den Dingen, die wir wahrnehmen, unsere Zustimmung nicht zu geben; was denn auch darin eine Bestätigung findet, daß man von niemand sagt, er täusche sich, sofern er etwas wahrnimmt, sondern nur, sofern er Zustimmung oder Verwerfung äußert. Wer sich z. B. ein geflügeltes Pferd einbildet, räumt deswegen noch nicht ein, daß es ein geflügeltes Pferd gibt, das heißt, er täuscht sich deswegen noch nicht, sondern er tut dies erst dann, wenn er zugleich einräumt, daß es ein geflügeltes Pferd gibt. Die Erfahrung scheint also nichts klarer zu lehren, als daß der Wille oder das Vermögen der Zustimmung frei und von dem Vermögen des Verstandes verschieden ist.

Drittens kann man einwerfen, daß allem Ansehen nach eine Bejahung nicht mehr Realität enthält als die andere, das heißt, daß wir allem Ansehen nach kein größeres Vermögen brauchen um das, was wahr ist, als wahr zu bejahen, wie um etwas als wahr zu bejahen, das falsch ist. Dagegen nehmen wir sehr wohl wahr, daß eine Idee mehr Realität oder Vollkommenheit hat als die andere; denn um den Grad, um den ein Objekt wertvoller ist als das andere, ist auch die Idee des einen vollkommener als die des anderen. Auch hieraus also scheint ein Unterschied zwischen Verstand und Willen hervorzugehen.

Viertens kann man einwerfen: Wenn der Mensch nicht aus Freiheit des Willens handelt, was wird dann geschehen, wenn er sich im Gleichgewicht befindet, wie Buridans Esel? Wird er nicht vor Hunger und Durst umkommen? Gebe ich dies zu, so wird man meinen, ich dächte mir einen Esel oder die Bildsäule eines Menschen, nicht aber einen wirklichen Menschen. Verneine ich es dagegen, so heißt es sogleich: also bestimmt er sich selbst und folglich hat er das Vermögen zu gehen und zu tun was er will.

Man kann außer diesen vielleicht noch andere Einwürfe machen; doch bin ich nicht verpflichtet, hier alles beizubringen, was jeder beliebige sich träumen läßt, und so werde ich nur die angeführten Einwürfe zu beantworten suchen, und zwar so kurz als ich vermag.

Was also den ersten Einwurf betrifft, so gebe ich zu, daß der Wille sich weiter erstreckt als der Verstand, wenn man unter Verstand nur die klaren und deutlichen Ideen versteht; ich verneine jedoch, daß der Wille sich weiter erstreckt, als die Wahrnehmungen oder das Vermögen zu begreifen. Auch sehe ich wahrlich nicht, warum das Vermögen zu wollen mehr verdient, unendlich zu heißen, als das Vermögen zu empfinden. Denn so gut wir unendlich vieles (jedoch eins nach dem anderen, denn unendlich vieles zugleich können wir nicht bejahen) kraft des selben Vermögens zu wollen bejahen können, so gut können wir auch unendlich viele Körper (nämlich einen nach dem anderen) kraft des selben Empfindungsvermögens empfinden oder wahrnehmen. Sagt man darauf, es gebe unendlich vieles, was wir nicht wahrnehmen können, so erwidere ich, daß wir eben dieses mit keinem Gedanken und folglich auch mit keinem Vermögen zu wollen erreichen können. Nun sagt man aber weiter: wenn Gott bewirken wollte, daß wir auch dieses wahrnähmen, so müßte er uns zwar ein größeres Wahrnehmungsvermögen geben, aber kein größeres Willensvermögen als er uns gegeben hat. Das ist aber das selbe, als wenn man sagte: wenn Gott bewirken wollte, daß wir unendlich viele andere Wesen erkennen sollten, so würde es zwar nötig sein, daß er uns einen größeren Verstand, nicht aber, daß er uns eine allgemeinere Idee des Wesens gäbe, als er uns gegeben hat, um diese unendlich vielen Wesen zu umfassen. Denn wir haben gezeigt, daß der Wille ein allgemeines Wesen oder eine Idee ist, durch die wir alle einzelnen Wollungen, das heißt das, was diesen allen gemein ist, erklären. Wenn unsere Gegner daher diese gemeinsame oder allgemeine Idee aller Wollungen für ein Vermögen halten, so ist es weiter gar nichts wunderbares, wenn sie behaupten, daß dieses Vermögen sich über die Grenzen des Verstandes hinaus ins Unendliche ausdehne. Denn das Allgemeine gilt gleichermaßen von einem, wie von mehreren, wie auch von unendlich vielen Individuen.

Auf den zweiten Einwurf antworte ich damit, daß ich verneine, daß wir die freie Gewalt haben, unser Urteil zurückzuhalten. Denn wenn wir sagen: jemand hält sein Urteil zurück, so sagen wir nichts anderes als: er sieht, daß er die Sache nicht adäquat wahrnimmt. Die Urteilsenthaltung ist also in Wahrheit eine Wahrnehmung und kein freier Wille. Um dies klar einzusehen, wollen wir uns einen Knaben denken, der sich ein geflügeltes Pferd vorstellt, sonst aber weiter nichts wahrnimmt. Da diese Vorstellung (nach Folgesatz zu Lehrsatz 17 dieses Teils) die Existenz des Pferdes in sich schließt und der Knabe keine Wahrnehmung hat, die die Existenz des Pferdes aufhöbe, so wird er notwendig das Pferd als gegenwärtig betrachten, und an dessen Existenz nicht zweifeln können, obwohl er ihrer nicht gewiß ist. Dies erfahren wir ja tagtäglich in unseren Träumen, und es wird wohl kaum jemanden geben, der da glaubt, er habe, während er träumt, die freie Gewalt einem Traumbilde gegenüber das Urteil zurückzuhalten, und zu bewirken, daß er das, was zu sehen er träumt, nicht träumt; doch kommt es vor, daß wir auch im Traum unser Urteil zurückhalten, nämlich wenn wir träumen, daß wir träumen. Ich gebe ferner zu, daß niemand sich täuscht, sofern er wahrnimmt, das heißt, ich gebe zu, daß die Vorstellungen der Seele an sich betrachtet keinen Irrtum in sich schließen (siehe die Anmerkung zu Lehrsatz 17 dieses Teils); dagegen verneine ich, daß der Mensch, sofern er wahrnimmt, nichts bejaht. Denn ist ein geflügeltes Pferd wahrnehmen etwas anderes als die Flügel von dem Pferde bejahen? Wenn nämlich die Seele außer dem geflügelten Pferd nichts weiter wahrnähme, würde sie dieses als gegenwärtig betrachten und sie würde weder eine Ursache haben, an seiner Existenz zu zweifeln, noch ein Vermögen, ihre Zustimmung nicht zu geben, es sei denn, daß die Vorstellung des geflügelten Pferdes mit einer Idee verbunden wäre, die die Existenz eben dieses Pferdes aufhebt, oder daß die Seele wahrnähme, daß die Idee des geflügelten Pferdes, die sie hat, inadäquat ist; und dann wird sie entweder die Existenz des Pferdes notwendig verneinen oder sie wird an ihr notwendig zweifeln.

Und hiermit glaube ich auch auf den dritten Einwurf geantwortet zu haben, nämlich: der Wille ist etwas allgemeines, das allen Ideen beigelegt wird und nur das bezeichnet, was allen Ideen gemeinsam ist, nämlich die Bejahung, deren adäquate Wesenheit deswegen, sofern sie derart abstrakt begriffen wird, in jeder Idee sein muß und in allen Ideen als die selbe, aber eben nur in dieser Hinsicht, dagegen nicht, sofern sie als die Wesenheit einer Idee ausmachend angesehen wird, denn insofern unterscheiden sich die einzelnen Bejahungen ebenso voneinander wie die Ideen selbst. Die Bejahung z. B., die die Idee des Kreises in sich schließt, ist von der, die die Idee des Dreiecks in sich schließt, ebenso verschieden, wie die Idee des Kreises von der Idee des Dreiecks. Sodann verneine ich unbedingt, daß wir einer gleich großen Kraft des Denkens bedürfen, um als wahr zu bejahen, was wahr ist, wie um als wahr zu bejahen, was falsch ist. Denn diese beiden Bejahungen verhalten sich hinsichtlich ihrer Bedeutung zueinander wie Wesen zu Nichts. Denn in den Ideen ist nichts Positives, was die Form der Falschheit ausmacht. (Siehe Lehrsatz 35 dieses Teils mit der Anmerkung dazu und die Anmerkung zu Lehrsatz 47 dieses Teils). Und darum ist hier ganz besonders darauf aufmerksam zu machen, wie leicht wir uns täuschen, wenn wir das Allgemeine mit dem Einzelnen und Vernunft und abstrakte Wesen mit realen Wesen verwirren.

Was endlich den vierten Einwurf anlangt, so erkläre ich durchaus zuzugeben, daß ein Mensch, der sich in einem solchen Gleichgewicht befindet (der also nichts anderes wahrnimmt als Hunger und Durst und solche Speise und solchen Trank, die gleich weit von ihm entfernt sind), vor Hunger und Durst umkommen wird. Fragt man mich daraufhin, ob ein solcher Mensch nicht eher für einen Esel als für einen Menschen zu erachten ist, so gestehe ich, daß ich es nicht weiß, wie ich auch nicht weiß, für was jemand zu erachten ist, der sich erhängt, und wofür Kinder, Toren, Wahnsinnige usw. zu erachten sind.

Endlich ist noch übrig, anzuzeigen, wie nützlich die Kenntnis dieser Lehre für das Leben ist. Wir können das leicht aus dem folgenden abnehmen. Sie ist nämlich von Nutzen:

Erstens, sofern sie uns lehrt, daß wir allein nach dem Wink Gottes handeln und daß wir teilnehmen an der göttlichen Natur, und dies um so mehr, je vollkommener die Handlungen sind, die wir tun, und je mehr und mehr wir Gott erkennen. Abgesehen davon also, daß diese Lehre das Gemüt ganz friedlich stimmt, hat sie auch noch den Nutzen, daß sie uns lehrt, worin unser höchstes Glück oder unsere Glückseligkeit besteht, nämlich allein in der Erkenntnis Gottes, die uns anleitet, nur das zu tun, was Liebe und Pflichtgefühl erheischen. Von hier aus erkennen wir klar, wie weit von der wahren Schätzung der Tugend die entfernt sind, die für ihre Tugend und für ihre guten Handlungen wie für die schwerste Knechtschaft von Gott mit den größten Belohnungen ausgezeichnet zu werden erwarten, als ob Tugend und Gottes Knecht sein nicht selbst schon das Glück und die höchste Freiheit wären.

Zweitens, sofern sie uns lehrt, wie wir uns gegen die Fügungen des Schicksals oder gegen das, was nicht in unserer Gewalt steht, das heißt gegen die Dinge, die nicht aus unserer Natur folgen, verhalten müssen: nämlich beiderlei Antlitz des Schicksals mit Gleichmut erwarten und ertragen, weil ja alles nach dem ewigen Beschluß Gottes mit der selben Notwendigkeit folgt, wie aus der Wesenheit des Dreiecks folgt, daß seine drei Winkel gleich zwei rechten sind.

Drittens ist diese Lehre von Nutzen für das Gemeinschaftsleben, sofern sie uns lehrt, niemanden zu hassen, geringzuschätzen, zu verspotten, niemandem zu zürnen und niemanden zu beneiden. Außerdem sofern sie uns lehrt, daß ein jeder mit dem Seinigen zufrieden und dem Nächsten behilflich sein soll, nicht aus weibischer Barmherzigkeit, aus Parteilichkeit oder aus Aberglauben, sondern allein nach der Leitung der Vernunft, nämlich je nachdem Zeit und Umstände es erfordern, wie ich im 3. Teile zeigen werde.

Viertens endlich ist diese Lehre auch von nicht geringem Nutzen für die staatliche Gemeinschaft, sofern sie lehrt, auf welche Weise die Bürger zu regieren und zu leiten sind, nämlich so, daß sie nicht als Knechte dienen, sondern freiwillig tun, was das beste ist.

Damit habe ich erledigt, was ich in dieser Anmerkung behandeln wollte, und so schließe ich diesen unseren 2. Teil. Ich glaube darin die Natur der menschlichen Seele und ihre Eigenschaften ausführlich genug und so klar auseinandergesetzt zu haben, als die Schwierigkeit der Sache es irgend erlaubt; zugleich glaube ich Einsichten mitgeteilt zu haben, aus denen sich viel Vortreffliches, höchst Nützliches und zu wissen Notwendiges ableiten läßt, wie teilweise aus dem Folgenden hervorgehen wird.

Ende des zweiten Teils

DER ETHIK DRITTER TEIL

VON DEM URSPRUNG UND DER NATUR DER AFFEKTE

Die meisten, die über die Affekte und die Lebensweise der Menschen geschrieben haben, verfahren dabei, als ob sie nicht natürliche Dinge, die den gemeinsamen Gesetzen der Natur folgen, zu behandeln hätten, sondern Dinge, die außerhalb der Natur stehen; ja ersichtlich denken sie sich den Menschen in der Natur wie einen Staat im Staate. Denn sie glauben, daß der Mensch die Ordnung der Natur mehr störe als befolge, und daß er über seine Handlungen eine unbedingte Macht habe und von nirgends sonst her, als durch sich selbst, bestimmt werde. Sodann messen sie die Ursache der menschlichen Ohnmacht und Unbeständigkeit nicht der gemeinsamen Macht der Natur bei, sondern ich weiß nicht welchem Fehler der menschlichen Natur, die sie deswegen bejammern, verlachen, geringschätzen oder, wie es meistens geschieht, verwünschen; und wer die Ohnmacht der menschlichen Seele mit besonderer Beredsamkeit und Schärfe durchzuhecheln versteht, der wird für göttlich gehalten. Indessen hat es doch auch an ausgezeichneten Männern nicht gefehlt (und wir bekennen, deren Arbeit und Fleiß viel zu verdanken zu haben), die über die rechte Lebensweise viel Vortreffliches geschrieben und den Sterblichen Ratschläge voll Klugheit gegeben haben; allein die Natur und die Kräfte der Affekte und andrerseits, was zu deren Bemeisterung die Seele vermag, das hat, soviel ich weiß, noch niemand bestimmt. Zwar weiß ich wohl, daß der hochberühmte Descartes, obgleich er ebenfalls meinte, daß die Seele über ihre Handlungen eine unbedingte Macht habe, sich trotzdem bemüht hat, die menschlichen Affekte aus ihren ersten Ursachen zu erklären und zugleich den Weg zu zeigen, auf dem die Seele eine unbedingte Oberherrschaft über die Affekte haben könne; er hat aber dabei, wenigstens nach meiner Ansicht, nichts weiter gezeigt, als den Scharfsinn seines großen Geistes, wie ich am betreffenden Ort beweisen werde. Für jetzt nämlich will ich mich wieder zu jenen zurückwenden, die die Affekte und Handlungen der Menschen lieber verwünschen oder verlachen als verstehen wollen. Diesen wird es zweifellos wunderlich vorkommen, daß ich mich anschicke, die Fehler und Torheiten der Menschen nach geometrischer Lehrart abzuhandeln, und daß ich Dinge vernunftgemäß beweisen will, die sie als der Vernunft widerstreitend und als eitel, ungereimt und entsetzlich ausschreien. Doch habe ich dafür folgenden Grund: es geschieht nichts in der Natur, das man ihr als Fehler zurechnen könnte: denn die Natur ist immer die selbe und ihre Macht und ihre Wirkungskraft ist überall eine und die selbe; das heißt: die Gesetze und Regeln der Natur, denen gemäß alles geschieht und sich aus einer Form in die andere verwandelt, sind überall und immer die selben, und folglich muß die Art der Erkenntnis für die Natur aller und jeder Dinge ein und die selbe sein, nämlich die Erkenntnis durch die allgemeinen Gesetze und Regeln der Natur. Die Affekte des Hasses, Zornes und Neides usw. folgen daher, an sich betrachtet, aus eben der Notwendigkeit und Macht der Natur, wie die anderen Einzeldinge; sie setzen daher gewisse Ursachen voraus, durch die sie erkannt werden, und haben gewisse Eigenschaften, die unserer Erkenntnis ebenso würdig sind, wie die Eigenschaften eines jeden anderen Dinges, an dessen bloßer Betrachtung wir uns ergötzen. Ich werde deshalb von der Natur und den Kräften der Affekte und von der Macht der Seele über sie nach der selben Methode handeln, wie ich in den vorangehenden Teilen von Gott und der Seele gehandelt habe, und ich werde die menschlichen Handlungen und Triebe ebenso betrachten, als wenn die Untersuchung es mit Linien, Flächen und Körpern zu tun hätte.

DEFINITIONEN

1.

Adäquate Ursache nenne ich eine Ursache, deren Wirkung durch sie allein klar und deutlich wahrgenommen werden kann. Inadäquate oder Teil-Ursache heiße ich dagegen eine solche, deren Wirkung durch sie allein nicht verstanden werden kann.

2.

Ich sage, wir handeln, wenn etwas in uns oder außer uns geschieht, wovon wir die adäquate Ursache sind, das heißt (nach der vorigen Definition) wenn aus unserer Natur etwas in uns oder außer uns folgt, das durch sie allein klar und deutlich verstanden werden kann. Dagegen sage ich, wir leiden, wenn in uns etwas geschieht oder aus unserer Natur etwas folgt, wovon wir bloß eine Teil-Ursache sind.

3.

Unter Affekt verstehe ich die Affektionen des Körpers, durch die die Wirkungskraft des Körpers vermehrt oder vermindert, gefördert oder gehemmt wird, und zugleich die Ideen dieser Affektionen.

Wenn wir daher von einer dieser Affektionen die adäquate Ursache sein können, dann verstehe ich unter dem Affekt eine Handlung, im anderen Falle eine Leidenschaft.

FORDERUNGEN

1.

Der menschliche Körper kann auf viele Weisen affiziert werden, durch die seine Wirkungskraft vermehrt oder vermindert wird, und ebenso auf andere Weisen, die seine Wirkungskraft weder größer noch kleiner machen.

Diese Forderung oder dieser Grundsatz stützt sich auf Forderung 1 und Lehnsatz 5 und 7, die man hinter Lehrsatz 13 des 2. Teils nachsehen möge.

2.

Der menschliche Körper kann viele Veränderungen erleiden, und dabei doch die Eindrücke oder Spuren der Objekte (siehe darüber Forderung 5 des 2. Teils) und folglich die selben Vorstellungsbilder der Dinge behalten; siehe deren Definition in der Anmerkung zu Lehrsatz 17 des 2. Teils.

Lehrsatz 1. Unsere Seele tut einiges, anderes aber leidet sie; nämlich sofern sie adäquate Ideen hat, insofern tut sie notwendig einiges, und sofern sie inadäquate Ideen hat, insofern leidet sie notwendig einiges.

Beweis: Die Ideen einer jeden menschlichen Seele sind (nach Anmerkung 2 zu Lehrsatz 40 des 2. Teils) einesteils adäquat, andernteils dagegen verstümmelt und verworren. Die Ideen aber, die in der Seele irgend eines Dinges adäquat sind, sind (nach Folgesatz zu Lehrsatz 11 des 2. Teils) in Gott adäquat, sofern er die Wesenheit eben dieser Seele ausmacht; und die Ideen sodann, die in einer Seele inadäquat sind, sind (nach dem selben Folgesatz) ebenfalls in Gott adäquat, nicht sofern er die Wesenheit bloß dieser Seele ausmacht, sondern sofern er zugleich auch die Seelen anderer Dinge in sich enthält. Ferner muß (nach Lehrsatz 36 des 1. Teils) aus jeder gegebenen Idee notwendig eine Wirkung folgen, von welcher Wirkung Gott die adäquate Ursache ist (siehe Definition 1 dieses Teils), nicht sofern er unendlich ist, sondern sofern er als durch jene gegebene Idee affiziert angesehen wird (siehe Lehrsatz 9 des 2. Teils). Nun ist aber von einer Wirkung, deren Ursache Gott ist, sofern er durch eine Idee affiziert ist, die in der Seele irgend eines Dinges adäquat ist, (nach Folgesatz zu Lehrsatz 11 des 2. Teils) eben diese Seele die adäquate Ursache. Sofern unsere Seele also adäquate Ideen hat, tut sie (nach Definition 2 dieses Teils) notwendig einiges. Dies war das erste. Von all dem sodann, was notwendig aus einer Idee folgt, die in Gott adäquat ist, nicht sofern er nur die Seele eines einzigen Menschen, sondern sofern er zugleich mit der Seele eben dieses Menschen die Seelen anderer Dinge in sich hat, davon ist (nach dem selben Folgesatz zu Lehrsatz 11 des 2. Teils) die Seele dieses Menschen nicht die adäquate, sondern nur eine Teil-Ursache. Und sofern unsere Seele inadäquate Ideen hat, leidet sie daher (nach Definition 2 dieses Teils) notwendig einiges. Dies war das zweite. Unsere Seele tut also einiges usw. W. z. b. w.

Folgesatz: Hieraus folgt, daß die Seele um so mehreren Leidenschaften unterworfen ist, je mehr inadäquate Ideen sie hat, und daß sie umgekehrt um so mehr tut, je mehr adäquate Ideen sie hat.

Lehrsatz 2. Der Körper kann die Seele nicht zum Denken, und die Seele den Körper nicht zur Bewegung oder zur Ruhe oder zu irgend etwas anderem (wenn es noch etwas gibt) bestimmen.

Beweis: Alle Modi des Denkens haben (nach Lehrsatz 6 des 2. Teils) Gott zur Ursache, sofern er ein denkendes Ding ist, und nicht, sofern er durch ein anderes Attribut erklärt wird. Das also, was die Seele zum Denken bestimmt, ist ein Modus des Denkens und nicht ein Modus der Ausdehnung, das heißt (nach Definition 1 des 2. Teils) es ist kein Körper; was das erste war. Die Bewegung und Ruhe des Körpers sodann muß von einem anderen Körper herrühren, der seinerseits auch wieder von einem anderen zur Bewegung oder Ruhe bestimmt worden ist, und überhaupt mußte alles, was im Körper vorgeht (nach dem selben Lehrsatz 6 des 2. Teils), von Gott herrühren, sofern er als affiziert durch einen Modus der Ausdehnung, und nicht, sofern er als affiziert durch einen Modus des Denkens angesehen wird, das heißt: es kann nicht von der Seele herrühren, die (nach Lehrsatz 11 des 2. Teils) ein Modus des Denkens ist; was das zweite war. Der Körper kann also die Seele usw. W. z. b. w.

Anmerkung: Dies läßt sich noch klarer auf Grund dessen verstehen, was in der Anmerkung zu Lehrsatz 7 des 2. Teils gesagt worden ist, nämlich daß Seele und Körper ein und das selbe Ding sind, das bald unter dem Attribut des Denkens, bald unter dem Attribut der Ausdehnung begriffen wird. Daher kommt es, daß die Ordnung oder Verknüpfung der Dinge einerlei ist, ob man die Natur unter diesem oder unter jenem Attribut begreift, und folglich auch, daß die Ordnung der Handlungen und Leidenschaften unseres Körpers der Natur nach zugleich ist mit der Ordnung der Handlungen und Leidenschaften der Seele. Dies erhellt auch aus der Art, wie wir den Lehrsatz 12 des 2. Teils bewiesen haben. Aber obgleich es hiermit so steht, daß kein Grund zum Zweifel mehr bleibt, glaube ich doch kaum, die Menschen dahin bringen zu können, die Sache mit Gleichmut zu erwägen, wenn ich sie nicht durch die Erfahrung bestätigt habe; derartig fest sind sie überzeugt, daß der Körper auf den bloßen Wink der Seele bald sich bewege, bald ruhe, und viele Handlungen verrichte, die allein von dem Willen der Seele und ihrer Kunst, sich etwas auszudenken, abhängen. Allerdings, was der Körper vermag, hat bisher noch niemand festgestellt, das heißt noch niemand hat bisher bei der Erfahrung darüber Aufschluß erhalten, was der Körper bloß nach den Gesetzen der Natur, sofern sie nur als körperlich angesehen wird, zu tun vermag, und was er nicht vermag, außer wenn die Seele ihn bestimmt. Denn bisher kennt noch niemand den Bau des Körpers so genau, daß er alle seine Funktionen erklären könnte, davon zu geschweigen, daß man bei den Tieren vieles beobachtet, was die menschliche Sinnesschärfe weit übersteigt, und daß die Nachtwandler im Schlafe vieles tun, woran sie sich im wachen Zustand nicht wagen würden. Woraus zur Genüge hervorgeht, daß der Körper für sich bloß nach den Gesetzen seiner Natur vieles vermag, worüber seine eigene Seele sich wundert. Sodann weiß niemand, auf welche Weise und durch welche Mittel die Seele den Körper bewegt, noch wie viel Grade der Bewegung sie dem Körper mitteilen kann und mit wie großer Geschwindigkeit sie ihn zu bewegen vermag. Daraus folgt: wenn die Menschen sagen, diese oder jene Handlung des Körpers gehe von der Seele aus, die die Oberherrschaft über den Körper hat, so wissen sie nicht, was sie sagen, und tun nichts anderes, als daß sie mit tönenden Worten eingestehen, daß sie die wahre Ursache dieser Handlung nicht wissen, ohne sich darüber weiter zu wundern.

Nun werden sie aber sagen: ob sie wüßten oder nicht wüßten, durch welche Mittel die Seele den Körper bewegt, jedenfalls machten sie doch die Erfahrung, daß der Körper unregsam wäre, wenn die Seele unfähig wäre, eine Handlung auszudenken. Sodann machten sie die Erfahrung, daß es in der alleinigen Gewalt der Seele stünde, zu reden und zu schweigen und vieles andere zu tun, wovon sie infolgedessen glauben, daß es von dem Beschluß der Seele abhängt.

Was nun das erste anlangt, so frage ich sie, ob die Erfahrung nicht ebenfalls lehrt, daß auch umgekehrt, wenn der Körper unregsam ist, zugleich die Seele unfähig zum Denken ist? Denn so lange der Körper im Schlafe ruht, bleibt die Seele mit ihm zugleich im Schlummer und hat nicht, wie im wachen Zustand, das Vermögen sich etwas auszudenken. Sodann haben, glaube ich, alle die Erfahrung gemacht, daß die Seele nicht immer gleich fähig ist, an dasselbe Objekt zu denken, sondern daß, je nachdem der Körper mehr oder weniger fähig ist, das Vorstellungsbild dieses oder jenes Objektes in sich erregen zu lassen, auch die Seele mehr oder weniger fähig ist, dies oder jenes Objekt zu betrachten. Nun werden sie aber sagen, aus den bloßen Gesetzen der Natur, sofern sie nur als körperliche angesehen wird, sei es doch unmöglich, die Ursachen von Gebäuden, Gemälden und anderen Dingen dieser Art, die bloß durch menschliche Kunst verfertigt werden, herzuleiten, und der menschliche Körper wäre doch nimmermehr imstande, ohne Bestimmung und Leitung von seiten der Seele eine Kirche zu bauen. Allein ich habe bereits darauf hingewiesen, daß sie gar nicht wissen, was der Körper vermag, oder was aus der bloßen Betrachtung seiner Natur hergeleitet werden kann, ja, daß sie selbst vieles nach den bloßen Gesetzen der Natur geschehen sehen, wovon sie sonst nie geglaubt hätten, daß es ohne die Leitung der Seele geschehen könne; wie etwa das, was die Nachtwandler im Schlafe tun, worüber sie sich im wachen Zustand selbst wundern. Ich will hier noch hinzufügen, daß der Bau des menschlichen Körpers selbst an Künstlichkeit alles weit übertrifft, was menschliche Kunst je gebaut hat, um für jetzt davon zu schweigen, was ich oben erwiesen habe, daß aus der Natur unendlich vieles folgt, unter welchem Attribut man sie auch betrachten mag.

Was ferner den zweiten Punkt anlangt, so würde es ja sicherlich um die Angelegenheiten der Menschen weit besser bestellt sein, wenn es gleichermaßen in des Menschen Gewalt stünde, zu schweigen wie zu reden. Indessen lehrt die Erfahrung genug und übergenug, daß die Menschen nichts so wenig in ihrer Gewalt haben als ihre Zunge, und nichts so wenig vermögen als ihre Triebe zu bemeistern. Daher ist es gekommen, daß die meisten Menschen glauben, wir täten bloß das freiwillig, wozu wir uns nur gelinde angetrieben fühlen, weil der Trieb nach solchen Dingen durch die Erinnerung an ein anderes Ding, an das wir häufig zurückdenken, leicht beschwichtigt werden kann; dagegen gänzlich unfreiwillig täten wir das, wozu wir uns von einem großen Affekte angetrieben fühlen, der sich durch die Erinnerung an ein anderes Ding nicht beruhigen läßt. Ja, wenn sie nicht die Erfahrung gemacht hätten, daß wir vieles tun, was wir nachher bereuen, und daß wir oft, wenn entgegengesetzte Affekte uns bedrängen, das Bessere sehen und dem Schlechteren folgen, dann würde sie nichts abhalten, sogar zu glauben, wir täten alles freiwillig. So glaubt das Kind, es erstrebe freiwillig die Milch; ebenso der zornige Knabe, er wolle freiwillig Rache, und der ängstliche, er wolle freiwillig die Flucht. Ingleichen glaubt der Trunkene, er rede infolge eines freien Beschlusses seiner Seele, was er nachher in nüchternem Zustand lieber verschwiegen haben wollte. So glauben Wahnsinnige, Schwätzerinnen, Knaben und die vielen sonstigen Leute dieses Schlages infolge eines freien Beschlusses ihrer Seele zu reden, während sie doch bloß dem Drang zu reden, den sie haben, nicht zu widerstehen vermögen.

So lehrt also die Erfahrung ebenso klar als die Vernunft, daß die Menschen sich allein aus der Ursache für frei halten, weil sie sich ihrer Handlungen bewußt und der Ursachen, von denen sie bestimmt werden, unkundig sind; und außerdem lehrt sie, daß die Beschlüsse der Seele nichts weiter sind als die Triebe selbst, weswegen sie je nach der verschiedenen Beschaffenheit des Körpers verschieden sind. Denn jeder tut alles auf Grund seines Affekts; und wer von entgegengesetzten Affekten bedrängt wird, der weiß nicht, was er will; wer aber gar keinen Affekt hat, läßt sich durch jeden unbedeutenden Anlaß hierhin oder dorthin treiben. Dies alles zeigt in der Tat klar, daß der Beschluß der Seele sowie ihr Trieb und die Bestimmung des Körpers der Natur nach zugleich oder vielmehr eine und die selbe Sache sind, die wir Beschluß nennen, wenn sie unter dem Attribut des Denkens betrachtet und dadurch erklärt wird, und die wir Bestimmung heißen, wenn sie unter dem Attribut der Ausdehnung betrachtet und aus den Gesetzen der Ruhe und Bewegung hergeleitet wird. Dies wird noch klarer aus dem hervorgehen, was ich jetzt sagen werde. Denn es ist noch ein anderes, worauf ich hier besonders aufmerksam machen möchte, nämlich daß wir durch einen Beschluß der Seele nichts tun können, dessen wir uns nicht erinnern, z. B. können wir ein Wort, dessen wir uns nicht erinnern, nicht aussprechen. Ferner steht es nicht in der freien Gewalt der Seele, sich eines Dinges zu erinnern oder es zu vergessen. Darum glaubt man, es stehe nur in der Gewalt der Seele, von einem Ding, dessen wir uns erinnern, nach dem bloßen Beschluß der Seele schweigen oder reden zu können. Jedoch wenn wir träumen, daß wir reden, so glauben wir infolge eines freien Beschlusses der Seele zu reden, und doch reden wir nicht, oder falls wir reden, so geschieht dies durch eine selbständige Bewegung des Körpers. Wir träumen ferner, daß wir den Menschen allerlei verheimlichen, und zwar infolge eines ebensolchen Beschlusses der Seele, wie der, demzufolge wir im Wachen das, was wir wissen, verschweigen. Wir träumen endlich, daß wir infolge eines Beschlusses der Seele allerlei tun, wozu wir im wachen Zustand nicht den Mut haben. Und nun möchte ich gern wissen, ob es in der Seele zwei Gattungen von Beschlüssen gibt, eine von phantasierten und eine von freien Beschlüssen. Wer sich bis zu diesem Unsinn nicht versteigen mag, muß notwendig einräumen, daß dieser Beschluß der Seele, den man für frei hält, sich von dem Vorstellungsvermögen oder der Erinnerung nicht unterscheidet und nichts anderes ist, als jene Bejahung, die die Idee, sofern sie Idee ist, notwendig in sich schließt. (Siehe Lehrsatz 49 des 2. Teils.) Und folglich entstehen diese Beschlüsse der Seele mit der selben Notwendigkeit in der Seele, wie die Ideen der wirklich existierenden Dinge. Wer also glaubt, er rede oder schweige oder tue sonst etwas infolge eines freien Beschlusses seiner Seele, der träumt mit offenen Augen.

Lehrsatz 3. Die Handlungen der Seele entspringen nur aus adäquaten Ideen, die Leidenschaften dagegen hängen bloß von inadäquaten Ideen ab.

Beweis: Das erste, was die Wesenheit der Seele ausmacht, ist (nach Lehrsatz 11 und 13 des 2. Teils) nichts anderes, als die Idee des wirklich existierenden Körpers, die (nach Lehrsatz 15 des 2. Teils) aus vielen anderen Ideen zusammengesetzt ist, von denen einige (nach Folgesatz zu Lehrsatz 38 des 2. Teils) adäquat, andere dagegen (nach Folgesatz zu Lehrsatz 29 des 2. Teils inadäquat sind. Alles mithin, was aus der Natur der Seele folgt, und wovon die Seele die nächste Ursache ist, durch die es verstanden werden muß, muß notwendig aus einer adäquaten oder aus einer inadäquaten Idee folgen. Sofern die Seele aber inadäquate Ideen hat, insofern ist sie (nach Lehrsatz 1 dieses Teils) notwendig leidend. Sonach folgen die Handlungen der Seele nur aus adäquaten Ideen, und die Seele leidet allein darum, weil sie inadäquate Ideen hat. W. z. b. w.

Anmerkung: Wir sehen daher, daß sich die Leidenschaften nur insofern auf die Seele beziehen, als sie etwas hat, das Verneinung in sich schließt, oder sofern sie als ein Teil der Natur betrachtet wird, der für sich ohne andere Teile nicht klar und deutlich wahrgenommen werden kann; und auf diese Weise könnte ich zeigen, daß sich die Leidenschaften ebenso auf die Einzeldinge wie auf die Seele beziehen und auf andere Weise nicht wahrgenommen werden können; indessen ist es hier nur meine Absicht, die menschliche Seele zu behandeln.

Lehrsatz 4. Kein Ding kann anders als durch eine äußere Ursache zerstört werden.

Beweis: Dieser Lehrsatz versteht sich von selbst: denn die Definition eines jeden Dinges bejaht die Wesenheit des Dinges und verneint sie nicht oder sie setzt die Wesenheit des Dinges und hebt sie nicht auf. Solange wir daher ein Ding nur für sich selbst, ohne Rücksicht auf äußere Ursachen, ins Auge fassen, werden wir in ihm nichts finden können, was es zerstören könnte. W. z. b. w.

Lehrsatz 5. Dinge sind entgegengesetzter Natur, das heißt sie können nicht an dem selben Subjekte sein, sofern eins das andere zerstören kann.

Beweis: Wenn sie nämlich miteinander übereinstimmen oder an dem selben Subjekte zugleich sein könnten, dann könnte es in dem selben Subjekte etwas geben, das es zerstören könnte, was (nach dem vorigen Lehrsatz) ungereimt ist. Dinge sind also usw. W. z. b. w.

Lehrsatz 6. Jedes Ding strebt, soviel an ihm ist, in seinem Sein zu beharren.

Beweis: Die Einzeldinge sind nämlich (nach Folgesatz zu Lehrsatz 25 des 1. Teils) Modi, durch die Gottes Attribute auf gewisse und bestimmte Weise ausgedrückt werden, das heißt (nach Lehrsatz 34 des 1. Teils) Dinge, die die Macht Gottes, durch die Gott ist und handelt, auf gewisse und bestimmte Weise ausdrücken; und kein Ding hat (nach Lehrsatz 4 dieses Teils) etwas in sich, wovon es zerstört werden könnte oder was seine Existenz aufhöbe; vielmehr ist es umgekehrt (nach dem vorigen Lehrsatz) all dem, was seine Existenz aufheben kann, entgegengesetzt; und folglich strebt es, so viel es kann und so viel an ihm ist, in seinem Sein zu beharren. W. z. b. w.

Lehrsatz 7. Das Streben, mit dem jedes Ding in seinem Sein zu beharren strebt, ist weiter nichts als die wirkliche Wesenheit des Dinges selbst.

Beweis: Aus der gegebenen Wesenheit jedes Dinges folgt (nach Lehrsatz 36 des 1. Teils) notwendig einiges, und die Dinge vermögen (nach Lehrsatz 29 des 1. Teils) nichts anderes als das, was aus ihrer bestimmten Natur notwendig folgt; die Kraft oder das Streben eines jeden Dinges, womit es entweder allein oder zusammen mit anderen etwas tut oder zu tun strebt, das heißt (nach Lehrsatz 6 dieses Teils) die Kraft oder das Streben, womit es in seinem Sein zu beharren strebt, ist darum weiter nichts als die gegebene oder wirkliche Wesenheit des Dinges selbst. W. z. b. w.

Lehrsatz 8. Das Streben, womit jedes Ding in seinem Sein zu beharren strebt, schließt keine endliche, sondern eine unbestimmte Zeit in sich.

Beweis: Wenn es nämlich eine beschränkte Zeit in sich schlösse, die die Dauer des Dinges bestimmte, dann würde aus eben der Kraft allein, vermöge deren das Ding existiert, folgen, daß das Ding nach jener beschränkten Zeit nicht existieren könnte, sondern daß es zerstört werden müßte. Nun ist dies aber (nach Lehrsatz 4 dieses Teils) ungereimt. Folglich schließt das Streben, durch das ein Ding existiert, keine begrenzte Zeit in sich; vielmehr gilt das umgekehrte: da jedes Ding (nach dem selben Lehrsatz 4 dieses Teils) durch die selbe Kraft, durch die es jetzt existiert, beständig fortfahren muß zu existieren, falls es nicht von einer äußeren Ursache zerstört wird, so folgt, daß dieses Streben eine unbestimmte Zeit in sich schließt. W. z. b. w.

Lehrsatz 9. Die Seele strebt sowohl sofern sie klare und deutliche als auch sofern sie verworrene Ideen hat, in ihrem Sein auf unbestimmte Dauer zu beharren, und ist sich dieses ihres Strebens bewußt.

Beweis: Die Wesenheit der Seele besteht aus adäquaten und inadäquaten Ideen (wie wir in Lehrsatz 3 dieses Teils gezeigt haben); und demzufolge strebt sie (nach Lehrsatz 7 dieses Teils), sowohl sofern sie diese, als auch sofern sie jene hat, in ihrem Sein zu beharren, und zwar (nach Lehrsatz 8 dieses Teils) auf unbestimmte Dauer. Da aber die Seele (nach Lehrsatz 23 des 2. Teils) auf Grund der Ideen von den Affektionen des Körpers sich notwendig ihrer selbst bewußt ist, so ist sich folglich (nach Lehrsatz 7 dieses Teils) die Seele ihres Strebens bewußt. W. z. b. w.

Anmerkung: Wenn dieses Streben auf die Seele allein bezogen wird, nennt man es Wille, dagegen wenn es auf Seele und Körper zugleich bezogen wird, heißt es Trieb. Dieser ist daher nichts anderes als des Menschen Wesenheit selbst, aus deren Natur das, was zu ihrer Erhaltung dient, notwendig folgt; und demnach ist der Mensch bestimmt, dies zu tun. Zwischen Trieb und Begierde sodann ist kein weiterer Unterschied, als daß man den Ausdruck Begierde auf die Menschen meistenteils nur anwendet, sofern sie sich ihres Triebes bewußt sind; man kann die Begierde deswegen so definieren: Begierde ist Trieb mit dem Bewußtsein des Triebes. Aus diesem allen geht nun hervor, daß wir nach nichts streben, nichts wollen, nichts erstreben, noch begehren, weil wir es als gut beurteilen, vielmehr umgekehrt, daß wir etwas darum als gut beurteilen, weil wir danach streben, es wollen, erstreben und begehren.

Lehrsatz 10. Eine Idee, die die Existenz unseres Körpers ausschließt, kann es in unserer Seele nicht geben, vielmehr ist eine solche Idee unserer Seele entgegengesetzt.

Beweis: Was unseren Körper zu zerstören vermag, kann (nach Lehrsatz 5 dieses Teils) in ihm unmöglich enthalten sein; und folglich kann es auch (nach Folgesatz zu Lehrsatz 9 des 2. Teils) davon keine Idee in Gott geben, sofern er die Idee unseres Körpers hat; das heißt (nach Lehrsatz 11 und 13 des 2. Teils) es kann davon keine Idee in unserer Seele geben. Vielmehr gilt das umgekehrte: da (nach Lehrsatz 11 und 13 des 2. Teils) das erste, was die Wesenheit der Seele ausmacht, die Idee des wirklich existierenden Körpers ist, so ist (nach Lehrsatz 7 dieses Teils) das erste und hauptsächlichste an unserer Seele das Streben, die Existenz unseres Körpers zu bejahen; und folglich ist eine Idee, die die Existenz unseres Körpers verneint, unserer Seele entgegengesetzt. W. z. b. w.

Lehrsatz 11. Was die Wirkungskraft unseres Körpers vermehrt oder vermindert, fördert oder hemmt, dessen Idee ver-

mehrt oder vermindert, fördert oder hemmt die Denkkraft unserer Seele.

Beweis: Dieser Lehrsatz erhellt aus Lehrsatz 7 des 2. Teils oder auch aus Lehrsatz 14 des 2. Teils.

Anmerkung: Wir sehen somit, daß die Seele große Veränderungen erleiden und bald zu größerer, bald dagegen zu geringerer Vollkommenheit übergehen kann; und diese Leidenschaften erklären uns die Affekte der Freude und der Trauer. Unter Freude verstehe ich demnach im folgenden die Leidenschaft, durch die die Seele zu größerer Vollkommenheit übergeht; unter Trauer dagegen die Leidenschaft, durch die sie zu geringerer Vollkommenheit übergeht. Ferner nenne ich den Affekt der Freude, in Beziehung auf Seele und Körper zugleich, Lust oder Heiterkeit, und den Affekt der Trauer, in der selben Beziehung, Schmerz oder Trübsinn. Dabei ist zu bemerken, daß Lust und Schmerz sich auf den Menschen beziehen, wenn einer seiner Teile mehr affiziert ist als die anderen, Heiterkeit und Trübsinn dagegen, wenn alle Teile gleichmäßig affiziert sind. Was sodann die Begierde ist, habe ich in der Anmerkung zu Lehrsatz 9 dieses Teils erklärt; und außer diesen dreien erkenne ich keinen anderen Grundaffekt an: alle übrigen entstehen aus diesen drei, wie ich im folgenden zeigen werde. Doch ehe ich weiter fortfahre, möchte ich hier noch den Lehrsatz 10 dieses Teils ausführlicher erläutern, damit man klarer einsehe, auf welche Weise eine Idee einer anderen Idee entgegengesetzt ist.

In der Anmerkung zu Lehrsatz 17 des 2. Teils haben wir nachgewiesen, daß die Idee, die die Wesenheit der Seele ausmacht, die Existenz des Körpers so lange in sich schließt, als der Körper selbst existiert. Aus dem, was wir in dem Folgesatz zu Lehrsatz 8 des 2. Teils und in der Anmerkung dazu nachgewiesen haben, folgt sodann, daß die gegenwärtige Existenz unserer Seele allein davon abhängt, daß die Seele die wirkliche Existenz des Körpers in sich schließt. Endlich haben wir nachgewiesen, daß die Kraft der Seele, vermöge deren sie sich die Dinge vorstellt und sich ihrer erinnert, ebenfalls allein davon abhängt, daß sie die wirkliche

Existenz des Körpers in sich schließt (siehe Lehrsatz 17 und 18 des 2. Teils und die Anmerkung dazu). Aus diesem allen folgt, daß die gegenwärtige Existenz der Seele und ihre Vorstellungskraft aufgehoben werden, sobald die Seele aufhört, die gegenwärtige Existenz des Körpers zu bejahen. Nun aber kann die Ursache, derzufolge die Seele aufhört, diese Existenz des Körpers zu bejahen, (nach Lehrsatz 4 dieses Teils) nicht die Seele selbst sein; und ebensowenig der Umstand, daß der Körper aufhört zu sein. Denn die Ursache, derzufolge die Seele die Existenz des Körpers bejaht, besteht (nach Lehrsatz 6 des 2. Teils) nicht darin, daß der Körper angefangen hat, zu existieren; und aus dem selben Grunde hört die Seele darum auch nicht auf, die Existenz des Körpers zu bejahen, weil der Körper aufhört zu sein; vielmehr kommt dies (nach Lehrsatz 6 des 2. Teils) von einer anderen Idee her, die die gegenwärtige Existenz unseres Körpers und folglich auch unserer Seele ausschließt, und die somit der Idee, die die Wesenheit unserer Seele ausmacht, entgegengesetzt ist.

Lehrsatz 12. Die Seele strebt, soviel sie kann, sich das vorzustellen, was die Wirkungskraft des Körpers vermehrt oder fördert.

Beweis: So lange der menschliche Körper auf eine Art affiziert ist, die die Natur eines äußeren Körpers in sich schließt, so lange wird die menschliche Seele (nach Lehrsatz 17 des 2. Teils) eben diesen Körper als gegenwärtig betrachten, und folglich ist (nach Lehrsatz 7 des 2. Teils), so lange die menschliche Seele einen äußeren Körper als gegenwärtig betrachtet, das heißt (nach der Anmerkung eben dieses Lehrsatzes 17) sich ihn vorstellt, der menschliche Körper so lange auf eine Art affiziert, die die Natur eben des äußeren Körpers in sich schließt; und so lange die Seele sich etwas vorstellt, was die Wirkungskraft unseres Körpers vermehrt oder fördert, so lange ist demnach unser Körper auf eine Art affiziert, die seine Wirkungskraft vermehrt oder fördert (siehe Forderung 1 dieses Teils); und folglich wird (nach Lehrsatz 11 dieses Teils) währenddessen die Denkkraft der Seele vermehrt oder gefördert; und daher strebt die Seele (nach Lehrsatz 6 oder 9 dieses Teils), soviel sie kann, sich eben das vorzustellen. W. z. b. w.

Lehrsatz 13. Wenn die Seele sich etwas vorstellt, was die Wirkungskraft des Körpers vermindert oder hemmt, so strebt sie, soviel sie kann, sich an Dinge zu erinnern, die dessen Existenz ausschließen.

Beweis: So lange sich die Seele etwas derartiges vorstellt, so lange wird die Kraft der Seele und des Körpers vermindert oder gehemmt (wie wir im vorigen Lehrsatz bewiesen haben); gleichwohl aber wird die Seele sich dies (nach Lehrsatz 17 des 2. Teils) so lange vorstellen, bis sie sich etwas anderes vorstellt, was dessen gegenwärtige Existenz ausschließt, das heißt (wie wir eben gezeigt haben) die Kraft der Seele und des Körpers wird so lange vermindert oder gehemmt, bis sich die Seele etwas anderes vorstellt, was dessen Existenz ausschließt, und was die Seele daher (nach Lehrsatz 9 dieses Teils), soviel sie kann, streben wird, sich vorzustellen oder ins Gedächtnis zu rufen. W. z. b. w.

Folgesatz: Hieraus folgt, daß die Seele es verabscheut, sich das vorzustellen, was ihre Kraft und die des Körpers vermindert oder hemmt.

Anmerkung: Hieraus ersehen wir klar, was Liebe und was Haß ist. Nämlich: Liebe ist nichts anderes als Freude, begleitet von der Idee einer äußeren Ursache; und Haß nichts anderes als Trauer, begleitet von der Idee einer äußeren Ursache. Wir sehen sodann, daß einer, der liebt, notwendig strebt, das Ding, das er liebt, gegenwärtig zu haben und zu erhalten, und daß umgekehrt einer, der haßt, das Ding, das er haßt, zu entfernen und zu zerstören strebt. Doch all dies werde ich im folgenden noch weitläufiger behandeln.

Lehrsatz 14. Wenn die Seele einmal in zwei Affekte zugleich versetzt worden ist und sie späterhin in einen von ihnen versetzt wird, dann wird sie auch in den anderen versetzt werden.

Beweis: Wenn der menschliche Körper einmal von zwei

Körpern zugleich affiziert worden ist und die Seele sich späterhin einen von ihnen vorstellt, dann wird sie sich (nach Lehrsatz 18 des 2. Teils) sogleich auch des anderen erinnern. Nun zeigen aber die Vorstellungen der Seele (nach Folgesatz 2 zu Lehrsatz 16 des 2. Teils) mehr die Affekte unseres Körpers als die Natur der äußeren Körper an; wenn also der Körper, und folglich die Seele (siehe Definition 3 dieses Teils) einmal in zwei Affekte versetzt worden ist und sie später in einen von ihnen versetzt wird, dann wird sie auch in den anderen versetzt werden. W. z. b. w.

Lehrsatz 15. Jedes Ding kann durch Zufall die Ursache einer Freude, einer Trauer oder einer Begierde sein.

Beweis: Man nehme an, die Seele werde in zwei Affekte zugleich versetzt, und zwar in einen, der ihre Wirkungskraft weder vermehrt noch vermindert, und in einen anderen, der sie entweder vermehrt oder vermindert (siehe Forderung 1 dieses Teils). Aus dem vorigen Lehrsatz erhellt, daß, wenn die Seele später in jenen Affekt durch dessen wahre Ursache versetzt wird, die (der Voraussetzung nach) durch sich allein ihre Denkkraft weder vermehrt noch vermindert, sie sogleich auch in den anderen, der ihre Denkkraft vermehrt oder vermindert, das heißt (nach Anmerkung zu Lehrsatz 11 dieses Teils) in Freude oder Trauer versetzt werden wird; und sonach wird jenes Ding nicht durch sich, sondern durch Zufall Ursache eine Freude oder Trauer sein. Und auf eben diesem Wege läßt sich auch leicht beweisen, daß jenes Ding durch Zufall Ursache einer Begierde sein kann. W. z. b. w.

Folgesatz: Wir können ein Ding allein deswegen, weil wir es in einem Affekt der Freude oder Trauer betrachtet haben, dessen bewirkende Ursache es gar nicht war, lieben oder hassen.

Beweis: Dies kommt nämlich (nach Lehrsatz 14 dieses Teils) bloß daher, daß die Seele, wenn sie sich dies Ding später vorstellt, in den Affekt der Freude oder Trauer versetzt wird, das heißt (nach Anmerkung zu Lehrsatz 11 dieses Teils) daß die Kraft der Seele und des Körpers vermehrt oder vermindert wird usw. Und folglich, daß die Seele (nach Lehrsatz 12 dieses Teils) begehrt oder (nach Folgesatz zu Lehrsatz 13 dieses Teils) verabscheut, sich dies Ding vorzustellen, das heißt (nach Anmerkung zu Lehrsatz 13 dieses Teils), daß sie es liebt oder haßt. W. z. b. w.

Anmerkung: Von hier aus verstehen wir, wie es kommen kann, daß wir manches lieben oder hassen, ohne uns irgend einer Ursache dafür bewußt zu sein, nur aus Sympathie und Antipathie (wie man sagt). Und hierher gehören auch die Objekte, die uns bloß deshalb in Freude oder Trauer versetzen, weil sie den Objekten, die uns in eben diese Affekte zu versetzen pflegen, irgendwie ähnlich sind, wie ich im nächsten Lehrsatz beweisen werde. Ich weiß allerdings, daß die Schriftsteller, die zuerst die Worte Sympathie und Antipathie eingeführt haben, damit gewisse verborgene Qualitäten der Dinge haben bezeichnen wollen; allein ich glaube, es wird uns dessenungeachtet erlaubt sein, unter ihnen auch bekannte oder offenbare Qualitäten zu verstehen.

Lehrsatz 16. Wir werden ein Ding allein deswegen lieben oder hassen, weil wir uns vorstellen, daß es mit einem Objekt, das die Seele in Freude oder Trauer zu versetzen pflegt, irgendwelche Ähnlichkeit hat, auch wenn das, worin das Ding dem Objekte ähnlich ist, nicht die bewirkende Ursache dieser Affekte ist.

Beweis: Das, was an dem Ding dem Objekte ähnlich ist, haben wir (der Voraussetzung nach) an dem Objekte selbst im Affekt der Freude oder Trauer betrachtet. Wenn nun die Seele durch ein Vorstellungsbild davon affiziert wird, wird sie deshalb sogleich auch (nach Lehrsatz 14 dieses Teils) in diesen oder jenen Affekt versetzt werden, und folglich wird das Ding, an dem wir eben dies als vorhanden wahrnehmen, (nach Lehrsatz 15 dieses Teils) durch Zufall Ursache einer Freude oder Trauer sein, und deshalb werden wir es (nach dem vorigen Folgesatz) lieben oder hassen, auch wenn das, worin es dem Objekte ähnlich ist, nicht die bewirkende Ursache dieser Affekte ist. W. z. b. w.

Lehrsatz 17. Wenn wir uns vorstellen, daß ein Ding, das uns in einen Affekt der Trauer zu versetzen pflegt, irgendwelche Ähnlichkeit mit einem anderen Dinge hat, das uns in einen gleich großen Affekt der Freude zu versetzen pflegt, dann werden wir es hassen und zugleich lieben.

Beweis: Das Ding ist nämlich (der Voraussetzung nach) durch sich Ursache einer Trauer, und sofern wir es uns in diesem Affekte vorstellen, hassen wir es (nach Anmerkung zu Lehrsatz 13 dieses Teils); sofern wir uns aber überdies vorstellen, daß es irgendwelche Ähnlichkeit mit einem anderen Dinge hat, das uns in einen gleich großen Affekt der Freude zu versetzen pflegt, werden wir es (nach dem vorigen Lehrsatz) mit einer gleich großen Strebung der Freude lieben; und demnach werden wir es hassen und zugleich lieben. W. z. b. w.

Anmerkung: Dieser Zustand der Seele, der aus zwei entgegengesetzten Affekten entspringt, heißt Schwankung des Gemüts. Die Schwankung des Gemüts verhält sich also zum Affekt wie der Zweifel zur Vorstellung (siehe die Anmerkung zu Lehrsatz 44 des 2. Teils); und beide unterscheiden sich nur nach dem mehr oder minder.

Es ist noch darauf aufmerksam zu machen, daß ich im vorigen Lehrsatz diese Schwankungen des Gemüts aus solchen Ursachen abgeleitet habe, die von dem einen Affekt Ursache durch sich und von dem anderen Ursache durch Zufall sind; ich habe das darum getan, weil sie sich so aus den vorigen Lehrsätzen leichter ableiten ließen, nicht etwa darum, weil ich verneinen möchte, daß die Schwankungen des Gemüts meistenteils von einem Objekte herrühren, das die bewirkende Ursache von beiden Affekten ist. Denn der menschliche Körper ist (nach Forderung 1 des 2. Teils) aus sehr vielen Individuen von verschiedener Natur zusammengesetzt, und so kann er (nach Grundsatz 1 hinter Lehnsatz 3, den man hinter Lehrsatz 13 des 2. Teiles nachsehen möge) von einem und dem selben Körper auf sehr viele und verschiedene Weisen affiziert werden; und umgekehrt wird ein und das selbe Ding, weil es auf vielerlei Weisen affiziert werden kann, auch einen und den selben Körperteil auf viele verschiedene Weisen affizieren können. Woher sich leicht begreifen läßt, daß ein und das selbe Objekt Ursache vieler entgegengesetzter Affekte sein kann.

Lehrsatz 18. Der Mensch wird durch das Vorstellungsbild eines vergangenen oder zukünftigen Dinges in den selben Affekt der Freude und Trauer versetzt, wie durch das Vorstellungsbild eines gegenwärtigen Dinges.

Beweis: Solange der Mensch durch das Vorstellungsbild eines Dinges affiziert ist, wird er (nach Lehrsatz 17 des 2. Teils und dem Folgesatz dazu) das Ding als gegenwärtig betrachten, selbst wenn es gar nicht existiert; und er wird sich das Ding als vergangen oder zukünftig nur vorstellen, sofern dessen Vorstellungsbild mit dem Vorstellungsbilde der vergangenen oder zukünftigen Zeit verbunden ist (siehe die Anmerkung zu Lehrsatz 44 des 2. Teils). Das Vorstellungsbild des Dinges ist somit für sich allein betrachtet das selbe, ob man es nun auf die Zukunft, auf die Vergangenheit oder auf die Gegenwart bezieht; das heißt (nach Folgesatz 2 zu Lehrsatz 16 des 2. Teils) des Körpers Zustand oder Affekt ist der selbe, mag das Vorstellungsbild nun von einem vergangenen, zukünftigen oder gegenwärtigen Dinge sein; und demnach ist der Affekt der Freude und Trauer auch der selbe, mag das Vorstellungsbild nun das eines vergangenen, zukünftigen oder gegenwärtigen Dinges sein. W. z. b. w.

Anmerkung 1: Ich nenne hier ein Ding insofern vergangen oder zukünftig, als wir von ihm affiziert worden sind oder erst noch affiziert werden werden, z. B. insofern, als wir es gesehen haben oder es noch sehen werden, als es uns erfrischt hat oder noch erfrischen wird, uns verletzt hat oder noch verletzen wird usw. Sofern wir es uns nämlich solchergestalt vorstellen, insofern bejahen wir seine Existenz, das heißt der Körper wird in keinen Affekt versetzt, der die Existenz des Dinges ausschlösse, und demnach wird der Körper (nach Lehrsatz 17 des 2. Teils) durch das Vorstellungsbild dieses Dinges auf die selbe Weise affiziert, als wenn das Ding selbst gegenwärtig wäre. Allein weil die, die vielerlei erfahren haben, meistenteils schwanken, solange sie ein Ding als zukünftig oder als vergangen betrachten, und über den Ausgang eines Dinges zumeist zweifelhaft sind (siehe die Anmerkung zu Lehrsatz 44 des 2. Teils), so kommt es, daß die Affekte, die aus dergleichen Vorstellungsbildern der Dinge entspringen, nicht sehr beständig sind, sondern meistenteils durch Vorstellungsbilder von anderen Dingen gestört werden, bis die Menschen über den Ausgang des Dinges Gewißheit erhalten.

Anmerkung 2: Auf Grund des eben Gesagten verstehen wir, was Hoffnung, Furcht, Sicherheit, Verzweiflung, Freudigkeit und Gewissensbiß ist. Hoffnung ist nämlich nichts anderes als eine unbeständige Freude, die aus dem Vorstellungsbilde eines zukünftigen oder vergangenen Dinges entsteht, über dessen Ausgang wir zweifelhaft sind, Furcht hingegen ist eine unbeständige Trauer, die gleichfalls aus dem Vorstellungsbilde eines zweifelhaften Dinges entsteht. Weiter, wenn der Zweifel aus diesen Affekten wegfällt, so wird die Hoffnung zur Sicherheit und die Furcht zur Verzweiflung; nämlich zu einer Freude oder Trauer, die aus dem Vorstellungsbild eines Dinges entsteht, das wir gefürchtet oder gehofft haben. Freudigkeit sodann ist eine Freude, die aus dem Vorstellungsbild eines vergangenen Dinges entsteht, über dessen Ausgang wir zweifelhaft gewesen sind. Der Gewissensbiß endlich ist die Trauer, die der Freudigkeit entgegengesetzt ist.

Lehrsatz 19. Wer sich vorstellt, daß das, was er liebt, zerstört wird, wird sich betrüben; wer sich dagegen vorstellt, daß das, was er liebt, erhalten wird, wird sich freuen.

Beweis: Die Seele strebt (nach Lehrsatz 12 dieses Teils), soviel sie kann, sich das vorzustellen, was die Wirkungskraft des Körpers vermehrt oder fördert, das heißt (nach Anmerkung zu Lehrsatz 13 dieses Teils) sich das vorzustellen, was sie liebt. Nun aber wird das Vorstellungsvermögen (nach Lehrsatz 17 des 2. Teils) durch das, was die Existenz eines Dinges setzt, gefördert, dahingegen gehemmt durch das, was die Existenz eines Dinges ausschließt; die Vorstellungsbilder der Dinge also, die die Existenz des geliebten Dinges setzen, fördern das Streben der Seele, mit dem sie strebt, sich das geliebte Ding vorzustellen, das heißt (nach Anmerkung zu Lehrsatz 11 dieses Teils) sie versetzen die Seele in Freude; solche Vorstellungsbilder dagegen, die die Existenz des geliebten Dinges ausschließen, hemmen eben dies Streben der Seele, das heißt (nach der selben Anmerkung) sie versetzen die Seele in Trauer. Wer sich daher vorstellt, daß das, was er liebt, zerstört wird, wird sich betrüben usw. W. z. b. w.

Lehrsatz 20. *Wer sich vorstellt, daß das, was er haßt, zerstört wird, wird sich freuen.*

Beweis: Die Seele strebt (nach Lehrsatz 13 dieses Teils), sich das vorzustellen, was die Existenz von Dingen, die die Wirkungskraft des Körpers vermindern oder hemmen, ausschließt, das heißt (nach Anmerkung zu dem selben Lehrsatz), sie strebt, sich das vorzustellen, was die Existenz von Dingen ausschließt, die sie haßt; das Vorstellungsbild eines Dinges also, das die Existenz dessen, was die Seele haßt, ausschließt, fördert dieses Streben der Seele, das heißt (nach Anmerkung zu Lehrsatz 11 dieses Teils), es versetzt die Seele in Freude. Wer sich daher vorstellt, daß das, was er haßt, zerstört wird, wird sich freuen. W. z. b. w.

Lehrsatz 21. *Wer sich vorstellt, daß das, was er liebt, in Freude oder Trauer versetzt ist, wird ebenfalls in Freude oder Trauer versetzt werden; und beide Affekte werden in dem Liebenden größer oder kleiner sein, je nachdem beide in dem geliebten Dinge größer oder kleiner sind.*

Beweis: Die Vorstellungsbilder der Dinge, die die Existenz des geliebten Dinges setzen, fördern (wie wir im Lehrsatz 19 dieses Teils bewiesen haben) das Streben der Seele, womit sie strebt, das geliebte Ding selbst sich vorzustellen. Nun setzt die Freude die Existenz des freudigen Dinges, und um so mehr, je größer der Affekt der Freude ist: denn die Freude ist (nach Anmerkung zu Lehrsatz 11 dieses Teils) Übergang zu größerer Vollkommenheit. Demnach fördert das Vorstellungsbild der Freude des geliebten Dinges in dem Liebenden das Streben seiner Seele, das heißt (nach Anmerkung zu Lehrsatz 11 dieses Teils) es versetzt den Liebenden in Freude, und in um so größere, je größer dieser Affekt in dem geliebten Dinge ist. Dies war das erste. Weiter, sofern ein Ding in Trauer versetzt wird, insofern wird es (nach der selben Anmerkung zu Lehrsatz 11 dieses Teils) zerstört, und um so mehr, in je größere Trauer es versetzt wird. Wer sich daher vorstellt, daß das was er liebt, in Trauer versetzt wird, der wird (nach Lehrsatz 19 dieses Teils) ebenfalls in Trauer versetzt werden, und in um so größere, je größer dieser Affekt in dem geliebten Dinge gewesen ist. W. z. b. w.

Lehrsatz 22. Wenn wir uns vorstellen, daß jemand ein Ding, das wir lieben, in Freude versetzt, so werden wir in Liebe gegen ihn versetzt werden. Wenn wir uns dagegen vorstellen, daß er es in Trauer versetzt, so werden wir umgekehrt in Haß gegen ihn versetzt werden.

Beweis: Wer ein Ding, das wir lieben, in Freude oder Trauer versetzt, der versetzt (nach dem vorigen Lehrsatz) auch uns in Freude oder Trauer, falls wir uns nämlich vorstellen, daß das geliebte Ding in jene Freude oder Trauer versetzt ist. Nun aber wird angenommen, daß diese Freude oder Trauer begleitet von der Idee ihrer äußeren Ursache in uns vorhanden sei. Wenn wir uns daher vorstellen, daß jemand ein Ding, das wir lieben, in Freude oder Trauer versetzt, so werden wir (nach Anmerkung zu Lehrsatz 13 dieses Teils) gegen ihn in Liebe oder Haß versetzt werden. W. z. b. w.

Anmerkung: Der Lehrsatz 21 erklärt uns, was Mitleid ist; wir können es als eine Trauer definieren, die aus dem Unglück eines anderen entsteht. Einen Namen, mit dem die Freude zu benennen wäre, die aus dem Wohlergehen eines anderen entsteht, weiß ich dagegen nicht. Weiter, die Liebe gegen den, der einem anderen Gutes getan hat, wollen wir Gunst nennen, den Haß gegen den, der einem anderen Übles getan hat, dagegen Entrüstung. Schließlich ist noch darauf hinzuweisen, daß wir nicht nur Dinge, die wir geliebt haben, bemitleiden (wie wir im Lehrsatz 21 bewiesen haben), sondern auch Dinge, für die wir vorher gar keinen Affekt gehabt haben, wenn wir sie nur als uns ähnlich beurteilen (wie ich weiterhin zeigen werde); und darum sind wir auch dem günstig, der einem uns ähnlichen Dinge Gutes getan hat, und dagegen entrüstet über den, der einem uns ähnlichen Dinge Schaden zugefügt hat.

Lehrsatz 23. Wer sich vorstellt, daß das, was er haßt, in Trauer versetzt ist, wird sich freuen; wenn er sich dagegen vorstellt, daß es in Freude versetzt ist, wird er sich betrüben; und diese beiden Affekte werden größer oder kleiner sein, je nachdem ihr Gegenteil in dem gehaßten Dinge größer oder kleiner ist.

Beweis: Sofern das gehaßte Ding in Trauer versetzt ist, insofern wird es (nach Anmerkung zu Lehrsatz 11 dieses Teils) zerstört, und es wird um so mehr zerstört, je größer die Trauer ist, in die es versetzt ist. Wer sich also vorstellt, daß das Ding, das er haßt, in Trauer versetzt ist, der wird seinerseits (nach Lehrsatz 20 dieses Teils) umgekehrt in Freude versetzt werden, und zwar in um so größere, je größer nach seiner Vorstellung die Trauer ist, in die das gehaßte Ding versetzt ist. Dies war das erste. Weiter, die Freude setzt (nach der selben Anmerkung zu Lehrsatz 11 dieses Teils) die Existenz des freudigen Dinges, und zwar um so mehr, als je größer die Freude begriffen wird. Wenn jemand sich vorstellt, daß das, was er haßt, in Freude versetzt ist, wird diese Vorstellung (nach Lehrsatz 13 dieses Teils) sein eigenes Streben hemmen, das heißt (nach Anmerkung zu Lehrsatz 11 dieses Teils), der, der haßt, wird in Trauer versetzt werden usw. W. z. b. w.

Anmerkung: Diese Freude kann kaum rein und ohne einen Kampf des Gemütes sein. Denn sofern man sich vorstellt, daß ein einem selber ähnliches Ding in den Affekt der Trauer versetzt wird, insofern muß man sich (wie ich alsbald im Lehrsatz 27 dieses Teils beweisen werde) betrüben, und umgekehrt sich freuen, wenn man sich vorstellt, daß es in Freude versetzt wird. Hier fassen wir aber nur den Haß ins Auge.

Lehrsatz 24. Wenn wir uns vorstellen, daß jemand ein Ding, das wir hassen, in Freude versetzt, so werden wir gegen ihn ebenfalls in Haß versetzt werden. Dagegen wenn wir uns vorstellen, daß er das selbe Ding in Trauer versetzt, werden wir in Liebe gegen ihn versetzt werden.

Beweis: Dieser Lehrsatz wird auf die selbe Art bewiesen, wie Lehrsatz 22 dieses Teils, den man nachsehen möge.

Anmerkung: Diese und ähnliche Affekte des Hasses gehören zum Neid, der somit nichts anderes ist als der Haß selbst, sofern man ihn daraufhin betrachtet, daß er den Menschen dazu veranlaßt, sich an dem Übel eines anderen zu erfreuen und sich dagegen über dessen Wohl zu betrüben.

Lehrsatz 25. Wir streben, von uns und von einem Dinge, das wir lieben, all das zu bejahen, wovon wir uns vorstellen, daß es uns oder das geliebte Ding in Freude versetzt; und umgekehrt all das zu verneinen, wovon wir uns vorstellen, daß es uns oder das geliebte Ding in Trauer versetzt.

Beweis: Das, wovon wir uns vorstellen, daß es das geliebte Ding in Freude oder Trauer versetzt, versetzt (nach Lehrsatz 21 dieses Teils) auch uns in Freude oder Trauer. Nun strebt aber die Seele (nach Lehrsatz 12 dieses Teils), soviel sie kann, sich das, was uns in Freude versetzt, vorzustellen, das heißt (nach Lehrsatz 17 des 2. Teils und dem Folgesatz dazu), als gegenwärtig zu betrachten, und umgekehrt (nach Lehrsatz 13 dieses Teils) die Existenz dessen, was uns in Trauer versetzt, auszuschließen. Folglich streben wir, von uns und von dem von uns geliebten Dinge all das zu bejahen, wovon wir uns vorstellen, daß es uns oder das geliebte Ding in Freude versetzt, und umgekehrt. W. z. b. w.

Lehrsatz 26. Wir streben, von einem Dinge, das wir hassen, all das zu bejahen, wovon wir uns vorstellen, daß es das Ding in Trauer versetzt, und umgekehrt das zu verneinen, wovon wir uns vorstellen, daß es das Ding in Freude versetzt.

Beweis: Dieser Lehrsatz folgt aus Lehrsatz 23 dieses Teils, wie der vorige aus Lehrsatz 21.

Anmerkung: Hieraus sehen wir, wie leicht es geschehen kann, daß der Mensch von sich und von einem Dinge, das er liebt, mehr hält, als recht ist, und umgekehrt von einem Dinge, das er haßt, weniger hält, als recht ist. Diese Vorstellung heißt, wenn sie auf den Menschen selbst geht, dieser also von sich mehr hält, als recht ist, Hochmut und ist eine Art des Wahnsinns, weil dann der Mensch mit offenen Augen träumt, er vermöge all das, was er in seiner bloßen Vorstellung fertig bringt, was er deswegen betrachtet, als ob es real wäre, und woran er sich erlustigt, solange er sich nicht vorstellen kann, was die Existenz davon ausschließt und seine Wirkungskraft bestimmt. Hochmut ist daher eine Freude, die daraus entspringt, daß der Mensch von sich mehr hält, als recht ist. Die Freude sodann, die daraus entspringt, daß der Mensch von einem anderen mehr hält, als recht ist, heißt Überschätzung, und endlich Unterschätzung die Freude, die daraus entspringt, daß er von einem anderen weniger hält, als recht ist.

Lehrsatz 27. Wenn wir uns vorstellen, daß ein uns ähnliches Ding, für das wir noch keinen Affekt gehabt haben, in irgend einen Affekt versetzt wird, so werden wir schon allein dadurch in einen ähnlichen Affekt versetzt.

Beweis: Die Vorstellungsbilder der Dinge sind (nach Anmerkung zu Lehrsatz 17 des 2. Teils) Affektionen des menschlichen Körpers, deren Ideen äußere Körper als uns gegenwärtig vergegenwärtigen, das heißt (nach Lehrsatz 16 des 2. Teils), deren Ideen die Natur unseres Körpers und zugleich die gegenwärtige Natur eines äußeren Körpers in sich schließen. Wenn also die Natur des äußeren Körpers der Natur unseres Körpers ähnlich ist, dann wird die Idee des äußeren Körpers, die wir uns vorstellen, eine Affektion unseres Körpers in sich schließen, die der Affektion des äußeren Körpers ähnlich ist, und folglich wird, wenn wir uns vorstellen, daß jemand, der uns ähnlich ist, in einen Affekt versetzt sei, diese Vorstellung eine Affektion unseres

Körpers ausdrücken, die diesem Affekt ähnlich ist, und somit werden wir dadurch, daß wir uns vorstellen, daß ein uns ähnliches Ding in irgend einen Affekt versetzt wird, mit ihm in einen ähnlichen Affekt versetzt werden. W. z. b. w.

Wenn wir aber ein uns ähnliches Ding hassen, dann werden wir insofern mit ihm (nach Lehrsatz 23 dieses Teils) in einen entgegengesetzten und nicht in einen ähnlichen Affekt versetzt werden.

Anmerkung: Wenn diese Nachahmung der Affekte bei der Trauer statthat, heißt sie Mitleid (siehe darüber die Anmerkung zu Lehrsatz 22 dieses Teils); wenn sie aber bei der Begierde statthat, heißt sie Wetteifer; dieser ist somit nichts anderes als die Begierde nach irgend einem Dinge, die in uns dadurch erzeugt wird, daß wir uns vorstellen, andere, die uns ähnlich sind, hätten die selbe Begierde.

Folgesatz 1: Wenn wir uns vorstellen, daß jemand, für den wir noch keinen Affekt gehabt haben, ein uns ähnliches Ding in Freude versetzt, so werden wir in Liebe gegen ihn versetzt werden. Stellen wir uns dagegen vor, daß er es in Trauer versetzt, so werden wir umgekehrt in Haß gegen ihn versetzt werden.

Beweis: Dieser Folgesatz läßt sich auf Grund des vorigen Lehrsatzes auf die selbe Art beweisen wie Lehrsatz 22 dieses Teils auf Grund von Lehrsatz 21.

Folgesatz 2: Ein Ding, das wir bemitleiden, können wir nicht darum hassen, weil sein Elend uns in Trauer versetzt.

Beweis: Wenn wir es nämlich darum hassen könnten, dann würden wir uns (nach Lehrsatz 23 dieses Teils) an seiner Trauer freuen, was wider die Voraussetzung ist.

Folgesatz 3: Wir streben, ein Ding, das wir bemitleiden, so viel wir können, von seinem Elend zu befreien.

Beweis: Das, was ein Ding, das wir bemitleiden, in Trauer versetzt, versetzt uns (nach dem vorigen Lehrsatz) auch in eine ähnliche Trauer; und daher werden wir (nach Lehrsatz 13 dieses Teils) streben, all das zu überdenken, was die Existenz dieses Dinges aufhebt oder was das Ding zerstört, das heißt (nach Anmerkung zu Lehrsatz 9 dieses Teils) wir werden erstreben, es zu zerstören, oder wir werden es zu zerstören bestimmt werden; und sonach werden wir streben, ein Ding, das wir bemitleiden, von seinem Elende zu befreien. W. z. b. w.

Anmerkung: Dieser Wille oder Trieb wohlzutun, der daraus entsteht, daß wir das Ding, dem wir die Wohltat erweisen wollen, bemitleiden, heißt Wohlwollen; dieses ist somit nichts anderes als eine Begierde, die aus dem Mitleid entsteht. Was übrigens die Liebe und den Haß gegen den betrifft, der einem Ding Gutes oder Schlechtes getan hat, das uns unserer Vorstellung nach ähnlich ist, so möge man die Anmerkung zu Lehrsatz 22 dieses Teils nachsehen.

Lehrsatz 28. All das, wovon wir uns vorstellen, daß es zur Freude beiträgt, streben wir zu verwirklichen; all das dagegen, wovon wir uns vorstellen, daß es der Freude widerstreitet oder zur Trauer beiträgt, streben wir zu entfernen oder zu zerstören.

Beweis: Wovon wir uns vorstellen, daß es zur Freude beiträgt, das streben wir (nach Lehrsatz 12 dieses Teils), soviel wir können, uns vorzustellen, das heißt (nach Lehrsatz 17 des 2. Teils) wir werden, soviel wir können, streben, es als gegenwärtig oder als wirklich existierend zu betrachten. Nun ist aber der Seele Streben oder Kraft im Denken ebenso groß wie des Körpers Streben oder Kraft im Handeln, und beides ist von Natur zugleich (wie aus dem Folgesatz zu Lehrsatz 7 und dem Folgesatz zu Lehrsatz 11 des 2. Teils klar folgt): mithin streben wir in jeder Beziehung danach, daß es existieren möge, oder (was nach Anmerkung zu Lehrsatz 9 dieses Teils das selbe ist) wir erstreben und beabsichtigen es. Dies war das erste. Ferner, wenn wir uns vorstellen, daß das, was wir für eine Ursache der Trauer halten, das heißt (nach Anmerkung zu Lehrsatz 13 dieses Teils) das, was wir hassen, zerstört wird, so werden wir uns (nach Lehrsatz 20 dieses Teils) freuen; und infolgedessen werden wir (nach dem ersten Teil dieses Beweises) streben, es zu zerstören oder (nach Lehrsatz 13 dieses Teils) es von uns zu entfernen, damit wir es nicht als gegenwärtig betrachten. Dies war das zweite. Wir streben mithin all das, wovon wir uns vorstellen, daß es zur Freude usw. W. z. b. w.

Lehrsatz 29. Wir werden auch streben, all das zu tun, wovon wir uns vorstellen, daß die Menschen[1]) *es mit Freude anblicken; und umgekehrt werden wir verabscheuen, etwas zu tun, wovon wir uns vorstellen, daß die Menschen es verabscheuen.*

Beweis: Wenn wir uns vorstellen, daß die Menschen etwas lieben oder hassen, so werden wir dies (nach Lehrsatz 27 dieses Teils) eben deswegen auch lieben oder hassen, das heißt (nach Anmerkung zu Lehrsatz 13 dieses Teils) wir werden uns schon deshalb über die Gegenwart des Dinges freuen oder betrüben; und mithin werden wir (nach dem vorigen Lehrsatz) all das, wovon wir uns vorstellen, daß die Menschen es lieben oder mit Freude anblicken, zu tun streben usw. W. z. b. w.

Anmerkung: Dieses Streben etwas zu tun oder auch zu unterlassen, allein aus der Ursache, um den Menschen zu gefallen, heißt Ehrgeiz, besonders, wenn wir derartig heftig danach streben, der großen Menge zu gefallen, daß wir manches zu unserem eigenen oder zu eines anderen Schaden tun oder unterlassen; anderenfalls pflegt man dieses Streben Liebenswürdigkeit zu nennen. Die Freude sodann, mit der wir uns die Handlung eines anderen vorstellen, durch die er uns zu ergötzen strebt, nenne ich Lob; die Trauer dagegen, mit der wir umgekehrt dessen Handlung verabscheuen, nenne ich Tadel.

Lehrsatz 30. Wenn jemand etwas getan hat, wovon er sich vorstellt, daß es andere in Freude versetzt, so wird er in eine Freude versetzt werden, die von der Idee seiner selbst als der Ursache begleitet wird, oder er wird sich selbst mit Freude betrachten. Wenn er dagegen etwas getan hat, wovon er sich vorstellt, daß es andere in Trauer versetzt, so wird er sich selbst umgekehrt mit Trauer betrachten.

[1]) Hier und im folgenden sind unter „Menschen" solche zu verstehen, gegen die wir noch keinen Affekt gehabt haben.

Beweis: Wer sich vorstellt, daß er andere in Freude oder Trauer versetzt, wird eben dadurch (nach Lehrsatz 27 dieses Teils) in Freude oder Trauer versetzt werden. Da nun aber der Mensch sich (nach Lehrsatz 19 und 23 des 2. Teils) seiner selbst bewußt ist vermöge der Affektionen, die ihn zum Handeln bestimmen, so wird demzufolge jemand, der etwas getan hat, wovon er sich vorstellt, daß es andere in Freude versetzt, in eine Freude mit dem Bewußtsein seiner selbst als der Ursache versetzt werden, oder er wird sich selbst mit Freude betrachten, und umgekehrt. W. z. b. w.

Anmerkung: Da die Liebe (nach Anmerkung zu Lehrsatz 13 dieses Teils) Freude ist, begleitet von der Idee einer äußeren Ursache, und der Haß Trauer, ebenfalls begleitet von der Idee einer äußeren Ursache, so wird die hier gemeinte Freude und Trauer eine Art der Liebe und des Hasses sein. Weil jedoch Liebe und Haß sich auf äußere Objekte beziehen, werden wir die hier gemeinten Affekte mit anderen Namen bezeichnen; und zwar wollen wir die von der Idee einer inneren Ursache begleitete Freude Ruhm, und die ihr entgegengesetzte Trauer Scham nennen; dabei hat man sich die Freude oder Trauer daraus entstanden zu denken, daß der Mensch glaubt, man lobe oder tadle ihn; im anderen Falle heiße ich die von der Idee einer inneren Ursache begleitete Freude Zufriedenheit mit sich selber, die ihr entgegengesetzte Trauer dagegen Reue. Weil ferner (nach Folgesatz zu Lehrsatz 17 des 2. Teils) die Freude, in die jemand seiner Vorstellung nach andere versetzt, möglicherweise nur eine vorgestellte ist, und jeder (nach Lehrsatz 25 dieses Teils) strebt, sich von sich all das vorzustellen, wovon er sich vorstellt, daß es ihn in Freude versetzt, so kann es leicht vorkommen, daß der Ruhmfühlende hochmütig wird und sich vorstellt, allen angenehm zu sein, während er allen lästig ist.

Lehrsatz 31. Wenn wir uns vorstellen, jemand liebe oder begehre oder hasse etwas, was wir selbst lieben, begehren oder hassen, so werden wir eben darum das Ding beständiger lieben usw. Wenn wir uns dagegen vorstellen, daß er das, was wir lieben, verabscheut, oder umgekehrt, dann werden wir eine Schwankung des Gemüts erleiden.

Beweis: Wenn wir uns vorstellen, daß jemand etwas liebt, so werden wir (nach Lehrsatz 27 dieses Teils) schon allein darum dies gleichfalls lieben. Nun aber setzen wir voraus, daß wir auch abgesehen davon dies lieben; es kommt also zu der Liebe noch eine neue Ursache, die sie nährt, hinzu; und somit werden wir das, was wir lieben, eben darum beständiger lieben. Ferner, wenn wir uns vorstellen, daß jemand etwas verabscheut, so werden wir (nach dem selben Lehrsatz) infolge davon dies auch verabscheuen. Wenn wir nun voraussetzen, daß wir zu gleicher Zeit eben dies lieben, so werden wir demnach zu gleicher Zeit eben dies selbe lieben und verabscheuen, oder wir werden (siehe die Anmerkung zu Lehrsatz 17 dieses Teils) eine Schwankung des Gemüts erleiden. W. z. b. w.

Folgesatz: Hieraus und aus Lehrsatz 28 dieses Teils folgt, daß jeder, so viel er kann, danach strebt, daß alle anderen das, was er selber liebt, auch lieben, und das, was er selber haßt, auch hassen; daher jenes Dichterwort:

Hoffen wollen zugleich, zugleich wir Liebenden fürchten;
Eisern ist der, der liebt, was ihm ein anderer läßt.

Anmerkung: Dies Streben, zu bewirken, daß alle das, was man selber liebt oder haßt, gutheißen oder verwerfen, ist in Wahrheit Ehrgeiz (siehe die Anmerkung zu Lehrsatz 29 dieses Teils); und so sehen wir, daß jeder von Natur erstrebt, daß alle anderen nach seinem Sinne leben sollen; indem nun alle auf gleiche Weise dies erstreben, stehen sich alle auf gleiche Weise einander im Wege, und indem alle von allen gelobt oder geliebt werden wollen, geraten alle in gegenseitigen Haß.

Lehrsatz 32. Wenn wir uns vorstellen, daß jemand sich eines Dinges erfreut, das nur einer allein besitzen kann, werden wir zu bewirken streben, daß er jenes Ding nicht besitze.

Beweis: Wenn wir uns vorstellen, daß jemand sich eines Dinges erfreut, so werden wir (nach Lehrsatz 27 dieses Teils und dem 1. Folgesatz dazu) schon allein deswegen jenes Ding lieben, und uns seiner zu erfreuen begehren. Nun stellen wir uns aber (der Voraussetzung nach) vor, die Tatsache, daß der andere sich dieses Dinges erfreut, stünde dieser Freude im Wege; folglich werden wir (nach Lehrsatz 28 dieses Teils) danach streben, daß der andere es nicht besitze. W. z. b. w.

Anmerkung: Wir sehen also, daß es um die Natur der Menschen meistenteils derartig bestellt ist, daß sie die, denen es schlecht geht, bemitleiden, und die, denen es gut geht, beneiden, und zwar ist bei diesem Neid (nach dem vorigen Lehrsatz) der Haß um so größer, je mehr sie das Ding lieben, von dem sie sich vorstellen, daß der andere es besitzt. Wir sehen des weiteren, daß aus der selben Eigenschaft der menschlichen Natur, aus der folgt, daß die Menschen mitleidig sind, auch das folgt, daß sie neidisch und ehrgeizig sind. Wollen wir schließlich die Erfahrung hierbei zu Rate ziehen, so werden wir finden, daß sie dies alles bestätigt, zumal wenn wir unsere früheren Lebensjahre ins Auge fassen. Denn bei Knaben, deren Körper sich ja fortwährend wie im Gleichgewicht befindet, machen wir die Erfahrung, daß sie schon bloß darum lachen oder weinen, weil sie andere lachen oder weinen sehen; ferner begehren sie, was sie andere tun sehen, gleich nachzuahmen, und endlich begehren sie für sich alles, woran ihrer Vorstellung nach andere sich ergötzen; nämlich darum, weil die Vorstellungsbilder der Dinge, wie wir sagten, die Affektionen des menschlichen Körpers sind oder die Arten, auf die der menschliche Körper von äußeren Ursachen affiziert und dies oder jenes zu tun veranlaßt wird.

Lehrsatz 33. Wenn wir ein Ding lieben, das uns ähnlich ist, so streben wir, so viel wir können, zu bewirken, daß es uns wiederliebt.

Beweis: Wenn wir ein Ding lieben, streben wir (nach Lehrsatz 12 dieses Teils), soviel wir können, es uns vor anderen vorzustellen. Wenn das Ding uns ähnlich ist, werden wir mithin streben, es vor anderen (nach Lehrsatz 29 dieses

Teils) in Freude zu versetzen, oder wir werden streben, soviel wir können, zu bewirken, daß das geliebte Ding in eine Freude versetzt wird, die von der Idee von uns begleitet wird, das heißt (nach Anmerkung zu Lehrsatz 13 dieses Teils), daß es uns wiederliebt. W. z. b. w.

Lehrsatz 34. Je größer der Affekt ist, in den das geliebte Ding unserer Vorstellung nach gegen uns versetzt ist, desto mehr Ruhm werden wir fühlen.

Beweis: Wir streben (nach dem vorigen Lehrsatz), soviel wir können, danach, daß das geliebte Ding uns wiederliebt, das heißt (nach Anmerkung zu Lehrsatz 13 dieses Teils), daß das geliebte Ding in eine Freude versetzt wird, die von der Idee von uns begleitet wird. Je größer daher die Freude ist, in die unserer Vorstellung nach das geliebte Ding unsertwegen versetzt ist, desto mehr wird dies Streben gefördert, das heißt (nach Lehrsatz 11 dieses Teils und der Anmerkung dazu) in desto größere Freude werden wir versetzt. Da wir uns aber infolge davon freuen, weil wir ein anderes Ding, das uns ähnlich ist, in Freude versetzt haben, so werden wir daraufhin (nach Lehrsatz 30 dieses Teils) uns selbst mit Freude betrachten: demzufolge werden wir, je größer der Affekt ist, in den das Ding unserer Vorstellung nach gegen uns versetzt ist, uns selbst mit desto größerer Freude betrachten, oder wir werden (nach Anmerkung zu Lehrsatz 30 dieses Teils) desto mehr Ruhm fühlen. W. z. b. w.

Lehrsatz 35. Wenn jemand sich vorstellt, daß das Ding, das er liebt, sich einem anderen mit dem selben oder mit einem engeren Freundschaftsband verbindet, als mit dem es ihm bisher allein zugehörte, so wird er das geliebte Ding selbst hassen und jenen anderen beneiden.

Beweis: Je größer sich jemand die Liebe vorstellt, in die das geliebte Ding gegen ihn versetzt ist, desto mehr Ruhm wird er (nach dem vorigen Lehrsatz) fühlen, das heißt (nach Anmerkung zu Lehrsatz 30 dieses Teils) desto mehr wird er sich freuen; und somit wird er (nach Lehrsatz 28 dieses Teils), soviel er kann, streben sich vorzustellen, daß ihm das geliebte Ding aufs engste verbunden sei; und dieses Streben oder dieser Trieb wird (nach Lehrsatz 31 dieses Teils) noch gesteigert, wenn er sich vorstellt, daß ein anderer seinerseits das selbe Ding für sich begehrt. Nun ist aber die Voraussetzung die, daß dieses sein Streben oder dieser sein Trieb von dem Vorstellungsbilde des geliebten Dinges selbst und dem begleitenden Vorstellungsbilde dessen, dem das geliebte Ding sich verbindet, gehemmt wird; er wird also infolge hiervon (nach Anmerkung zu Lehrsatz 11 dieses Teils) in eine Trauer versetzt werden, die von der Idee des geliebten Dinges als der Ursache und zugleich von dem Vorstellungsbild des anderen begleitet wird, das heißt (nach Anmerkung zu Lehrsatz 13 dieses Teils) er wird gegen das geliebte Ding in Haß versetzt werden, und zugleich (nach Folgesatz zu Lehrsatz 15 dieses Teils) gegen jenen anderen, den er (nach Lehrsatz 23 dieses Teils) deshalb, weil er sich an dem geliebten Dinge ergötzt, beneiden wird. W. z. b. w.

Anmerkung: Dieser mit Neid verbundene Haß gegen ein geliebtes Ding heißt Eifersucht; Eifersucht ist somit nichts anderes als eine Schwankung des Gemüts, die aus Liebe und Haß zugleich entsteht und von der Idee eines anderen begleitet wird, den man beneidet. Des weiteren wird dieser Haß gegen das geliebte Ding in seiner Größe dem Maße der Freude, in die der Eifersüchtige durch die Gegenliebe des geliebten Dinges versetzt zu werden pflegte, entsprechen und ebenso auch dem Maße des Affekts, in den er gegen den, dem das geliebte Ding sich seiner Vorstellung nach verbindet, schon vorher versetzt gewesen war. Denn wenn er ihn gehaßt hat, wird er (nach Lehrsatz 24 dieses Teils) das geliebte Ding deswegen hassen, weil er sich vorstellt, daß es das, was er haßt, in Freude versetzt; und (nach Folgesatz zu Lehrsatz 15 dieses Teils) auch deswegen, weil er gezwungen wird, das Vorstellungsbild des geliebten Dinges mit dem Vorstellungsbilde dessen, den er haßt, zu verbinden. Dieser Grund findet meistenteils statt bei der Liebe zum Weibe; wer sich nämlich vorstellt, daß sich eine Frau, die er liebt, einem anderen preisgibt, der wird sich nicht nur darum betrüben, weil sein eigener Trieb gehemmt wird, sondern er wird das geliebte Ding auch deswegen verabscheuen, weil er gezwungen wird, dessen Vorstellungsbild mit den Schamgliedern und den Entleerungen des anderen zu verbinden. Wozu schließlich noch kommt, daß der Eifersüchtige von dem geliebten Dinge nicht mit derselben Miene empfangen wird, die es ihm sonst zu zeigen pflegt, als welche Ursache einen Liebenden ebenfalls betrübt, wie ich jetzt nachweisen werde.

Lehrsatz 36. Wer sich eines Dinges erinnert, an dem er sich einmal ergötzt hat, der begehrt es mit den selben Umständen wieder zu besitzen, als da er sich zuerst an ihm ergötzt hat.

Beweis: Alles, was der Mensch zugleich mit dem Dinge, das ihn ergötzte, gesehen hat, wird für ihn (nach Lehrsatz 15 dieses Teils) durch Zufall Ursache der Freude sein; und darum wird er (nach Lehrsatz 28 dieses Teils) alles dies zugleich mit dem Dinge, das ihn ergötzte, wieder zu besitzen begehren, oder er wird das Ding mit allen den selben Umständen wieder zu besitzen begehren, als da er sich zuerst an ihm ergötzt hat. W. z. b. w.

Folgesatz: Wenn der Liebende daher merkt, daß einer von diesen Umständen fehlt, so wird er sich betrüben.

Beweis: Sofern er nämlich merkt, daß ein Umstand fehlt, stellt er sich etwas vor, was die Existenz dieses Dinges ausschließt. Da er aber nach diesem Dinge oder Umstande (nach dem vorigen Lehrsatz) aus Liebe begierig ist, so wird er, sofern er sich vorstellt, daß dieser Umstand fehlt, (nach Lehrsatz 19 dieses Teils) sich betrüben. W. z. b. w.

Anmerkung: Diese Trauer im Hinblick auf die Abwesenheit dessen, was wir lieben, heißt Wunsch.

Lehrsatz 37. Eine Begierde, die aus Trauer oder Freude, aus Haß oder Liebe entspringt, ist um so größer, je größer der Affekt ist.

Beweis: Die Trauer vermindert oder hemmt (nach Anmerkung zu Lehrsatz 11 dieses Teils) die Wirkungskraft des Menschen, das heißt (nach Lehrsatz 7 dieses Teils) sie vermindert oder hemmt das Streben, durch das der Mensch in seinem Sein zu beharren strebt; somit ist sie (nach Lehrsatz 5 dieses Teils) diesem Streben entgegengesetzt; und alles, wonach ein Mensch, der in Trauer versetzt ist, strebt, geht dahin, die Trauer zu entfernen. Je größer nun aber die Trauer ist, einem um so größeren Teil der menschlichen Wirkungskraft steht sie (nach der Definition der Trauer) notwendigerweise entgegen; je größer also die Trauer ist, mit um so größerer Wirkungskraft wird der Mensch dagegen streben, die Trauer zu entfernen, das heißt (nach Anmerkung zu Lehrsatz 9 dieses Teils) mit um so größerer Begierde oder um so größerem Trieb wird er streben, die Trauer zu entfernen. Weiter, da die Freude (nach der selben Anmerkung zu Lehrsatz 11 dieses Teils) die Wirkungskraft des Menschen vermehrt oder fördert, so läßt sich auf dem selben Wege leicht beweisen, daß ein Mensch, der in Freude versetzt ist, nichts anderes begehrt, als sie zu erhalten, und zwar mit um so größerer Begierde, je größer die Freude ist. Endlich, da Haß und Liebe die Affekte der Trauer oder Freude selbst sind, so folgt auf die selbe Weise, daß das Streben, der Trieb oder die Begierde, die aus Haß oder Liebe entspringt, in ihrer Größe dem Maße des Hasses und der Liebe entsprechen wird. W. z. b.w.

Lehrsatz 38. Wenn jemand ein geliebtes Ding anfängt zu hassen, so daß schließlich die Liebe völlig vertilgt wird, wird er bei gleicher Ursache einen größeren Haß gegen es haben, als wenn er es niemals geliebt hätte; und der Haß wird um so größer sein, je größer vorher die Liebe war.

Beweis: Wenn nämlich jemand ein Ding, das er liebt, anfängt zu hassen, so werden mehr Triebe von ihm gehemmt, als wenn er es nicht geliebt hätte. Denn die Liebe ist (nach Anmerkung zu Lehrsatz 13 dieses Teils) eine Freude, die der Mensch (nach Lehrsatz 28 dieses Teils), so viel er kann, zu erhalten strebt, und zwar dadurch, daß er (nach der selben Anmerkung) das geliebte Ding als gegenwärtig betrachtet und es (nach Lehrsatz 21 dieses Teils), so viel er kann, in Freude versetzt; und dieses Streben ist (nach dem vorigen Lehrsatz) um so größer, je größer die Liebe ist, und ebenso auch das Streben, die Gegenliebe des geliebten Dinges herbeizuführen (siehe Lehrsatz 33 dieses Teils). Diese Strebungen werden nun aber (nach Folgesatz zu Lehrsatz 13 und nach Lehrsatz 23 dieses Teils) durch den Haß gegen das geliebte Ding gehemmt; deshalb wird der Liebende (nach Anmerkung zu Lehrsatz 11 dieses Teils) auch dieser Ursache wegen in Trauer versetzt werden und in eine um so größere, je größer die Liebe gewesen war; das heißt neben der Trauer, die die Ursache des Hasses war, entsteht noch eine andere daher, weil er das Ding geliebt hat; und folglich wird er das geliebte Ding mit einem größeren Affekt der Trauer betrachten, das heißt (nach Anmerkung zu Lehrsatz 13 dieses Teils) er wird einen größeren Haß gegen es haben, als wenn er es nicht geliebt hätte, und der Haß wird um so größer sein, je größer die Liebe gewesen war. W. z. b. w.

Lehrsatz 39. Wer jemanden haßt, wird ihm Uebles zuzufügen streben, falls er nicht Angst hat, daß ihm selber daraus ein größeres Uebel entsteht; und umgekehrt wird, wer jemanden liebt, diesem unter der selben Bedingung wohlzutun streben.

Beweis: Jemanden hassen heißt (nach Anmerkung zu Lehrsatz 13 dieses Teils), sich jemanden als Ursache einer Trauer vorstellen; wer jemanden haßt, wird somit (nach Lehrsatz 28 dieses Teils) streben, ihn zu entfernen oder zu zerstören. Allein wenn er Angst hat, daß ihm daraus etwas Traurigeres oder (was das selbe ist) ein größeres Übel entstehe, und wenn er glaubt, dies dadurch vermeiden zu können, daß er dem, den er haßt, das ihm zugedachte Übel nicht zufügt, dann wird er (nach dem selben Lehrsatz 28 dieses Teils) begehren, die Absicht, jenem Übles zuzufügen, aufzugeben, und zwar wird dies Streben (nach Lehrsatz 37 dieses Teils) größer sein, als das, was ihn antrieb, dem anderen Übles zuzufügen, und deswegen muß es das Übergewicht bekommen, wie wir es wollten. Für den zweiten Teil des Lehrsatzes läßt sich auf die selbe Art der Beweis führen. Folglich wird, wer jemanden haßt, usw. W. z. b.w.

Anmerkung: Unter Gut verstehe ich hier jede Gattung

der Freude, ferner alles, was zur Freude beiträgt, und besonders das, was einen Wunsch erfüllt, gleichviel welchen Inhalt er hat. Unter Übel verstehe ich dagegen jede Gattung der Trauer, und besonders das, was die Erfüllung eines Wunsches vereitelt. Denn wir haben oben (in der Anmerkung zu Lehrsatz 9 dieses Teils) gezeigt, daß wir ein Ding nicht darum begehren, weil wir es als gut beurteilen, vielmehr bezeichnen wir umgekehrt das als gut, was wir begehren; und schlecht nennen wir folglich das, was wir verabscheuen; demnach beurteilt oder schätzt ein jeder auf Grund seines Affekts, was gut und was schlecht, was besser und was schlechter, und endlich was das beste und was das schlechteste ist. So beurteilt der Habgierige viel Geld als das beste und Geldmangel als das schlechteste. Der Ehrgeizige dagegen begehrt nichts so sehr als den Ruhm und schreckt umgekehrt vor nichts so zurück als vor der Scham. Dem Neidischen sodann ist nichts angenehmer als anderer Menschen Unglück und nichts ärgerlicher als fremdes Glück, und in dieser Weise beurteilt ein jeder auf Grund seines Affekts, ob ein Ding gut oder schlecht, nützlich oder unnütz ist.

Übrigens heißt dieser Affekt, der den Menschen derart beeinflußt, daß er das, was er eigentlich will, nicht will, oder das, was er eigentlich nicht will, will, Angst; Angst ist daher nichts anderes als Furcht, sofern sie den Menschen dahin beeinflußt, ein Übel, das er als zukünftig beurteilt, durch ein kleineres zu vermeiden (siehe Lehrsatz 28 dieses Teils). Wenn aber das Übel, vor dem man Angst hat, die Scham ist, dann nennt man die Angst Schüchternheit. Wenn endlich die Begierde, ein zukünftiges Übel zu vermeiden, durch die Angst vor einem anderen Übel derart gehemmt wird, daß man nicht weiß, was man lieber will, dann heißt die Furcht Bestürzung, besonders, wenn beide Übel, vor denen man sicht ängstigt, zu den größten gehören.

Lehrsatz 40. Wer sich vorstellt, von einem anderen gehaßt zu werden, und dabei glaubt, dem anderen keine Ursache zum Haß gegeben zu haben, wird diesen anderen wiederhassen.

Beweis: Wer sich vorstellt, daß ein anderer in Haß versetzt sei, wird infolge davon (nach Lehrsatz 27 dieses Teils) gleichfalls in Haß versetzt werden, das heißt (nach Anmerkung zu Lehrsatz 13 dieses Teils) in eine Trauer, die von der Idee einer äußeren Ursache begleitet wird. Nun stellt er sich (der Voraussetzung nach) weiter keine Ursache dieser Trauer vor als den, der ihn haßt; mithin wird er deswegen, weil er sich vorstellt, von dem anderen gehaßt zu werden, in eine Trauer versetzt werden, die von der Idee des anderen, der ihn haßt, begleitet wird, oder er wird diesen anderen (nach der selben Anmerkung) hassen. W. z. b. w.

Anmerkung: Im anderen Fall, wenn er sich vorstellt, gerechte Ursache zum Haß geboten zu haben, wird er (nach Lehrsatz 30 dieses Teils und der Anmerkung dazu) in Scham versetzt werden. Allein dieser Fall kommt (nach Lehrsatz 25 dieses Teils) selten vor. Des weiteren kann dieser Gegenhaß auch auf Grund davon entspringen, daß auf Haß (nach Lehrsatz 39 dieses Teils) das Streben folgt, dem, den man haßt, Übles zuzufügen. Wer sich also vorstellt, von einem anderen gehaßt zu werden, wird sich diesen anderen als Ursache irgend eines Übels oder einer Trauer vorstellen und folglich wird er in eine Trauer versetzt werden oder in eine Furcht, die von der Idee des anderen, der ihn haßt, als der Ursache begleitet wird, das heißt, er wird in Gegenhaß versetzt werden, wie oben.

Folgesatz 1: Wer sich vorstellt, daß jemand, den er liebt, in Haß gegen ihn versetzt ist, wird von Haß und von Liebe zugleich bedrängt werden. Denn sofern er sich vorstellt, von dem anderen gehaßt zu werden, wird er (nach dem vorigen Lehrsatz) dazu bestimmt, ihn wiederzuhassen. Nun liebt er ihn aber (der Voraussetzung nach) trotzdem; mithin wird er von Haß und Liebe zugleich bedrängt werden.

Folgesatz 2: Wenn jemand sich vorstellt, daß ein anderer, gegen den er vorher keinen Affekt gehabt hat, ihm aus Haß etwas Übles zufügt, wird er ihm sogleich das selbe Übel wiederzuzufügen streben.

Beweis: Wer sich vorstellt, daß ein anderer in Haß gegen

ihn versetzt sei, wird diesen anderen (nach dem vorigen Lehrsatz) wiederhassen und (nach Lehrsatz 26 dieses Teils) streben, sich alles dessen zu erinnern, was den anderen in Trauer versetzen kann; und dies wird er sich dann (nach Lehrsatz 39 dieses Teils) bemühen, ihm zuzufügen. Nun ist (der Voraussetzung nach) das erste dieser Art, das er sich vorstellt, das ihm selbst zugefügte Übel; folglich wird er eben dies sogleich dem anderen zuzufügen streben. W. z. b.w.

Anmerkung: Das Streben, einem, den wir hassen, Übles zuzufügen, heißt Zorn; das Streben aber, ein uns zugefügtes Übel wiederzuvergelten, nennt man Rache.

Lehrsatz 41. Wenn jemand sich vorstellt, von einem anderen geliebt zu werden, und nicht glaubt, dazu eine Ursache gegeben zu haben (was nach Folgesatz zu Lehrsatz 15 und nach Lehrsatz 16 dieses Teils möglich ist), wird er den anderen wiederlieben.

Beweis: Dieser Lehrsatz wird auf dem selben Wege bewiesen wie der vorige. Siehe auch die Anmerkung zu diesem.

Anmerkung: Im anderen Fall, wenn der Mensch glaubt, gerechte Ursache zur Liebe geboten zu haben, wird er (nach Lehrsatz 30 dieses Teils und der Anmerkung dazu) Ruhm fühlen; und zwar kommt dieser Fall (nach Lehrsatz 25 dieses Teils) häufiger vor als das Gegenteil, das, wie wir sagten, dann geschieht, wenn jemand sich vorstellt, von einem anderen gehaßt zu werden (siehe die Anmerkung zum vorigen Lehrsatz). Diese gegenseitige Liebe nun und folglich (nach Lehrsatz 39 dieses Teils) das Streben, dem wohlzutun, der uns liebt, und der seinerseits (nach dem selben Lehrsatz 39 dieses Teils) uns wohlzutun strebt, heißt Dank oder Dankbarkeit. Es erhellt demnach, daß die Menschen weit bereitwilliger sind, Rache zu üben, als Wohltaten zu vergelten.

Folgesatz: Wer sich vorstellt, von jemand, den er haßt, geliebt zu werden, wird von Haß und Liebe zugleich bedrängt werden. Dieser Satz wird auf dem selben Wege bewiesen, wie der erste Folgesatz zum vorigen Lehrsatz.

Anmerkung: Überwiegt dabei der Haß, so wird man dem, der einen liebt, Übles zuzufügen streben. Dieser Affekt wird Grausamkeit genannt, besonders, wenn man glaubt, daß der, der einen liebt, keine gemeine Ursache zum Haß gegeben hat.

Lehrsatz 42. Wer aus Liebe oder in der Hoffnung auf Ruhm jemandem eine Wohltat erwiesen hat, wird sich betrüben, wenn er sieht, daß seine Wohltat mit undankbarem Gemüt empfangen wird.

Beweis: Wer ein ihm ähnliches Ding liebt, strebt (nach Lehrsatz 33 dieses Teils), so viel er kann, zu bewirken, daß dieses ihn wiederliebt. Wer also aus Liebe jemandem eine Wohltat erwiesen hat, tat dies in dem Wunsche, wiedergeliebt zu werden, das heißt (nach Lehrsatz 34 dieses Teils) in der Hoffnung auf Ruhm, oder (nach Anmerkung zu Lehrsatz 30 dieses Teils) auf Freude; und daher wird er (nach Lehrsatz 12 dieses Teils) streben, diese Ursache des Ruhmes, so viel er kann, sich vorzustellen oder als wirklich existierend zu betrachten. Nun stellt er sich aber (der Voraussetzung nach) etwas anderes vor, was die Existenz dieser Ursache ausschließt: folglich wird er sich (nach Lehrsatz 19 dieses Teils) dadurch betrüben. W. z. b. w.

Lehrsatz 43. Haß wird durch Gegenhaß vermehrt, durch Liebe dagegen kann er ausgetilgt werden.

Beweis: Wenn jemand sich vorstellt, daß einer, den er haßt, auch seinerseits in Haß gegen ihn versetzt sei, dann entsteht dadurch in ihm (nach Lehrsatz 40 dieses Teils) ein neuer Haß, während der frühere (nach der Voraussetzung) noch fortdauert. Wenn er sich aber umgekehrt vorstellt, daß der andere in Liebe gegen ihn versetzt sei, dann betrachtet er insofern, als er sich dies vorstellt, sich selber (nach Lehrsatz 30 dieses Teils) mit Freude, und wird (nach Lehrsatz 29 dieses Teils) insofern streben, dem anderen zu gefallen; das heißt (nach Lehrsatz 41 dieses Teils), er strebt insofern, ihn nicht zu hassen und nicht in Trauer zu versetzen; und dies Streben wird (nach Lehrsatz 37 dieses

Teils) in ihm größer oder kleiner sein je nach dem Maße des Affekts, aus dem es entspringt; wenn es daher größer ist als das aus seinem Haß entsprungene Streben, wonach er das Ding, das er haßt, (nach Lehrsatz 26 dieses Teils) in Trauer zu versetzen strebt, so wird es das Übergewicht bekommen und den Haß aus seinem Gemüte austilgen. W. z. b. w.

Lehrsatz 44. Haß, der durch Liebe vollständig besiegt wird, geht in Liebe über, und die Liebe ist dann größer, als wenn kein Haß vorangegangen wäre.

Beweis: Der Beweis dieses Satzes wird auf die selbe Art geführt, wie der des 38. Lehrsatzes dieses Teils. Denn wer ein Ding, das er haßte oder das er mit Trauer zu betrachten pflegte, zu lieben beginnt, freut sich schon darum, weil er liebt; und zu dieser Freude, die die Liebe in sich schließt (siehe deren Definition in der Anmerkung zu Lehrsatz 13 dieses Teils), kommt dann noch die andere hinzu, die daraus entspringt, daß das Streben, die Trauer zu entfernen, das der Haß in sich schließt (wie wir im Lehrsatz 37 dieses Teils gezeigt haben), gerade gefördert wird unter Begleitung der Idee dessen, den man gehaßt hatte, als der Ursache.

Anmerkung: Obgleich die Sache sich so verhält, so wird doch deshalb niemand streben, ein Ding zu hassen oder in Trauer versetzt zu werden, um hernach dieser größeren Freude zu genießen; das heißt niemand wird in der Hoffnung auf Schadenersatz begehren, daß man ihm Schaden zufüge, oder wünschen krank zu werden, in der Hoffnung zu genesen. Denn jeder wird immer streben, sein Sein zu erhalten und die Trauer, so viel er kann, zu entfernen. Wenn es dagegen sich denken ließe, daß ein Mensch begehren könnte, jemanden zu hassen, um hernach noch mehr Liebe zu ihm zu haben, dann würde dieser Mensch immer wünschen, den anderen zu hassen. Denn je größer der Haß war, desto größer wird die Liebe sein, und daher wird er immer wünschen, den Haß mehr und mehr zu steigern; und aus der selben Ursache wird ein Mensch kränker und kränker zu werden streben, um nachher bei der Wiederherstellung seiner Gesundheit einer um so größeren Freude zu genießen; und so wird er immer krank zu sein streben, was (nach Lehrsatz 6 dieses Teils) ungereimt ist.

Lehrsatz 45. Wenn jemand sich vorstellt, daß ein anderer, der ihm ähnlich ist, in Haß gegen ein ihm ebenfalls ähnliches Ding, das er liebt, versetzt sei, dann wird er diesen anderen hassen.

Beweis: Das geliebte Ding nämlich haßt (nach Lehrsatz 40 dieses Teils) den, der es selbst haßt, wieder; der Liebende sonach, der sich vorstellt, daß ein anderer das geliebte Ding haßt, stellt sich eben damit vor, daß das geliebte Ding in Haß, das heißt (nach Anmerkung zu Lehrsatz 13 dieses Teils) in Trauer versetzt sei, und folglich wird er sich (nach Lehrsatz 21 dieses Teils) betrüben, und zwar unter Begleitung der Idee dessen, der das geliebte Ding haßt, als der Ursache, das heißt (nach Anmerkung zu Lehrsatz 13 dieses Teils) er wird diesen anderen hassen. W. z. b. w.

Lehrsatz 46. Wenn jemand von einem Angehörigen irgend einer anderen Klasse oder eines fremden Volkes in Freude oder Trauer versetzt worden ist, unter Begleitung der Idee von ihm unter dem allgemeinen Namen dieser Klasse oder dieses Volkes als der Ursache, dann wird er nicht bloß diesen einen, sondern auch alle anderen Angehörigen der selben Klasse oder des selben Volkes lieben oder hassen.

Beweis: Der Beweis hierfür erhellt aus Lehrsatz 16 dieses Teils.

Lehrsatz 47. Die Freude, die entsteht, wenn wir uns vorstellen, daß ein Ding, das wir hassen, zerstört wird oder ein anderes Uebel erfährt, bringt zugleich eine gewisse Trauer des Gemütes mit sich.

Beweis: Der Beweis hierfür erhellt aus Lehrsatz 27 dieses Teils. Denn insofern, als wir uns vorstellen, daß ein Ding, das uns ähnlich ist, in Trauer versetzt wird, betrüben wir uns.

A n m e r k u n g: Dieser Lehrsatz läßt sich auch auf Grund des Folgesatzes zu Lehrsatz 17 des 2. Teiles beweisen. So oft wir uns nämlich des Dinges erinneren, betrachten wir es, auch wenn es in Wirklichkeit nicht mehr existiert, gleichwohl als gegenwärtig, und der Körper wird dabei auch auf die selbe Weise affiziert. Sofern daher die Erinnerung an das Ding lebendig ist, wird der Mensch dazu bestimmt, es mit Trauer zu betrachten, und diese Bestimmung wird, so lange das Vorstellungsbild des Dinges fortbesteht, durch die Erinnerung an die Dinge, die seine Existenz ausschließen, zwar gehemmt, aber nicht gänzlich aufgehoben; der Mensch freut sich also nur insofern, als diese Bestimmung gehemmt wird. Daher kommt es, daß diese Freude, die aus dem Übel des Dinges, das wir hassen, entspringt, sich so oft wiederholt, als wir uns an dies Ding erinnern. Denn, wie gesagt, sobald das Vorstellungsbild des Dinges wiedererregt wird, bestimmt es, weil es die Existenz des Dinges in sich schließt, den Menschen dazu, das Ding mit der selben Trauer zu betrachten, mit der er es zu betrachten pflegte, als es noch existierte; weil der Mensch jedoch mit dem Vorstellungsbilde dieses Dinges andere Vorstellungsbilder verbunden hat, die des Dinges Existenz ausschließen, wird diese Bestimmung zur Trauer sogleich gehemmt und der Mensch freut sich von neuem, und zwar so oft, als diese Wiederholung stattfindet. Dies ist auch die Ursache, weshalb die Menschen sich freuen, so oft sie sich eines bereits vergangenen Übels erinnern, und weshalb sie so gern von den Gefahren erzählen, aus denen sie errettet worden sind. Denn sobald sie sich eine Gefahr vorstellen, betrachten sie sie gleichsam als noch zukünftig und werden dadurch bestimmt, sie zu fürchten; diese Bestimmung aber wird von neuem durch die Idee der Rettung gehemmt, die sie mit der Idee dieser Gefahr verbunden haben, als sie aus ihr errettet wurden, und die sie nun von neuem sicher macht; und so freuen sie sich von neuem.

L e h r s a t z 48. Liebe und Haß z. B. gegen Peter werden getilgt, wenn die Trauer, die dieser, und die Freude, die jene in sich schließt, mit der Idee einer anderen Ursache verbunden wird;

und beide Affekte vermindern sich, sofern wir uns vorstellen, daß Peter nicht die alleinige Ursache des einen oder des anderen gewesen ist.
Beweis: Der Beweis dieses Lehrsatzes erhellt aus der bloßen Definition der Liebe und des Hasses, die man in der Anmerkung zu Lehrsatz 13 dieses Teils nachsehen möge. Denn allein darum wird die Freude Liebe zu Peter und die Trauer Haß gegen ihn genannt, weil Peter als die Ursache dieses oder jenes Affekts angesehen wird. Wenn diese Annahme daher ganz oder zum Teil aufgehoben wird, dann hört auch der Affekt gegen Peter ganz oder zum Teil auf. W. z. b. w.

Lehrsatz 49. Liebe und Haß gegen ein Ding, das unserer Vorstellung nach frei ist, müssen beide bei gleicher Ursache größer sein als Liebe und Haß gegen ein notwendiges Ding.
Beweis: Ein Ding, das unserer Vorstellung nach frei ist, muß (nach Definition 7 des 1. Teils) durch sich ohne andere Dinge wahrgenommen werden. Wenn wir uns also vorstellen, daß ein solches die Ursache einer Freude oder Trauer ist, werden wir es eben darum (nach Anmerkung zu Lehrsatz 13 dieses Teils) lieben oder hassen und zwar (nach dem vorigen Lehrsatz) mit dem höchsten Grade von Liebe oder Haß, der aus dem gegebenen Affekt entstehen kann. Wenn dagegen das Ding, das die Ursache dieses Affekts ist, unserer Vorstellung nach notwendig ist, dann werden wir uns vorstellen, daß es (nach der selben Definition 7 des 1. Teils) nicht allein, sondern im Verein mit anderen Dingen die Ursache dieses Affekts ist, und daher werden Liebe und Haß gegen es (nach dem vorigen Lehrsatz) kleiner sein. W. z. b. w.
Anmerkung: Hieraus folgt, daß die Menschen, weil sie sich für frei halten, einander mehr lieben oder hassen als andere Dinge; dazu kommt noch die Nachahmung der Affekte, worüber man die Lehrsätze 27, 34, 40 und 43 dieses Teils nachsehen möge.

Lehrsatz 50. Jedes Ding kann durch Zufall Ursache einer Hoffnung oder Furcht werden.

Beweis: Dieser Lehrsatz wird auf dem selben Wege bewiesen wie Lehrsatz 15 dieses Teils, den man zugleich mit der Anmerkung 2 zu Lehrsatz 18 dieses Teils nachsehen möge.

Anmerkung: Dinge, die durch Zufall Ursache einer Hoffnung oder Furcht sind, heißen gute oder schlechte Vorbedeutungen. Insofern nun diese Vorbedeutungen Ursache einer Hoffnung oder Furcht sind, insofern sind sie (nach der Definition von Hoffnung und Furcht, die man in der Anmerkung 2 zu Lehrsatz 18 dieses Teils nachsehen möge) Ursache einer Freude oder Trauer, und folglich lieben oder hassen wir sie insofern (nach Folgesatz zu Lehrsatz 15 dieses Teils); darum streben wir (nach Lehrsatz 28 dieses Teils), sie gleichsam als Mittel zu dem, was wir hoffen, heranzuziehen oder sie gleichsam als Hindernisse oder als Ursachen zur Furcht zu entfernen. Des weiteren sind wir, wie aus Lehrsatz 25 dieses Teils folgt, von Natur so eingerichtet, daß wir, was wir hoffen, leicht, wovor wir dagegen Angst haben, nur schwer glauben, und daß wir davon mehr oder weniger, als recht ist, halten. Und hieraus sind die mancherlei Arten Aberglauben entstanden, in denen allenthalben die Menschen befangen sind.

Es ist übrigens, glaube ich, nicht der Mühe wert, hier die Schwankungen des Gemüts nachzuweisen, die aus Hoffnung und Furcht entspringen, da ja aus der bloßen Definition dieser Affekte folgt, daß es keine Hoffnung ohne Furcht und keine Furcht ohne Hoffnung gibt (wie wir seines Orts ausführlicher auseinandersetzen werden), und da wir ja außerdem etwas, das wir hoffen oder fürchten, insofern auch lieben oder hassen, und darum jeder das, was wir von Liebe und Haß gesagt haben, leicht auf Hoffnung und Furcht übertragen kann.

Lehrsatz 51. Verschiedene Menschen können von einem und dem selben Objekt verschiedenartig affiziert werden; und ein und der selbe Mensch kann von einem und dem selben Objekt zu verschiedenen Zeiten verschiedenartig affiziert werden.

Beweis: Der menschliche Körper wird (nach Forderung 3

des 2. Teils) von äußeren Körpern auf sehr viele Arten affiziert. Es können demnach zwei Menschen zu der selben Zeit verschiedenartig affiziert sein; und infolgedessen können sie (nach Grundsatz 1 hinter Lehnsatz 3, den man hinter Lehrsatz 13 des 2. Teils nachsehen möge) von einem und dem selben Objekt verschiedenartig affiziert werden. Sodann kann der menschliche Körper (nach der selben Forderung) bald auf diese, bald auf eine andere Art affiziert sein; und folglich kann er (nach dem selben Grundsatz) von einem und dem selben Objekt zu verschiedenen Zeiten verschiedenartig affiziert werden. W. z. b. w.

Anmerkung: Wir sehen also, wie es kommen kann, daß der eine liebt, was der andere haßt, und der eine fürchtet, was der andere nicht fürchtet, und daß ein und der selbe Mensch jetzt liebt, was er früher haßte, und jetzt wagt, wovor er früher Angst hatte, usw. Da ferner jeder nach seinem Affekt darüber urteilt, was gut, was schlecht, was besser und was schlechter ist (siehe die Anmerkung zu Lehrsatz 39 dieses Teils), so folgt, daß die Menschen in ihren Urteilen ganz ebenso wie in ihren Affekten verschieden sein können[1]), und daher kommt es, daß wir die Menschen, wenn wir sie miteinander vergleichen, schon allein nach der Verschiedenheit ihrer Affekte voneinander unterscheiden, und daß wir die einen als mutig bezeichnen, andere als ängstlich, andere endlich mit einem anderen Wort. So werde ich z. B. den mutig nennen, der ein Übel geringschätzt, vor dem ich Angst zu haben pflege; und fasse ich außerdem noch das ins Auge, daß seine Begierde dem, den er haßt, Übles zu tun, und dem, den er liebt, wohlzutun, durch die Angst vor einem Übel, das mich zurückzuschrecken pflegt, nicht gehemmt wird, so werde ich ihn kühn heißen. Des weiteren wird mir der als ängstlich erscheinen, der vor einem Übel Angst hat, das ich geringzuschätzen pflege, und fasse ich überdies noch das ins Auge, daß seine Begierde durch die Angst vor einem Übel, das mich nicht zurückzuhalten ver-

---

[1]) Daß dies möglich ist, obwohl die menschliche Seele ein Teil des göttlichen Verstandes ist, haben wir in der Anmerkung zu Lehrsatz 13 des 2. Teils gezeigt.

mag, gehemmt wird, so werde ich sagen, er sei zaghaft; und so wird jeder urteilen. Bei dieser Natur des Menschen und bei der Unbeständigkeit seines Urteils, wie auch auf Grund davon, daß er die Dinge oft bloß nach seinem Affekt beurteilt, und daß die Dinge, die seiner Annahme nach zur Freude oder Trauer beitragen, und die er deswegen (nach Lehrsatz 28 dieses Teils) zu verwirklichen oder zu entfernen strebt, oft nur rein vorgestellt sind — für jetzt davon zu geschweigen, was wir sonst noch über die Ungewißheit der Dinge im 2. Teile dargelegt haben, — auf Grund von alledem begreifen wir leicht, daß der Mensch oft selber Ursache davon sein kann, daß er sich betrübt und daß er sich freut, oder daß er in Freude und Trauer versetzt wird unter Begleitung der Idee seiner selbst als der Ursache; und so verstehen wir leicht, was Reue, und was Zufriedenheit mit sich selber ist. Reue nämlich ist Trauer, begleitet von der Idee seiner selbst als der Ursache, und Zufriedenheit mit sich selber ist Freude, begleitet von der Idee seiner selbst als der Ursache, und diese Affekte sind außerordentlich heftig, weil die Menschen sich für frei halten (siehe Lehrsatz 49 dieses Teils).

Lehrsatz 52. Ein Objekt, das wir früher mit anderen zugleich gesehen haben oder das unserer Vorstellung nach nichts an sich hat, was ihm nicht mit vielen anderen Dingen gemein wäre, werden wir nicht so lange betrachten, als eins, das unserer Vorstellung nach etwas Besonderes an sich hat.

Beweis: Sobald wir uns ein Objekt, das wir mit anderen Objekten zusammen gesehen haben, vorstellen, erinnern wir uns (nach Lehrsatz 18 des 2. Teils, siehe auch dessen Anmerkung) sogleich auch der anderen Objekte, und so gehen wir von der Betrachtung des einen Objekts sogleich zur Betrachtung eines anderen weiter. Und ebenso verhält es sich mit einem Objekt, das unserer Vorstellung nach nichts an sich hat, was ihm nicht mit vielen anderen gemeinsam wäre. Denn damit setzen wir ja voraus, daß wir nichts an ihm betrachten, was wir nicht schon früher bei anderen Objekten gesehen hätten. Machen wir dagegen die Voraussetzung, daß wir uns an einem Objekte etwas Besonderes vorstellen, das wir früher niemals gesehen haben, so sagen wir damit, daß die Seele, während sie dieses Objekt betrachtet, kein anderes Objekt in sich hat, zu dessen Betrachtung sie von der Betrachtung dieses Objekts weitergehen könnte, und somit ist sie bestimmt, allein dieses zu betrachten. Folglich werden wir ein Objekt usw. W. z. b. w.

Anmerkung: Diese Affektion der Seele oder diese Vorstellung eines besonderen Dinges, insofern, als sie sich allein in der Seele befindet, heißt Bewunderung. Geht sie von einem Objekt aus, das wir fürchten, so nennt man sie Bestürzung, weil die Bewunderung eines Übels den Menschen einzig in der Betrachtung dieses Übels gefangen hält, so daß er nicht imstande ist, an anderes zu denken, wodurch er das Übel vermeiden könnte. Wenn aber das, was wir bewundern, die Klugheit eines Menschen, sein Fleiß oder etwas derartiges ist, etwas also, das wir bewundern, weil wir sehen, daß der Mensch uns darin bei weitem überragt, dann heißt die Bewunderung Hochachtung; im anderen Falle heißt sie Entsetzen, wenn wir nämlich eines Menschen Zorn, Neid usw. bewundern. Wenn wir ferner die Klugheit, den Fleiß usw. eines Menschen bewundern, den wir lieben, so wird die Liebe eben dadurch (nach Lehrsatz 12 dieses Teils) größer werden; und eine solche Liebe, die mit Bewunderung oder Hochachtung verbunden ist, heißen wir Verehrung. Und auf diese Weise können wir uns auch den Haß, die Hoffnung, die Sicherheit und andere Affekte mit der Bewunderung verbunden denken; und so würden wir mehr Affekte ableiten können, als man mit den gebräuchlichen Wörtern zu bezeichnen pflegt. Woraus denn erhellt, daß die Namen der Affekte mehr nach ihrem gewöhnlichen Vorkommen als auf Grund ihrer genauen Erkenntnis gegeben worden sind.

Der Bewunderung entgegengesetzt ist die Geringschätzung, deren Ursache jedoch meistenteils darin besteht, daß wir infolge davon, daß wir jemanden ein Ding bewundern, lieben, fürchten usw. sehen, oder infolge davon, daß ein Ding bei seinem ersten Anblick Dingen, die wir bewundern, lieben, fürchten usw., ähnlich erscheint, (nach Lehrsatz 15 mit seinem Folgesatz und nach Lehrsatz 27 dieses Teils) zunächst bestimmt werden, eben dies Ding zu bewundern, zu lieben, zu fürchten usw. Wenn wir uns dann aber bei der Gegenwart des Dinges selbst, oder bei einer genaueren Betrachtung gezwungen sehen, alles das von ihm zu verneinen, was Ursache einer Bewunderung, Liebe, Furcht usw. werden kann, dann bleibt die Seele durch die Gegenwart des Dinges mehr an das zu denken bestimmt, was im Objekte nicht ist, als an das, was in ihm ist, während wir doch sonst umgekehrt bei Gegenwart eines Objekts hauptsächlich an das zu denken pflegen, was im Objekte ist. Ferner, gleichwie die Verehrung aus der Bewunderung eines Dinges, das wir lieben, entspringt, so entspringt der Spott aus der Geringschätzung eines Dinges, das wir hassen oder fürchten; und die Verachtung entspringt aus der Geringschätzung der Torheit, gleichwie die Hochachtung aus der Bewunderung der Klugheit. Endlich können wir uns die Liebe, die Hoffnung, den Ruhm und andere Affekte mit der Geringschätzung verbunden denken, und daraus weiter noch andere Affekte ableiten, die wir ebenfalls durch kein besonderes Wort von anderen zu unterscheiden pflegen.

Lehrsatz 53. Wenn die Seele sich selbst und ihre Wirkungskraft betrachtet, freut sie sich, und um so mehr, je deutlicher sie sich und ihre Wirkungskraft sich vorstellt.

Beweis: Der Mensch erkennt sich selbst (nach Lehrsatz 19 und 23 des 2. Teils) nur durch die Affektionen seines Körpers und deren Ideen. Wenn es also geschieht, daß die Seele sich selbst betrachten kann, so setzt dies voraus, daß sie eben dabei zu größerer Vollkommenheit übergeht, das heißt (nach Anmerkung zu Lehrsatz 11 dieses Teils), daß sie in Freude versetzt wird, und in um so größere Freude, je deutlicher sie sich und ihre Wirkungskraft sich vorstellen kann. W. z. b. w.

Folgesatz: Diese Freude findet mehr und mehr Nahrung, je mehr der Mensch sich vorstellt, von anderen gelobt zu werden. Denn je mehr er sich vorstellt, von anderen gelobt zu werden, in desto größere Freude versetzt er seiner Vorstellung nach (nach Anmerkung zu Lehrsatz 29 dieses Teils) die anderen, und zwar in eine Freude begleitet von der Idee seiner selbst; und somit wird er selbst (nach Lehrsatz 27 dieses Teils) in eine größere Freude versetzt, die von der Idee seiner selbst begleitet wird. W. z. b. w.

Lehrsatz 54. Die Seele strebt, sich nur das vorzustellen, was ihre Wirkungskraft setzt.

Beweis: Das Streben oder die Kraft der Seele ist (nach Lehrsatz 7 dieses Teils) die Wesenheit der Seele selbst. Nun aber bejaht die Wesenheit der Seele (wie sich von selbst versteht) nur das, was die Seele ist und vermag, dagegen nicht das, was sie nicht ist und nicht vermag. Und mithin strebt die Seele, sich nur das vorzustellen, was ihre Wirkungskraft bejaht oder setzt. W. z. b. w.

Lehrsatz 55. Wenn die Seele sich ihre Ohnmacht vorstellt, wird sie sich eben dadurch betrüben.

Beweis: Die Wesenheit der Seele bejaht nur das, was die Seele ist und vermag, oder es liegt (nach dem vorigen Lehrsatz) in der Natur der Seele, sich nur das vorzustellen, was ihre Wirkungskraft setzt. Wenn wir daher sagen, daß die Seele sich beim Betrachten ihrer selbst ihre Ohnmacht vorstellt, so sagen wir damit nichts anderes, als daß die Seele im Streben, sich etwas vorzustellen, was ihre Wirkungskraft setzt, eine Hemmung dieses ihres Strebens erfährt, oder daß sie (nach der Anmerkung zu Lehrsatz 11 dieses Teils) sich betrübt. W. z. b. w.

Folgesatz: Diese Trauer findet mehr und mehr Nahrung, je mehr der Mensch sich vorstellt, von anderen getadelt zu werden; dies wird auf die selbe Weise bewiesen, wie der Folgesatz zu Lehrsatz 53 dieses Teils.

Anmerkung: Diese von der Idee unserer Schwachheit begleitete Trauer wird Demut genannt; die Freude dagegen, die aus der Betrachtung unserer selbst entspringt, heißt Eigenliebe oder Zufriedenheit mit sich selber. Und da diese Freude sich so oft widerholt, als der Mensch seine Tugenden oder seine Wirkungskraft betrachtet, so kommt es auch daher, daß jeder sich danach drängt, von seinen Taten zu erzählen und die Kräfte seines Körpers und seines Geistes zur Geltung zu bringen, und daß die Menschen sich einander aus dieser Ursache lästig fallen. Hieraus folgt abermals (siehe die Anmerkung zu Lehrsatz 24 und die Anmerkung zu Lehrsatz 32 dieses Teils), daß die Menschen von Natur neidisch sind, oder daß sie sich an der Schwachheit von ihresgleichen erfreuen, über deren Tugend dagegen sich betrüben. Denn jeder wird (nach Lehrsatz 53 dieses Teils), so oft er sich seine Handlungen vorstellt, in Freude versetzt, und in um so größere Freude, je mehr Vollkommenheit seiner Vorstellung nach seine Handlungen ausdrücken, und je deutlicher er sie sich vorstellt, das heißt (nach dem, was in der Anmerkung 1 zu Lehrsatz 40 des 2. Teils gesagt worden ist,) je mehr er sie von anderen Handlungen unterscheiden und als Einzeldinge betrachten kann. Darum wird jeder sich an der Betrachtung seiner selbst dann am meisten erfreuen, wenn er an sich etwas betrachtet, was er von anderen Menschen verneint. Dagegen wenn er das, was er von sich bejaht, als zur allgemeinen Idee des Menschen oder des Lebewesens gehörig ansieht, wird er sich dessen nicht so sehr erfreuen; und er wird sich sogar umgekehrt betrüben, wenn er sich vorstellt, daß seine Handlungen, mit denen anderer verglichen, schwächer sind. Und diese Trauer wird er dann (nach Lehrsatz 28 dieses Teils) zu entfernen streben, und zwar dadurch, daß er die Handlungen von seinesgleichen falsch auslegt, oder die seinigen, so viel er kann, ausschmückt. Es erhellt also, daß die Menschen von Natur zu Haß und Neid geneigt sind; und zu dieser Anlage kommt noch die Erziehung hinzu: Eltern pflegen ja ihre Kinder bloß durch den Stachel der Ehre und des Neides zur Tugend anzuspornen.

Allein es bleibt hiergegen vielleicht noch das Bedenken, daß wir doch gar nicht selten die Tugenden der Menschen bewundern und die Menschen hochachten. Um demnach dies Bedenken zu entfernen, will ich den folgenden Folgesatz beifügen:

Folgesatz: Niemand beneidet einen andern um eine Tugend, der nicht seinesgleichen ist.

Beweis: Neid ist Haß (siehe die Anmerkung zu Lehrsatz 24 dieses Teils) oder (nach Anmerkung zu Lehrsatz 13 dieses Teils) Trauer, das heißt (nach Anmerkung zu Lehrsatz 11 dieses Teils) eine Affektion, die die Wirkungskraft des Menschen oder sein Streben hemmt. Nun strebt und begehrt der Mensch (nach Anmerkung zu Lehrsatz 9 dieses Teils) einzig nur das zu tun, was aus seiner gegebenen Natur folgen kann. Sonach wird der Mensch nicht begehren, daß ihm eine Wirkungskraft oder (was das selbe ist) eine Tugend beigelegt werde, die der Natur eines anderen eigentümlich und der seinigen fremd ist; und deswegen kann seine Begierde dadurch nicht gehemmt werden, das heißt (nach Anmerkung zu Lehrsatz 11 dieses Teils), er selbst kann sich darüber nicht betrüben, daß er an einem anderen, der nicht seinesgleichen ist, eine Tugend betrachtet, und folglich wird er den anderen um sie auch nicht beneiden können. Wohl aber kann er einen seinesgleichen deswegen beneiden, der ja der Voraussetzung nach die selbe Natur wie er hat. W. z. b. w.

Anmerkung: Wenn wir also oben in der Anmerkung zu Lehrsatz 52 dieses Teils gesagt haben, daß wir einen Menschen deswegen hochachten, weil wir seine Klugheit, seine Seelenstärke usw. bewundern, so geschieht das darum (wie der Lehrsatz 52 selber zeigt), weil wir uns vorstellen, daß diese Tugenden ihm eigentümlich angehören und nicht unserer Natur gemeinsam sind; und deswegen werden wir ihn ebensowenig darum beneiden, wie wir die Bäume um ihre Höhe beneiden und die Löwen um ihre Stärke usw.

Lehrsatz 56. Von der Freude, der Trauer und der Begierde und folglich auch von den aus ihnen zusammengesetzten Affekten, wie von der Schwankung des Gemüts, oder von den aus ihnen abgeleiteten Affekten, also von der Liebe, dem Haß, der Hoffnung, der Furcht usw. gibt es ebenso viele Arten, als Arten uns affizierender Objekte vorhanden sind.

Beweis: Die Freude und die Trauer, und folglich auch die

aus ihnen zusammengesetzten oder aus ihnen abgeleiteten Affekte sind (nach Anmerkung zu Lehrsatz 11 dieses Teils) Leidenschaften. Wir leiden aber (nach Lehrsatz 1 dieses Teils) notwendig, sofern wir inadäquate Ideen haben; und wir leiden (nach Lehrsatz 3 dieses Teils) nur insofern, als wir derartige Ideen haben, das heißt (siehe die Anmerkung 1 zu Lehrsatz 40 des 2. Teils) wir leiden nur insofern notwendig, als wir uns etwas vorstellen, oder (siehe Lehrsatz 17 des 2. Teils und die Anmerkung dazu) insofern, als wir in einen Affekt versetzt werden, der die Natur unseres Körpers und die Natur eines äußeren Körpers in sich schließt. Die Natur einer jeden Leidenschaft muß demnach notwendig in der Weise erklärt werden, daß dadurch die Natur des uns affizierenden Objekts ausgedrückt wird. Die Freude also, die z. B. durch das Objekt A entsteht, schließt die Natur eben dieses Objektes A in sich, und die Freude, die durch das Objekt B entsteht, die Natur eben dieses Objektes B; und so sind diese beiden Affekte der Freude ihrer Natur nach verschieden, weil sie durch Ursachen von verschiedener Natur entstehen. Ebenso ist auch ein Affekt der Trauer, der durch das eine Objekt entsteht, seiner Natur nach von einer Trauer verschieden, die durch die andere Ursache entsteht; und das selbe gilt von der Liebe, dem Haß, der Hoffnung, der Furcht, der Schwankung des Gemüts usw.; und mithin gibt es notwendig so viele Arten der Freude, der Trauer, der Liebe, des Hasses usw., als Arten uns affizierender Objekte vorhanden sind.

Die Begierde aber ist eines jeden Wesenheit selbst oder eines jeden Natur, sofern diese begriffen wird als durch jeden gegebenen Zustand ihrer bestimmt, etwas zu tun (siehe die Anmerkung zu Lehrsatz 9 dieses Teils); je nachdem also jemand von äußeren Ursachen in diese oder in jene Art der Freude, der Trauer, der Liebe, des Hasses usw. versetzt wird, das heißt je nachdem seine Natur in diesen oder in einen anderen Zustand gebracht wird, muß seine Begierde immer wider eine andere sein, und die Natur der einen Begierde muß sich von der Natur der anderen um so viel unterscheiden, als die Affekte sich voneinander unterscheiden, durch die die einzelnen Begierden entstehen. Es gibt daher ebensoviel Arten der Begierde, als Arten der Freude, der Trauer, der Liebe usw. vorhanden sind, und folglich (nach dem bereits Bewiesenen) als Arten uns affizierender Objekte vorhanden sind. W. z. b. w.

Anmerkung: Unter den Arten der Affekte, deren es (nach dem vorigen Lehrsatz) sehr viele geben muß, sind die wichtigsten: Schwelgerei, Trunksucht, Wollust, Habgier und Ehrgeiz; sie sind nichts weiter als Begriffe der Liebe oder der Begierde, die die Natur dieser beiden Affekte durch die Objekte erklären, auf die sie sich beziehen. Denn unter Schwelgerei, Trunksucht, Wollust, Habgier und Ehrgeiz verstehen wir nichts anderes als die unmäßige Liebe oder Begierde zum Schmausen, Zechen, Begatten, zu Reichtum und Ruhm. Des weiteren fehlt diesen Affekten, sofern wir sie voneinander bloß nach dem Objekt unterscheiden, auf das sie sich beziehen, ein entsprechender Gegensatz. Denn die Mäßigkeit, die wir der Schwelgerei, die Nüchternheit, die wir der Trunksucht, und endlich die Keuschheit, die wir der Wollust entgegenzusetzen pflegen, sind nicht Affekte oder Leidenschaften, sondern sie erweisen die Macht des Gemüts, die dieser Affekte Meister wird.

Im übrigen kann ich die sonstigen Arten der Affekte (da ihrer so viel sind, als Arten von Objekten) hier nicht erklären; und wenn ich es auch könnte, wäre es nicht nötig. Denn für unser Vorhaben, nämlich zur Bestimmung der Kräfte der Affekte und der Macht der Seele über sie, reicht es aus, von jedem Affekt die allgemeine Definition zu haben. Die Einsicht in die gemeinsamen Eigenschaften der Affekte und der Seele reicht, sage ich, für uns aus, um bestimmen zu können, wie beschaffen und wie groß die Macht der Seele ist, die Affekte zu meistern und zu hemmen. Obwohl daher ein großer Unterschied zwischen diesem und jenem Affekt der Liebe, des Hasses oder der Begierde besteht, z. B. zwischen der Liebe gegen die Kinder und der Liebe gegen die Gattin, so ist es doch für uns nicht erforderlich, diese Unterschiede zu kennen und der Natur und dem Ursprung der Affekte noch weiter nachzuforschen.

Lehrsatz 57. Die Affekte eines jeden Individuums weichen von den Affekten eines anderen um so viel ab, als die Wesenheit des einen Individuums sich von der Wesenheit des anderen unterscheidet.

Beweis: Dieser Lehrsatz erhellt aus Grundsatz 1, den man hinter Lehnsatz 3 nach der Anmerkung zu Lehrsatz 13 des 2. Teiles nachsehen möge. Doch will ich ihn nichtsdestoweniger aus den Definitionen der drei ursprünglichen Affekte beweisen.

Alle Affekte beruhen auf Begierde, Freude oder Trauer, wie die Definitionen, die wir von ihnen gegeben haben, zeigen. Die Begierde ist aber eines jeden Natur oder Wesenheit selbst (siehe ihre Definition in der Anmerkung zu Lehrsatz 9 dieses Teils); mithin weicht die Begierde eines jeden Individuums von der Begierde eines anderen um so viel ab, als die Natur oder Wesenheit des einen Individuums sich von der Wesenheit des anderen unterscheidet. Freude und Trauer sodann sind (nach Lehrsatz 11 dieses Teils und der Anmerkung dazu) Leidenschaften, durch die eines jeden Kraft oder Streben, in seinem Sein zu beharren, vermehrt oder vermindert, gefördert oder gehemmt wird. Unter dem Streben, in seinem Sein zu beharren, verstehen wir aber, sofern es auf Seele und Körper zugleich bezogen wird, den Trieb und die Begierde (siehe die Anmerkung zu Lehrsatz 9 dieses Teils); mithin sind Freude und Trauer die Begierde oder der Trieb selbst, sofern er von äußeren Ursachen vermehrt oder vermindert, gefördert oder gehemmt wird, das heißt (nach der selben Anmerkung), sie sind eines jeden Natur selbst; und sonach weicht die Freude oder Trauer eines jeden von der Freude oder Trauer eines anderen ebenfalls um so viel ab, als die Natur oder Wesenheit des einen sich von der Wesenheit des anderen unterscheidet; und folglich weichen überhaupt die Affekte eines jeden Individuums von den Affekten eines anderen um so viel ab usw. W. z. b. w.

Anmerkung: Hieraus folgt, daß die Affekte der Lebewesen, die vernunftlos genannt werden (denn daß die Tiere Empfindung haben, können wir durchaus nicht bezweifeln, nachdem wir den Ursprung der Seele erkannt haben), sich von den Affekten der Menschen um so viel unterscheiden, als ihre Natur sich von der menschlichen Natur unterscheidet. So wird zwar das Pferd wie der Mensch von der Begierde sich fortzupflanzen angetrieben, aber das Pferd wird von einer der Natur des Pferdes entsprechenden Begierde, dieser dagegen von einer menschlichen Begierde angetrieben. Und ebenso müssen die Begierden und Triebe der Insekten, Fische und Vögel immer wieder andere sein. Obgleich daher jedes Individuum mit seiner Natur, in der es besteht, zufrieden lebt und sich ihrer erfreut, so ist doch das Leben, womit ein jedes zufrieden ist, und die Freudigkeit eines jeden nichts anderes, als die Idee oder das Seelenwesen eben dieses Individuums; und demgemäß weicht die Freudigkeit eines Individuums von der Freudigkeit eines anderen der Natur nach um so viel ab, wie die Wesenheit des einen Individuums sich von der Wesenheit des anderen unterscheidet. Endlich folgt aus dem vorigen Lehrsatz, daß ebenso ein sehr erheblicher Unterschied zwischen der Freudigkeit besteht, von der z. B. der Trunkene hingerissen wird, und der Freudigkeit, die der Philosoph sich verschafft, was ich hier im Vorübergehen erwähnen wollte.

Soviel über die Affekte, die sich auf den Menschen beziehen, sofern er leidet. Es bleibt mir nun noch übrig, einiges über die Affekte hinzuzufügen, die sich auf ihn beziehen, sofern er handelt.

Lehrsatz 58. Außer der Freude und der Begierde, die Leidenschaften sind, gibt es noch andere Affekte der Freude und der Begierde, die sich auf uns beziehen, sofern wir handeln.

Beweis: Wenn die Seele sich selbst und ihre Wirkungskraft begreift, freut sie sich (nach Lehrsatz 53 dieses Teils): die Seele betrachtet sich aber (nach Lehrsatz 43 des 2. Teils) notwendig selbst, wenn sie eine wahre oder adäquate Idee begreift. Nun aber begreift die Seele (nach Anmerkung 2 zu Lehrsatz 40 des 2. Teils) einige adäquate Ideen. Folglich freut sie sich auch insofern, als sie adäquate Ideen begreift, das heißt (nach Lehrsatz 1 dieses Teils) insofern, als sie handelt. Ferner strebt die Seele (nach Lehrsatz 9 dieses Teils) sowohl sofern sie klare und deutliche, als auch sofern sie verworrene Ideen hat, in ihrem Sein zu beharren; nun aber verstehen wir unter Streben (nach der Anmerkung zu demselben Lehrsatz) die Begierde; folglich bezieht sich die Begierde auf uns auch, sofern wir erkennen oder (nach Lehrsatz 1 dieses Teils) sofern wir handeln. W. z. b. w.

Lehrsatz 59. Unter allen Affekten, die sich auf die Seele beziehen, sofern sie handelt, gibt es keine anderen als solche, die auf Freude oder Begierde beruhen.

Beweis: Alle Affekte beruhen auf Begierde, Freude oder Trauer, wie die Definitionen, die wir von ihnen gegeben haben, zeigen. Unter Trauer verstehen wir aber (nach Lehrsatz 11 dieses Teils und der Anmerkung dazu), daß die Denkkraft der Seele vermindert oder gehemmt wird; insofern die Seele sich betrübt, wird daher ihre Kraft zu erkennen, das heißt (nach Lehrsatz 1 dieses Teils) ihre Wirkungskraft vermindert oder gehemmt, und daher können keinerlei Affekte der Trauer sich auf die Seele beziehen, sofern sie handelt; sondern allein Affekte der Freude und der Begierde, die sich (nach dem vorigen Lehrsatz) auch insofern auf die Seele beziehen. W. z. b. w.

Anmerkung: Alle Handlungen, die aus Affekten folgen, die sich auf die Seele beziehen, sofern sie erkennt, rechne ich zur Seelenstärke, und diese teile ich wieder ein in Willenskraft und Edelmut. Unter Willenskraft verstehe ich nämlich die Begierde, mit der jeder strebt, sein Sein allein nach dem Gebote der Vernunft zu erhalten. Unter Edelmut aber verstehe ich die Begierde, mit der jeder strebt, allein nach dem Gebote der Vernunft seine Mitmenschen zu unterstützen und sich in Freundschaft zu verbinden. Die Handlungen also, die nur den Nutzen des Handelnden bezwecken, rechne ich zur Willenskraft, und die, die auch den Nutzen eines anderen bezwecken, zum Edelmut. Mäßigkeit, Nüchternheit, Geistesgegenwart in Gefahren usw. sind mithin Arten der Willenskraft; Bescheidenheit, Milde usw. dagegen Arten des Edelmuts.

Und hiermit glaube ich die hauptsächlichsten Affekte und Schwankungen des Gemüts, die aus der Zusammensetzung der drei ursprünglichen Affekte, nämlich der Begierde, der Freude und der Trauer entspringen, entwickelt und aus ihren ersten Ursachen erklärt zu haben. Aus meiner Darstellung erhellt, daß wir von äußeren Ursachen auf viele Weisen bewegt werden und hierhin und dorthin schwanken wie die von entgegengesetzten Winden bewegten Wellen des Meeres, unkundig unseres Ausgangs und Schicksals. Ich habe aber gesagt, daß ich nur die hauptsächlichsten Kämpfe des Gemüts dargestellt habe, und nicht alle, die es geben kann. Denn wir könnten auf dem selben Wege wie oben fortschreitend leicht zeigen, daß die Liebe in Verbindung mit der Reue, der Verachtung, der Scham usw. auftritt. Ja, ich glaube auf Grund des bereits Gesagten wird jeder die Überzeugung haben, daß die Affekte sich auf so vielerlei Weise immer wieder miteinander zusammensetzen lassen und daß daraus so viele Verschiedenheiten entstehen können, daß man keine Zahl dafür anzugeben vermag. Für mein Vorhaben genügt es indessen, nur die hauptsächlichsten aufgezählt zu haben; denn die anderen, deren ich nicht erwähnt habe, sind mehr ihrer Merkwürdigkeit halber, als weil sie zu unserem Zwecke dienten, von Interesse. Doch muß ich von der Liebe noch folgendes bemerken; es kommt nämlich sehr oft vor, daß, wenn wir etwas, das wir erstrebten, genießen, unser Körper durch diesen Genuß in einen neuen Zustand gelangt, der ihm eine andersartige Bestimmtheit gibt und andere Vorstellungsbilder der Dinge in ihm erweckt; und damit zugleich beginnt die Seele, sich anderes vorzustellen und anderes zu begehren. Wenn wir uns z. B. etwas vorstellen, was uns durch seinen Geschmack zu ergötzen pflegt, begehren wir es zu genießen, nämlich es zu essen. Aber während wir es so genießen, füllt sich der Magen und der Zustand des Körpers wird ein anderer. Wenn nun bei diesem veränderten Zustand des Körpers das Vorstellungsbild der selben Speise, weil dies noch gegenwärtig ist, erhalten bleibt, und folglich auch das Streben oder die Begierde sie zu essen, so wird dieser Begierde oder diesem

Streben nun jener neue Körperzustand widerstreiten, und folglich wird die Gegenwart der Speise, die wir erstrebten, nun verhaßt sein; und dies ist es, was wir Überdruß und Ekel heißen.

Übrigens habe ich die äußeren Affektionen des Körpers, die man bei den Affekten beobachtet, wie das Zittern, das Erblassen, das Schluchzen, das Lachen usw. beiseite gelassen, weil sie sich bloß auf den Körper beziehen und keine Beziehung auf die Seele haben.

Endlich muß ich noch einiges zu den Definitionen der Affekte hinzufügen; ich werde sie deshalb hier in der Ordnung wiederholen und, was bei den einzelnen etwa anzumerken ist, zwischen ihnen einschalten.

DEFINITIONEN DER AFFEKTE

1.

BEGIERDE ist des Menschen Wesenheit selbst, sofern diese begriffen wird als durch jede gegebene Affektion ihrer bestimmt, etwas zu tun.

Erläuterung: Wir haben oben in der Anmerkung zu Lehrsatz 9 dieses Teiles gesagt, Begierde sei Trieb mit dem Bewußtsein des Triebes; Trieb aber sei des Menschen Wesenheit selbst, sofern sie das zu tun bestimmt ist, was zu ihrer Erhaltung dient. Doch habe ich in der selben Anmerkung auch erwähnt, daß ich zwischen dem Trieb und der Begierde des Menschen in Wahrheit keinen Unterschied anerkenne. Denn mag der Mensch sich nun seines Triebes bewußt sein oder nicht, der Trieb bleibt einer und der selbe; und daher habe ich, um nicht ersichtlich eine Tautologie zu begehen, die Begierde nicht durch den Trieb erklären wollen; ich habe mich vielmehr bemüht, sie so zu definieren, daß ich dabei alle Strebungen der menschlichen Natur, die wir mit dem Namen des Triebes, des Willens, der Begierde oder des Dranges bezeichnen, in eins zusammenfaßte. Denn ich hätte ja sagen können, Begierde sei des Menschen Wesenheit selbst, sofern diese als bestimmt begriffen wird, etwas zu tun; allein aus dieser Definition würde (nach Lehrsatz 23 des 2. Teils) nicht folgen, daß die Seele sich ihrer Begierde oder ihres Triebes bewußt sein kann. Um also die Ursache dieses Bewußtseins noch mit hineinzubringen, war es (nach dem selben Lehrsatz) erforderlich hinzuzufügen, „sofern diese begriffen wird, als durch jede gegebene Affektion ihrer bestimmt usw." Denn unter Affektion der menschlichen Wesenheit verstehen wir überhaupt jeden Zustand dieser Wesenheit, ob er nun angeboren oder erworben ist, oder ob er bloß unter dem Attribut des Denkens, oder bloß unter dem Attribut der Ausdehnung begriffen wird, oder ob er sich endlich auf beide Attribute zugleich bezieht. Hier verstehe ich also unter dem Wort Begierde jedes Streben, jeden Drang, jeden Trieb, jede Wollung, die je nach dem verschiedenen Zustand des selben Menschen verschieden und nicht selten einander dergestalt entgegengesetzt sind, daß der Mensch nach verschiedenen Richtungen hingezogen wird und nicht weiß, wohin er sich wenden soll.

2.

FREUDE ist Übergang des Menschen von geringerer zu größerer Vollkommenheit.

3.

TRAUER ist Übergang des Menschen von größerer zu geringerer Vollkommenheit.

Erläuterung: Ich sage: Übergang. Denn Freude ist nicht die Vollkommenheit selbst. Wenn nämlich der Mensch mit der Vollkommenheit, zu der er übergeht, geboren würde, so würde er ohne den Affekt der Freude in ihrem Besitze sein. Dies erhellt noch klarer aus dem Affekt der Trauer, der dem Affekt der Freude entgegengesetzt ist. Denn daß die Trauer in dem Übergang zu geringerer Vollkommenheit besteht und nicht in der geringeren Vollkommenheit selbst, kann niemand in Abrede stellen, da sich der Mensch insofern nicht betrüben kann, als er irgend einer Vollkommenheit teilhaftig ist. Auch können wir nicht sagen, daß die Trauer in dem Mangel größerer Vollkommenheit besteht; denn Mangel ist nichts, der Affekt der Trauer aber ist ein wirklicher Vorgang, der deshalb kein anderer sein kann, als der Vorgang des Übergehens zu geringerer Vollkommenheit, das heißt der Vorgang, durch den die Wirkungskraft des Menschen vermindert oder gehemmt wird (siehe die Anmerkung zu Lehrsatz 11 dieses Teils).

Die Definitionen der Heiterkeit, der Lust, des Trübsinns und des Schmerzes lasse ich unerwähnt, weil diese Affekte vornehmlich dem Körper angehören und nur Arten der Freude oder der Trauer sind.

4.

BEWUNDERUNG ist die Vorstellung eines Dinges, an die die Seele deswegen festgebannt bleibt, weil diese besondere Vorstellung keine Verknüpfung mit anderen Vorstellungen hat. Siehe Lehrsatz 52 dieses Teils und die Anmerkung dazu.

Erläuterung: In der Anmerkung zu Lehrsatz 18 des 2. Teils haben wir gezeigt, was die Ursache ist, weshalb der Seele bei der Betrachtung eines Dinges sogleich der Gedanke eines anderen Dinges einfällt, weil nämlich die Vorstellungsbilder dieser Dinge miteinander verkettet und so geordnet sind, daß eines auf das andere folgt; dies kann aber nicht vorausgesetzt werden, wenn das Vorstellungsbild eines Dinges neu ist; vielmehr wird die Seele in der Betrachtung eines solchen Dinges festgehalten werden, bis andere Ursachen sie bestimmen, an anderes zu denken. Die Vorstellung eines neuen Dinges ist daher an sich betrachtet von der selben Natur wie die übrigen Vorstellungen, und aus dieser Ursache zähle ich die Bewunderung nicht zu den Affekten; ich sehe auch gar keine Ursache, warum ich es tun sollte, da diese Abgezogenheit der Seele aus keiner positiven Ursache entspringt, die die Seele von anderen Vorstellungen abzöge, sondern nur daraus, daß die Ursache, der zufolge die Seele durch die Betrachtung eines Dinges bestimmt wird, an andere Dinge zu denken, hier fehlt. Ich erkenne somit (wie ich in der Anmerkung zu Lehrsatz 11 dieses Teils erwähnt habe) bloß 3 ursprüngliche oder Grundaffekte an, nämlich Freude, Trauer und Begierde; und ich habe nur aus der Ursache über die Bewunderung gesprochen, weil es üblich geworden ist, einige Affekte, die aus den drei ursprünglichen abgeleitet sind, mit anderen Worten zu benennen, sobald sie sich auf Objekte beziehen, die wir bewundern. Und dieser Grund bewegt mich ebenso, auch noch die Definition der Geringschätzung hier hinzuzufügen.

5.

GERINGSCHÄTZUNG ist die Vorstellung eines Dinges, die die Seele so wenig berührt, daß die Seele durch die Gegenwart des Dinges mehr veranlaßt wird, sich das vorzustellen, was in dem Dinge selbst nicht ist, als das, was in ihm ist. Siehe die Anmerkung zu Lehrsatz 52 dieses Teils.

Die Definitionen der Hochachtung und der Verachtung lasse ich hier fort, weil ihnen meines Wissens keine Affekte ihren Namen verdanken.

6.

LIEBE ist Freude, begleitet von der Idee einer äußeren Ursache.

Erläuterung: Diese Definition gibt die Wesenheit der Liebe hinlänglich klar wieder; die Definition der Schriftsteller dagegen, die die Liebe als den Willen des Liebenden, sich mit dem geliebten Dinge zu vereinigen, definieren, drückt nicht die Wesenheit der Liebe aus, sondern eine Eigenschaft von ihr; und weil diese Schriftsteller die Wesenheit der Liebe nicht hinlänglich durchschauten, konnten sie auch keinen klaren Begriff von deren Eigenschaft haben, und so ist es gekommen, daß ihre Definition allerseits als sehr dunkel beurteilt worden ist. Wenn ich aber sage, es sei eine Eigenschaft des Liebenden, sich seinem Willen gemäß mit dem geliebten Dinge zu vereinigen, so muß ich darauf hinweisen, daß ich unter Wille nicht eine Billigung oder eine Überlegung, das heißt einen freien Beschluß der Seele verstehe (denn daß ein solcher eine Einbildung sei, haben wir im Lehrsatz 48 des 2. Teils bewiesen), und ebensowenig die Begierde, sich mit dem geliebten Dinge zu vereinigen, wenn es abwesend ist, oder in seiner Gegenwart zu beharren, wenn es anwesend ist; denn die Liebe kann ohne diese oder jene Begierde begriffen werden; vielmehr verstehe ich unter Wille die Zufriedenheit, die in dem Liebenden ist zufolge der Gegenwart des geliebten Dinges, durch die die Freude des Liebenden verstärkt oder doch wenigstens genährt wird.

7.

HASS ist Trauer, begleitet von der Idee einer äußeren Ursache.

Erläuterung: Was hier zu bemerken ist, läßt sich aus dem in der Erläuterung zur vorigen Definition Gesagten leicht abnehmen. Siehe außerdem die Anmerkung zu Lehrsatz 13 dieses Teils.

8.

ZUNEIGUNG ist Freude, begleitet von der Idee eines Dinges, das durch Zufall Ursache der Freude ist.

9.

ABNEIGUNG ist Trauer, begleitet von der Idee eines Dinges, das durch Zufall Ursache der Trauer ist. Siehe hierüber die Anmerkung zu Lehrsatz 15 dieses Teils.

10.

VEREHRUNG ist Liebe gegen den, den wir bewundern.

Erläuterung: In Lehrsatz 52 dieses Teils haben wir gezeigt, daß die Bewunderung aus der Neuheit eines Dinges entspringt. Wenn es also geschieht, daß wir uns das, was wir bewundern, oft vorstellen, so werden wir schließlich aufhören, es zu bewundern; und so sehen wir, daß der Affekt der Verehrung sich leicht in einfache Liebe umwandelt.

11.

SPOTT ist eine Freude, die aus der Vorstellung entspringt, daß etwas, was wir geringschätzen, an einem Dinge vorhanden ist, das wir hassen.

Erläuterung: Insofern wir ein Ding, das wir hassen, geringschätzen, insofern verneinen wir Existenz von ihm (siehe die Anmerkung zu Lehrsatz 52 dieses Teils) und insofern freuen wir uns (nach Lehrsatz 20 dieses Teils). Da wir aber annehmen, daß der Mensch das, was er verspottet, dabei doch haßt, so folgt, daß diese Freude keine reine

Freude ist. Siehe die Anmerkung zu Lehrsatz 47 dieses Teils.

12.

HOFFNUNG ist eine unbeständige Freude, die aus der Idee eines zukünftigen oder vergangenen Dinges entspringt, über dessen Ausgang wir in gewisser Hinsicht zweifelhaft sind.

13.

FURCHT ist eine unbeständige Trauer, die aus der Idee eines zukünftigen oder vergangenen Dinges entspringt, über dessen Ausgang wir in gewisser Hinsicht zweifelhaft sind.
Erläuterung: Aus diesen Definitionen folgt, daß es Hoffnung ohne Furcht nicht gibt und ebensowenig Furcht ohne Hoffnung. Denn von jemand, der in Hoffnung schwebt und über den Ausgang eines Dinges zweifelhaft ist, nimmt man an, daß er sich etwas vorstellt, was die Existenz des zukünftigen Dinges ausschließt, und daß er sich daher insofern (nach Lehrsatz 19 dieses Teils) betrübt und folglich, so lange er in Hoffnung schwebt, fürchtet, daß das Ding nicht eintrifft. Wer aber dagegen in Furcht, das heißt, über den Ausgang eines Dinges, das er haßt, zweifelhaft ist, der stellt sich gleichermaßen etwas vor, was die Existenz dieses Dinges ausschließt, und daher freut er sich (nach Lehrsatz 20 dieses Teils) und hat folglich insofern Hoffnung, daß das Ding nicht eintrifft.

14.

SICHERHEIT ist eine Freude, die aus der Idee eines zukünftigen oder vergangenen Dinges entspringt, bei dem die Ursache zum Zweifel aufgehoben ist.

15.

VERZWEIFLUNG ist eine Trauer, die aus der Idee eines zukünftigen oder vergangenen Dinges entspringt, bei dem die Ursache zum Zweifel aufgehoben ist.
Erläuterung: Hoffnung verwandelt sich also in Sicherheit und Furcht in Verzweiflung, sobald die Ursache zum Zweifel an dem Ausgang des Dinges aufgehoben wird; dies geschieht dadurch, daß der Mensch sich das Vergangene

oder Zukünftige als daseiend vorstellt und es als gegenwärtig betrachtet, oder dadurch, daß er sich etwas anderes vorstellt, das die Existenz der Dinge, die ihm Zweifel erregten, ausschließt. Denn wenn wir auch (nach Folgesatz zu Lehrsatz 31 des 2. Teils) des Ausgangs der Einzeldinge niemals gewiß sein können, so kann es doch kommen, daß wir über ihren Ausgang keinen Zweifel hegen. Denn wie wir gezeigt haben (siehe die Anmerkung zu Lehrsatz 49 des 2. Teils), ist es ein anderes, an einem Dinge nicht zweifeln, und ein anderes, über ein Ding Gewißheit haben; und so kann es kommen, daß wir durch das Vorstellungsbild eines vergangenen oder zukünftigen Dinges in den selben Affekt der Freude und der Trauer versetzt werden wie durch das Vorstellungsbild eines gegenwärtigen Dinges, wie wir im Lehrsatz 18 dieses Teils bewiesen haben, den man mit der Anmerkung dazu nachsehen möge.

16.

FREUDIGKEIT ist Freude, begleitet von der Idee eines vergangenen Dinges, das unverhofft eingetroffen ist.

17.

GEWISSENSBISS ist Trauer, begleitet von der Idee eines vergangenen Dinges, das unverhofft eingetroffen ist.

18.

MITLEID ist Trauer, begleitet von der Idee eines Übels, das einen anderen betroffen hat, der uns unserer Vorstellung nach ähnlich ist. Siehe die Anmerkung zu Lehrsatz 22 und die Anmerkung zu Lehrsatz 27 dieses Teils.

Erläuterung: Zwischen Mitleid und Barmherzigkeit scheint kein Unterschied zu sein, höchstens etwa der, daß Mitleid den einzelnen Affekt bezeichnet, Barmherzigkeit dagegen die zum Mitleid neigende Gemütsanlage.

19.

GUNST ist Liebe zu jemand, der einem anderen wohlgetan hat.

20.

ENTRÜSTUNG ist Haß gegen jemand, der einem anderen Übles getan hat.

Erläuterung: Daß diese Wörter im gemeinen Sprachgebrauch eine andere Bedeutung haben, weiß ich wohl. Indessen ist es ja nicht mein Vorhaben, die Bedeutung der Wörter, sondern die Natur der Dinge zu erklären, und die Dinge mit den Ausdrücken zu bezeichnen, deren Bedeutung im Sprachgebrauch sich gegen die Bedeutung, in der ich sie gebrauchen will, nicht gar zu sehr sträubt. Diese Erinnerung möge ein für allemal genügen. Übrigens hinsichtlich der Ursache dieser Affekte sehe man nach im Folgesatz 1 zu Lehrsatz 27 und in der Anmerkung zu Lehrsatz 22 dieses Teils.

21.

ÜBERSCHÄTZUNG ist von jemand aus Liebe mehr halten, als recht ist.

22.

UNTERSCHÄTZUNG ist von jemand aus Haß weniger halten, als recht ist.

Erläuterung: Es ist also die Überschätzung eine Wirkung oder Eigenschaft der Liebe und die Unterschätzung eine Wirkung oder Eigenschaft des Hasses; und so kann man die Überschätzung auch definieren als Liebe, sofern diese den Menschen dergestalt affiziert, daß er von dem geliebten Dinge mehr hält, als recht ist, und umgekehrt die Unterschätzung als Haß, sofern dieser den Menschen dergestalt affiziert, daß er von dem, den er haßt, weniger hält, als recht ist. Siehe hierüber die Anmerkung zu Lehrsatz 26 dieses Teils.

23.

NEID ist Haß, sofern dieser den Menschen dergestalt affiziert, daß er bei dem Glück eines anderen sich betrübt und umgekehrt an dem Unglück eines anderen sich erfreut.

Erläuterung: Dem Neid stellt man gemeiniglich die Barmherzigkeit gegenüber, die man daher im Widerspruch zu der eigentlichen Bedeutung des Wortes folgendermaßen definieren kann:

24.

BARMHERZIGKEIT ist Liebe, sofern diese den Menschen dergestalt affiziert, daß er sich an dem Glück eines anderen erfreut und umgekehrt bei dem Unglück eines anderen sich betrübt.

Erläuterung: Übrigens siehe hinsichtlich des Neides die Anmerkung zu Lehrsatz 24 und die Anmerkung zu Lehrsatz 32 dieses Teils.

Dies wären die Affekte der Freude und Trauer, die die Idee eines äußeren Dinges als Ursache durch sich oder Ursache durch Zufall begleitet.

Ich gehe nun zu anderen Affekten über, die die Idee eines inneren Dinges als Ursache begleitet.

25.

ZUFRIEDENHEIT MIT SICH SELBER ist eine Freude, die daraus entspringt, daß der Mensch sich selbst und seine Wirkungskraft betrachtet.

26.

DEMUT ist eine Trauer, die daraus entspringt, daß der Mensch seine Ohnmacht oder Schwachheit betrachtet.

Erläuterung: Die Zufriedenheit mit sich selber ist der Demut entgegengesetzt, sofern wir unter ihr eine Freude verstehen, die daraus entspringt, daß wir unsere Wirkungskraft betrachten. Sofern wir aber unter ihr auch eine Freude verstehen, die von der Idee einer Tat begleitet wird, die wir infolge eines freien Beschlusses der Seele verrichtet zu haben glauben, ist sie der Reue entgegengesetzt, die wir folgendermaßen definieren:

27.

REUE ist Trauer, begleitet von der Idee einer Tat, die wir infolge eines freien Beschlusses der Seele verrichtet zu haben glauben.

Erklärung: Die Ursachen dieser Affekte habe ich in der Anmerkung zu Lehrsatz 51 dieses Teils und in den Lehrsätzen 53, 54, 55 und der Anmerkung dazu nachgewiesen. Und über den freien Beschluß der Seele siehe die Anmerkung zu Lehrsatz 35 des 2. Teils. Ich möchte hier aber noch bemerken, daß es kein Wunder ist, daß überhaupt auf alle Handlungen, die gewohnheitsmäßig böse heißen, Trauer folgt, und auf alle, die als recht gelten, Freude. Denn es hängt dies vornehmlich von der Erziehung ab, wie auf Grund des oben gesagten leicht zu verstehen ist. Indem nämlich die Eltern die Handlungen der ersten Art tadeln und ihre Kinder derentwegen oft schelten, die Handlungen der anderen Art dagegen anempfehlen und loben, bewirken sie, daß sich mit den einen Regungen der Trauer, mit den anderen Regungen der Freude verbinden. Dies bestätigt ja auch die Erfahrung. Denn Gewohnheit und Religion sind nicht bei allen Menschen die selben; umgekehrt vielmehr, was für die einen heilig ist, ist für die anderen profan, und was den einen als ehrbar gilt, gilt den anderen als schimpflich. Je nachdem also jeder Mensch erzogen ist, bereut er eine Handlung oder fühlt er ihretwegen Ruhm.

28.

HOCHMUT ist aus Liebe zu sich mehr von sich halten, als recht ist.

Erläuterung: Der Hochmut unterscheidet sich von der Überschätzung sonach dadurch, daß diese sich auf ein äußeres Objekt bezieht, der Hochmut dagegen auf den Menschen selbst, der von sich mehr hält, als recht ist. Wie übrigens die Überschätzung eine Wirkung oder eine Eigenschaft der Liebe ist, so ist der Hochmut eine Wirkung oder eine Eigenschaft der Eigenliebe, und er läßt sich deswegen auch definieren als eine Liebe zu sich oder als eine Zufriedenheit mit sich selber, sofern sie den Menschen dergestalt affiziert, daß er von sich mehr hält, als recht ist. (Siehe die Anmerkung zu Lehrsatz 26 dieses Teils.) Zu diesem Affekt gibt es keinen Gegensatz. Denn niemand hält aus Haß gegen sich weniger von sich, als recht ist, ja niemand hält auch nur insofern von sich weniger, als recht ist, als er sich vorstellt, daß er dies oder das nicht könne. Denn wenn der Mensch sich vorstellt, daß er etwas nicht könne, stellt er sich dies mit Notwendigkeit vor; und er wird durch diese Vorstellung dergestalt beeinflußt, daß er in der Tat nicht imstande ist, das zu tun, wovon er sich vorstellt, er könne es nicht. Solange er sich nämlich vorstellt, daß er dies oder das nicht könne, solange ist er nicht bestimmt, es zu tun, und folglich ist es für ihn solange unmöglich, es zu tun. Wenn wir indessen unsere Aufmerksamkeit auf das richten, was von der bloßen Meinung abhängt, so werden wir es uns gleichwohl als möglich denken können, daß der Mensch weniger von sich hält, als recht ist. Es ist nämlich möglich, daß jemand, während er traurig seine Schwachheit betrachtet, sich vorstellt, er werde von allen anderen geringgeschätzt, während die anderen gar nicht daran denken, ihn geringzuschätzen. Ferner kann der Mensch weniger von sich halten, als recht ist, wenn er in der Gegenwart etwas für die Zukunft von sich verneint, deren er doch ungewiß ist, wie etwa wenn er behauptet, nichts Gewisses denken zu können und nichts Böses oder Schimpfliches begehren oder tun zu können usw. Des weiteren können wir sagen, jemand halte weniger von sich, als recht ist, wenn wir sehen, daß er aus zu großer Furcht vor Scham nicht wagt, was andere seinesgleichen wagen. Diesen Affekt also, den ich Kleinmut nennen werde, können wir dem Hochmut gegenüberstellen. Denn wie aus der Zufriedenheit mit sich selber der Hochmut hervorgeht, so geht aus der Demut der Kleinmut hervor, und wir definieren ihn daher folgendermaßen:

29.

KLEINMUT ist aus Trauer weniger von sich halten, als recht ist.

Erläuterung: Wir pflegen zwar oft dem Hochmut die Demut gegenüberzustellen, allein wir haben dann mehr die Wirkungen beider Affekte im Auge als ihre Natur. Denn wir pflegen hochmütig den zu nennen, der gar zu sehr Ruhm fühlt (siehe die Anmerkung zu Lehrsatz 30 dieses Teils), der von nichts weiter spricht als von seinen Vorzügen und den Fehlern anderer, der vor allen den Vorrang haben möchte, und der endlich so würdevoll und reich geschmückt einherschreitet, wie es die Gewohnheit derer ist, die weit über ihm stehen. Dagegen demütig nennen wir den, der sehr oft errötet, der seine Fehler offen gesteht und von den Vorzügen anderer spricht, der allen Platz macht, und der endlich gesenkten Hauptes einhergeht und sich zu schmücken unterläßt. Übrigens sind diese Affekte, ich meine Demut und Kleinmut, äußerst selten. Denn die menschliche Natur, an sich betrachtet, stemmt sich ihnen, soviel sie kann, entgegen (siehe die Lehrsätze 13 und 54 dieses Teils); und daher sind die, die in dem Rufe stehen, ganz besonders kleinmütig und demütig zu sein, meistenteils nur ganz besonders ehrgeizig und neidisch.

30.

RUHM ist Freude, begleitet von der Idee einer von uns verrichteten Handlung, von der wir uns vorstellen, daß andere sie loben.

31.

SCHAM ist Trauer, begleitet von der Idee einer von uns verrichteten Handlung, von der wir uns vorstellen, daß andere sie tadeln.

Erläuterung: Hierüber siehe die Anmerkung zu Lehrsatz 30 dieses Teils. Hier ist noch der Unterschied zwischen Scham und Schüchternheit zu erwähnen. Scham ist nämlich die Trauer, die auf eine Tat folgt, deren man sich schämt; Schüchternheit dagegen ist die Furcht oder Angst vor Scham, die den Menschen davon zurückhält, etwas Schimpfliches zu begehen. Der Schüchternheit pflegt man die Schamlosigkeit gegenüberzustellen; diese ist aber, wie ich seines Orts nachweisen werde, in Wahrheit kein Affekt; allein die Namen der Affekte beziehen sich ja (wie ich bereits erinnert habe) mehr auf ihren Gebrauch als auf ihre Natur.

Und hiermit habe ich die Affekte der Freude und der Trauer, die zu erklären ich mir vorgenommen hatte, erledigt. Ich gehe daher zu den Affekten über, die ich zur Begierde rechne.

32.

WUNSCH ist die Begierde oder der Trieb nach dem Besitze eines Dinges, der durch die Erinnerung an eben dies Ding genährt, und zugleich durch die Erinnerung an andere

Dinge, die die Existenz des erstrebten Dinges ausschließen, gehemmt wird.

Erläuterung: Wenn wir uns an ein Ding erinnern, werden wir, wie schon oft gesagt ist, dadurch veranlaßt, es mit dem selben Affekt zu betrachten, als wenn es gegenwärtig wäre; allein diese Geneigtheit oder dieses Streben wird, solange wir wachen, für gewöhnlich in Schranken gehalten durch die Vorstellungsbilder von Dingen, die die Existenz dessen, an das wir uns erinnern, ausschließen. Wenn wir uns also daher eines Dinges erinnern, das uns in irgend eine Gattung der Freude versetzt, streben wir eben dadurch, es mit dem selben Affekt der Freude als gegenwärtig zu betrachten; dieses Streben jedoch wird sofort in Schranken gehalten durch die Erinnerung an Dinge, die die Existenz jenes ersten Dinges ausschließen. Deshalb ist der Wunsch eigentlich eine Trauer, die jener Freude entgegengesetzt ist, die aus der Abwesenheit eines Dinges entspringt, das wir hassen, und über die man die Anmerkung zu Lehrsatz 47 dieses Teils nachsehen möge. Weil indessen der Name Wunsch eine Begierde anzudeuten scheint, so rechne ich diesen Affekt zu den Affekten der Begierde.

33.

WETTEIFER ist die Begierde nach einem Dinge, die in uns dadurch erzeugt wird, daß wir uns vorstellen, andere hätten die selbe Begierde.

Erläuterung: Wenn jemand flieht, weil er andere fliehen sieht, oder wenn jemand Angst hat, weil er andere in Angst sieht, oder auch wenn jemand, der sieht, daß einer sich die Hand verbrannt hat, deshalb die eigne Hand zurückzieht und mit seinem Körper Bewegungen macht, als ob er sich selber die Hand verbrannt hätte, dann sagen wir zwar, daß er eines anderen Affekt nachahme, aber nicht daß er mit einem anderen wetteifere; nicht etwa weil uns für den Wetteifer eine andere Ursache bekannt ist als für die Nachahmung, sondern weil es durch den Gebrauch so gekommen ist, nur das Streben dessen Wetteifer zu nennen, der nachahmt, was wir als ehrbar, nützlich oder angenehm beurteilen. Übrigens siehe hinsichtlich der Ursache des Wetteifers Lehrsatz 27 dieses Teils und die Anmerkung dazu. Warum aber mit diesem Affekt meistenteils Neid verbunden ist, darüber siehe Lehrsatz 32 dieses Teils und die Anmerkung dazu.

34.

DANK oder DANKBARKEIT ist die Begierde oder das Bemühen aus Liebe, durch das wir dem wohlzutun streben, der uns aus dem gleichen Affekt der Liebe eine Wohltat erwiesen hat. Siehe Lehrsatz 39 und die Anmerkung zu Lehrsatz 41 dieses Teils.

35.

WOHLWOLLEN ist die Begierde, dem wohlzutun, den wir bemitleiden. Siehe die Anmerkung zu Lehrsatz 27 dieses Teiles.

36.

ZORN ist die Begierde, durch die wir aus Haß dazu gereizt werden, dem ein Übel zuzufügen, den wir hassen. Siehe Lehrsatz 39 dieses Teils.

37.

RACHE ist die Begierde, durch die wir aus Gegenhaß dazu gereizt werden, dem ein Übel zuzufügen, der uns aus dem gleichen Affekt des Hasses Schaden zugefügt hat. Siehe Folgesatz 2 zu Lehrsatz 40 dieses Teils und die Anmerkung dazu.

38.

GRAUSAMKEIT oder ROHEIT ist die Begierde, durch die wir angereizt werden, dem Übles zuzufügen, den wir lieben oder bemitleiden.

Erläuterung: Der Grausamkeit stellt man die Milde gegenüber; diese ist keine Leidenschaft, sondern die Macht des Gemüts, durch die der Mensch des Zornes und der Rache Meister wird.

39.

ANGST ist die Begierde, ein größeres Übel, das wir fürchten, durch einen kleineres zu vermeiden. Siehe die Anmerkung zu Lehrsatz 39 dieses Teils.

40.

KÜHNHEIT ist die Begierde, durch die jemand gereizt wird, etwas zu tun, wobei er sich einer Gefahr aussetzt, der andere seinesgleichen sich zu unterziehen fürchten.

41.

ZAGHAFTIGKEIT sagt man dem nach, dessen Begierde durch die Angst vor einer Gefahr gehemmt wird, der andere seinesgleichen sich zu unterziehen wagen.

Erläuterung: Die Zaghaftigkeit ist also nichts weiter, als die Furcht vor einem Übel, das die meisten nicht zu fürchten pflegen; darum rechne ich sie nicht zu den Affekten der Begierde. Doch habe ich sie hier erklären wollen, weil sie, sofern man die Begierde im Auge hat, dem Affekt der Kühnheit in der Tat entgegengesetzt ist.

42.

BESTÜRZUNG wird von dem ausgesagt, dessen Begierde ein Übel zu vermeiden durch die Bewunderung des Übels, vor dem er Angst hat, gehemmt wird.

Erläuterung: Die Bestürzung ist daher eine Art der Zaghaftigkeit. Weil die Bestürzung indessen auch aus doppelter Angst entspringt, läßt sie sich treffender definieren als eine Furcht, die den erstaunten oder den schwankenden Menschen dergestalt festhält, daß er nicht imstande ist, das Übel abzuwehren. Ich sage den erstaunten Menschen, sofern wir die Einsicht haben, daß seine Begierde das Übel abzuwehren durch die Bewunderung gehemmt wird. Den schwankenden aber sage ich, sofern wir erkennen, daß diese Begierde durch die Angst vor einem anderen Übel, das ihm ebenso peinvoll erscheint, gehemmt wird, dergestalt, daß er nicht weiß, welches von beiden er abwenden soll. Siehe hierüber die Anmerkung zu Lehrsatz 39 und die Anmerkung zu Lehrsatz 52 dieses Teils. Hinsichtlich der Zaghaftigkeit und der Kühnheit übrigens siehe die Anmerkung zu Lehrsatz 51 dieses Teils.

43.

LIEBENSWÜRDIGKEIT oder BESCHEIDENHEIT ist die Begierde, zu tun, was den Menschen gefällt, und zu unterlassen, was ihnen mißfällt.

44.

EHRGEIZ ist die unmäßige Begierde nach Ruhm.

Erläuterung: Ehrgeiz ist eine Begierde, durch die (nach Lehrsatz 27 und 31 dieses Teils) alle Affekte genährt und verstärkt werden; und daher ist dieser Affekt fast unüberwindlich. Denn so lange ein Mensch von irgend einer Begierde erfaßt ist, ist er notwendig zugleich von dem Ehrgeiz mit erfaßt. „Auch die Besten", sagt Cicero,[1]) „werden vornehmlich vom Ruhm geleitet. Die Philosophen setzen ihren Namen sogar auf Bücher, die sie über die Verächtlichkeit des Ruhmes schreiben, usw."

45.

SCHWELGEREI ist die unmäßige Begierde oder auch Liebe zum Schmausen.

46

TRUNKSUCHT ist die unmäßige Begierde und Liebe zum Trinken.

47.

HABGIER ist die unmäßige Begierde und Liebe zum Reichtum.

48.

WOLLUST ist auch Begierde und Liebe zu fleischlicher Vermischung.

Erläuterung: Man pflegt diese Begierde zum Begatten Wollust zu nennen, ob sie nun mäßig ist oder nicht.

Diese fünf Affekte haben ferner (wie ich in der Anmerkung zu Lehrsatz 56 dieses Teils erwähnt habe) kein Gegenteil. Denn die Bescheidenheit ist eine Art des Ehrgeizes, worüber man die Anmerkung zu Lehrsatz 29 dieses Teils nachsehen möge; daß sodann Mäßigkeit, Nüchternheit und

---

[1]) In der Rede für Archias 11.

Keuschheit eine Macht der Seele und keine Leidenschaft anzeigen, habe ich auch bereits erwähnt. Und wenn es auch möglich ist, daß ein habgieriger, ehrgeiziger oder ängstlicher Mensch sich des Übermaßes in Speise, Trank und Begattung enthält, so sind darum doch Habgier, Ehrgeiz und Angst nicht das Gegenteil von Schwelgerei, Trunksucht oder Wollust. Denn der Habgierige wünscht meistenteils sich an anderer Leute Speise und Trank zu ersättigen. Der Ehrgeizige aber wird, wenn er nur hoffen darf, daß es verborgen bleibt, in nichts Maß halten, und wenn er unter Trunkenbolden und Wollüstlingen lebt, wird er eben seines Ehrgeizes wegen nur um so mehr zu den selben Lastern neigen. Der Ängstliche endlich tut das, was er eigentlich nicht will. Denn wenn er auch, um den Tod zu vermeiden, seine Reichtümer ins Meer wirft, er bleibt doch habgierig; und wenn der Wollüstling traurig ist, weil er seiner Wollust nicht fröhnen kann, so hört er darum nicht auf ein Wollüstling zu sein. Überhaupt beziehen sich diese Affekte nicht sowohl auf die wirklichen Vorgänge des Schmausens, Zechens usw., als auf den Trieb selbst und die Liebe dazu. Man kann also diesen Affekten nichts gegenüberstellen als den Edelmut und die Willenskraft, worüber im folgenden.

Die Definitionen der Eifersucht und der sonstigen Schwankungen des Gemüts übergehe ich hier mit Stillschweigen, teils weil diese Affekte durch Zusammensetzung aus den bereits definierten entspringen, teils weil die meisten keine Namen haben; was beweist, daß es für das Bedürfnis des Lebens hinreicht, sie nur der Gattung nach zu kennen. Übrigens ergibt sich aus den Definitionen der Affekte, die wir erläutert haben, daß sie alle aus der Begierde, der Freude oder der Trauer entspringen, oder vielmehr, daß es keine Affekte außer diesen dreien gibt, deren jeder mit verschiedenen Namen bezeichnet zu werden pflegt, je nach den verschiedenen Beziehungen und äußeren Merkmalen.

Wenn wir jetzt diese ursprünglichen Affekte und das oben über die Natur der Seele Gesagte ins Auge fassen wollen, so werden wir die Affekte, sofern sie sich allein auf die Seele beziehen, so definieren können:

ALLGEMEINE DEFINITION DER AFFEKTE

Ein Affekt, der als ein Leiden des Gemuts bezeichnet wird, ist eine verworrene Idee, durch die die Seele von ihrem Körper oder einem seiner Teile größere oder geringere Existenzkraft als vorher bejaht, und durch deren Vorhandensein die Seele selbst bestimmt wird, mehr an dies als an jenes zu denken.

Erläuterung: Ich sage erstlich, ein Affekt oder eine Leidenschaft des Gemüts sei eine verworrene Idee. Denn wir haben bewiesen (siehe Lehrsatz 3 dieses Teils), daß die Seele nur insofern leidet, als sie inadäquate oder verworrene Ideen hat.

Ich sage sodann, „durch die die Seele von ihrem Körper oder einem seiner Teile eine größere oder geringere Existenzkraft als vorher bejaht." Denn alle Ideen, die wir von Körpern haben, zeigen (nach Folgesatz 2 zu Lehrsatz 16 des 2. Teils) mehr den wirklichen Zustand unseres Körpers an als die Natur des äußeren Körpers, Die Idee aber, die die Form des Affekts ausmacht, muß den Zustand des Körpers oder eines seiner Teile anzeigen oder ausdrücken, den der Körper oder einer seiner Teile infolge davon hat, daß seine Wirkungskraft oder Existenzkraft vermehrt oder vermindert, gefördert oder gehemmt wird. Jedoch ist zu bemerken, daß ich, wenn ich sage „größere oder geringere Existenzkraft als vorher", darunter nicht verstehe, daß die Seele den gegenwärtigen Zustand des Körpers mit dem vorhergehenden vergleicht, sondern vielmehr, daß die Idee, die die Form des Affekts ausmacht, vom Körper etwas bejaht, was tatsächlich mehr oder weniger Realität in sich enthält als vorher. Und weil (nach Lehrsatz 11 und 13 des 2. Teils) die Wesenheit der Seele darin besteht, daß sie die wirkliche Existenz ihres Körpers bejaht, und da wir unter Vollkommenheit die Wesenheit eines Dinges verstehen, so folgt demnach, daß die Seele zu größerer oder geringerer Vollkommenheit alsdann übergeht, wenn es geschieht, daß sie von ihrem Körper oder einem seiner Teile etwas bejaht, was mehr oder weniger Realität in sich enthält, als vorher. Wenn

ich also oben gesagt habe, die Denkkraft der Seele werde vermehrt oder vermindert, so habe ich darunter nichts anderes verstanden wissen wollen, als daß die Seele von ihrem Körper oder von einem seiner Teile eine Idee gebildet habe, die mehr oder weniger Realität ausdrückt, als die Seele vorher von ihrem Körper bejaht hatte. Denn der Wert der Ideen und die jeweilig wirkliche Denkkraft wird nach dem Wert des Objekts abgeschätzt.
Endlich habe ich noch hinzugefügt: „und durch deren Vorhandensein die Seele selbst bestimmt wird, mehr an dies als an etwas anderes zu denken", um außer der Natur der Freude und Trauer, die der erste Teil der Definition erklärt, auch noch die Natur der Begierde auszudrücken.

Ende des dritten Teils

DER ETHIK VIERTER TEIL

VON DER MENSCHLICHEN KNECHTSCHAFT
oder
VON DEN KRÄFTEN DER AFFEKTE

Vorrede

Die menschliche Ohnmacht, die Affekte zu meistern und zu hemmen, nenne ich Knechtschaft; denn der von seinen Affekten abhängige Mensch handelt nicht aus eigenem Recht, sondern unterliegt dem Schicksal, in dessen Gewalt er in dem Maße steht, daß er oft gezwungen ist, dem Schlechteren zu folgen, obgleich er das Bessere sieht. Die Ursache hiervon und was die Affekte außerdem Gutes oder Schlechtes haben, gedenke ich in diesem Teile vorzutragen. Doch bevor ich anfange, möchte ich ein paar Worte über Vollkommenheit und Unvollkommenheit sowie über Gut und Schlecht vorausschicken.

Wenn jemand sich vorgenommen hat, irgend ein Ding herzustellen, und er hat es dann vollendet, so wird nicht bloß er selber sagen, daß das Ding vollendet sei, sondern auch sonst wird es jeder sagen, der den Gedanken des Urhebers dieses Werks und seinen Zweck richtig kennt oder zu kennen glaubt. Wenn z. B. jemand ein Werk (von dem ich voraussetze, daß es noch nicht fertig ist) gesehen hat, und weiß, daß es die Absicht des Urhebers dieses Werkes ist, ein Haus zu bauen, so wird er sagen, das Haus sei unvollendet; dagegen wird er sagen, es sei vollendet, sobald er gesehen hat, daß das Werk bis zu der Endgestalt fortgeführt ist, die der Urheber sich vorgenommen hatte, ihm zu geben. Wenn aber jemand ein Werk sieht, dessen gleichen er noch niemals gesehen hat, und er auch den Gedanken des Werkmeisters nicht kennt, so wird er offenbar nicht wissen können, ob dieses Werk vollendet sei oder unvollendet. Und dies scheint die erste Bedeutung dieser Wörter gewesen zu sein. Nachdem aber die Menschen begonnen hatten, allgemeine Ideen zu bilden, sich Musterbilder von Häusern, Gebäuden, Türmen usw. auszudenken und die einen Musterbilder den anderen vorzuziehen, ist es gekommen, daß jeder als vollendet oder vollkommen das bezeichnete, was er mit der allgemeinen Idee, die er sich von derartigen Dingen gebildet hatte, übereinstimmen sah, und umgekehrt als unvollendet oder unvollkommen das, was er mit seinem vorgefaßten Musterbild in geringerem Grade übereinstimmen sah, obwohl es nach der Ansicht des Werkmeisters vollständig fertig gestellt war. Und es scheint kein anderer Grund zu sein, weswegen auch die natürlichen Dinge, Dinge also, die nicht von Menschenhand gemacht sind, gewöhnlich vollkommen oder unvollkommen genannt werden; denn von den natürlichen Dingen pflegen die Menschen ebenso wie von den künstlichen allgemeine Ideen zu bilden, die sie dann gleichsam für die Musterbilder der Dinge halten und von denen sie glauben, daß die Natur (die nach ihrer Ansicht alles eines Zweckes halber tut) auf sie hinschaue und sie sich als Musterbilder vorsetze. Wenn sie daher etwas in der Natur entstehen sehen, was mit dem vorgefaßten Musterbild, das sie von derartigen Dingen haben, nicht übereinstimmt, so glauben sie, daß dann die Natur selbst gefehlt oder ein Versehen begangen und dieses Ding unvollkommen gelassen habe. Wir sehen daher, daß die Menschen gewöhnt sind, die natürlichen Dinge mehr einem Vorurteile zufolge vollkommen oder unvollkommen zu nennen, als auf Grund der wahren Erkenntnis von ihnen. Wir haben ja im Anhang zum 1. Teil nachgewiesen, daß die Natur nicht um eines Zweckes willen handelt; denn jenes ewige und unendliche Wesen, das wir Gott oder die Natur heißen, handelt mit der selben Notwendigkeit, mit der es existiert; handelt es doch, wie wir nachgewiesen haben (Lehrsatz 16 des 1. Teils) infolge der selben Notwendigkeit, derzufolge es existiert. Der

Grund also oder die Ursache, warum Gott oder die Natur handelt und warum sie existiert, ist eine und die selbe. Wie sie also keines Zweckes halber existiert, so handelt sie auch keines Zweckes halber; wie ihr Existieren, so hat auch ihr Handeln kein Prinzip oder keinen Zweck. Was man aber Zweckursache nennt, ist nichts weiter als der menschliche Trieb selbst, sofern er als das Prinzip oder als die vornehmliche Ursache irgend eines Dinges angesehen wird. Wenn wir z. B. sagen, die Wohnung sei die Zweckursache dieses oder jenes Hauses, dann meinen wir offenbar damit nichts anderes, als daß ein Mensch infolge davon, daß er sich die Annehmlichkeiten des häuslichen Lebens vorstellte, den Trieb hatte, das Haus zu bauen. Demnach ist die Wohnung, sofern sie als Zweckursache angesehen wird, nichts weiter, als dieser besondere Trieb, der in Wahrheit eine bewirkende Ursache ist, die als erste Ursache angesehen wird, weil die Menschen gemeiniglich um die Ursachen ihrer Triebe nicht wissen. Denn sie sind, wie ich bereits oft gesagt habe, zwar ihrer Handlungen und Triebe sich bewußt, aber unkundig der Ursachen, von denen sie bestimmt werden, etwas zu erstreben. Was man noch außerdem gemeinhin redet, daß die Natur bisweilen fehle oder ein Versehen begehe und unvollkommene Dinge hervorbringe, zähle ich unter die Einbildungen, über die ich im Anhang des 1. Teils gehandelt habe.

Vollkommenheit also und Unvollkommenheit sind in Wahrheit nur Modi des Denkens, nämlich Begriffe, die wir uns auf Grund davon einzubilden pflegen, daß wir die Individuen der selben Art oder der selben Gattung miteinander vergleichen: und aus dieser Ursache habe ich oben (Definition 6 des 2. Teils) gesagt, daß ich unter Realität und Vollkommenheit das selbe verstehe. Wir pflegen nämlich alle Individuen in der Natur auf eine Gattung zurückzuführen, die wir die allgemeinste nennen: auf den Begriff des Wesens, der sich auf alle Individuen in der Natur überhaupt erstreckt. Sofern wir daher die Individuen in der Natur auf diese Gattung zurückführen, sie dann miteinander vergleichen und dabei bemerken, daß die einen mehr Wesens-

gehalt oder Realität haben als die anderen, insofern sagen wir, daß die einen vollkommener sind als die anderen. Und sofern wir ihnen etwas beilegen, was Verneinung enthält, wie Grenze, Ende, Ohnmacht usw., insofern nennen wir sie unvollkommen, weil sie unsere Seele nicht ebenso affizieren, als die, die wir vollkommen heißen, und nicht etwa darum, weil ihnen etwas fehlte, was zu ihnen gehörig wäre, oder weil die Natur ein Versehen begangen hätte. Denn nichts kommt der Natur eines Dinges zu, als was aus der Notwendigkeit der Natur der bewirkenden Ursache folgt; und alles was aus der Notwendigkeit der Natur einer bewirkenden Ursache folgt, das geschieht notwendig.
Was das Gute und das Schlechte anlangt, so bezeichnen diese Ausdrücke auch nichts Positives in den Dingen, wenn man die Dinge nämlich an sich selbst betrachtet; es sind auch nur Modi des Denkens oder Begriffe, die wir dadurch bilden, daß wir die Dinge miteinander vergleichen. Denn ein und das selbe Ding kann zu der selben Zeit gut und schlecht, und auch indifferent sein. Z. B. ist Musik für den Trübsinnigen gut, schlecht für den Trauernden, für den Tauben aber weder gut noch schlecht. Allein, obgleich sich die Sache so verhält, müssen wir doch diese Wörter beibehalten. Denn weil wir eine Idee des Menschen zu bilden beabsichtigen als das Musterbild der menschlichen Natur, auf das wir hinschauen sollen, wird es für uns von Vorteil sein, diese selben Wörter in dem erwähnten Sinne beizubehalten. Unter gut werde ich daher im folgenden das verstehen, wovon wir gewiß wissen, daß es ein Mittel ist, dem Musterbild der menschlichen Natur, das wir uns vorsetzen, näher und näher zu kommen. Unter schlecht dagegen das, wovon wir gewiß wissen, daß es uns hindert, diesem Musterbild zu entsprechen. Ferner werde ich die Menschen vollkommener oder unvollkommener nennen, sofern sie eben diesem Musterbilde mehr oder minder nahe kommen. Denn ich muß darauf besonders aufmerksam machen, daß ich, wenn ich sage, jemand gehe von geringerer zu größerer Vollkommenheit über und umgekehrt, darunter nicht verstehe, daß er sich aus einer Wesenheit oder Form in eine

andere verwandele, — denn ein Pferd z. B. geht ebensowohl zugrunde, wenn es sich in einen Menschen, als wenn es sich in ein Insekt verwandelt, — sondern, daß wir uns seine Wirkungskraft, sofern diese als seine Natur verstanden wird, in Vermehrung oder Verminderung begriffen denken. Endlich werde ich, wie schon erwähnt, unter Vollkommenheit im allgemeinen die Realität verstehen, das heißt die Wesenheit eines jeden beliebigen Dinges, sofern es auf gewisse Weise existiert und wirkt, ohne dabei Rücksicht auf seine Dauer zu nehmen. Denn kein Einzelding kann deshalb vollkommener heißen, weil es eine längere Zeit im Existieren verharrt hat; — kann doch die Dauer der Dinge auf Grund ihrer Wesenheit nicht bestimmt werden, da ja die Wesenheit der Dinge keine gewisse und bestimmte Zeit der Existenz in sich schließt, — vielmehr wird jedes Ding, mag es nun mehr oder weniger vollkommen sein, mit der selben Kraft, mit der es zu existieren anfing, immer weiter im Existieren beharren können, dergestalt, daß in dieser Beziehung alle Dinge einander gleich sind.

DEFINITIONEN

1.

Unter gut werde ich das verstehen, wovon wir gewiß wissen, daß es uns nützlich ist.

2.

Unter schlecht dagegen das, wovon wir gewiß wissen, daß es uns hindert, in den Besitz eines Gutes zu gelangen. (Siehe hierüber die vorstehende Vorrede gegen Ende.)

3.

Ich nenne die Einzeldinge zufällig, sofern wir, wenn wir bloß ihre Wesenheit ins Auge fassen, nichts finden, was ihre Existenz notwendig setzt oder was sie notwendig ausschließt.

4.

Die selben Einzeldinge nenne ich möglich, sofern wir, wenn wir die Ursachen, von denen sie hervorgebracht werden müssen, ins Auge fassen, nicht wissen, ob diese bestimmt sind, sie hervorzubringen.

(In der Anmerkung 1 zu Lehrsatz 33 des 1. Teils habe ich zwischen möglich und zufällig keinen Unterschied gemacht, weil es dort nicht nötig war, dies beides genau zu unterscheiden.)

5.

Unter entgegengesetzten Affekten werde ich im folgenden solche verstehen, die den Menschen nach verschiedenen Richtungen hinziehen, wenn sie auch zu der selben Gattung gehören, wie Schwelgerei und Habgier, die Arten der Liebe sind, und nicht ihrer Natur nach, sondern durch Zufall entgegengesetzt sind.

6.

Was ich unter Affekt gegen ein zukünftiges, gegenwärtiges und vergangenes Ding verstanden wissen will, habe ich in den Anmerkungen 1 und 2 zu Lehrsatz 18 des 3. Teils auseinandergesetzt, die man nachsehen möge.

(Ich muß hier noch darauf aufmerksam machen, daß wir uns die zeitliche Entfernung ebenso wie die räumliche nur bis zu einer gewissen Grenze deutlich vorstellen können; das heißt: ebenso wie wir uns alle Objekte, die mehr als zweihundert Fuß von uns entfernt sind, deren Entfernung von dem Ort, an dem wir sind, also über das Maß hinausgeht, das wir uns deutlich vorstellen, als gleich weit von uns entfernt und wie in der selben Ebene befindlich vorzustellen pflegen, ebenso stellen wir uns auch alle Objekte, deren Existenz unserer Vorstellung nach in eine Zeit fällt, die von der Gegenwart durch eine längere Zeitstrecke getrennt ist, als die, die wir deutlich vorzustellen pflegen, als gleich weit von der Gegenwart entfernt vor, und verlegen sie gleichsam in einen einzigen Moment der Zeit.)

7.

Unter dem Zweck, dessentwegen wir etwas tun, verstehe ich den Trieb.

8.

Unter Tugend und Kraft verstehe ich das selbe; das heißt

(nach Lehrsatz 7 des 3. Teils) Tugend, sofern sie auf den Menschen bezogen wird, ist die Wesenheit des Menschen oder seine Natur selbst, sofern es in seiner Gewalt steht, etwas zu bewirken, was durch die bloßen Gesetze seiner Natur eingesehen werden kann.

GRUNDSATZ

Ein Einzelding, dem unter den sonst vorhandenen Dingen kein anderes an Kraft und Stärke überlegen ist, gibt es in der Natur der Dinge nicht. Vielmehr ist, mag ein beliebiges Ding gegeben sein, stets ein anderes mächtigeres vorhanden, von dem jenes gegebene Ding zerstört werden kann.

Lehrsatz 1. Von dem, was eine falsche Idee an Positivem enthält, wird durch die Gegenwart des Wahren, sofern es wahr ist, nichts aufgehoben.

Beweis: Die Falschheit besteht (nach Lehrsatz 35 des 2. Teils) in dem bloßen Mangel an Erkenntnis, den die inadäquaten Ideen in sich schließen, und diese enthalten (nach Lehrsatz 33 des 2. Teils) nichts Positives, um dessentwillen man sie falsch nennt. Sofern sie sich auf Gott beziehen, sind sie vielmehr umgekehrt (nach Lehrsatz 32 des 2. Teils) wahr. Wenn also das Positive, das eine falsche Idee enthält, durch die Gegenwart des Wahren, sofern es wahr ist, aufgehoben würde, würde sonach die wahre Idee durch sich selbst aufgehoben werden, was (nach Lehrsatz 4 des 3. Teils) ungereimt ist. Folglich wird von dem, was eine falsche Idee usw. W. z. b. w.

Anmerkung: Dieser Lehrsatz läßt sich klarer auf Grund von Folgesatz 2 zu Lehrsatz 16 des 2. Teils einsehen. Nämlich eine Vorstellung ist eine Idee, die mehr den gegenwärtigen Zustand des menschlichen Körpers als die Natur des äußeren Körpers anzeigt, und zwar nicht deutlich, sondern verworren. Daher kommt es, daß man sagt, die Seele irrt. Wenn wir z. B. die Sonne anschauen, stellen wir uns vor, sie sei ungefähr zweihundert Fuß von uns entfernt; hierin täuschen wir uns so lange, als wir ihre wahre Entfernung nicht wissen. Haben wir aber ihre wahre Entfernung kennen gelernt, so wird zwar der Irrtum aufgehoben, dagegen nicht die Vorstellung, das heißt die Idee der Sonne, die deren Natur nur insofern erklärt, als der Körper von ihr affiziert wird; selbst wenn wir also ihre wahre Entfernung kennen, werden wir uns nichtsdestoweniger vorstellen, daß sie uns nahe sei. Denn, wie wir in der Anmerkung zu Lehrsatz 35 des 2. Teils gesagt haben, stellen wir uns die Sonne nicht darum als so nahe vor, weil wir ihre wahre Entfernung nicht wissen, sondern darum, weil die Seele die Größe der Sonne insofern begreift, als der Körper von ihr affiziert wird. So stellen wir uns, wenn Sonnenstrahlen auf eine Wasserfläche fallen und von da gegen unsere Augen zurückgeworfen werden, die Sonne so vor, als ob sie im Wasser wäre, obgleich uns ihr wahrer Ort bekannt ist; und dasselbe gilt auch von den übrigen Vorstellungen, durch die die Seele getäuscht wird: mögen sie einen natürlichen Zustand des Körpers oder eine Vermehrung oder Verminderung seiner Wirkungskraft anzeigen: dem Wahren sind sie nicht entgegengesetzt, noch verschwinden sie bei dessen Gegenwart. Zwar kommt es vor, daß, wenn wir uns fälschlich vor einem Übel ängstigen, unsere Angst verschwindet, wenn wir eine wahre Nachricht vernehmen; indessen auch das Umgekehrte kommt vor, daß, wenn wir uns vor einem Übel ängstigen, das gewiß kommen wird, unsere Angst ebenfalls verschwindet, wenn wir eine falsche Nachricht vernehmen; und mithin verschwinden die Vorstellungen nicht infolge der Gegenwart des Wahren, sofern es wahr ist, sondern weil ihnen andere stärkere Vorstellungen entgegentreten, die die gegenwärtige Existenz der Dinge, die wir uns vorstellen, ausschließen, wie wir es in Lehrsatz 17 des 2. Teils bewiesen haben.

Lehrsatz 2. Wir leiden insofern, als wir ein Teil der Natur sind, der für sich und ohne andere Teile nicht begriffen werden kann.

Beweis: Wir heißen (nach Definition 2 des 3. Teils) alsdann leidend, wenn in uns etwas entsteht, wovon wir nur eine Teil-Ursache sind, das heißt (nach Definition 1 des 3. Teils) etwas, das sich aus den Gesetzen unserer Natur allein nicht ableiten läßt. Wir leiden also, sofern wir ein Teil der Natur sind, der für sich und ohne andere Teile nicht begriffen werden kann. W. z. b. w.

Lehrsatz 3. Die Kraft, mit der der Mensch im Existieren beharrt, ist beschränkt und wird von der Kraft der äußeren Ursachen unendlich übertroffen.

Beweis: Dies erhellt aus dem Grundsatz dieses Teils. Denn ist der Mensch vorhanden, so gibt es etwas anderes, etwa A, was mächtiger ist, und ist A vorhanden, so gibt es wider etwas anderes, was mächtiger ist als A, etwa B, und so weiter ins Unendliche; und folglich wird die Kraft des Menschen durch die Kraft von etwas anderem begrenzt und von der Kraft der äußeren Ursachen unendlich übertroffen. W. z. b. w.

Lehrsatz 4. Es ist unmöglich, daß der Mensch kein Teil der Natur sei, und daß er bloß solche Veränderungen erleiden könne, die durch seine Natur allein eingesehen werden können und deren adäquate Ursache er ist.

Beweis: Die Kraft, vermöge deren die Einzeldinge, und folglich auch der Mensch sein Sein erhält, ist (nach Folgesatz zu Lehrsatz 24 des 1. Teils) die Macht Gottes oder der Natur selbst, nicht sofern sie unendlich ist, sondern (nach Lehrsatz 7 des 3. Teils) sofern sie durch die wirkliche Wesenheit des Menschen erklärt werden kann. Die Kraft des Menschen ist daher, sofern sie durch seine wirkliche Wesenheit erklärt wird, ein Teil der unendlichen Macht Gottes oder der Natur, das heißt (nach Lehrsatz 34 des 1. Teils) der unendlichen Wesenheit Gottes oder der Natur. Dies war das Erste. Ferner, wenn es möglich wäre, daß der Mensch bloß solche Veränderungen erleiden könnte, die durch seine eigene Natur allein eingesehen werden können, so würde daraus (nach Lehrsatz 4 und 6 des 3. Teils) folgen, daß er nicht vergehen könnte, sondern daß er notwendigerweise immer existierte. Nun müßte dies aus einer Ursache folgen, deren Kraft entweder endlich oder unendlich ist: nämlich entweder aus der Kraft des Menschen allein, der dann vermögend wäre, alle übrigen Veränderungen, die durch äußere Ursachen entstehen können, von sich fernzuhalten, oder aus der unendlichen Macht der Natur, von der dann alles einzelne dergestalt geleitet werden würde, daß der Mensch bloß solche Veränderungen erleiden könnte, die zu seiner Erhaltung dienen. Nun ist aber das Erste (nach dem vorigen Lehrsatz, dessen Beweis allgemein ist und sich auf alle Einzeldinge anwenden läßt) ungereimt. Wenn es also möglich wäre, daß der Mensch bloß solche Veränderungen erlitte, die durch seine eigene Natur allein eingesehen werden können, und daß er folglich (wie wir eben gezeigt haben) notwendigerweise immer existierte, so müßte dies aus Gottes unendlicher Macht folgen, und folglich müßte (nach Lehrsatz 16 des 1. Teils) aus der Notwendigkeit der göttlichen Natur, sofern sie als affiziert durch die Idee eines Menschen angesehen wird, die Ordnung der ganzen Natur, sofern sie unter den Attributen der Ausdehnung und des Denkens begriffen wird, hergeleitet werden; und so würde (nach Lehrsatz 21 des 1. Teils) folgen, daß der Mensch unendlich wäre, was (nach dem ersten Teil dieses Beweises) ungereimt ist. Es ist daher unmöglich, daß der Mensch bloß solche Veränderungen erleidet, deren adäquate Ursache er selber ist. W. z. b. w.

Folgesatz: Hieraus folgt, daß der Mensch notwendigerweise immer Leidenschaften unterworfen ist, und daß er der gemeinsamen Ordnung der Natur folgt und ihr gehorcht und sich ihr, soweit die Natur der Dinge es verlangt, anpaßt.

Lehrsatz 5. Die Kraft und das Anwachsen jeder Leidenschaft und ihr Beharren in der Existenz wird nicht durch die Kraft definiert, mit der wir in der Existenz zu beharren streben, sondern durch die Kraft der äußeren Ursache im Vergleich mit unserer Kraft.

Beweis: Die Wesenheit der Leidenschaft kann (nach Definition 1 und 2 des 3. Teils) durch unsere Wesenheit allein nicht erklärt werden, das heißt (nach Lehrsatz 7 des 3. Teils), die Kraft der Leidenschaft läßt sich durch die Kraft, mit der wir in der Existenz zu beharren streben, nicht definieren, sie muß vielmehr (wie in Lehrsatz 16 des 2. Teils gezeigt worden ist) notwendig durch die Kraft der äußeren Ursache im Vergleich mit unserer Kraft definiert werden. W. z. b. w.

Lehrsatz 6. Die Kraft einer Leidenschaft oder eines Affekts kann die übrigen Handlungen des Menschen oder seine Kraft dergestalt übersteigen, daß der Affekt beharrlich in dem Menschen haftet.

Beweis: Die Kraft und das Anwachsen jeder Leidenschaft und ihr Beharren in der Existenz wird (nach dem vorigen Lehrsatz) definiert durch die Kraft der äußeren Ursache im Vergleich mit unserer Kraft; und somit kann sie (nach Lehrsatz 3 dieses Teils) die Kraft des Menschen dergestalt übersteigen usw. W. z. b. w.

Lehrsatz 7. Ein Affekt kann nur gehemmt oder aufgehoben werden durch einen Affekt, der entgegengesetzt und der stärker ist als der zu hemmende Affekt.

Beweis: Ein Affekt ist, sofern er sich auf die Seele bezieht, eine Idee, durch die die Seele von ihrem Körper eine größere oder geringere Existenzkraft als vorher bejaht (nach der allgemeinen Definition der Affekte, die man am Ende des 3. Teiles findet). Wenn die Seele also von einem Affekt bedrängt wird, wird der Körper zugleich in eine Affektion versetzt, die seine Wirkungskraft vermehrt oder vermindert. Ferner empfängt diese Affektion des Körpers (nach Lehrsatz 5 dieses Teils) die Kraft, in ihrem Sein zu beharren, von ihrer Ursache, und sie kann daher (nach Lehrsatz 6 des 2. Teils) nur von einer körperlichen Ursache gehemmt oder aufgehoben werden, die den Körper in eine Affektion versetzt, die (nach Lehrsatz 5 des 3. Teils) der ersten entgegengesetzt und (nach dem Grundsatz dieses Teils) stärker ist; und dementsprechend wird die Seele (nach Lehrsatz 12 des

2. Teils) die Idee einer Affektion haben, die stärker und der vorhergehenden entgegengesetzt ist, das heißt (nach der allgemeinen Definition der Affekte) die Seele wird in einen Affekt versetzt, der stärker und dem vorhergehenden entgegengesetzt ist, nämlich in einen Affekt, der die Existenz des vorhergehenden ausschließt oder aufhebt; und somit kann ein Affekt nur aufgehoben oder gehemmt werden durch einen Affekt, der entgegengesetzt und stärker ist. W. z. b. w.

Folgesatz: Ein Affekt kann, sofern er sich auf die Seele bezieht, nur gehemmt oder aufgehoben werden durch die Idee einer Körperaffektion, die entgegengesetzt und stärker ist als die Affektion, durch die wir leiden. Denn ein Affekt, durch den wir leiden, kann (nach dem vorigen Lehrsatz) nur gehemmt oder aufgehoben werden durch einen Affekt, der stärker als er und ihm entgegengesetzt ist, das heißt (nach der allgemeinen Definition der Affekte) nur durch die Idee einer Körperaffektion, die stärker und der Affektion, durch die wir leiden, entgegengesetzt ist.

Lehrsatz 8. Die Erkenntnis des Guten und des Schlechten ist nichts anderes als der Affekt der Freude oder der Trauer, sofern wir uns seiner bewußt sind.

Beweis: Wir nennen (nach Definition 1 und 2 dieses Teils) gut oder schlecht das, was der Erhaltung unseres Seins nützt oder zuwider ist, das heißt (nach Lehrsatz 7 des 3. Teils) das, was unsere Wirkungskraft vermehrt oder vermindert, fördert oder hemmt. Sofern wir daher (nach der Definition der Freude und der Trauer, die man in der Anmerkung zu Lehrsatz 11 des 3. Teils nachsehen möge) wahrnehmen, daß etwas uns in Freude oder Trauer versetzt, nennen wir es gut oder schlecht; und somit ist die Erkenntnis des Guten und des Schlechten nichts anderes, als die Idee der Freude oder Trauer, die (nach Lehrsatz 22 des 2. Teils) aus dem Affekt der Freude oder Trauer selbst notwendig folgt. Diese Idee ist aber (nach Lehrsatz 21 des 2. Teils) mit dem Affekt auf die selbe Weise vereinigt, wie die Seele mit dem Körper vereinigt ist, das heißt (wie in der Anmerkung zu dem selben Lehrsatz gezeigt ist) diese Idee unterscheidet sich von dem Affekte selbst oder (nach der allgemeinen Definition der Affekte) von der Idee der Körperaffektion in Wahrheit nur durch den bloßen Begriff. Folglich ist diese Erkenntnis des Guten und des Schlechten nichts anderes, als der Affekt selbst, sofern wir uns seiner bewußt sind. W. z. b. w.

Lehrsatz 9. Ein Affekt ist stärker, wenn wir uns seine Ursache als gegenwärtig vor uns befindlich vorstellen, als wenn wir sie uns als nicht vor uns befindlich vorstellen.

Beweis: Die Vorstellung ist eine Idee, vermöge deren die Seele ein Ding als gegenwärtig betrachtet (siehe ihre Definition in der Anmerkung zu Lehrsatz 17 des 2. Teils), die jedoch (nach Folgesatz 2 zu Lehrsatz 16 des 2. Teils) mehr den Zustand des menschlichen Körpers als die Natur des äußeren Dinges anzeigt. Demnach ist der Affekt (nach der allgemeinen Definition der Affekte) eine Vorstellung, sofern sie den Zustand des Körpers anzeigt. Nun ist aber eine Vorstellung (nach Lehrsatz 17 des 2. Teils) lebhafter, solange wir uns nichts vorstellen, was die gegenwärtige Existenz des äußeren Dinges ausschließt. Folglich ist auch ein Affekt lebhafter oder stärker, wenn wir uns seine Ursache als gegenwärtig vor uns befindlich vorstellen, als wenn wir sie als nicht vor uns befindlich vorstellen. W. z. b. w.

Anmerkung: Als ich oben in Lehrsatz 18 des 3. Teils sagte, daß wir durch das Vorstellungsbild eines zukünftigen oder vergangenen Dinges in den selben Affekt versetzt werden, als wenn das Ding, das wir uns vorstellen, gegenwärtig wäre, erwähnte ich ausdrücklich, daß dies wahr sei, sofern wir allein das Vorstellungsbild des Dinges selbst ins Auge fassen; denn ein Vorstellungsbild ist von der selben Natur, ob wir uns nun die Dinge als gegenwärtig vorstellen oder nicht: ich habe indessen nicht verneint, daß das Vorstellungsbild schwächer werde, wenn wir andere Dinge als gegenwärtig betrachten, die die gegenwärtige Existenz des zukünftigen Dinges ausschließen; hierauf hinzuweisen habe ich damals unterlassen, weil es ja meine Absicht war, erst in diesem Teile von den Kräften der Affekte zu handeln.

Folgesatz: Das Vorstellungsbild eines zukünftigen oder vergangenen Dinges, das heißt eines Dinges, das wir mit Beziehung auf die Zukunft oder die Vergangenheit unter Ausschluß der Gegenwart betrachten, ist bei sonst gleichen Umständen schwächer als das Vorstellungsbild eines gegenwärtigen Dinges; und folglich ist der Affekt gegen ein zukünftiges oder vergangenes Ding, bei sonst gleichen Umständen, gelinder als der Affekt gegen ein gegenwärtiges Ding.

Lehrsatz 10. Gegen ein zukünftiges Ding, das wir uns als schnell herannahend vorstellen, werden wir lebhafter in Affekt versetzt, als wenn wir uns vorstellen, daß die Zeit seiner Existenz weiter von der Gegenwart entfernt sei; und ebenso werden wir durch die Erinnerung an ein Ding, das wir uns als noch nicht lange vergangen vorstellen, lebhafter in Affekt versetzt, als wenn wir uns vorstellen, daß es schon lange vergangen sei.

Beweis: Sofern wir uns nämlich ein Ding als schnell herannahend oder noch nicht lange vergangen vorstellen, stellen wir uns eben damit (wie sich von selbst versteht) etwas vor, was die Gegenwart des Dinges weniger ausschließt, als wenn wir uns vorstellen, daß die zukünftige Zeit seiner Existenz weiter von der Gegenwart entfernt, oder daß das Ding schon längst vergangen sei; und mithin werden wir (nach dem vorigen Lehrsatz) insofern lebhafter gegen es in Affekt versetzt werden. W. z. b. w.

Anmerkung: Aus den Bemerkungen zu Definition 6 dieses Teils folgt, daß wir gegen Objekte, die von der Gegenwart durch eine Zeitstrecke getrennt sind, die zu lang ist, um von uns in der Vorstellung bestimmt werden zu können, ganz gleich gelinde in Affekt versetzt werden, selbst wenn wir einsehen, daß diese Objekte von einander durch eine lange Zeitstrecke getrennt sind.

Lehrsatz 11. Der Affekt gegen ein Ding, das wir uns als notwendig vorstellen, ist bei sonst gleichen Umständen lebhafter, als der Affekt gegen ein mögliches oder ein zufälliges, das heißt ein nicht notwendiges Ding.

Beweis: Sofern wir uns ein Ding als notwendig vorstellen, bejahen wir seine Existenz, und umgekehrt verneinen wir die Existenz eines Dinges, sofern wir es uns als nicht notwendig vorstellen (nach Anmerkung 1 zu Lehrsatz 33 des 1. Teils); und daher ist (nach Lehrsatz 9 dieses Teils) der Affekt gegen ein notwendiges Ding bei sonst gleichen Umständen lebhafter, als der Affekt gegen ein nicht notwendiges Ding. W. z. b. w.

Lehrsatz 12. Der Affekt gegen ein Ding, von dem wir wissen, daß es gegenwärtig nicht existiert, und das wir uns als möglich vorstellen, ist bei sonst gleichen Umständen lebhafter als der Affekt gegen ein zufälliges Ding.

Beweis: Sofern wir uns ein Ding als zufällig vorstellen, werden wir (nach Definition 3 dieses Teils) durch kein Vorstellungsbild eines anderen Dinges affiziert, das die Existenz des Dinges setzte; vielmehr stellen wir uns (nach der Voraussetzung) umgekehrt einiges vor, was seine gegenwärtige Existenz ausschließt. Sofern wir uns aber ein Ding als in der Zukunft möglich vorstellen, stellen wir uns (nach Definition 4 dieses Teils) einiges vor, was seine Existenz setzt, das heißt (nach Lehrsatz 18 des 3. Teils) einiges, was Hoffnung oder Furcht nährt; und mithin ist der Affekt gegen ein mögliches Ding heftiger. W. z. b. w.

Folgesatz: Der Affekt gegen ein Ding, von dem wir wissen, daß es gegenwärtig nicht existiert, und das wir uns als zufällig vorstellen, ist viel gelinder, als wenn wir uns das Ding als gegenwärtig vor uns befindlich vorstellen.

Beweis: Der Affekt gegen ein Ding, das wir uns als gegenwärtig existierend vorstellen, ist (nach Folgesatz zu Lehrsatz 9 dieses Teils) lebhafter, als wenn wir es uns als zukünftig vorstellen, und er ist (nach Lehrsatz 10 dieses Teils) sehr viel heftiger, wenn wir uns die Zukunft als sehr weit von der Gegenwart entfernt vorstellen. Es ist daher der Affekt gegen ein Ding, dessen Zeit zu existieren wir uns als weit von der Gegenwart entfernt vorstellen, viel gelinder, als wenn wir es uns als gegenwärtig vorstellen; und gleichwohl ist er (nach dem vorigen Lehrsatz) immerhin noch lebhafter, als wenn wir uns eben dies Ding als zufällig vorstellen; und mithin wird der Affekt gegen ein zufälliges Ding viel gelinder sein, als wenn wir uns das Ding als gegenwärtig vor uns befindlich vorstellen. W. z. b. w.

Lehrsatz 13. Der Affekt gegen ein zufälliges Ding, von dem wir wissen, daß es gegenwärtig nicht existiert, ist, bei sonst gleichen Umständen, gelinder als der Affekt gegen ein vergangenes Ding.

Beweis: Sofern wir uns ein Ding als zufällig vorstellen, werden wir (nach Definition 3 dieses Teils) durch kein Vorstellungsbild eines anderen Dinges affiziert, das die Existenz des Dinges setzte, vielmehr stellen wir uns (nach der Voraussetzung) umgekehrt einiges vor, was seine gegenwärtige Existenz ausschließt. Allein sofern wir es uns mit Beziehung auf die Vergangenheit vorstellen, ist vorausgesetzt, daß wir uns etwas vorstellen, was es in Erinnerung bringt, oder was das Vorstellungsbild des Dinges hervorruft (siehe Lehrsatz 18 des 2. Teils und die Anmerkung dazu) und daher insofern (nach Folgesatz zu Lehrsatz 17 des 2. Teils) bewirkt, daß wir es betrachten, als ob es gegenwärtig wäre. Und folglich wird (nach Lehrsatz 9 dieses Teils) der Affekt gegen ein zufälliges Ding, von dem wir wissen, daß es gegenwärtig nicht existiert, bei sonst gleichen Umständen gelinder sein als der Affekt gegen ein vergangenes Ding. W. z. b. w.

Lehrsatz 14. Die wahre Erkenntnis des Guten und Schlechten kann einen Affekt, sofern sie wahr ist, nicht hemmen, sondern allein, sofern sie als Affekt angesehen wird.

Beweis: Der Affekt ist (nach der allgemeinen Definition der Affekte) eine Idee, durch die die Seele von ihrem Körper eine größere oder geringere Existenzkraft als vorher bejaht, und er enthält daher (nach Lehrsatz 1 dieses Teils) nichts Positives, was durch die Gegenwart des Wahren aufgehoben werden könnte; und folglich kann die wahre Erkenntnis des Guten und Schlechten einen Affekt, sofern sie wahr ist, nicht hemmen. Dagegen sofern sie Affekt ist (siehe Lehrsatz 8 dieses Teils), und allein insofern wird sie, wenn sie stärker als der zu hemmende Affekt ist, diesen Affekt hemmen können (nach Lehrsatz 7 dieses Teils). W. z. b. w.

Lehrsatz 15. Eine Begierde, die aus der wahren Erkenntnis des Guten und Schlechten entspringt, kann durch viele andere Begierden, die aus den uns bedrängenden Affekten entspringen, unterdrückt oder gehemmt werden.

Beweis: Aus der wahren Erkenntnis des Guten und Schlechten, sofern diese (nach Lehrsatz 8 dieses Teils) ein Affekt ist, entspringt (nach 1. der Definitionen der Affekte) notwendig eine Begierde, die (nach Lehrsatz 37 des 3. Teils) um so größer ist, je größer der Affekt ist, aus dem sie entspringt. Weil nun diese Begierde (der Voraussetzung nach) daraus entspringt, daß wir etwas wahrheitsgemäß einsehen, so folgt sie in uns (nach Lehrsatz 1 des 3. Teils), sofern wir handeln, und mithin muß sie (nach Definition 2 des 3. Teils) durch unsere Wesenheit allein eingesehen werden, und folglich muß (nach Lehrsatz 7 des 3. Teils) ihre Kraft und ihr Anwachsen durch die menschliche Kraft allein definiert werden. Die Begierden sodann, die aus den uns bedrängenden Affekten entspringen, sind ebenfalls um so größer, je heftiger diese Affekte sind; und mithin muß ihre Kraft und ihr Anwachsen (nach Lehrsatz 5 dieses Teils) durch die Kraft der äußeren Ursachen definiert werden, die, mit unserer Kraft verglichen, diese (nach Lehrsatz 3 dieses Teils) unbestimmt übersteigen, und mithin können die Begierden, die aus derartigen Affekten entspringen, heftiger sein als die Begierde, die aus der wahren Erkenntnis des Guten und Schlechten entspringt; und sie werden daher (nach Lehrsatz 7 dieses Teils) diese hemmen oder unterdrücken können. W. z. b. w.

Lehrsatz 16. Eine Begierde, die aus der Erkenntnis des Guten und Schlechten, sofern diese Erkenntnis sich auf die Zukunft bezieht, entspringt, kann leichter durch eine Begierde nach Dingen, die in der Gegenwart verlockend sind, gehemmt oder unterdrückt werden.

Beweis: Der Affekt gegen ein Ding, das wir uns als zukünftig vorstellen, ist (nach Folgesatz zu Lehrsatz 9 dieses Teils) gelinder als der Affekt gegen ein gegenwärtiges Ding. Nun kann aber eine Begierde, die aus der wahren Erkenntnis des Guten und Schlechten entspringt, sogar wenn diese Erkenntnis sich auf Dinge richtet, die in der Gegenwart gut sind, (nach dem vorigen Lehrsatz, dessen Beweis allgemein ist) durch irgend eine gerade entstandene Begierde unterdrückt oder gehemmt werden. Folglich wird eine Begierde, die aus einer ebensolchen Erkenntnis, sofern sie sich auf die Zukunft bezieht, entspringt, leichter gehemmt oder unterdrückt werden können usw. W. z. b. w.

Lehrsatz 17. Eine Begierde, die aus der wahren Erkenntnis des Guten und Schlechten entspringt, sofern diese sich auf zufällige Dinge richtet, kann noch viel leichter durch eine Begierde nach Dingen, die gegenwärtig sind, gehemmt werden.

Beweis: Dieser Lehrsatz wird auf die selbe Weise, wie der vorige Lehrsatz, auf Grund des Folgesatzes zu Lehrsatz 12 dieses Teils bewiesen.

Anmerkung: Hiermit glaube ich die Ursache nachgewiesen zu haben, warum die Menschen sich mehr von der Meinung als von der wahren Vernunft bewegen lassen, und warum die wahre Erkenntnis des Guten und Schlechten Gemütsbewegungen hervorruft und oft gegenüber Gelüsten jeder Gattung den kürzeren zieht, woher denn jenes Dichterwort rührt: „Ich sehe das Bessere und billige es, aber dem Schlechteren folge ich nach". Das selbe scheint auch der Prediger im Sinne gehabt zu haben, wenn er gesagt hat: „Wer das Wissen mehret, mehret den Schmerz". Und dies sage ich nicht zu dem Zweck, um daraus zu schließen, daß Nichtwissen besser sei als Wissen, oder daß zwischen dem Toren und dem Verständigen in der Bemeisterung der Affekte kein Unterschied sei, sondern darum, weil es ebensowohl nötig ist, die Ohnmacht wie die Macht unserer Natur zu kennen, um bestimmen zu können, was die Vernunft im Bemeistern der Affekte vermag und was sie darin nicht vermag; und zwar werde ich in diesem Teil, wie schon gesagt, bloß von der menschlichen Ohnmacht handeln. Denn von der Macht der Vernunft über die Affekte gedenke ich besonders zu handeln.

Lehrsatz 18. Die Begierde, die aus einer Freude entspringt, ist bei sonst gleichen Umständen stärker als die Begierde, die aus einer Trauer entspringt.

Beweis: Die Begierde ist (nach 1. der Definitionen der Affekte) des Menschen Wesenheit selbst, das heißt (nach Lehrsatz 7 des 3. Teils) das Streben, mit dem der Mensch in seinem Sein zu beharren strebt. Daher wird die Begierde, die aus einer Freude entspringt, (nach der Definition der Freude, die man in der Anmerkung zu Lehrsatz 11 des 3. Teils nachsehen möge) durch eben den Affekt der Freude selbst gefördert oder vermehrt; umgekehrt wird die Begierde, die aus einer Trauer entspringt, (nach der selben Anmerkung) durch eben den Affekt der Trauer selbst vermindert oder gehemmt; und mithin muß die Kraft der Begierde, die aus einer Freude entspringt, durch die menschliche Kraft und die Kraft der äußeren Ursache zugleich, die Kraft der Begierde dagegen, die aus einer Trauer entspringt, allein durch die menschliche Kraft definiert werden; und sonach ist jene Begierde stärker, als diese. W. z. b. w.

Anmerkung: Mit diesen wenigen Lehrsätzen habe ich die Ursachen für die menschliche Ohnmacht und Unbeständigkeit und dafür, daß die Menschen die Weisungen der Vernunft nicht innehalten, auseinandergesetzt. Es bleibt mir nunmehr übrig, zu zeigen, was es denn sei, was die Vernunft uns vorschreibt, und welche Affekte mit den Regeln der menschlichen Vernunft übereinstimmen, und welche umgekehrt ihnen entgegengesetzt sind. Ehe ich jedoch damit beginne, dies in unserer weitläufigen geometrischen Ordnung zu beweisen, möchte ich die Gebote der Vernunft selbst hier zuvor in Kürze mitteilen, damit, was ich meine, leichter von jedem wahrgenommen werde. Da die Vernunft nichts wider die Natur fordert, so fordert sie demnach, daß jeder sich selber liebe, seinen Nutzen suche, so weit es wahrhaft sein Nutzen ist, und all das erstrebe, was den Menschen wahrhaft zu größerer Vollkommenheit führt; und überhaupt, daß jeder sein Sein, so viel an ihm liegt, zu erhalten strebt. Dies ist ja so notwendig wahr, wie daß das Ganze größer ist, als sein Teil (siehe Lehrsatz 4 des 3. Teils). Da sodann Tugend (nach Definition 8 dieses Teils) nichts anderes ist als nach den Gesetzen der eigenen Natur handeln, und jedermann (nach Lehrsatz 7 des 3. Teils) sein Sein nur nach den Gesetzen seiner eigenen Natur zu erhalten strebt, so folgt daraus:

Erstens, daß die Grundlage der Tugend eben das Streben nach Erhaltung des eigenen Seins ist, und daß das Glück darin besteht, daß der Mensch sein Sein zu erhalten vermag.

Es folgt zweitens, daß die Tugend um ihrer selbst willen zu erstreben ist, und daß es nichts wertvolleres gibt, und nichts, was nützlicher für uns ist, um dessentwillen sie erstrebt werden müßte.

Drittens endlich folgt, daß die Selbstmörder ohnmächtigen Gemüts sind und den äußeren Ursachen, die sich ihrer Natur entgegensetzen, völlig erliegen.

Ferner folgt aus Forderung 4 des 2. Teils, daß wir es niemals dahin bringen können, zur Erhaltung unseres Seins nichts außerhalb unserer zu bedürfen und ohne jeden Verkehr mit den Dingen außer uns zu leben; und ziehen wir außerdem unsere Seele in Betracht, so wäre sicherlich unser Verstand weniger vollkommen, wenn die Seele mit sich selbst allein wäre und nichts erkennte als sich selbst. Es gibt demnach außerhalb unserer gar vielerlei, was nützlich für uns und darum zu erstreben ist. Und davon ist das denkbar Wertvollste das, was mit unserer Natur gänzlich übereinstimmt. Denn wenn z. B. zwei Individuen von ganz der selben Natur sich miteinander verbinden, so bilden sie ein Individuum, das doppelt so mächtig ist als jedes einzelne für sich. Für den Menschen ist daher nichts nützlicher als der Mensch; nichts wertvolleres, sage ich, können sich die Menschen zur Erhaltung ihres Seins wünschen, als daß alle in allem dergestalt übereinstimmen, daß die Seelen und

Körper aller zusammen gleichsam eine einzige Seele und einen einzigen Körper bilden, daß alle zumal, soviel sie können, ihr Sein zu erhalten streben und alle zumal für sich den gemeinsamen Nutzen aller suchen; woraus folgt, daß die Menschen, die sich durch die Vernunft lenken lassen, das heißt die Menschen, die nach der Leitung der Vernunft ihren Nutzen suchen, nichts für sich erstreben, was sie nicht auch für die übrigen Menschen begehren, und mithin daß sie gerecht, redlich und ehrbar sind.
Dies sind die Gebote der Vernunft, wie ich sie hier kurz mitteilen wollte, ehe ich damit beginne, sie in der weitläufigeren Ordnung zu beweisen; ich habe es darum getan, um mir wenn möglich die Aufmerksamkeit derer zu gewinnen, die da glauben, daß dies Prinzip, wonach jeder gehalten ist, seinen Nutzen zu suchen, die Grundlage der Zuchtlosigkeit und nicht die Grundlage der Tugend und des Pflichtgefühls sei. Nachdem ich daher in Kürze gezeigt habe, daß die Sache sich gerade umgekehrt verhält, fahre ich damit fort, dies auf dem bisher beschrittenen Wege zu beweisen.

Lehrsatz 19. Jeder begehrt oder verabscheut nach den Gesetzen seiner Natur notwendig das, was er als gut oder schlecht beurteilt.
Beweis: Die Erkenntnis des Guten und Schlechten ist (nach Lehrsatz 8 dieses Teils) der Affekt der Freude oder Trauer selbst, sofern wir uns seiner bewußt sind; und darum begehrt (nach Lehrsatz 28 des 3. Teils) ein jeder notwendig das, was er als gut beurteilt, und verabscheut umgekehrt das, was er als schlecht beurteilt. Allein dieser Trieb ist (nach der Definition des Triebs, die man in der Anmerkung zu Lehrsatz 9 des 3. Teils und in 1. der Definitionen der Affekte nachsehen möge) nichts anderes als des Menschen Wesenheit oder Natur selbst. Folglich begehrt oder verabscheut jeder nach den bloßen Gesetzen seiner Natur notwendig das usw. W. z. b. w.

Lehrsatz 20. Je mehr einer danach strebt und je mehr er dazu imstande ist, seinen Nutzen zu suchen, das heißt sein Sein zu erhalten, desto mehr ist er mit Tugend begabt; und umgekehrt, sofern einer seinen Nutzen, das heißt sein Sein zu erhalten unterläßt, sofern ist er ohnmächtig.

Beweis: Tugend ist (nach Definition 8 dieses Teils) die menschliche Kraft selbst, die allein durch die Wesenheit des Menschen definiert wird, das heißt (nach Lehrsatz 7 des 3. Teils), die allein durch das Streben, mit dem der Mensch in seinem Sein zu beharren strebt, definiert wird. Je mehr folglich einer sein Sein zu erhalten strebt und je mehr er dazu imstande ist, desto mehr ist er mit Tugend begabt; und folglich (nach Lehrsatz 4 und 6 des 3. Teils) ist einer insofern, als er sein Sein zu erhalten unterläßt, ohnmächtig. W. z. b. w.

Anmerkung: Niemand also, der nicht äußeren und seiner Natur entgegengesetzten Ursachen erlegen ist, unterläßt es, seinen Nutzen zu suchen oder sein Sein zu erhalten. Niemand, sage ich, verabscheut die Nahrung oder nimmt sich das Leben infolge der Notwendigkeit seiner Natur, sondern allein, wenn äußere Ursachen ihn dazu zwingen. Es kann so auf vielerlei Weisen zum Selbstmord kommen: der eine tötet sich selbst, weil ihn ein anderer dazu zwingt, indem er ihm die Rechte, mit der er zufällig ein Schwert gefaßt hält, umdreht und ihn zwingt, die Schärfe wider das eigene Herz zu richten; der andere, weil er, wie Seneca, durch den Befehl eines Tyrannen gezwungen wird, sich die Adern zu öffnen, das heißt, weil er ein größeres Übel durch ein geringeres zu vermeiden begehrt; ein dritter endlich, weil verborgene äußere Ursachen sein Vorstellungsvermögen derart beeinflussen und den Körper derart affizieren, daß dieser eine andere der früheren entgegengesetzte Natur annimmt, von der es in der Seele (nach Lehrsatz 10 des 3. Teils) keine Idee geben kann. Daß aber der Mensch infolge der Notwendigkeit seiner Natur danach streben sollte, nicht zu existieren oder sich in eine andere Form zu verwandeln, ist ebenso unmöglich, als daß aus Nichts Etwas werde, wie jeder bei einigem Nachdenken sehen kann.

Lehrsatz 21. Niemand kann begehren glückselig zu sein, gut zu handeln und gut zu leben, der nicht zugleich begehrte zu sein, zu handeln und zu leben, das heißt wirklich zu existieren.

Beweis: Der Beweis dieses Lehrsatzes oder vielmehr die Sache selbst ist an sich klar und erhellt auch aus der Definition der Begierde; denn die Begierde glückselig oder gut zu leben, zu handeln usw. ist (nach 1. der Definitionen der Affekte) des Menschen Wesenheit selbst, das heißt (nach Lehrsatz 7 des 3. Teils) das Streben, mit dem ein jeder sein Sein zu erhalten strebt. Folglich kann niemand begehren usw. W. z. b. w.

Lehrsatz 22. *Keine Tugend kann vor dieser (nämlich vor dem Streben nach Selbsterhaltung) begriffen werden.*

Beweis: Das Streben nach Selbsterhaltung ist (nach Lehrsatz 7 des 3. Teils) die Wesenheit eines Dinges selbst. Könnte also eine Tugend vor dieser, nämlich vor diesem Streben begriffen werden, so würde demzufolge (nach Definition 8 dieses Teils) die Wesenheit des Dinges vor ihr selbst begriffen werden, was (wie sich von selbst versteht) ungereimt ist. Folglich kann keine Tugend usw. W. z. b. w.

Folgesatz: Das Streben nach Selbsterhaltung ist die erste und einzige Grundlage der Tugend. Denn es kann vor diesem Prinzip (nach dem vorigen Lehrsatz) kein anderes begriffen werden, und ohne dies Prinzip kann (Lehrsatz 21 dieses Teils) keine Tugend begriffen werden.

Lehrsatz 23. *Sofern der Mensch zu einer Handlung dadurch bestimmt wird, daß er inadäquate Ideen hat, kann man nicht unbedingt sagen, er handle aus Tugend; man kann dies vielmehr nur sagen, sofern er dadurch bestimmt wird, daß er erkennt.*

Beweis: Sofern der Mensch zum Handeln dadurch bestimmt wird, daß er inadäquate Ideen hat, leidet er (nach Lehrsatz 1 des 3. Teils), das heißt (nach Definition 1 und 2 des 3. Teils) tut er etwas, das durch seine Wesenheit allein nicht wahrgenommen werden kann, das heißt (nach Definition 8 dieses Teils) etwas, das aus seiner Tugend nicht folgt. Sofern er dagegen zu einer Handlung dadurch bestimmt wird, daß er erkennt, handelt er (nach dem selben Lehrsatz 1 des 3. Teils), das heißt (nach Definition 2 des 3. Teils) tut er etwas, das durch seine Wesenheit allein wahrgenommen wird, oder (nach Definition 8 dieses Teils) etwas, das aus seiner Tugend adäquat folgt. W. z. b. w.

Lehrsatz 24. Unbedingt aus Tugend handeln ist nichts anderes in uns als nach der Leitung der Vernunft handeln, leben, sein Sein erhalten (dies drei bedeutet das selbe) auf der Grundlage des Suchens nach dem eigenen Nutzen.

Beweis: Unbedingt aus Tugend handeln ist (nach Definition 8 dieses Teils) nichts anderes als nach den Gesetzen der eigenen Natur handeln. Nun handeln wir aber (nach Lehrsatz 3 des 3. Teils) nur insofern, als wir erkennen. Folglich ist aus Tugend handeln nichts anderes in uns, als nach der Leitung der Vernunft handeln, leben, sein Sein erhalten, und zwar (nach Folgesatz zu Lehrsatz 22 dieses Teils) auf der Grundlage des Suchens nach dem eigenen Nutzen. W. z. b. w.

Lehrsatz 25. Niemand strebt sein Sein eines anderen Dinges wegen zu erhalten.

Beweis: Das Streben, mit dem jedes Ding in seinem Sein zu beharren strebt, wird (nach Lehrsatz 7 des 3. Teils) durch die bloße Wesenheit des Dinges selbst definiert, und allein daraus, daß sie gegeben ist, nicht aber aus der Wesenheit eines anderen Dinges folgt (nach Lehrsatz 6 des 3. Teils) notwendig, daß jeder sein Sein zu erhalten strebt. — Dieser Lehrsatz erhellt außerdem aus dem Folgesatz zu Lehrsatz 22 dieses Teils. Denn wenn der Mensch eines anderen Dinges wegen sein Sein zu erhalten strebte, dann würde (wie sich von selbst versteht) jenes andere Ding die erste Grundlage seiner Tugend sein, was (nach dem angeführten Folgesatz) ungereimt ist. Folglich strebt niemand sein Sein usw. W. z. b. w.

Lehrsatz 26. Alles aus der Vernunft hervorgehende Streben richtet sich auf nichts anderes als auf Einsicht; und sofern die

Seele sich der Vernunft bedient. erscheint ihrem Urteil nur das als für sie nützlich, was zur Einsicht beiträgt.

Beweis: Das Streben nach Selbsterhaltung ist (nach Lehrsatz 7 des 3. Teils) nichts weiter, als die Wesenheit des Dinges selbst, das, sofern es als ein solches existiert, im Besitze der Kraft befindlich begriffen wird, in der Existenz zu beharren (nach Lehrsatz 6 des 3. Teils) und das zu tun, was aus seiner gegebenen Natur notwendig folgt (siehe die Definition des Triebes in der Anmerkung zu Lehrsatz 9 des 3. Teils). Nun ist aber die Wesenheit der Vernunft nichts anderes als unsere Seele, sofern sie klar und deutlich erkennt (siehe ihre Definition in der 2. Anmerkung zu Lehrsatz 40 des 2. Teils). Folglich richtet sich (nach Lehrsatz 40 des 2. Teils) das aus der Vernunft hervorragende Streben auf nichts anderes als auf Einsicht. Ferner da dieses Streben der Seele, vermöge dessen die Seele, sofern sie vernünftig denkt, ihr Sein zu erhalten strebt, (nach dem ersten Teil dieses Beweises) nichts anderes ist als Erkennen, so ist demzufolge dieses Streben nach Einsicht (nach Folgesatz zu Lehrsatz 22 dieses Teils) die erste und einzige Grundlage der Tugend, und wir werden (nach Lehrsatz 25 dieses Teils) nicht irgend eines Zweckes wegen die Dinge zu erkennen streben, vielmehr wird umgekehrt die Seele, sofern sie vernünftig denkt, nur das als für sie gut begreifen können, was zur Einsicht beiträgt (nach Definition 1 dieses Teils). W. z. b. w.

Lehrsatz 27. Wir wissen nur von dem gewiß, daß es gut oder schlecht sei, was wahrhaft zur Einsicht beiträgt oder was unsere Einsicht zu hindern imstande ist.

Beweis: Sofern die Seele vernünftig denkt, erstrebt sie nichts anderes als Einsicht, und ihrem Urteil erscheint nur das als für sie nützlich, was zur Einsicht beiträgt (nach dem vorigen Lehrsatz). Nun hat die Seele aber (nach Lehrsatz 41 und 43 des 2. Teils, dessen Anmerkung man auch nachsehen möge) nur Gewißheit über die Dinge, sofern sie adäquate Ideen hat oder (was nach Anmerkung 2 zu Lehrsatz 40 des 2. Teils das selbe ist) sofern sie vernünftig denkt. Folglich wissen wir nur von dem gewiß, daß es gut sei, was wahrhaft zur Einsicht beiträgt; und umgekehrt nur von dem, daß es schlecht sei, was unsere Einsicht zu hindern imstande ist. W. z. b. w.

Lehrsatz 28. Das höchste Gut der Seele ist die Erkenntnis Gottes und die höchste Tugend der Seele Gott erkennen.

Beweis: Das Höchste, was die Seele erkennen kann, ist Gott, das heißt (nach Definition 6 des 1. Teils) das unbedingt unendliche Wesen, ohne das (nach Lehrsatz 15 des 1. Teils) nichts sein oder begriffen werden kann; und mithin ist (nach Lehrsatz 26 und 27 dieses Teils) der höchste Nutzen für die Seele oder (nach Definition 1 dieses Teils) das höchste Gut die Erkenntnis Gottes. Ferner handelt die Seele (nach Lehrsatz 1 und 3 des 3. Teils) nur insofern, als sie erkennt, und nur insofern kann man (nach Lehrsatz 23 dieses Teils) unbedingt sagen, daß sie aus Tugend handelt. Die unbedingte Tugend der Seele ist also das Erkennen. Nun ist aber das Höchste, was die Seele erkennen kann, Gott (wie wir eben bewiesen haben). Folglich ist die höchste Tugend der Seele Gott verstehen oder erkennen. W. z. b. w.

Lehrsatz 29. Ein Einzelding, dessen Natur von der unsrigen gänzlich verschieden ist, kann unsere Wirkungskraft weder fördern noch hemmen; und überhaupt kann kein Ding für uns gut oder schlecht sein, wenn es nicht irgend etwas mit uns gemein hat.

Beweis: Die Kraft jedes Einzeldinges, und folglich (nach Folgesatz zu Lehrsatz 10 des 2. Teils) auch die Kraft des Menschen, vermöge deren er existiert und wirkt, wird (nach Lehrsatz 28 des 1. Teils) nur von einem anderen Einzelding bestimmt, dessen Natur (nach Lehrsatz 6 des 2. Teils) durch das selbe Attribut eingesehen werden muß, durch das die menschliche Natur begriffen wird. Unsere Wirkungskraft also, wie sie auch begriffen werde, kann bestimmt und folglich auch gefördert oder gehemmt werden durch die Kraft eines anderen Einzeldinges, das etwas mit uns gemein hat, und nicht durch die Kraft eines Dinges, dessen Natur von der unsrigen gänzlich verschieden ist. Und weil wir (nach Lehrsatz 8 dieses Teils) gut oder schlecht das nennen, was Ursache einer Freude oder einer Trauer ist, das heißt (nach Anmerkung zu Lehrsatz 11 des 3. Teils) was unsere Wirkungskraft vermehrt oder vermindert, fördert oder hemmt, so kann demnach ein Ding, dessen Natur von der unsrigen gänzlich verschieden ist, für uns weder gut noch schlecht sein. W. z. b. w.

Lehrsatz 30. Kein Ding kann durch das, was es mit unserer Natur gemein hat, schlecht sein, vielmehr ist es, sofern es für uns schlecht ist, uns entgegengesetzt.

Beweis: Wir nennen (nach Lehrsatz 8 dieses Teils) das schlecht, was Ursache einer Trauer ist, das heißt (nach der Definition der Trauer, die man in der Anmerkung zu Lehrsatz 11 des 3. Teils nachsehen möge) was unsere Wirkungskraft vermindert oder hemmt. Wenn also ein Ding durch das, was es mit uns gemein hat, für uns schlecht wäre, so könnte das Ding demzufolge eben das, was es mit uns gemein hat, vermindern oder hemmen, was (nach Lehrsatz 4 des 3. Teils) ungereimt ist. Kein Ding kann mithin durch das, was es mit uns gemein hat, für uns schlecht sein, vielmehr umgekehrt, sofern es schlecht ist, das heißt (wie wir soeben bewiesen haben) sofern es unsere Wirkungskraft vermindern oder hemmen kann, sofern ist es uns (nach Lehrsatz 5 des 3. Teils) entgegengesetzt. W. z. b. w.

Lehrsatz 31. Sofern ein Ding mit unserer Natur übereinstimmt, sofern ist es notwendig gut.

Beweis: Sofern nämlich ein Ding mit unserer Natur übereinstimmt, kann es (nach dem vorigen Lehrsatz) nicht schlecht sein. Es wird also notwendig entweder gut sein, oder indifferent. Setzt man dies letzte, nämlich daß es weder gut noch schlecht sei, so würde demgemäß (nach Definition 1 dieses Teils) aus seiner Natur nichts folgen, was zur Erhaltung unserer Natur diente, das heißt (nach der Voraussetzung) was zur Erhaltung der Natur des Dinges selbst diente. Jedoch das wäre (nach Lehrsatz 6 des 3. Teils) ungereimt. Folglich wird es, sofern es mit unserer Natur übereinstimmt, notwendig gut sein. W. z. b. w.

Folgesatz: Hieraus folgt, daß ein Ding für uns um so nützlicher oder um so mehr gut ist, je mehr es mit unserer Natur übereinstimmt, und umgekehrt, daß ein Ding mit unserer Natur insofern um so mehr übereinstimmt, als es für uns nützlicher ist. Denn sofern es mit unserer Natur nicht übereinstimmt, wird es notwendig von unserer Natur verschieden oder gar ihr entgegengesetzt sein. Ist es von unserer Natur verschieden, dann wird es (nach Lehrsatz 29 dieses Teils) weder gut noch schlecht sein können; ist es ihr aber entgegengesetzt, so wird es demgemäß auch dem entgegengesetzt sein, was mit unserer Natur übereinstimmt, das heißt (nach dem vorigen Lehrsatz) es wird dem Guten entgegengesetzt oder schlecht sein. Es kann also etwas nur gut sein, sofern es mit unserer Natur übereinstimmt, und folglich ist ein Ding um so nützlicher, je mehr es mit unserer Natur übereinstimmt, und umgekehrt. W. z. b. w.

Lehrsatz 32. Insofern, als die Menschen den Leidenschaften unterworfen sind, kann man nicht sagen, daß sie der Natur nach übereinstimmen.

Beweis: Wenn man von Dingen sagt, daß sie der Natur nach übereinstimmen, so versteht man darunter (nach Lehrsatz 7 des 3. Teils), daß sie der Kraft nach übereinstimmen, nicht aber der Ohnmacht oder Verneinung nach, und folglich (siehe die Anmerkung zu Lehrsatz 3 des 3. Teils) auch nicht der Leidenschaft nach. Man kann darum nicht sagen, daß die Menschen, sofern sie den Leidenschaften unterworfen sind, der Natur nach übereinstimmen. W. z. b. w.

Anmerkung: Die Sache ist auch schon für sich klar. Denn wer sagt, daß weiß und schwarz einzig und allein darin übereinstimmen, daß beide nicht rot sind, der bejaht unbedingt, daß weiß und schwarz in nichts übereinstimmen. Ebenso, wenn jemand sagt, daß Stein und Mensch nur darin übereinstimmen, daß beide endlich sind, ohnmächtig sind, oder daß sie nicht infolge der Notwendigkeit ihrer Natur existieren, oder schließlich, daß sie von der Kraft der äußeren Ursachen unbestimmt übertroffen werden, so bejaht er damit überhaupt, daß Stein und Mensch in nichts übereinstimmen, denn Dinge, die allein in der Verneinung oder in dem, was sie nicht haben, übereinstimmen, stimmen in Wahrheit in nichts überein.

Lehrsatz 33. Die Menschen können ihrer Natur nach voneinander abweichen, sofern sie von Affekten, die Leidenschaften sind, bedrängt werden; ja insofern ist sogar ein und der selbe Mensch veränderlich und unbeständig.

Beweis: Die Natur oder die Wesenheit der Affekte kann (nach Definition 1 und 2 des 3. Teils) nicht durch unsere Wesenheit oder Natur allein erklärt werden, sondern sie muß durch die Kraft, das heißt (nach Lehrsatz 7 des 3. Teils) durch die Natur der äußeren Ursachen im Vergleich mit der unsrigen definiert werden. Daher kommt es, daß es von einem jeden Affekt soviel Arten gibt, als Arten uns affizierender Objekte vorhanden sind (siehe Lehrsatz 56 des 3. Teils), und daß die Menschen von einem und dem selben Objekt verschiedenartig affiziert werden (siehe Lehrsatz 51 des 3. Teils) und insofern ihrer Natur nach voneinander abweichen; endlich daß ein und der selbe Mensch (nach dem selben Lehrsatz 51 des 3. Teils) wider das selbe Objekt verschiedenartig affiziert wird und insofern veränderlich ist usw. W. z. b. w.

Lehrsatz 34. Sofern die Menschen von Affekten, die Leidenschaften sind, bedrängt werden, können sie einander entgegengesetzt sein.

Beweis: Ein Mensch, z. B. Peter, kann Ursache sein, daß Paul sich betrübt, etwa darum, weil er eine gewisse Ähnlichkeit mit einem Dinge hat, das Paul haßt (nach Lehrsatz 16 des 3. Teils), oder darum, weil Peter ein Ding allein besitzt, das Paul selber auch liebt (siehe Lehrsatz 32 des 3. Teils und die Anmerkung dazu), oder aus anderen Ursachen (siehe die hauptsächlichsten von diesen in der Anmerkung zu Lehrsatz 55 des 3. Teils). Und dadurch wird es dann (nach 7. der Definitionen der Affekte) kommen, daß Paul den Peter haßt; und folglich wird es (nach Lehrsatz 40 des 3. Teils und der Anmerkung dazu) leicht kommen, daß Peter den Paul wiederhaßt, und mithin (nach Lehrsatz 39 des 3. Teils), daß sie einander Übles zuzufügen streben, das heißt (nach Lehrsatz 30 dieses Teils) daß sie einander entgegengesetzt sind. Nun ist aber der Affekt der Trauer (nach Lehrsatz 59 des 3. Teils) immer eine Leidenschaft; daher können die Menschen, sofern sie von Affekten, die Leidenschaften sind, bedrängt werden, einander entgegengesetzt sein. W. z. b. w.

A n m e r k u n g: Ich habe gesagt, Paul hasse den Peter, weil er sich vorstellt, daß dieser ein Ding besitze, das Paul selber auch liebt. Daraus scheint auf den ersten Blick zu folgen, daß die zwei darum, weil sie das selbe lieben, und folglich darum, weil sie ihrer Natur nach übereinstimmen, einander Schaden tun; und demnach wären, wenn dies wahr ist, die Lehrsätze 30 und 31 dieses Teils falsch. Allein wenn wir die Sache nach jeder Richtung hin in Erwägung ziehen, so werden wir sehen, daß all dies aufs beste übereinstimmt. Denn die zwei sind einander nicht lästig, sofern sie ihrer Natur nach übereinstimmen, das heißt sofern beide das selbe lieben, sondern sofern sie voneinander abweichen. Sofern nämlich beide das selbe lieben, wird beider Liebe dadurch genährt (nach Lehrsatz 31 des 3. Teils), das heißt (nach 6. der Definitionen der Affekte) wird beider Freude dadurch genährt. Weit entfernt also, daß sie einander lästig sind, sofern sie das selbe lieben und ihrer Natur nach übereinstimmen, ist vielmehr die Ursache hierfür, wie ich gesagt habe, keine andere als die, daß sie, gemäß der Voraussetzung, ihrer Natur nach voneinander abweichen. Denn wir setzen voraus, Peter habe die Idee des geliebten Dinges als eines, das er jetzt besitzt, und Paul dagegen die Idee des geliebten Dinges als eines, das er nicht besitzt. Daher kommt es, daß dieser in Trauer und jener dagegen in Freude versetzt wird, und daß sie insofern einander entgegengesetzt sind. Und in dieser Weise könnten wir leicht zeigen, daß auch die übrigen Ursachen zum Haß allein davon, daß die Menschen ihrer Natur nach voneinander abweichen, abhängen und nicht von dem, worin sie übereinstimmen.

Lehrsatz 35. Sofern die Menschen nach der Leitung der Vernunft leben, und nur insofern, stimmen sie der Natur nach notwendigerweise immer überein.

Beweis: Sofern die Menschen von Affekten bedrängt werden, die Leidenschaften sind, können sie (nach Lehrsatz 33 dieses Teils) der Natur nach verschieden, und (nach dem vorigen Lehrsatz) einander entgegengesetzt sein. Nun heißen die Menschen aber handelnd (nach Lehrsatz 3 des 3. Teils) nur insofern, als sie nach der Leitung der Vernunft leben, und somit muß (nach Definition 2 des 3. Teils) alles, was aus der menschlichen Natur folgt, sofern sie durch die Vernunft definiert wird, durch die menschliche Natur allein, als durch seine nächste Ursache eingesehen werden. Weil aber ein jeder nach den Gesetzen seiner Natur erstrebt, was er als gut beurteilt, und zu entfernen strebt, was er als schlecht beurteilt (nach Lehrsatz 19 dieses Teils), und da außerdem das, was wir nach dem Gebote der Vernunft als gut oder schlecht beurteilen, (nach Lehrsatz 41 des 2. Teils) auch notwendigerweise gut oder schlecht ist, so folgt, daß die Menschen, sofern sie nach der Leitung der Vernunft leben, und nur insofern, notwendigerweise das tun, was für die menschliche Natur und folglich für einen jeden Menschen notwendig gut ist, das heißt (nach Folgesatz zu Lehrsatz 31 dieses Teils) was mit der Natur eines jeden Menschen übereinstimmt; und somit stimmen die Menschen, sofern sie nach der Leitung der Vernunft leben, auch untereinander notwendigerweise immer überein. W. z. b. w.

Folgesatz 1: Es gibt kein Einzelding in der Natur der Dinge, das für den Menschen nützlicher wäre als ein Mensch, der nach der Leitung der Vernunft lebt. Denn für den Menschen ist (nach Folgesatz zu Lehrsatz 31 dieses Teils) am nützlichsten das, was mit seiner Natur am meisten übereinstimmt, das heißt (wie sich von selbst versteht) der Mensch. Nun handelt aber der Mensch unbedingt nach den Gesetzen seiner Natur dann, wenn er nach der Leitung der Vernunft lebt (nach Definition 2 des 3. Teils), und nur insofern stimmt er (nach dem vorigen Lehrsatz) mit der Natur eines anderen Menschen notwendigerweise immer überein. Folglich gibt es für den Menschen unter den Einzeldingen kein nützlicheres als einen Menschen, der usw. W. z. b. w.

Folgesatz 2. Wenn jeder Mensch am meisten seinen eigenen Nutzen sucht, dann sind die Menschen einander am meisten nützlich. Denn je mehr jeder seinen Nutzen sucht und sich selbst zu erhalten strebt, desto mehr ist er (nach Lehrsatz 20 dieses Teils) mit Tugend begabt, oder was (nach Definition 8 dieses Teils) das selbe ist, mit einer desto größeren Kraft ist er begabt, nach den Gesetzen seiner Natur zu handeln, das heißt (nach Lehrsatz 3 des 3. Teils) nach der Leitung der Vernunft zu leben. Nun stimmen aber die Menschen (nach dem vorigen Lehrsatz) der Natur nach dann am meisten überein, wenn sie nach der Leitung der Vernunft leben. Mithin werden (nach dem vorigen Folgesatz) die Menschen dann einander am meisten nützlich sein, wenn jeder am meisten seinen eigenen Nutzen sucht. W. z. b. w.

Anmerkung: Was wir soeben nachgewiesen haben, bestätigt auch die Erfahrung täglich durch so viele und so in die Augen springende Zeugnisse, daß fast jedermann das Sprichwort im Munde führt: der Mensch ist dem Menschen ein Gott. Gleichwohl geschieht es selten, daß die Menschen nach der Leitung der Vernunft leben; vielmehr ist es um sie so bestellt, daß sie meistens neidisch und einander lästig sind. Nichtsdestoweniger können sie aber ein einsames Leben kaum ertragen, so daß jene Definition, der Mensch sei ein geselliges Tier, bei den meisten vielen Beifall gefunden hat. Und in der Tat verhält sich die Sache auch so, daß aus der staatlichen Gemeinschaft der Menschen viel mehr Vorteil entspringt als Schaden. Mögen also die Satiriker die menschlichen Dinge verlachen, so viel sie wollen, mögen die Theologen sie verwünschen, und mögen die Trübsinnigen das unkultivierte und ländliche Leben, soviel sie können, loben, mögen sie die Menschen geringschätzen und die unvernünftigen Tiere bewundern, sie werden doch die Erfahrung machen, daß die Menschen durch wechselseitige Hilfeleistung ihren Bedarf sich viel leichter verschaffen und nur mit vereinten Kräften die Gefahren, die von überall her ihnen drohen, vermeiden können; für jetzt davon zu geschweigen, daß es viel wertvoller und unserer Erkenntnis würdiger ist, das Tun der Menschen zu betrachten, als das der unvernünftigen Tiere. Doch hiervon anderswo ausführlicher.

Lehrsatz 36. Das höchste Gut derer, die den Weg der Tugend gehen, ist allen gemein, und alle können sich dessen in gleicher Weise erfreuen.

Beweis: Tugendhaft handeln ist (nach Lehrsatz 24 dieses Teils) nach der Leitung der Vernunft handeln, und was wir nach der Vernunft zu tun streben, ist (nach Lehrsatz 26 dieses Teils) Erkennen; und daher ist (nach Lehrsatz 28 dieses Teils) das höchste Gut derer, die den Weg der Tugend gehen, Gott erkennen, das heißt (nach Lehrsatz 47 des 2. Teils und der Anmerkung dazu) das Gut, das allen Menschen gemein ist, und das alle Menschen, sofern sie der selben Natur sind, in gleicher Weise besitzen können. W. z. b. w.

Anmerkung: Wollte aber jemand fragen: wenn das höchste Gut derer, die den Weg der Tugend gehen, nicht allen gemein wäre, was dann? würde daraus nicht, wie oben (siehe Lehrsatz 34 dieses Teils) folgen, daß die Menschen, die nach der Leitung der Vernunft leben, das heißt (nach Lehrsatz 35 dieses Teils) die Menschen, sofern sie der Natur nach übereinstimmen, einander entgegengesetzt wären?, so diene ihm zur Antwort, daß es nicht aus Zufall, sondern aus der Natur der Vernunft selbst entspringt, daß des Menschen höchstes Gut allen gemein ist: weil es nämlich aus der menschlichen Wesenheit selbst, sofern sie durch die Vernunft definiert wird, abgeleitet wird, und weil der Mensch weder sein noch begriffen werden könnte, wenn er nicht die Kraft dazu hätte, sich dieses höchsten Gutes zu erfreuen. Denn es gehört ja (nach Lehrsatz 47 des 2. Teils) zur Wesenheit der menschlichen Seele, eine adäquate Erkenntnis von Gottes ewiger und unendlicher Wesenheit zu haben.

Lehrsatz 37. Das Gut, das jeder, der den Weg der Tugend geht, für sich erstrebt, wird er auch für die übrigen Menschen begehren, und zwar um so mehr, je größer die Erkenntnis Gottes ist, die er hat.

Beweis: Die Menschen, sofern sie nach der Leitung der Vernunft leben, sind (nach Folgesatz 1 zu Lehrsatz 35 dieses Teils) für den Menschen am nützlichsten; und daher werden wir (nach Lehrsatz 19 dieses Teils) nach der Leitung der Vernunft notwendig zu bewirken streben, daß die Menschen nach der Leitung der Vernunft leben. Nun ist aber das Gut, das jeder, der nach dem Gebote der Vernunft lebt, das heißt (nach Lehrsatz 24 dieses Teils) jeder, der den Weg der Tugend geht, für sich erstrebt, (nach Lehrsatz 26 dieses Teils) die Einsicht; mithin wird jeder, der den Weg der Tugend geht, das Gut, das er für sich erstrebt, auch für die übrigen Menschen begehren. Ferner, die Begierde, sofern sie sich auf die Seele bezieht, ist (nach 1. der Definitionen der Affekte) die Wesenheit der Seele selbst; die Wesenheit der Seele besteht aber (nach Lehrsatz 11 des 2. Teils) in einer Erkenntnis, die (nach Lehrsatz 47 des 2. Teils) die Erkenntnis Gottes in sich schließt und ohne diese (nach Lehrsatz 15 des 1. Teils) weder sein noch begriffen werden kann; je größer daher die Erkenntnis Gottes ist, die die Wesenheit der Seele in sich schließt, um so größer wird auch die Begierde sein, womit der, der den Weg der Tugend geht, das Gut, das er für sich erstrebt, zugleich auch für den anderen begehrt. W. z. b. w.

Ein anderer Beweis: Das Gut, das der Mensch für sich erstrebt und liebt, wird er (nach Lehrsatz 31 des 3. Teils) beständiger lieben, wenn er sieht, daß andere eben das selbe lieben; und mithin wird er (nach Folgesatz zu dem selben Lehrsatz) streben, daß die übrigen es gleichfalls lieben; und weil dies Gut (nach dem vorigen Lehrsatz) allen gemein ist und alle sich dessen erfreuen können, so wird er folglich (aus dem selben Grunde) streben, daß alle sich dessen erfreuen, und zwar wird er (nach Lehrsatz 37 des 3. Teils) danach um so mehr streben, je mehr er selber dieses Guts genießt. W. z. b. w.

Anmerkung 1: Wer aus bloßem Affekt es zuwege zu bringen strebt, daß die anderen lieben, was er selber liebt, und daß die anderen nach seinem Sinne leben, der handelt bloß gewalttätig und macht sich infolgedessen verhaßt, insonderheit bei denen, die an etwas anderem Gefallen finden, und sich deswegen ihrerseits ebenfalls darum bemühen und es ebenso gewalttätig zuwege zu bringen streben, daß die anderen nach ihrem Sinne leben. Da sodann das höchste Gut, das die Menschen aus Affekt erstreben, oft ein solches ist, daß nur Einer in seinem Besitze sein kann, so kommt es, daß die, die etwas lieben, in ihrem Innern nicht mit sich einig sind und, während sie sich daran erfreuen, von dem geliebten Dinge viel Lobenswürdiges zu erzählen, Angst davor haben, daß man ihnen glaubt. Wer dagegen die anderen nach der Vernunft zu leiten strebt, der handelt nicht gewalttätig, sondern liebenswürdig und freundlich und ist in seinem Innern völlig mit sich einig.

Alle Begierden und Handlungen ferner, deren Ursache wir sind, sofern wir die Idee von Gott haben oder sofern wir Gott erkennen, rechne ich zur Religion. Die Begierde aber, anderen wohlzutun, die dadurch entsteht, daß wir nach der Leitung der Vernunft leben, nenne ich Pflichtgefühl. Die Begierde sodann, die den Menschen, der nach der Leitung der Vernunft lebt, dazu veranlaßt, sich die anderen Menschen in Freundschaft zu verbinden, nenne ich Ehrbarkeit und ehrbar das, was die Menschen, die nach der Leitung der Vernunft leben, loben, dagegen schimpflich das, was Freundschaft zu schließen verhindert.

Außer diesem habe ich auch gezeigt, was die Grundlagen des Staates sind.

Der Unterschied zwischen wahrer Tugend und Ohnmacht sodann läßt sich auf Grund des oben Gesagten leicht wahrnehmen: wahre Tugend ist nämlich nichts anderes als allein nach der Leitung der Vernunft leben, und daher besteht die Ohnmacht allein darin, daß der Mensch sich von Dingen außer ihm leiten läßt und von ihnen bestimmt wird, das zu tun, was der gemeinsame Zustand der äußeren Dinge verlangt, und nicht das, was seine eigene Natur, für sich allein betrachtet, fordert.

Und dies wäre all das, was ich in der Anmerkung zu Lehrsatz 18 dieses Teils zu beweisen versprochen habe. Es erhellt hieraus, daß jenes Gesetz, das kein Tier zu schlachten erlaubt, mehr in einem eitlen Aberglauben und in weibischer Barmherzigkeit als in der gesunden Vernunft begründet ist. Das Gebot der Vernunft, unseren Nutzen zu suchen, lehrt zwar, daß wir uns mit den Menschen verbinden müssen, nicht aber mit den Tieren oder mit Dingen, deren Natur von der menschlichen Natur verschieden ist; wir haben vielmehr ihm zufolge das selbe Recht auf die Tiere, das diese auf uns haben. Ja, da eines jeden Recht durch seine Tugend oder Kraft definiert wird, haben die Menschen ein weit größeres Recht auf die Tiere, als diese auf die Menschen. Damit verneine ich jedoch nicht, daß die Tiere Empfindung haben, wohl aber verneine ich, daß es deswegen nicht erlaubt sein soll, für unseren Nutzen zu sorgen und sie nach Belieben zu gebrauchen und so zu behandeln, wie es uns am besten paßt, da sie ja der Natur nach nicht mit uns übereinstimmen und ihre Affekte von den menschlichen Affekten der Natur nach verschieden sind (siehe die Anmerkung zu Lehrsatz 57 des 3. Teils).

Es bleibt noch übrig, daß ich erkläre, was gerecht, was ungerecht, was Verbrechen, und endlich, was Verdienst ist. Doch darüber siehe die folgende Anmerkung.

Anmerkung 2: Im Anhange zum 1. Teil habe ich versprochen zu erklären, was Lob und Tadel, was Verdienst und Verbrechen, und was gerecht und ungerecht sei. Was Lob und Tadel anlangt, so habe ich diese bereits in der Anmerkung zu Lehrsatz 29 des 3. Teils erklärt. Hier wird jetzt der Ort sein, die anderen Begriffe zu besprechen. Doch ist zuvor noch einiges über den Naturzustand und den bürgerlichen Zustand des Menschen zu sagen.

Jeder existiert nach dem höchsten Recht der Natur, und folglich tut jeder nach dem höchsten Rechte der Natur all das, was aus der Notwendigkeit seiner Natur folgt; nach dem höchsten Rechte der Natur urteilt somit jeder darüber, was gut und was schlecht ist, sorgt jeder für [illegible]inen Nutzen nach seinem Sinne (siehe Lehrsatz 19 und [illegible] dieses Teils), rächt er sich (siehe Folgesatz 2 zu Lehrsa[illegible] des 3. Teils) und strebt er das, was er liebt, zu erhalten und das, was er haßt, zu zerstören (siehe Lehrsatz 28 des 3. Teils).

Lebten die Menschen nun nach der Leitung der Vernunft, so würde jeder (nach Folgesatz 1 zu Lehrsatz 35 dieses Teils) zu diesem seinem Rechte gelangen ohne den geringsten Schaden irgend eines anderen. Da sie aber (nach Folgesatz zu Lehrsatz 4 dieses Teils) Affekten unterworfen sind, die (nach Lehrsatz 6 dieses Teils) die menschliche Kraft oder Tugend weit übersteigen, so werden sie (nach Lehrsatz 33 dieses Teils) oft nach verschiedenen Richtungen hingezogen und sind (nach Lehrsatz 34 dieses Teils) einander entgegengesetzt, während sie doch (nach Anmerkung zu Lehrsatz 35 dieses Teils) wechselseitiger Hilfe bedürfen.

Damit also die Menschen einträchtig leben und sich untereinander Hilfe leisten können, ist es nötig, daß sie auf ihr natürliches Recht verzichten und einander Sicherheit dafür geben, nichts tun zu wollen, was zu des anderen Schaden gereichen könnte. Auf welche Weise dies sich aber machen läßt, nämlich daß die Menschen, die (nach Folgesatz zu Lehrsatz 4 dieses Teils) notwendig Affekten unterworfen, und (nach Lehrsatz 33 dieses Teils) unbeständig und veränderlich sind, einander Sicherheit geben und Vertrauen schenken können, das erhellt aus Lehrsatz 7 dieses Teils und Lehrsatz 39 des 3. Teils, also daraus, daß ein Affekt nur durch einen stärkeren und ihm entgegengesetzten Affekt gehemmt werden kann, und daß jedermann sich enthält, anderen Schaden zu tun aus Angst vor eigenem größeren Schaden. Vermöge dieses Gesetzes nun kann eine Gemeinschaft fest begründet werden, wofern sie nur das Recht, das ein jeder hat, sich zu rächen und über gut und schlecht zu urteilen, für sich in Anspruch nimmt, dergestalt, daß es in ihrer Gewalt steht, eine gemeinsame Lebensweise vorzuschreiben und Gesetze zu geben, und diese nicht durch die Vernunft, die (nach Anmerkung zu Lehrsatz 17 dieses Teils) die Affekte nicht zu hemmen vermag, sondern durch Drohungen zu befestigen. Eine solche Gemeinschaft nun, die vermöge ihrer Gesetze und ihrer Selbsterhaltungskraft fest besteht, heißt Staat, und die, die durch ihr Recht geschützt werden, heißen Bürger. Hieraus ersehen wir leicht, daß es im Naturzustand nichts gibt, was nach der Übereinstimmung aller gut oder schlecht wäre, da ja jeder, der sich im Naturzustande befindet, einzig nur für seinen eigenen Nutzen sorgt, und nach seinem Sinne, und bloß vom Gesichtspunkte seines Nutzens aus entscheidet, was gut oder schlecht sei, und durch kein Gesetz gehalten ist, einem anderen als sich selber zu gehorchen. Und daher läßt sich das Verbrechen im Naturzustande nicht denken, dagegen wohl im bürgerlichen Zustande, wo durch gemeinsame Übereinkunft darüber entschieden wird, was gut oder schlecht sei, und jeder gehalten ist, dem Staate zu gehorchen. Verbrechen ist demnach nichts anderes als Ungehorsam, der deswegen auch bloß nach dem Rechte des Staats bestraft wird; dagegen wird der Gehorsam dem Bürger als Verdienst angerechnet, weil er eben deswegen für würdig erachtet wird, sich der Vorteile des Staates zu erfreuen. Ferner ist im Naturzustande niemand nach gemeinsamer Übereinkunft Herr irgend eines Dinges, und es gibt in der Natur nichts, wovon man sagen könnte, es gehöre diesem Menschen und nicht jenem, sondern alles gehört allen; und daher läßt sich im Naturzustande der Wille, jedem das seine zu geben oder einem das, was ihm gehört, zu entreißen, nicht denken, das heißt im Naturzustande geschieht nichts, was gerecht oder ungerecht genannt werden könnte; wohl aber im bürgerlichen Zustande, wo durch gemeinsame Übereinkunft darüber beschlossen wird, was diesem oder jenem gehört. Hieraus erhellt, daß gerecht und ungerecht, Verbrechen und Verdienst äußere Begriffe sind, und nicht Attribute, die die Natur der Seele erklären. Doch genug hiervon.

Lehrsatz 38. Das, was den menschlichen Körper so beeinflußt, daß er auf mannigfache Weisen affiziert werden kann, oder was ihn fähig macht, äußere Körper auf mannigfache Weisen zu affizieren, ist dem Menschen nützlich; und um so nützlicher, je fähiger dadurch der Körper gemacht wird, auf mannigfache Weisen sowohl affiziert zu werden, als auch andere Körper zu affizieren. Dagegen ist das schädlich, was den Körper hierzu minder fähig macht.

Beweis: Je fähiger der Körper hierzu gemacht wird, desto fähiger wird (nach Lehrsatz 14 des 2. Teils) die Seele zum Wahrnehmen gemacht; und daher ist das, was den Körper so beeinflußt und hierzu fähig macht, (nach Lehrsatz 26 und 27 dieses Teils) notwendig gut oder nützlich, und um so nützlicher, je fähiger hierzu es den Körper machen kann; dagegen ist es schädlich (nach dem selben Lehrsatz 14 des 2. Teils, wenn man ihn umkehrt, und nach Lehrsatz 26 und 27 dieses Teils), wenn es den Körper hierzu minder fähig macht. W. z. b. w.

Lehrsatz 39. Was bewirkt, daß die Regel der Bewegung und Ruhe, nach der die Teile des menschlichen Körpers sich zueinander verhalten, erhalten wird, ist gut; und umgekehrt ist das schlecht, was bewirkt, daß die Teile des menschlichen Körpers sich nach einer anderen Regel der Bewegung und Ruhe zueinander verhalten.

Beweis: Der menschliche Körper bedarf zu seiner Erhaltung (nach Forderung 4 des 2. Teils) sehr vieler anderer Körper. Nun besteht aber das, was die Form des menschlichen Körpers ausmacht, (nach der Definition von Lehnsatz 4 hinter Lehrsatz 13 des 2. Teils) darin, daß seine Teile sich ihre Bewegungen nach einer gewissen Regel einander mitteilen. Was also bewirkt, daß die Regel der Bewegung und Ruhe, nach der die Teile des menschlichen Körpers sich zueinander verhalten, erhalten wird, das erhält die Form des menschlichen Körpers und bewirkt folglich (nach Forderung 3 und 6 des 2. Teils), daß der menschliche Körper auf vielerlei Weisen affiziert werden und seinerseits äußere Körper auf vielerlei Weisen affizieren kann, und mithin ist es (nach dem vorigen Lehrsatz) gut. Was sodann bewirkt, daß die Teile des menschlichen Körpers eine andere Regel der Bewegung und Ruhe zueinander bekommen, das bewirkt (nach derselben Definition des 2. Teils), daß der menschliche Körper eine andere Form annimmt, das heißt (wie sich von selbst versteht und am Schluß der Vorrede zu diesem Teil von uns erwähnt worden ist) daß der menschliche Körper zerstört wird, und folglich, daß er gänzlich unfähig gemacht wird, auf mannigfache Weisen affiziert zu werden. Und sonach ist es (nach dem vorigen Lehrsatz) schlecht. W. z. b. w.

Anmerkung: Wieviel dies der Seele schaden oder nützen kann, wird im 5. Teil auseinandergesetzt werden.

Hier ist noch zu bemerken, daß meiner Auffassung nach der Körper alsdann dem Tode verfällt, wenn auf seine Teile derartig eingewirkt wird, daß sie eine andere Regel der Bewegung und Ruhe zueinander bekommen. Denn ich wage nicht zu verneinen, daß der menschliche Körper auch bei Erhaltung des Blutumlaufs und anderer Merkmale, um derentwillen er als lebend gilt, sich in eine andere von der seinigen völlig verschiedene Natur verwandeln kann. Denn kein Grund zwingt mich, anzunehmen, daß der Körper nur stirbt, wenn er sich in einen Leichnam verwandelt; ja die Erfahrung selber scheint sogar die andere Annahme zu empfehlen. Es kommt nämlich manchmal vor, daß ein Mensch derartige Veränderungen erleidet, daß ich nicht leicht sagen würde, er sei noch der selbe: so habe ich von einem spanischen Dichter erzählen hören, der von einer Krankheit befallen gewesen war und, obwohl er von ihr genas, doch für immer sein vergangenes Leben vergessen hatte, so daß er nicht glauben wollte, daß die Stücke und Tragödien, die er gemacht hatte, von ihm seien; und man hätte ihn gewiß für ein großes Kind halten können, wenn er auch noch seine Muttersprache vergessen hätte. Und wenn dies unglaublich scheint, was sollen wir da von den Kindern sagen? Deren Natur sieht ja der erwachsene Mensch als so verschieden von der seinigen an, daß er sich nicht davon würde überzeugen lassen, daß er jemals ein Kind gewesen sei, wenn er nicht von anderen auf sich den naheliegenden Schluß machte. Um indessen abergläubischen Leuten keinen Stoff zur Anregung neuer Untersuchungen an die Hand zu geben, will ich die Sache hier lieber abbrechen.

Lehrsatz 40. Was zur staatlichen Gemeinschaft der Menschen beiträgt oder was bewirkt, daß die Menschen einträchtig leben, ist nützlich; dagegen ist schlecht, was Zwietracht in den Staat bringt.

Beweis: Was nämlich bewirkt, daß die Menschen einträchtig leben, bewirkt (nach Lehrsatz 35 dieses Teils) zugleich, daß sie nach der Leitung der Vernunft leben, und ist daher (nach Lehrsatz 26 und 27 dieses Teils) gut; dagegen ist (aus dem selben Grunde) schlecht, was Zwistigkeiten erregt. W. z. b. w.

Lehrsatz 41. Die Freude ist unmittelbar nicht schlecht, sondern gut; die Trauer dagegen ist unmittelbar schlecht.
Beweis: Die Freude ist (nach Lehrsatz 11 des 3. Teils und der Anmerkung dazu) ein Affekt, der die Wirkungskraft des Körpers vermehrt oder fördert, die Trauer dagegen ist ein Affekt, der die Wirkungskraft des Körpers vermindert oder hemmt; und folglich ist (nach Lehrsatz 38 dieses Teils) die Freude unmittelbar gut usw. W. z. b. w.

Lehrsatz 42. Die Heiterkeit kann kein Übermaß haben, sondern ist immer gut, dahingegen ist der Trübsinn immer schlecht.
Beweis: Die Heiterkeit (siehe ihre Definition in der Anmerkung zu Lehrsatz 11 des 3. Teils) ist eine Freude, die, sofern sie sich auf den Körper bezieht, darin besteht, daß alle Körperteile gleichmäßig affiziert sind, das heißt (nach Lehrsatz 11 des 3. Teils) darin, daß die Wirkungskraft des Körpers in der Weise vermehrt oder gefördert wird, daß alle seine Teile die selbe Regel der Bewegung und Ruhe zueinander behalten; und folglich ist die Heiterkeit (nach Lehrsatz 39 dieses Teils) immer gut und kann kein Übermaß haben. Der Trübsinn dagegen (siehe dessen Definition ebenfalls in der selben Anmerkung zu Lehrsatz 11 des 3. Teils) ist eine Trauer, die, sofern sie sich auf den Körper bezieht, darin besteht, daß die Wirkungskraft des Körpers in jeder Beziehung vermindert oder gehemmt wird; und folglich ist er (nach Lehrsatz 38 dieses Teils) immer schlecht. W. z. b. w.

Lehrsatz 43. Die Lust kann ein Übermaß haben und schlecht sein; der Schmerz dagegen kann insofern gut sein, als die Lust oder Freude schlecht ist.
Beweis: Die Lust ist eine Freude, die, sofern sie sich auf

den Körper bezieht, darin besteht, daß einer oder einige seiner Teile mehr affiziert werden als die anderen (siehe ihre Definition in der Anmerkung zu Lehrsatz 11 des 3. Teils). Die Kraft dieses Affektes kann nun (nach Lehrsatz 6 dieses Teils) so groß sein, daß er die übrigen Handlungen des Körpers übersteigt und ihm beharrlich anhaftet, und also die Fähigkeit des Körpers, auf sehr viele andere Weisen affiziert zu werden, behindert. Und folglich kann die Lust (nach Lehrsatz 38 dieses Teils) schlecht sein. Der Schmerz sodann, der dagegen eine Trauer ist, kann (nach Lehrsatz 41 dieses Teils) für sich allein betrachtet nicht gut sein. Da indessen seine Kraft und sein Anwachsen (nach Lehrsatz 5 dieses Teils) durch die Kraft der äußeren Ursache im Vergleich mit unserer Kraft definiert wird, so lassen sich demnach (nach Lehrsatz 3 dieses Teils) unendlich viel Stärkegrade und -arten dieses Affektes denken, und mithin läßt er sich auch so denken, daß er die übermäßig werdende Lust zu hemmen, und insofern (nach dem ersten Teil dieses Lehrsatzes) zu bewirken vermag, daß der Körper nicht unfähiger gemacht wird. Und daher wird der Schmerz insofern gut sein. W. z. b. w.

Lehrsatz 44. Die Liebe und die Begierde können ein Übermaß haben.

Beweis: Liebe ist (nach 6. der Definitionen der Affekte) Freude begleitet von der Idee einer äußeren Ursache: eine Lust also (nach Anmerkung zu Lehrsatz 11 des 3. Teils), die von der Idee einer äußeren Ursache begleitet wird, ist Liebe; und somit kann die Liebe (nach dem vorigen Lehrsatz) ein Übermaß haben. Die Begierde sodann ist (nach Lehrsatz 37 des 3. Teils) um so größer, je größer der Affekt ist, aus dem sie entspringt. Wie daher (nach Lehrsatz 6 dieses Teils) ein Affekt die übrigen Handlungen des Menschen übersteigen kann, so wird auch eine Begierde, die aus einem solchen Affekt entspringt, die übrigen Begierden übersteigen können, und mithin wird sie ebenso ein Übermaß haben können, wie wir es im vorigen Lehrsatz von der Lust nachgewiesen haben. W. z. b. w.

Anmerkung: Die Heiterkeit, die, wie ich gesagt habe, gut ist, läßt sich leichter begrifflich denken, als beobachten. Denn die Affekte, von denen wir täglich bedrängt werden, beziehen sich meistens nur auf einen Teil des Körpers, der mehr als die anderen affiziert wird; und daher haben die Affekte der Mehrzahl nach ein Übermaß und halten die Seele in der alleinigen Betrachtung eines einzigen Objektes dergestalt fest, daß sie an andere Objekte nicht zu denken vermag.

Obgleich nun die Menschen vielerlei Affekten unterworfen sind, und man daher selten Menschen findet, die immer von einem und dem selben Affekte bedrängt werden, so fehlt es gleichwohl an solchen nicht, denen ein und der selbe Affekt beharrlich anhaftet. Sehen wir doch, wie Menschen manchmal von einem einzigen Objekte dergestalt affiziert sind, daß sie es vor sich zu haben glauben, auch wenn es nicht gegenwärtig ist; und wenn dies einem nicht schlafenden Menschen begegnet, dann sagen wir, er sei wahnsinnig oder närrisch. Als närrisch gelten sodann auch die, die vor Liebe glühen, und Tag und Nacht allein von der Geliebten oder Buhlerin träumen: weil sie zum Lachen zu reizen pflegen. Dagegen, wenn der Habgierige an nichts anderes denkt als an Gewinn und Geld, und der Ehrgeizige an Ruhm usw., so gelten diese nicht als wahnsinnig: weil sie lästig zu sein pflegen und für hassenswert erachtet werden. In Wahrheit aber sind Habgier, Ehrgeiz, Wollust usw. Arten des Wahnsinns, wenn man sie auch nicht zu den Krankheiten zählt.

Lehrsatz 45. Der Haß kann niemals gut sein.

Beweis: Einen Menschen, den wir hassen, streben wir (nach Lehrsatz 39 des 3. Teils) zu zerstören, das heißt (nach Lehrsatz 37 dieses Teils) wir streben nach etwas, das schlecht ist. Folglich usw. W. z. b. w.

Anmerkung: Man merke sich, daß ich hier und im folgenden unter Haß nur den Haß gegen Menschen verstehe.

Folgesatz 1: Neid, Spott, Geringschätzung, Zorn, Rache und die übrigen Affekte, die zum Haß gehören oder aus ihm entspringen, sind schlecht; dies erhellt ebenfalls aus Lehrsatz 39 des 3. und Lehrsatz 37 dieses Teils.

Folgesatz 2: Alles, was wir infolge davon, daß wir in Haß versetzt sind, erstreben, ist schimpflich, und im Staate ungerecht. Dies erhellt ebenfalls aus Lehrsatz 39 des 3. Teils und aus den Definitionen von schimpflich und ungerecht, die man in den Anmerkungen zu Lehrsatz 37 dieses Teils nachsehen möge.

Anmerkung: Zwischen dem Spott (der, wie ich im 1. Folgesatz gesagt habe, schlecht ist) und dem Lachen finde ich einen großen Unterschied. Das Lachen nämlich, wie auch der Scherz, ist reine Freude, und daher ist es (nach Lehrsatz 41 dieses Teils), sofern es nur kein Übermaß hat, an sich gut. Fürwahr nur ein finsterer und trauriger Aberglaube verbietet, sich zu ergötzen. Denn warum sollte es sich mehr ziemen, Hunger und Durst zu stillen, als den Trübsinn zu verscheuchen? Mein Grundsatz ist, an diesem Glauben hielt ich fest: Keine Gottheit, noch sonst jemand, es sei denn ein Neider, ergötzt sich an meiner Ohnmacht und meinem Ungemach oder rechnet uns Tränen, Schluchzen, Furcht und andere derartige Zeichen von Ohnmacht des Gemüts als Tugend an; umgekehrt vielmehr, in je größere Freude wir versetzt werden, zu desto größerer Vollkommenheit gehen wir über, das heißt desto mehr haben wir notwendigerweise Anteil an der göttlichen Natur. Aus den Dingen Vorteil ziehen und an ihnen nach Möglichkeit sich ergötzen (nicht freilich bis zum Überdruß, denn das hieße nicht: sich ergötzen) ziemt daher dem weisen Manne. Dem weisen Manne, sage ich, ziemt es, sich mit Maß an wohlschmeckenden Speisen und Getränken zu laben und zu stärken, ebenso auch an Wohlgerüchen, an der Lieblichkeit grünender Pflanzen, an Schmuck, Musik, körperlichen Spielen, Theatern und anderen derartigen Dingen, aus denen jeder ohne irgend welchen Schaden eines anderen für sich Vorteil ziehen kann. Denn der menschliche Körper ist aus sehr vielen Teilen von verschiedener Natur zusammengesetzt, die beständig neuer und auch mannigfaltiger Nahrung bedürfen, damit der Körper zu allem, was aus seiner Natur folgen kann, gleichmäßig fähig sei, und folglich, damit auch die Seele gleichmäßig fähig sei, vielerlei zugleich einzusehen. Diese Lebensführung stimmt also mit unseren Prinzipien wie mit der gewöhnlichen Praxis aufs beste überein. Wenn irgend eine, ist daher diese Lebensart die beste und auf jede Weise zu empfehlen; und es ist unnötig, noch klarer und ausführlicher hiervon zu handeln.

Lehrsatz 46. Wer nach der Leitung der Vernunft lebt, strebt, soviel er kann, des anderen Haß, Zorn, Geringschätzung usw. gegen sich durch Liebe oder Edelmut zu vergelten.

Beweis: Alle Affekte des Hasses sind (nach Folgesatz 1 zum vorigen Lehrsatz) schlecht; wer nach der Leitung der Vernunft lebt, wird daher (nach Lehrsatz 19 dieses Teils), soviel er kann, zu bewirken streben, daß er von den Affekten des Hasses nicht bedrängt werde, und folglich wird er (nach Lehrsatz 37 dieses Teils) danach streben, daß auch kein anderer diese Affekte erleide. Nun aber wird (nach Lehrsatz 43 des 3. Teils) Haß durch Gegenhaß vermehrt, durch Liebe dagegen kann er ausgetilgt werden, dergestalt, daß der Haß (nach Lehrsatz 44 des 3. Teils) in Liebe übergeht. Wer also nach der Leitung der Vernunft lebt, wird des anderen Haß usw. durch Liebe zu vergelten streben, das heißt durch Edelmut (dessen Definition man in der Anmerkung zu Lehrsatz 59 des 3. Teils nachsehen möge). W. z. b. w.

Anmerkung: Wer Beleidigungen durch Haß erwidern und rächen will, der lebt gewißlich elend. Wer sich dagegen bemüht, den Haß durch Liebe niederzukämpfen, der kämpft fürwahr freudig und sicher; er widersteht ebenso leicht vielen Menschen als Einem und bedarf fast gar nicht der Hilfe des Glücks. Die er aber besiegt, die geben ihm freudig nach, und dies nicht aus Kräftemangel, sondern infolge Anwachsens ihrer Kräfte. Dies alles folgt so klar aus den bloßen Definitionen der Liebe und des Verstandes, daß es unnötig ist, es einzeln zu beweisen.

Lehrsatz 47. Die Affekte der Hoffnung und Furcht können nicht an sich gut sein.

Beweis: Affekte der Hoffnung und Furcht ohne Trauer gibt es nicht. Denn die Furcht ist (nach 13. der Definitionen der Affekte) eine Trauer; und Hoffnung (siehe die Erläuterung zu 12 und 13 der Definitionen der Affekte) gibt es nicht ohne Furcht. Und somit können diese Affekte (nach Lehrsatz 41 dieses Teils) nicht an sich gut sein, sondern nur (nach Lehrsatz 43 dieses Teils), sofern sie das Übermaß der Freude zu hemmen vermögen. W. z. b. w.

Anmerkung: Hierzu kommt, daß diese Affekte Mangel an Erkenntnis und Ohnmacht der Seele anzeigen; und aus eben dieser Ursache sind auch Sicherheit, Verzweiflung, Freudigkeit und Gewissensbiß Zeichen eines ohnmächtigen Gemüts. Denn obwohl Sicherheit und Freudigkeit Affekte der Freude sind, so setzen sie doch voraus, daß ihnen eine Trauer vorangegangen ist, nämlich Hoffnung und Furcht. Je mehr wir daher nach der Leitung der Vernunft zu leben streben, desto mehr streben wir, uns von der Hoffnung unabhängiger zu machen, uns von der Furcht zu befreien, dem Schicksal, soviel wir können, zu gebieten, und unsere Handlungen nach dem bestimmten Anraten der Vernunft zu regeln.

Lehrsatz 48. Die Affekte der Überschätzung und der Unterschätzung sind immer schlecht.

Beweis: Diese Affekte widerstreiten nämlich (nach 21 und 22 der Definitionen der Affekte) der Vernunft, und somit sind sie (nach Lehrsatz 26 und 27 dieses Teils) schlecht. W. z. b. w.

Lehrsatz 49. Die Überschätzung macht den Menschen, der überschätzt wird, leicht hochmütig.

Beweis: Wenn wir sehen, daß jemand aus Liebe mehr von uns hält, als recht ist, werden wir (nach Anmerkung zu Lehrsatz 41 des 3. Teils) leicht Ruhm fühlen oder (nach 30 der Definitionen der Affekte) in Freude versetzt werden; und wir werden das Gute, das wir uns nachsagen hören, (nach Lehrsatz 25 des 3. Teils) leicht glauben. Und folglich werden wir von uns aus Liebe zu uns mehr halten, als recht ist, das heißt (nach 28 der Definitionen der Affekte) wir werden leicht hochmütig werden. W. z. b. w.

Lehrsatz 50. Mitleid ist bei einem Menschen, der nach der Leitung der Vernunft lebt, an sich schlecht und unnütz.

Beweis: Mitleid ist nämlich (nach 18 der Definitionen der Affekte) Trauer und mithin (nach Lehrsatz 41 dieses Teils) an sich schlecht; das Gute aber, das aus ihm folgt, daß wir nämlich einen Menschen, den wir bemitleiden, (nach Folgesatz 3 zu Lehrsatz 27 des 3. Teils) von seinem Elend zu befreien streben, begehren wir (nach Lehrsatz 37 dieses Teils) schon nach dem bloßen Gebote der Vernunft zu vollbringen; zudem können wir (nach Lehrsatz 27 dieses Teils) nur nach dem bloßen Gebote der Vernunft etwas tun, wovon wir gewiß wissen, daß es gut ist. Und folglich ist Mitleid bei einem Menschen, der nach der Leitung der Vernunft lebt, an sich schlecht und unnütz. W. z. b. w.

Folgesatz: Hieraus folgt, daß der Mensch, der nach dem Gebot der Vernunft lebt, soviel er kann, zu bewirken strebt, daß er nicht von Mitleid gerührt werde.

Anmerkung: Wer richtig erkannt hat, daß alles aus der Notwendigkeit der göttlichen Natur folgt und nach den ewigen Gesetzen und Regeln der Natur geschieht, der wird fürwahr nichts finden, was des Hasses, des Lachens oder der Geringschätzung wert wäre, auch wird er niemanden bemitleiden, sondern, soweit die Kraft der menschlichen Tugend reicht, danach streben, gut zu handeln, wie man sagt, und sich zu freuen. Hierzu kommt, daß jemand, der leicht vom Affekt des Mitleids gerührt und durch das Leid oder die Tränen eines anderen bewegt wird, oft etwas tut, was er später bereut, sowohl weil wir im Affekt nie etwas tun, wovon wir gewiß wissen, daß es gut ist, als auch weil wir gar leicht durch falsche Tränen getäuscht werden. Ich spreche indessen hier ausdrücklich nur von dem Menschen, der nach der Leitung der Vernunft lebt. Denn wer weder durch die Vernunft noch durch Mitleid bewogen wird, anderen Hilfe zu leisten, der wird mit Recht ein Unmensch genannt, denn er scheint (nach Lehrsatz 27 des 3. Teils) einem Menschen nicht mehr ähnlich zu sein.

Lehrsatz 51. Die Gunst widerstreitet der Vernunft nicht, sondern kann mit ihr übereinstimmen und aus ihr entspringen.

Beweis: Gunst ist nämlich (nach 19 der Definitionen der Affekte) Liebe zu dem, der einem anderen wohlgetan hat; und mithin kann sie sich (nach Lehrsatz 59 des 3. Teils) auf die Seele beziehen, sofern von dieser gesagt wird, daß sie handelt, das heißt (nach Lehrsatz 3 des 3. Teils) sofern die Seele einsieht; und sonach stimmt die Gunst mit der Vernunft überein usw. W. z. b. w.

Ein anderer Beweis: Wer nach der Leitung der Vernunft lebt, begehrt das Gut, das er für sich erstrebt, (nach Lehrsatz 37 dieses Teils) auch für andere; wenn er daher sieht, daß jemand einem anderen wohltut, so wird dadurch sein eigenes Streben wohlzutun gefördert, das heißt (nach Anmerkung zu Lehrsatz 11 des 3. Teils) er wird sich freuen, und zwar (nach der Voraussetzung) unter Begleitung der Idee dessen, der dem anderen wohlgetan hat; und mithin ist er ihm (nach 19 der Definitionen der Affekte) günstig. W. z. b. w.

Anmerkung: Die Entrüstung, wie sie von uns definiert wird (siehe 20 der Definitionen der Affekte), ist (nach Lehrsatz 45 dieses Teils) notwendig schlecht; jedoch ist zu bemerken: wenn die oberste Staatsgewalt in dem Wunsche, ihrer Aufgabe gemäß den Frieden zu sichern, einen Bürger, der einem anderen Unrecht getan hat, straft, so sage ich nicht, daß sie gegen den Bürger entrüstet sei: denn sie straft den Bürger nicht aus Haß, um ihn zu verderben, sondern aus Pflichtgefühl.

Lehrsatz 52. Die Zufriedenheit mit sich selber kann aus der Vernunft entspringen, und allein diese Zufriedenheit, die aus der Vernunft entspringt, ist die höchste, die es geben kann.

Beweis: Zufriedenheit mit sich selber ist (nach 25 der Definitionen der Affekte) eine Freude, die daraus entspringt, daß der Mensch sich selbst und seine Wirkungskraft betrachtet. Nun ist aber die wahre Wirkungskraft des Menschen oder die Tugend (nach Lehrsatz 3 des 3. Teils) die Vernunft selbst, die der Mensch (nach Lehrsatz 40 und 43 des 2. Teils) klar und deutlich betrachtet. Folglich entspringt Zufriedenheit mit sich selber aus der Vernunft. Sodann nimmt der Mensch, während er sich selbst betrachtet, (nach Definition 2 des 3. Teils) nur das klar und deutlich oder adäquat wahr, was aus seiner eigenen Wirkungskraft folgt, das heißt (nach Lehrsatz 3 des 3. Teils) was aus der Kraft seiner Einsicht folgt; und somit entspringt allein aus dieser Betrachtung die höchste Zufriedenheit, die es geben kann. W. z. b. w.

Anmerkung: Die Zufriedenheit mit sich selber ist in der Tat das Höchste, das wir hoffen können. Denn niemand strebt, sein Sein um irgend eines Zweckes willen zu erhalten (wie wir in Lehrsatz 25 dieses Teils gezeigt haben). Und weil diese Zufriedenheit (nach Folgesatz zu Lehrsatz 53 des 3. Teils) durch Lob mehr und mehr genährt und verstärkt und umgekehrt (nach Folgesatz zu Lehrsatz 55 des 3. Teils) durch Tadel mehr und mehr gestört wird, darum lassen wir uns am meisten durch den Ruhm leiten und können ein Leben in Schande kaum ertragen.

Lehrsatz 53. Die Demut ist keine Tugend oder entspringt nicht aus der Vernunft.

Beweis: Demut ist (nach 26 der Definitionen der Affekte) eine Trauer, die daraus entspringt, daß der Mensch seine Ohnmacht betrachtet. Insofern aber der Mensch sich selbst durch die wahre Vernunft erkennt, insofern wird vorausgesetzt, daß er seine Wesenheit erkennt, das heißt (nach Lehrsatz 7 des 3. Teils) seine Kraft. Wenn der Mensch also, während er sich selbst betrachtet, irgend eine Ohnmacht an sich wahrnimmt, so kommt das nicht daher, daß er sich erkennt, sondern (wie wir in Lehrsatz 55 des 3. Teils bewiesen haben) daher, daß seine Wirkungskraft gehemmt wird. Wenn wir andererseits voraussetzen, daß der Mensch seine Ohnmacht dadurch begreift, daß er eine größere Kraft als die seine erkennt, durch deren Erkenntnis er seine Wirkungskraft bestimmt, dann nehmen wir nichts anderes an, als daß der Mensch sich selbst deutlich erkennt oder (nach Lehrsatz 26 dieses Teils) daß seine Wirkungskraft gefördert wird. Mithin entspringt die Demut oder die Trauer, die daraus entspringt, daß der Mensch seine Ohnmacht betrachtet, nicht aus der wahren Betrachtung oder aus der Vernunft; und sie ist keine Tugend, sondern eine Leidenschaft. W. z. b. w.

Lehrsatz 54. Die Reue ist keine Tugend oder entspringt nicht aus der Vernunft; vielmehr ist, wer eine Tat bereut, zwiefach elend und ohnmächtig.

Beweis: Der erste Teil dieses Lehrsatzes wird wie der vorige Lehrsatz bewiesen. Der zweite Teil erhellt aus der bloßen Definition dieses Affekts (siehe 27 der Definitionen der Affekte). Denn wer eine Tat bereut, läßt sich zuerst von der bösen Begierde und dann von der Trauer besiegen.

Anmerkung: Weil die Menschen selten nach dem Gebote der Vernunft leben, darum bringen diese beiden Affekte, nämlich Demut und Reue, und außer ihnen auch Hoffnung und Furcht mehr Nutzen als Schaden; und wenn denn einmal gefehlt werden soll, so ist es mithin besser, nach dieser Seite zu fehlen. Denn wenn die Menschen von ohnmächtigem Gemüt alle gleichmäßig hochmütig wären, sich keiner Sache schämten und vor nichts fürchteten: wie könnten sie dann noch durch Bande miteinander verbunden und zusammengehalten werden? Schrecklich ist die große Menge, wenn sie sich nicht fürchtet. Es kann deshalb nicht Wunder nehmen, daß die Propheten, die nicht auf den Nutzen einiger weniger, sondern auf den gemeinsamen Nutzen bedacht waren, so sehr die Demut, die Reue und die Ehrfurcht empfohlen haben. Und in der Tat können Menschen, die diesen Affekten unterworfen sind, viel leichter als andere dahin gebracht werden, endlich nach der Leitung der Vernunft zu leben, das heißt frei zu sein und das Leben der Glückseligen zu genießen.

Lehrsatz 55. Der größte Hochmut sowie der größte Kleinmut ist die größte Unkenntnis seiner selbst.

Beweis: Dies erhellt aus 28 und 29 der Definitionen der Affekte.

Lehrsatz 56. Der größte Hochmut und der größte Kleinmut sind Zeichen der größten Ohnmacht des Gemüts.

Beweis: Die erste Grundlage der Tugend ist (nach Folgesatz zu Lehrsatz 22 dieses Teils), sein Sein zu erhalten, und zwar nach der Leitung der Vernunft (nach Lehrsatz 24 dieses Teils). Wer also sich selbst nicht kennt, kennt die Grundlage aller Tugenden nicht und kennt folglich gar keine Tugend. Sodann ist aus Tugend handeln (nach Lehrsatz 24 dieses Teils) nichts anderes als nach der Leitung der Vernunft handeln; und wer nach der Leitung der Vernunft handelt, muß (nach Lehrsatz 43 des 2. Teils) notwendigerweise auch wissen, daß er nach der Leitung der Vernunft handelt. Wer daher sich selbst, und folglich (wie wir soeben gezeigt haben) alle Tugenden am wenigsten kennt, der handelt am wenigsten aus Tugend, das heißt (wie aus Definition 8 dieses Teils erhellt) der ist am meisten ohnmächtigen Gemüts; und somit sind (nach dem vorigen Lehrsatz) der größte Hochmut und der größte Kleinmut Zeichen der größten Ohnmacht des Gemüts. W. z. b. w.

Folgesatz: Hieraus folgt aufs klarste, daß die Hochmütigen und die Kleinmütigen den Affekten am meisten unterworfen sind.

Anmerkung: Dem Kleinmut kann indessen leichter abgeholfen werden als dem Hochmut, da dieser ein Affekt der Freude, jener dagegen ein Affekt der Trauer ist, und mithin dieser (nach Lehrsatz 18 dieses Teils) stärker ist als jener.

Lehrsatz 57. Der Hochmütige liebt die Gegenwart von Schmarotzern oder Schmeichlern und haßt die Gegenwart der Edelmütigen.

Beweis: Hochmut ist eine Freude, die daraus entspringt, daß der Mensch mehr von sich hält als recht ist (nach 28 und 6 der Definitionen der Affekte); diese Meinung wird der hochmütige Mensch, soviel er kann, zu nähren streben (siehe die Anmerkung zu Lehrsatz 13 des 3. Teils); und mithin werden sie die Gegenwart von Schmarotzern oder Schmeichlern (deren Definitionen ich weggelassen habe, da sie zu bekannt sind) lieben und die Gegenwart der Edelmütigen, die sie zutreffend beurteilen, fliehen. W. z. b. w.

Anmerkung: Es würde zu weit führen, wenn ich hier alle Übel aufzählen wollte, die der Hochmut mit sich bringt, da die Hochmütigen allen Affekten unterworfen sind, keinen aber weniger als den Affekten der Liebe und der Barmherzigkeit.

Es darf hier aber nicht verschwiegen werden, daß auch der hochmütig genannt wird, der von anderen weniger hält, als recht ist, und in diesem Sinne ist daher der Hochmut als eine Freude zu definieren, die daraus entspringt, daß der Mensch die falsche Meinung hegt, er stehe höher als andere. Und der diesem Hochmut entgegengesetzte Kleinmut wäre als eine Trauer zu definieren, die daraus entspringt, daß der Mensch die falsche Meinung hegt, er stehe niedriger als andere. Nachdem wir dies festgesetzt haben, begreifen wir nun leicht, daß der Hochmütige notwendig neidisch ist (siehe die Anmerkung zu Lehrsatz 55 des 3. Teils) und die am meisten haßt, die am meisten wegen ihrer Tugenden gelobt werden; daß sich sein Haß gegen diese nicht leicht durch Liebe oder Wohltat besiegen läßt (siehe die Anmerkung zu Lehrsatz 41 des 3. Teils); und daß er einzig und allein an der Gegenwart derer Gefallen findet, die seinem ohnmächtigen Gemüt zu Willen sind und ihn aus einem Toren zu einem Narren machen.

Obgleich der Kleinmut dem Hochmut entgegengesetzt ist, so steht der Kleinmütige doch dem Hochmütigen am nächsten. Denn da seine Trauer daraus entspringt, daß er seine Ohnmacht nach der Kraft oder Tugend anderer beurteilt, so wird es folglich seine Trauer lindern, das heißt er wird sich freuen, wenn sein Vorstellungsvermögen sich mit der Betrachtung fremder Fehler beschäftigt — woher das Sprichwort entstanden ist: Trost den Elenden ist's, Genossen im Unglück zu haben — und er wird umgekehrt sich um so mehr betrüben, je niedriger er im Vergleich mit anderen zu stehen glaubt. So kommt es, daß niemand mehr zum Neide geneigt ist als die Kleinmütigen, daß gerade sie am meisten das Tun der Menschen zu beobachten streben, mehr um daran allerlei auszusetzen als um es zu bessern, und daß sie endlich nur den Kleinmut loben und sich seiner rühmen, jedoch so, daß sie dabei gleichwohl den Schein des Kleinmuts wahren. Und das folgt aus diesem Affekte so notwendig, wie aus der Natur des Dreiecks, daß seine Winkel gleich zwei rechten sind.

Ich habe schon gesagt, daß ich diese und ähnliche Affekte schlecht nenne, sofern ich allein den menschlichen Nutzen ins Auge fasse. Die Gesetze der Natur nehmen aber Rücksicht auf die gemeinsame Ordnung der Natur, von der der Mensch nur ein Teil ist. Daran wollte ich hier im Vorübergehen erinnern, damit ja nicht etwa jemand glaubt, ich hätte hier von den Fehlern der Menschen und ihren ungereimten Taten erzählen, und nicht die Natur und die Eigenschaften der Dinge wissenschaftlich darstellen wollen. Denn wie ich in der Vorrede zum 3. Teil gesagt habe, sehe ich die menschlichen Affekte und ihre Eigenschaften ganz ebenso an wie die anderen Dinge der Natur. Und sicherlich zeigen die menschlichen Affekte die Kraft und Kunst wenn nicht des Menschen, so doch der Natur nicht weniger an als vieles andere, das wir bewundern und an dessen Betrachtung wir uns ergötzen. Doch ich fahre fort, bei den einzelnen Affekten anzumerken, was den Menschen Nutzen bringt und was ihnen zum Schaden gereicht.

Lehrsatz 58. Der Ruhm widerstreitet der Vernunft nicht, sondern kann aus ihr entspringen.

Beweis: Dies erhellt aus 30 der Definitionen der Affekte und aus der Definition von Ehrbar, die man in der Anmerkung 1 zu Lehrsatz 37 dieses Teils nachsehen möge.

Anmerkung: Der sogenannte eitle Ruhm ist eine Zufriedenheit mit sich selber, die bloß durch die Meinung der großen Menge genährt wird; hört diese Meinung auf, so hört auch die Zufriedenheit auf, das heißt (nach Anmerkung zu Lehrsatz 52 dieses Teils) das höchste Gut, das ein jeder liebt; daher kommt es, daß der, der in der Meinung der großen Menge seinen Ruhm sucht, in täglicher Sorge ruhelos sicht müht, tätig ist und Versuche macht, seinen Ruf zu erhalten. Denn die große Menge ist veränderlich und unbeständig; und ein Ruf, der nicht erhalten wird, vergeht schnell; ja weil alle den Beifall der großen Menge zu erhaschen begehren, verdrängt gar leicht einer den Ruf des anderen; und daraus entsteht, da um das vermeintlich höchste Gut gestritten wird, eine ungeheuere Gier, sich gegenseitig auf jede Weise zu unterdrücken, und wer endlich als Sieger hervorgeht, findet seinen Ruhm mehr darin, daß er den anderen geschadet, als darin, daß er sich selbst genützt hat. Es ist also dieser Ruhm oder diese Zufriedenheit in Wahrheit eitel, weil sie keine Zufriedenheit ist.

Was über die Scham zu bemerken ist, läßt sich aus dem, was wir über die Barmherzigkeit und die Reue gesagt haben, leicht entnehmen. Ich füge nur noch folgendes hinzu: Wie das Mitleid, so ist auch die Scham, obzwar sie keine Tugend ist, dennoch gut, sofern sie ein Zeichen davon ist, daß dem Menschen, der vor Scham errötet, die Begierde innewohnt, ehrbar zu leben; wie der Schmerz insofern gut genannt wird, als er ein Zeichen davon ist, daß der verletzte Körperteil noch nicht abgestorben ist. Obwohl also ein Mensch, der sich einer Handlung schämt, in Wahrheit traurig ist, so ist er doch vollkommener als der Schamlose, der keine Begierde danach hat, ehrbar zu leben.

Dies ist es, was ich über die Affekte der Freude und der Trauer bemerken wollte. Was die Begierden anlangt, so sind sie eben gut oder schlecht, je nachdem sie aus guten oder aus schlechten Affekten entspringen. Alle aber sind, sofern sie in uns aus Affekten erzeugt werden, die Leidenschaften sind, in Wahrheit blind (wie aus dem, was wir in der Anmerkung zu Lehrsatz 44 dieses Teils gesagt haben, leicht zu entnehmen ist) und würden ohne jeden Nutzen sein, wenn die Menschen leicht dahin zu bringen wären, nach dem bloßen Gebote der Vernunft zu leben, wie ich jetzt in Kürze zeigen will.

L e h r s a t z 59. *Zu allen Handlungen, zu denen wir durch einen Affekt, der eine Leidenschaft ist, bestimmt werden, können wir auch ohne ihn durch die Vernunft bestimmt werden.*

B e w e i s: Aus Vernunft handeln ist (nach Lehrsatz 3 und Definition 2 des 3. Teils) nichts anderes als tun, was aus der Notwendigkeit unserer Natur, wenn sie für sich allein betrachtet wird, folgt. Nun ist die Trauer (nach Lehrsatz 41 dieses Teils) insofern schlecht, als sie diese Wirkungskraft vermindert oder hemmt; mithin können wir durch diesen Affekt zu keiner Handlung bestimmt werden, die wir nicht auch verrichten könnten, wenn wir uns von der Vernunft leiten ließen. Ferner, die Freude ist (nach Lehrsatz 43 und 44 dieses Teils) insofern schlecht, als sie des Menschen Fähigkeit zum Handeln behindert; und sonach können wir auch insofern zu keiner Handlung bestimmt werden, die wir nicht auch verrichten könnten, wenn wir uns durch die Vernunft leiten ließen. Endlich, sofern die Freude gut ist, sofern stimmt sie mit der Vernunft überein (denn sie besteht ja darin, daß des Menschen Wirkungskraft vermehrt oder gefördert wird); und sie ist eine Leidenschaft (nach Lehrsatz 3 des 3. Teils und der Anmerkung dazu) nur, sofern des Menschen Wirkungskraft nicht bis zu dem Grade vermehrt wird, daß er sich und seine Handlungen adäquat begreift. Wenn darum ein Mensch durch den Zustand der Freude zu einer solchen Vollkommenheit gebracht würde, daß er sich und seine Handlungen adäquat begriffe, so würde er zu den selben Handlungen, zu denen er jetzt noch durch Affekte, die Leidenschaften sind, bestimmt wird, kraft der Vernunft gleich fähig, ja sogar noch mehr fähig sein. Nun aber beruhen alle Affekte auf Freude, Trauer oder Begierde (siehe die Erläuterung zu 4 der Definitionen der Affekte), und die Begierde ist (nach 1 der Definitionen der Affekte) nichts anderes, als das Streben zu handeln selbst. Folglich können wir zu allen Handlungen, zu denen wir durch einen Affekt, der eine Leidenschaft ist, bestimmt werden, auch ohne ihn durch die Vernunft allein geleitet werden. W. z. b. w.

E i n a n d e r e r B e w e i s: Jede Handlung heißt insofern schlecht, sofern sie daraus entspringt, daß wir in Haß oder in sonst einen schlechten Affekt versetzt sind (siehe den Folgesatz 1 zu Lehrsatz 45 dieses Teils). Aber keine Handlung ist, für sich allein betrachtet, gut oder schlecht (wie wir in der Vorrede zu diesem Teil gezeigt haben); vielmehr ist eine und die selbe Handlung bald gut und bald schlecht. Folglich können wir (nach Lehrsatz 19 dieses Teils) zu der selben Handlung, die das eine Mal schlecht ist oder aus einem schlechten Affekte entspringt, auch durch die Vernunft geleitet werden. W. z. b. w.

Anmerkung: Ein Beispiel wird dies klarer machen: Die Handlung des Prügelns nämlich ist, sofern sie physisch betrachtet wird, und wir dabei ins Auge fassen, daß der Mensch den Arm erhebt, die Hand ballt und den ganzen Arm mit Kraft abwärts bewegt, eine Tugend, die aus dem Bau des menschlichen Körpers begriffen wird. Wenn daher ein Mensch aus Zorn oder Haß dazu bestimmt wird, die Hand zu ballen oder den Arm zu bewegen, so geschieht dies, wie wir im 2. Teile bewiesen haben, weil eine und die selbe Handlung mit den Vorstellungsbildern aller möglichen Dinge verbunden sein kann: und mithin können wir sowohl durch Vorstellungsbilder von Dingen, die wir verworren, als auch durch solche von Dingen, die wir klar und deutlich begreifen, zu einer und der selben Handlung bestimmt werden. Es erhellt also, daß jedwede Begierde, die aus einem Affekt, der eine Leidenschaft ist, entspringt, ohne allen Nutzen sein würde, wenn die Menschen von der Vernunft geleitet werden könnten.

Wir wollen nun sehen, warum eine Begierde, die aus einem Affekt, der eine Leidenschaft ist, entspringt, von uns blind genannt wird.

Lehrsatz 60. Eine Begierde, die aus einer Freude oder Trauer entspringt, die nur auf einen oder einige Körperteile Bezug hat, nicht aber auf alle, nimmt keine Rücksicht auf den Nutzen des ganzen Menschen.

Beweis: Gesetzt z. B., der Körperteil A werde durch die Kraft einer äußeren Ursache derartig verstärkt, daß er über die andern das Übergewicht bekommt (nach Lehrsatz 6 dieses Teils), so wird dieser Teil deshalb nicht streben, seine Kräfte zu verlieren, damit die übrigen Körperteile ihre Funktionen verrichten können; denn er müßte dann die Kraft oder die Macht haben, seine Kräfte zu verlieren, was (nach Lehrsatz 6 des 3. Teils) ungereimt ist. Es wird also jener Teil, und folglich (nach Lehrsatz 7 und 12 des 3. Teils) auch die Seele streben, jenen Zustand zu erhalten. Und mithin nimmt eine Begierde, die aus einem derartigen Affekt der Freude entspringt, keine Rücksicht auf das Ganze. Wird umgekehrt vorausgesetzt, der Teil A werde so gehemmt, daß die anderen das Übergewicht bekommen, so wird auf die selbe Weise bewiesen, daß auch die Begierde, die aus der Trauer hierüber entspringt, keine Rücksicht auf das Ganze nimmt. W. z. b. w.

Anmerkung: Da nun die Freude (nach Anmerkung zu Lehrsatz 44 dieses Teils) meistens auf nur einen Körperteil Bezug hat, so begehren wir demnach meistens, unser Sein ohne Rücksicht auf die Gesundheit des ganzen Körpers zu erhalten, wozu noch kommt, daß die Begierden, die uns am meisten beherrschen (nach Folgesatz zu Lehrsatz 9 dieses Teils) nur die Gegenwart und nicht die Zukunft berücksichtigen.

Lehrsatz 61. Eine Begierde, die aus der Vernunft entspringt, kann kein Übermaß haben.

Beweis: Die Begierde, überhaupt betrachtet, ist (nach 1 der Definitionen der Affekte) des Menschen Wesenheit selbst, sofern diese als auf irgend eine Weise bestimmt begriffen wird, etwas zu tun; eine Begierde, die aus der Vernunft entspringt, das heißt (nach Lehrsatz 3 des 3. Teils) die in uns erzeugt wird, sofern wir handeln, ist demnach des Menschen Wesenheit oder Natur selbst, sofern diese als bestimmt begriffen wird, etwas zu tun, was durch die Wesenheit des Menschen allein adäquat begriffen wird (nach Definition 2 des 3. Teils). Wenn daher eine derartige Begierde ein Übermaß haben könnte, so könnte folglich die menschliche Natur, für sich allein betrachtet, über sich selbst hinausgehen oder sie könnte mehr, als sie kann, was ein offenkundiger Widerspruch ist. Und mithin kann eine derartige Begierde kein Übermaß haben. W. z. b. w.

L e h r s a t z 62. *Sofern die Seele die Dinge nach dem Gebote der Vernunft begreift, wird sie gleichermaßen affiziert, ob die Idee nun die eines zukünftigen oder vergangenen oder die eines gegenwärtigen Dinges ist.*

B e w e i s: Was irgend die Seele unter der Leitung der Vernunft begreift, das begreift sie (nach Folgesatz 2 zu Lehrsatz 44 des 2. Teils) alles unter der selben Art der Ewigkeit oder Notwendigkeit, und sie hat über das alles (nach Lehrsatz 43 des 2. Teils und der Anmerkung dazu) die selbe Gewißheit. Ob die Idee daher nun die eines zukünftigen oder vergangenen oder die eines gegenwärtigen Dinges ist, die Seele begreift das Ding nach der selben Notwendigkeit und hat darüber die selbe Gewißheit. Und die Idee wird (nach Lehrsatz 41 des 2. Teils), ob sie nun die eines zukünftigen oder vergangenen oder die eines gegenwärtigen Dinges ist, dessenungeachtet gleichermaßen wahr sein, das heißt (nach Definition 4 des 2. Teils) sie wird dessenungeachtet immer die selben Eigenschaften einer adäquaten Idee haben. Und somit wird die Seele, sofern sie die Dinge nach dem Gebote der Vernunft begreift, auf die selbe Weise affiziert, ob die Idee nun die eines zukünftigen oder vergangenen oder die eines gegenwärtigen Dinges ist. W. z. b. w.

A n m e r k u n g: Wenn wir von der Dauer der Dinge eine adäquate Erkenntnis haben und die Zeiten ihrer Existenz durch die Vernunft bestimmen könnten, würden wir die zukünftigen Dinge mit dem selben Affekt betrachten wie die gegenwärtigen; und die Seele würde ein Gut, das sie als ein zukünftiges begreift, ebenso erstreben, wie ein gegenwärtiges, und folglich ein geringeres gegenwärtiges Gut notwendigerweise um eines größeren zukünftigen Gutes willen ungenutzt lassen und am wenigsten erstreben, was in der Gegenwart gut wäre, aber die Ursache eines zukünftigen Übels sein würde, wie wir alsbald beweisen werden. Indessen wir können von der Dauer der Dinge (nach Lehrsatz 31 des

2. Teils) nur eine sehr inadäquate Erkenntnis haben und wir bestimmen die Zeiten ihrer Existenz (nach Anmerkung zu Lehrsatz 44 des 2. Teils) allein vermittelst des Vorstellungsvermögens, das durch das Vorstellungsbild eines gegenwärtigen und eines zukünftigen Dinges nicht gleichermaßen affiziert wird; daher kommt es, daß die wahre Erkenntnis des Guten und Schlechten, die wir haben, nur ganz abstrakt oder allgemein ist und daß das Urteil, das wir uns über die Ordnung der Dinge und ihren ursächlichen Zusammenhang bilden, um bestimmen zu können, was für uns in der Gegenwart gut oder schlecht sei, mehr unsere bloße Vorstellung als die Wirklichkeit widergibt. Und darum ist es kein Wunder, wenn die Begierde, die aus der Erkenntnis des guten und schlechten, sofern diese die Zukunft voraussieht, entspringt, gar leicht durch die Begierde nach Dingen, die in der Gegenwart verlockend sind, gehemmt werden kann, worüber man Lehrsatz 16 dieses Teils nachsehen möge.

Lehrsatz 63. Wer von der Furcht geleitet wird und das Gute tut, um das Schlechte zu vermeiden, der wird nicht von der Vernunft geleitet.

Beweis: Alle Affekte, die sich auf die Seele beziehen, sofern sie handelt, das heißt (nach Lehrsatz 3 des 3. Teils) die sich auf die Vernunft beziehen, sind nämlich (nach Lehrsatz 59 des 3. Teils) nur Affekte der Freude und der Begierde; und somit wird (nach 13 der Definitionen der Affekte), wer von der Furcht geleitet wird und das Gute aus Angst vor dem Schlechten tut, nicht von der Vernunft geleitet. W. z. b. w.

Anmerkung: Die Abergläubischen, die sich besser darauf verstehen, das Laster zu schelten, als die Tugend zu lehren, und die die Menschen nicht durch Vernunft zu leiten, sondern durch Furcht derartig einzuschüchtern bemüht sind, daß sie mehr das Schlechte fliehen als die Tugenden lieben, gehen auf nichts anderes aus, als die anderen ebenso elend zu machen, wie sie selbst sind; und es ist deshalb kein Wunder, wenn sie den Menschen zumeist lästig und verhaßt sind.

Folgesatz: Auf Grund der Begierde, die aus der Vernunft

entspringt, gehen wir unmittelbar dem Guten nach und fliehen wir das Schlechte mittelbar.

Beweis: Die Begierde nämlich, die aus der Vernunft entspringt, kann (nach Lehrsatz 59 des 3. Teils) nur aus einem Affekte der Freude, die keine Leidenschaft ist, entspringen, das heißt (nach Lehrsatz 61 dieses Teils) nur aus einer Freude, die kein Übermaß haben kann, nicht aber aus einer Trauer; und demnach entspringt diese Begierde (nach Lehrsatz 8 dieses Teils) aus der Erkenntnis des Guten und nicht des Schlechten. Folglich erstreben wir nach der Leitung der Vernunft das Gute unmittelbar und fliehen nur insofern das Schlechte. W.z.b.w.

Anmerkung: Das Beispiel eines Kranken und Gesunden mag diesen Folgesatz erläutern: Der Kranke schluckt hinunter, was er verabscheut, aus Angst vor dem Tode; der Gesunde dagegen erfreut sich an der Speise und genießt so sein Leben besser, als wenn er sich vor dem Tode ängstigte und ihn unmittelbar zu vermeiden begehrte. — So wird der Richter, der nicht aus Haß oder Zorn usw., sondern nur aus Liebe für das öffentliche Wohl einen Schuldigen zum Tode verurteilt, allein von der Vernunft geleitet.

Lehrsatz 64. Die Erkenntnis des Schlechten ist eine inadäquate Erkenntnis.

Beweis: Die Erkenntnis des Schlechten ist (nach Lehrsatz 8 dieses Teils) die Trauer selbst, sofern wir uns ihrer bewußt sind. Trauer aber ist (nach 3 der Definitionen der Affekte) Übergang zu geringerer Vollkommenheit, und sie kann deswegen (nach Lehrsatz 6 und 7 des 3. Teils) durch des Menschen Wesenheit selbst nicht eingesehen werden; und mithin ist sie (nach Definition 2 des 3. Teils) eine Leidenschaft, die (nach Lehrsatz 3 des 3. Teils) von inadäquaten Ideen abhängt; und folglich ist ihre Erkenntnis, nämlich die Erkenntnis des Schlechten, (nach Lehrsatz 29 des 2. Teils) inadäquat. W.z.b.w.

Folgesatz: Hieraus folgt, daß die menschliche Seele, wenn sie nur adäquate Ideen hätte, keinen Begriff des Schlechten bilden würde.

Lehrsatz 65. Nach der Leitung der Vernunft gehen wir von zwei Gütern dem größeren nach und von zwei Übeln dem kleineren.

Beweis: Ein Gut, das uns daran hindert, ein größeres Gut zu genießen, ist in Wahrheit ein Übel; denn schlecht und gut werden die Dinge genannt, sofern wir sie miteinander vergleichen (wie wir in der Vorrede zu diesem Teil gezeigt haben). Und ein kleineres Übel ist (aus dem selben Grunde) in Wahrheit ein Gut. Darum werden wir nach der Leitung der Vernunft (nach dem Folgesatz zum vorigen Lehrsatz) nur das größere Gut und das kleinere Übel erstreben oder ihm nachgehen. W. z. b. w.

Folgesatz: Wir werden nach der Leitung der Vernunft einem kleineren Übel um eines größeren Gutes willen nachgehen und ein kleineres Gut, das die Ursache eines größeren Übels ist, ungenutzt lassen. Denn das Übel, das hier das kleinere genannt wird, ist in Wahrheit ein Gut, und das Gut umgekehrt ein Übel; darum werden wir (nach Folgesatz zu Lehrsatz 63 dieses Teils) jenes erstreben und dieses ungenutzt lassen. W. z. b. w.

Lehrsatz 66. Nach der Leitung der Vernunft werden wir ein größeres zukünftiges Gut anstelle eines kleineren gegenwärtigen Gutes erstreben, und ein gegenwärtiges kleineres Übel anstelle eines größeren zukünftigen Übels.

Beweis: Wenn die Seele von einem zukünftigen Dinge eine adäquate Erkenntnis haben könnte, würde sie (nach Lehrsatz 62 dieses Teils) dem zukünftigen Dinge gegenüber in den selben Affekt versetzt werden, wie wenn es ein gegenwärtiges wäre; sofern wir daher die Vernunft selbst ins Auge fassen, wie wir, der Voraussetzung nach, in diesem Lehrsatze tun, bleibt es sich gleich, ob nun vorausgesetzt wird, daß das größere Gut oder Übel ein zukünftiges oder daß es ein gegenwärtiges sei; und mithin werden wir (nach Lehrsatz 65 dieses Teils) ein zukünftiges größeres Gut anstelle eines kleineren gegenwärtigen erstreben usw. W. z. b. w.

Folgesatz: Wir werden nach der Leitung der Vernunft ein kleineres gegenwärtiges Übel, das die Ursache eines größeren zukünftigen Gutes ist, erstreben, und ein kleineres gegenwärtiges Gut, das die Ursache eines größeren zukünftigen Übels ist, ungenutzt lassen. Dieser Folgesatz verhält sich zum vorigen Lehrsatz, wie der Folgesatz des Lehrsatzes 65 zu Lehrsatz 65 selbst.

Anmerkung: Wenn wir nun dies mit dem vergleichen, was wir in diesem Teil bis zu Lehrsatz 18 über die Kräfte der Affekte dargelegt haben, so werden wir leicht sehen, worin der Unterschied zwischen einem Menschen, der nur vom Affekt oder von der Meinung, und einem Menschen, der von der Vernunft geleitet wird, besteht. Jener nämlich handelt, mag er nun wollen oder nicht, ohne im geringsten zu wissen, was er tut; dieser dagegen ist niemandem zu Willen als sich selbst und tut nur das, was er als das Wichtigste im Leben erkennt und deswegen am meisten begehrt. Und darum nenne ich jenen einen Knecht und diesen einen Freien. Und über des Freien Sinnesart und Lebensweise möchte ich noch einiges bemerken.

Lehrsatz 67. Der freie Mensch denkt an nichts weniger als an den Tod; und seine Weisheit ist nicht ein Nachsinnen über den Tod, sondern ein Nachsinnen über das Leben.

Beweis: Der freie Mensch, das heißt der Mensch, der allein nach der Leitung der Vernunft lebt, wird (nach Lehrsatz 63 dieses Teils) nicht von der Furcht vor dem Tode geleitet, sondern begehrt (nach dem Folgesatz zu dem selben Lehrsatz) unmittelbar das Gute, das heißt (nach Lehrsatz 24 dieses Teils) er begehrt zu handeln, zu leben und sein Sein zu erhalten auf der Grundlage des Suchens nach dem eigenen Nutzen. Und somit denkt er an nichts weniger als an den Tod, vielmehr ist seine Weisheit ein Nachsinnen über das Leben. W. z. b. w.

Lehrsatz 68. Wenn die Menschen frei geboren würden, würden sie keinen Begriff vom Guten und Schlechten bilden, solange sie frei blieben.

Beweis: Ich habe den frei genannt, der allein von der Vernunft geleitet wird; wer daher frei geboren wird und frei bleibt, hat nur adäquate Ideen, und mithin hat er (nach Folgesatz zu Lehrsatz 64 dieses Teils) keinen Begriff vom Schlechten und folglich (denn gut und schlecht sind Korrelationsbegriffe) auch nicht vom Guten. W. z. b. w.

Anmerkung: Daß die Voraussetzung dieses Lehrsatzes falsch ist und nur begriffen werden kann, sofern wir die menschliche Natur allein oder vielmehr Gott ins Auge fassen, nicht sofern er unendlich, sondern sofern er bloß die Ursache ist, warum der Mensch existiert, das erhellt aus dem 4. Lehrsatze dieses Teils.

Dieses nun und anderes, was wir bereits bewiesen haben, scheint Moses in der Geschichte vom ersten Menschen anzudeuten. Denn dort wird begrifflich keine andere Macht Gottes vorausgesetzt als die, mit der er den Menschen geschaffen hat, das heißt die Kraft, mit der er allein für den Nutzen des Menschen gesorgt hat. Und insofern heißt es in der Erzählung: daß Gott dem freien Menschen verboten habe, vom Baume der Erkenntnis des Guten und Bösen zu essen, und daß der Mensch, sobald er von ihm äße, sogleich vielmehr den Tod fürchten als zu leben begehren würde; weiter, daß der Mensch, als er die Gattin gefunden, die mit seiner Natur völlig übereinstimmt, erkannt habe, daß es in der Natur nichts geben könne, was ihm nützlicher sein könnte als sie; daß er aber, als er die Tiere sich ähnlich geglaubt, sogleich angefangen habe, deren Affekte nachzuahmen (siehe Lehrsatz 27 des 3. Teils) und seine Freiheit zu verlieren, die die Patriarchen dann später wieder erlangten geleitet vom Geiste Christi, das heißt von der Idee Gottes, von der allein es abhängt, daß der Mensch frei ist und daß er das Gute, das er für sich begehrt, auch für die übrigen Menschen begehrt, wie wir oben (in Lehrsatz 37 dieses Teils) bewiesen haben.

Lehrsatz 69. Die Tugend des freien Menschen zeigt sich ebenso groß im Vermeiden wie im Überwinden von Gefahren.

Beweis: Ein Affekt kann (nach Lehrsatz 7 dieses Teils) nur gehemmt oder aufgehoben werden durch einen Affekt, der entgegengesetzt und stärker ist als der zu hemmende

Affekt. Nun sind die blinde Kühnheit und die Furcht Affekte, die (nach Lehrsatz 5 und 3 dieses Teils) gleich groß gedacht werden können; es wird mithin eine gleich große Tugend des Gemüts oder Seelenstärke (siehe deren Definition in der Anmerkung zu Lehrsatz 59 des 3. Teils) erfordert, um die Kühnheit wie um die Furcht zu hemmen, das heißt (nach 40 und 41 der Definitionen der Affekte) der freie Mensch vermeidet die Gefahren mit der selben Tugend des Gemüts, mit der er sie zu überwinden versucht. W. z. b. w.

Folgesatz: Bei einem freien Menschen ist demzufolge die rechtzeitige Flucht das Zeichen einer ebenso großen Willenskraft als der Kampf, oder der freie Mensch erwählt mit der selben Willenskraft oder Geistesgegenwart wie den Kampf so auch die Flucht.

Anmerkung: Was Willenskraft ist, und was ich unter ihr verstehe, habe ich in der Anmerkung zu Lehrsatz 59 des 3. Teils auseinandergesetzt. Unter Gefahr aber verstehe ich alles, was die Ursache irgend eines Übels sein kann, wie der Trauer, des Hasses, der Zwietracht usw.

Lehrsatz 70. Der freie Mensch, der unter Unwissenden lebt, ist bemüht, deren Wohltaten, soviel er kann, zu vermeiden.

Beweis: Jeder beurteilt nach seiner Sinnesweise, was gut ist (siehe die Anmerkung zu Lehrsatz 39 des 3. Teils); der Unwissende, der jemandem eine Wohltat erwiesen hat, wird diese also nach seiner Sinnesweise einschätzen, und wenn er sieht, daß der Empfänger sie geringer schätzt, wird er sich (nach Lehrsatz 42 des 3. Teils) betrüben. Nun ist der freie Mensch bemüht, die anderen Menschen (nach Lehrsatz 37 dieses Teils) sich in Freundschaft zu verbinden, aber nicht ihnen ihre Wohltaten mit solchen zu vergelten, die sie nach ihrem Affekt als gleich einschätzen, sondern sich und die anderen nach dem freien Urteil der Vernunft zu leiten und nur das zu tun, was er selbst als das Wichtigste erkennt. Folglich wird der freie Mensch, um nicht bei den Unwissenden verhaßt zu sein, und um nicht dem Triebe jener, sondern allein der Vernunft zu gehorchen, danach streben, deren Wohltaten, soviel er kann, zu vermeiden. W. z. b. w.

Anmerkung: Ich sage: soviel er kann. Denn obgleich die Menschen unwissend sind, sind es doch Menschen, die in Notfällen menschliche Hilfe bringen können, über die hinaus es keine wertvollere gibt; und darum kommt es oft vor, daß es nötig ist, von ihnen eine Wohltat anzunehmen und folglich sich ihnen nach ihrem Sinne dafür wiederum dankbar zu erzeigen. Wozu noch kommt, daß auch beim Ablehnen von Wohltaten Vorsicht geboten ist, damit wir nicht den Schein erwecken, als ob wir die Geber geringschätzten oder als ob wir aus Habgier Angst hätten, die Wohltaten wiedervergelten zu müssen. Denn dadurch würden wir die Menschen, indem wir ihrem Haß zu entgehen suchen, gerade erst recht gegen uns aufbringen. Deswegen muß man beim Vermeiden von Wohltaten darauf Rücksicht nehmen, was nützlich und ehrbar ist.

Lehrsatz 71. Nur die freien Menschen sind einander vollkommen dankbar.

Beweis: Nur die freien Menschen sind (nach Lehrsatz 35 dieses Teils und dem 1. Folgesatz dazu) einander vollkommen nützlich und verbinden sich einander durch die innigsten Bande der Freundschaft und nur sie streben (nach Lehrsatz 37 dieses Teils) mit dem gleichen Eifer der Liebe einander wohlzutun; und demnach sind nur die freien Menschen (nach 34 der Definitionen der Affekte) einander vollkommen dankbar. W. z. b. w.

Anmerkung: Die Dankbarkeit, wie sie die Menschen, die von blinder Begierde geleitet werden, gegenseitig üben, ist meistens mehr ein Handelsgeschäft oder ein Fallstrick als Dankbarkeit.

Die Undankbarkeit sodann ist kein Affekt. Doch ist die Undankbarkeit schimpflich, weil sie meistens ein Zeichen davon ist, daß der Mensch von übermäßigem Haß, Zorn, Hochmut oder Habgier erfüllt ist. Denn wer aus Torheit Geschenke nicht zu vergelten weiß, ist nicht undankbar, und noch viel weniger, wer durch die Geschenke einer

Buhlerin nicht bewogen wird, ihrer Wollust zu dienen, noch durch die Geschenke eines Diebes, dessen Diebstähle zu verhehlen, noch sonst durch die Geschenke eines Menschen dieser Art. Denn er zeigt gerade im Gegenteil ein standhaftes Gemüt, das sich durch keine Geschenke bestechen läßt, sich oder das Gemeinwohl zu verderben.

Lehrsatz 72. Der freie Mensch handelt niemals betrügerisch, sondern immer mit Redlichkeit.

Beweis: Wenn der freie Mensch, sofern er frei ist, etwas betrügerisch täte, würde er es nach dem Gebote der Vernunft tun (denn nur insofern wird er von uns frei genannt); und somit wäre (nach Lehrsatz 24 dieses Teils) betrügerisch handeln eine Tugend, und folglich wäre es (nach dem selben Lehrsatz) für einen jeden zur Erhaltung seines Seins ratsamer, betrügerisch zu handeln, das heißt (wie sich von selbst versteht) es wäre für die Menschen ratsamer, nur allein in den Worten übereinzustimmen, in der Sache aber einander entgegen zu sein, was (nach Folgesatz zu Lehrsatz 31 dieses Teils) ungereimt ist. Folglich handelt der freie Mensch usw. W. z. b. w.

Anmerkung: Fragt man nun, ob, wenn ein Mensch durch Unredlichkeit sich aus gegenwärtiger Todesgefahr befreien könnte, die Rücksicht auf die Erhaltung des eigenen Seins nicht schlechthin dazu rät, unredlich zu sein, so ist ebenso zu antworten: wenn die Vernunft dies rät, so rät sie es folglich allen Menschen, und mithin riete die Vernunft überhaupt den Menschen, daß sie Verträge zur Vereinigung ihrer Kräfte und zur Beobachtung eines gemeinsamen Rechts nur betrügerisch schließen sollen, das heißt, daß sie in Wirklichkeit kein gemeinsames Recht haben sollen, was ungereimt ist.

Lehrsatz 73. Der von der Vernunft geleitete Mensch ist freier im Staate, wo er nach dem gemeinsamen Beschlusse lebt, als in der Einsamkeit, wo er nur sich selbst gehorcht.

Beweis: Der von der Vernunft geleitete Mensch wird (nach Lehrsatz 63 dieses Teils) nicht durch die Furcht zum Gehorsam geleitet, sondern, sofern er sein Sein nach dem Gebote der Vernunft zu erhalten strebt, das heißt (nach Anmerkung zu Lehrsatz 66 dieses Teils) sofern er frei zu leben strebt, begehrt er (nach Lehrsatz 37 dieses Teils) auf das gemeinsame Leben und den gemeinsamen Nutzen Rücksicht zu nehmen, und folglich (wie wir in der Anmerkung 2 zu Lehrsatz 37 dieses Teils bewiesen haben) nach dem gemeinsamen Staatsbeschluß zu leben. Es begehrt also der von der Vernunft geleitete Mensch, um freier zu leben, das gemeinsame Recht des Staates innezuhalten. W. z. b. w.

Anmerkung: Dies und was wir sonst derartiges über die wahre Freiheit des Menschen dargelegt haben, gehört zur Seelenstärke, das heißt (nach Anmerkung zu Lehrsatz 59 des 3. Teils) zur Willenskraft und zum Edelmut. Ich halte es aber nicht für der Mühe wert, alle Eigenschaften der Seelenstärke hier gesondert zu beweisen, und noch viel weniger, daß der seelenstarke Mann niemanden haßt, niemandem zürnt, niemanden beneidet, über niemanden sich entrüstet, niemanden unterschätzt und durchaus nicht hochmütig ist. Denn dies und alles, was zum wahren Leben und zur Religion gehört, ist leicht auf Grund von Lehrsatz 37 und 46 dieses Teils zu erhärten; auf Grund davon nämlich, daß der Haß durch ihm begegnende Liebe zu besiegen ist und daß jeder, der von der Vernunft geleitet wird, das Gut, das er für sich erstrebt, auch anderen zuteil werden zu lassen begehrt. Hierzu kommt noch, was wir in der Anmerkung zu Lehrsatz 50 dieses Teils und an anderen Orten bemerkt haben, nämlich, daß der seelenstarke Mann vor allem beachtet, daß alles aus der Notwendigkeit der göttlichen Natur folgt, und daß daher alles, was er sich als gut und schlecht denkt, und was außerdem als zuchtlos, entsetzlich, ungerecht und schimpflich erscheint, daraus entspringt, daß er die Dinge selbst ganz ungeordnet, verstümmelt und verworren begreift. Und aus dieser Ursache strebt er vor allem danach, die Dinge zu begreifen, wie sie an sich sind, und die Hindernisse der wahren Erkenntnis zu entfernen, als da sind: Haß, Zorn, Neid, Spott, Hochmut und anderes der Art, was wir im Vorangegangenen angemerkt haben; und sonach strebt er, wie wir gesagt haben, soviel er kann, gut zu handeln und sich zu freuen. Wie weit aber die menschliche Tugend reicht, um dahin zu gelangen, und was sie vermag, werde ich im folgenden Teile nachweisen.

ANHANG

Was ich in diesem Teile über die richtige Lebensweise mitgeteilt habe, ist nicht so geordnet, daß man es in einer Folge überblicken kann, sondern es ist zerstreut von mir bewiesen worden, je nach dem ich das eine leichter aus dem anderen habe ableiten können. Ich habe mich darum entschlossen, es hier zusammenzustellen und auf die wichtigsten Hauptsätze zurückzuführen.

Hauptsatz 1. Alle unsere Strebungen oder Begierden folgen aus der Notwendigkeit unserer Natur, dergestalt, daß sie entweder durch diese allein, als durch ihre nächste Ursache, eingesehen werden können, oder sofern wir ein Teil der Natur sind, der für sich, ohne andere Individuen nicht adäquat begriffen werden kann.

Hauptsatz 2. Die Begierden, die aus unserer Natur dergestalt folgen, daß sie durch diese allein eingesehen werden können, sind solche, die sich auf die Seele beziehen, sofern sie als aus adäquaten Ideen bestehend begriffen wird. Die übrigen Begierden beziehen sich dagegen auf die Seele nur insofern, als diese die Dinge inadäquat begreift, und ihre Kraft und ihr Anwachsen kann nicht durch die menschliche Kraft, sondern muß durch die Kraft der Dinge außer uns definiert werden. Und deshalb heißen jene mit Recht Handlungen, diese dagegen Leidenschaften; denn jene zeigen immer unsere Kraft an, diese dagegen unsere Ohnmacht und eine verstümmelte Erkenntnis.

Hauptsatz 3. Unsere Handlungen, das heißt die Begierden, die durch des Menschen Kraft oder Vernunft definiert werden, sind immer gut, die anderen Begierden dagegen können ebensowohl gut als schlecht sein.

Hauptsatz 4. Es ist daher im Leben vor allem nützlich,

den Verstand oder die Vernunft, soviel wir können, zu vervollkommnen, und einzig hierin besteht des Menschen höchstes Glück oder die Glückseligkeit. Denn die Glückseligkeit ist nichts anderes, als die Zufriedenheit des Gemüts, die aus der anschauenden Erkenntnis Gottes entspringt; den Verstand vervollkommnen ist aber auch nichts anderes, als Gott und Gottes Attribute, sowie die Handlungen, die aus der Notwendigkeit seiner Natur folgen, verstehen. Demnach ist der letzte Zweck des von der Vernunft geleiteten Menschen, das heißt seine größte Begierde, durch die er alle anderen zu lenken bemüht ist, die, die ihn dazu treibt, sich und alle Dinge, die Objekt seiner Einsicht werden können, adäquat zu begreifen.

Hauptsatz 5. Es gibt also kein vernünftiges Leben ohne Einsicht; und die Dinge sind nur insofern gut, als sie den Menschen darin fördern, das Leben der Seele zu genießen, das durch die Einsicht definiert wird. Was dagegen umgekehrt den Menschen hindert, seine Vernunft zu vervollkommnen und ein vernünftiges Leben zu genießen, das allein nennen wir schlecht.

Hauptsatz 6. Weil aber alles, wovon der Mensch die bewirkende Ursache ist, notwendig gut ist, so kann dem Menschen folglich etwas Schlechtes nur von äußeren Ursachen her begegnen, nämlich sofern er ein Teil der ganzen Natur ist, deren Gesetzen die menschliche Natur zu gehorchen und der sie auf beinahe unendlich viele Arten sich anzupassen gezwungen ist.

Hauptsatz 7. Auch ist es unmöglich, daß der Mensch kein Teil der Natur sei und daß er ihrer gemeinsamen Ordnung nicht folge. Wenn aber der Mensch sich unter solchen Individuen aufhält, die mit seiner eigenen Natur übereinstimmen, so wird eben dadurch seine Wirkungskraft gefördert und genährt werden. Wenn er sich dagegen umgekehrt unter solchen befindet, die mit seiner Natur gar nicht übereinstimmen, so wird er schwerlich ohne große Veränderungen seiner selbst in sich ihnen anpassen können.

Hauptsatz 8. Alles in der Natur der Dinge, was wir als schlecht beurteilen, oder was uns an der Existenz und am

Genuß des vernünftigen Lebens hindern kann, dürfen wir uns auf die Weise, die uns die sicherste zu sein scheint, fernhalten. Und umgekehrt dürfen wir alles, was wir als gut oder als nützlich zur Erhaltung unseres Seins und zum Genuß des vernünftigen Lebens beurteilen, zu unserem Nutzen verwenden und auf jegliche Weise benutzen; und überhaupt darf jeder nach dem höchsten Rechte der Natur alles tun, wovon er urteilt, daß es zu seinem Nutzen beiträgt.

Hauptsatz 9. Nichts kann mehr mit der Natur eines Dinges übereinstimmen, als die übrigen Individuen der selben Art; und mithin gibt es (nach Hauptsatz 7) nichts, was dem Menschen zur Erhaltung seines Seins und zum Genuß des vernünftigen Lebens nützlicher wäre, als der Mensch, der von der Vernunft geleitet wird. Weil wir ferner unter den Einzeldingen keines kennen, das wertvoller wäre, als ein Mensch, der von der Vernunft geleitet wird, so kann folglich niemand den Grad seiner Geschicklichkeit und Begabung durch etwas mehr an den Tag legen, als dadurch, daß er die Menschen so erzieht, daß sie schließlich nach eigener Vernunftherrschaft leben.

Hauptsatz 10. Insofern die Menschen von Neid oder sonst einem Affekt des Hasses wider einander erregt sind, insofern sind sie einander entgegengesetzt, und folglich haben sie umsomehr Grund zur Angst voreinander, als sie mehr vermögen, denn die anderen Individuen der Natur.

Hauptsatz 11. Die Gemüter werden jedoch nicht durch Waffen, sondern durch Liebe und Edelmut besiegt.

Hauptsatz 12. Es ist für die Menschen vor allem nützlich, ihre Gewohnheiten zueinander in Beziehung zu setzen und sich aufs engste miteinander durch solche Bande zu verknüpfen, durch die sie am besten aus sich allen eine Einheit machen; und überhaupt das zu tun, was zur Befestigung der Freundschaften dient.

Hauptsatz 13. Doch hierzu wird Geschicklichkeit und Wachsamkeit erfordert. Sind doch die Menschen veränderlich (denn die, die nach der Vorschrift der Vernunft leben, sind selten), und dabei meistens neidisch und mehr zur Rache als zur Barmherzigkeit neigend. Um sich also in jeden von ihnen seiner Sinnesweise gemäß zu schicken und sich der Nachahmung ihrer Affekte zu enthalten, bedarf es einer besonderen Kraft des Gemüts. Wer aber hingegen sich nur darauf versteht, die Menschen durchzuhecheln und ihre Laster zu schelten anstatt die Tugend zu lehren, und wer die Gemüter der Menschen nicht zu festigen, sondern nur zu brechen weiß, ist sich und anderen lästig. Daher haben viele aus zu großer Ungeduld und aus falschem Eifer für die Religion lieber unter unvernünftigen Tieren als unter Menschen leben wollen: wie Knaben oder Jünglinge, die die Vorwürfe der Eltern nicht mit Gleichmut ertragen können, dem Hause entfliehen und unter die Soldaten gehen und die Mühen des Krieges und den Druck einer tyrannischen Herrschaft den häuslichen Bequemlichkeiten und väterlichen Ermahnungen vorziehen und jegliche Last sich auferlegen lassen, nur um sich an den Eltern zu rächen.

Hauptsatz 14. Wenn also auch die Menschen meistens alles ihrem Gelüste entsprechend einrichten, so folgt doch aus ihrer staatlichen Gemeinschaft viel mehr Vorteil als Schaden. Darum ist es besser, ihre Beleidigungen gleichmütig zu ertragen und mit Eifer zu betreiben, was dazu dient, Eintracht und Freundschaft herbeizuführen.

Hauptsatz 15. Eintracht erzeugt alles, was zur Gerechtigkeit, Billigkeit und Ehrbarkeit gehört. Denn es verletzt die Menschen nicht bloß das, was ungerecht und unbillig ist, sondern auch, was als schimpflich gilt, oder wenn jemand sich über die geltenden Sitten des Staates hinwegsetzt. Um aber Liebe zu gewinnen, ist vor allem das notwendig, was zur Religion und zum Pflichtgefühl gehört. Siehe darüber die Anmerkung 1 und 2 zu Lehrsatz 37, die Anmerkung zu Lehrsatz 46 und die Anmerkung zu Lehrsatz 73 des 4. Teils.

Hauptsatz 16. Es pflegt außerdem meistens die Furcht Eintracht zu erzeugen; allein eine Eintracht ohne Redlichkeit. Man nehme hinzu, daß die Furcht aus einer Ohnmacht des Gemüts entspringt und deswegen für die Vernunft von keinem Nutzen ist, so wenig wie das Mitleid, obwohl es den Schein des Pflichtgefühls äußerlich an sich trägt.

Hauptsatz 17. Die Menschen lassen sich ferner auch durch Freigebigkeit gewinnen, besonders die, die es nicht dazu haben, sich das, was zum Lebensunterhalt notwendig ist, verschaffen zu können. Indessen einem jeden Bedürftigen Hilfe zu bringen, übersteigt bei weitem die Kräfte und den Nutzen eines Privatmannes. Denn der Reichtum eines Privatmannes reicht bei weitem nicht hin, das zu leisten. Überdies ist die Leistungsfähigkeit eines Mannes zu beschränkt, um sich alle in Freundschaft verbinden zu können. Darum liegt die Sorge für die Armen der ganzen Gemeinschaft ob und gehört nur zum Gemeinwohl.

Hauptsatz 18. Beim Annehmen von Wohltaten und bei Dankesbezeigungen muß unsere Sorge eine ganz andere sein, worüber man die Anmerkung zu Lehrsatz 70 und die Anmerkung zu Lehrsatz 71 des 4. Teils nachsehen möge.

Hauptsatz 19. Die sinnliche Liebe ferner, das heißt, das Gelüst zu zeugen, das von der äußeren Form her entspringt, und überhaupt jede Liebe, die eine andere Ursache anerkennt, als die Freiheit des Gemüts, geht leicht in Haß über, falls sie nicht, was noch schlimmer ist, eine Art des Wahnsinns ist; und dann findet die Zwietracht mehr Nahrung als die Eintracht. Siehe die Anmerkung zu Lehrsatz 31 des 3. Teils.

Hauptsatz 20. Was die Ehe anlangt, so ist gewiß, daß sie mit der Vernunft übereinstimmt, wenn die Begierde nach fleischlicher Vermischung nicht nur durch die äußere Form hervorgerufen wird, sondern auch durch die Liebe dazu, Kinder zu erzeugen und weise zu erziehen; und wenn zudem beider, des Mannes und des Weibes Liebe nicht nur die äußere Form, sondern vornehmlich die Freiheit des Gemüts zur Ursache hat.

Hauptsatz 21. Es erzeugt des weiteren die Schmeichelei Eintracht, aber durch das häßliche Laster der knechtischen Gesinnung oder durch Unredlichkeit; niemand läßt sich ja mehr durch Schmeichelei gefangen nehmen als die Hochmütigen, die gern die ersten sein wollen und es nicht sind.

Hauptsatz 22. Dem Kleinmut wohnt ein falscher Schein von Pflichtgefühl und Religion bei. Und obzwar der Kleinmut dem Hochmut entgegengesetzt ist, so steht doch der Kleinmütige dem Hochmütigen am nächsten. Siehe die Anmerkung zu Lehrsatz 57 des 4. Teils.

Hauptsatz 23. Es trägt des weiteren die Scham zur Eintracht bei, doch nur in dem, was sich nicht verheimlichen läßt. Weil ferner die Scham eine Art der Trauer ist, so gehört sie nicht zum Gebrauche der Vernunft.

Hauptsatz 24. Die übrigen, gegen andere Menschen gerichteten Affekte der Trauer, sind das gerade Gegenteil der Gerechtigkeit, Billigkeit, Ehrbarkeit, des Pflichtgefühls und der Religion; und obwohl die Entrüstung den Schein der Billigkeit äußerlich an sich trägt, so lebt man doch ohne Gesetz da, wo jeder über die Taten des anderen das Urteil sprechen und sich oder anderen selbst Recht verschaffen darf.

Hauptsatz 25. Die Bescheidenheit, das heißt die Begierde, den Menschen zu gefallen, gehört, wenn sie durch die Vernunft bestimmt wird, (wie wir in der Anmerkung 1 zu Lehrsatz 37 des 4. Teils gesagt haben) zum Pflichtgefühl. Wenn sie dagegen aus einem Affekt entspringt, so ist sie Ehrgeiz oder eine Begierde, der nachgebend die Menschen unter dem falschen Scheine des Pflichtgefühls meistenteils Zwietracht und Streit erregen. Denn wer die anderen durch Rat oder Tat dahin zu fördern begehrt, daß sie mit ihm des höchsten Gutes genießen, wird vor allem darum bemüht sein, sich ihre Liebe zu gewinnen, nicht aber darum, sie zur Bewunderung zu veranlassen, damit seine Lehre von ihm den Namen habe, noch wird er überhaupt sonst Ursache zum Neid geben. In den gemeinsamen Unterhaltungen sodann wird er sich hüten, die Fehler der Menschen herzuzählen, und darauf Bedacht nehmen, von der menschlichen Ohnmacht nur sparsam zu reden, dagegen wird er viel und ohne Rückhalt von der menschlichen Tugend oder Kraft sprechen und von dem Wege, auf dem sie vervollkommnet werden kann, damit so die Menschen, soviel an ihnen liegt, nicht aus Furcht oder Abneigung, sondern allein durch den Affekt der Freude bewogen nach der Vorschrift der Vernunft zu leben streben.

H a u p t s a t z 26. Abgesehen von den Menschen kennen wir kein Einzelwesen in der Natur, an dessen Seele wir uns zu erfreuen oder mit dem wir uns in Freundschaft oder sonst einer Gattung des Umgangs zu verbinden vermögen; alles, was es in der Natur der Dinge, außer den Menschen, gibt, zu erhalten, fordert die Rücksicht auf unseren Nutzen deshalb nicht; sie lehrt uns vielmehr, je nach der Verschiedenheit des Gebrauches, den es hat, es zu erhalten oder zu zerstören oder auf jegliche Weise zu unserem Gebrauch herzurichten.

H a u p t s a t z 27. Der Nutzen, den wir von den Dingen außer uns ziehen, besteht, abgesehen von der Erfahrung und Erkenntnis, die wir erwerben, wenn wir die Dinge beobachten und aus einer Form in die andere verwandeln, vornehmlich in der Erhaltung des Körpers; und aus diesem Grunde sind die Dinge hauptsächlich nützlich, die den Körper so unterhalten und ernähren können, daß alle Teile imstande sind, ihre Funktion richtig auszuüben. Denn je fähiger der Körper ist, auf mannigfache Weisen affiziert zu werden und äußere Körper auf die mannigfachsten Weisen zu affizieren, desto fähiger ist die Seele zum Denken (siehe Lehrsatz 38 und 39 des 4. Teils). Es scheint aber in der Natur nur sehr wenige Dinge dieser Art zu geben; darum ist es zur erforderlichen Ernährung des Körpers notwendig, vielerlei Nahrungsmittel von verschiedener Natur zu benutzen. Ist doch der menschliche Körper aus sehr vielen Teilen von verschiedener Natur zusammengesetzt, die ständiger und verschiedenartiger Nahrung bedürfen, damit der ganze Körper zu allem, was aus seiner Natur folgen kann, gleich fähig sei, und folglich, damit auch die Seele gleich fähig sei, mehrerlei zu begreifen.

H a u p t s a t z 28. Um sich dies aber zu verschaffen, würden die Kräfte des einzelnen schwerlich ausreichen, wenn die Menschen sich nicht gegenseitig Hilfe leisteten. — Nun hat das Geld einen bündigen Ausdruck für alle Dinge gebracht; und daher ist es gekommen, daß das Vorstellungsbild des Geldes die Seele der großen Menge am meisten einzunehmen pflegt, weil die Leute sich kaum eine Art der Freude vorstellen können, die nicht von der Idee von Geldstücken als der Ursache begleitet wäre.

Hauptsatz 29. Dies ist jedoch nur bei denen ein Fehler, die nicht aus Bedürfnis oder der Notwendigkeiten des Lebens wegen dem Gelde nachgehen, sondern darum, weil sie die Kunstgriffe des Geldgewinnens kennen, worauf sie gar stolz sind. Im übrigen unterhalten sie ihren Körper aus Gewohnheit, doch kärglich, weil sie von ihren Gütern zu verlieren meinen, was sie zur Erhaltung ihres Körpers aufwenden. Wer aber den richtigen Gebrauch des Geldes kennt und das Maß seines Reichtums allein nach dem Bedürfnis abmißt, der lebt mit Wenigem zufrieden.

Hauptsatz 30. Da nun die Dinge gut sind, die die Teile des Körpers in der Ausübung ihrer Funktionen fördern, und die Freude darin besteht, daß die Kraft des Menschen, sofern er aus Seele und Körper besteht, gefördert oder vermehrt wird, so ist demnach all das, was Freude bringt, gut. Allein da andererseits die Dinge nicht zu dem Zweck handeln, um uns in Freude zu versetzen, und ihre Wirkungskraft nicht nach unserem Nutzen bemessen ist, und da endlich die Freude meistenteils sich nur auf einen Teil des Körpers hauptsächlich bezieht, so haben demnach die Affekte der Freude meistenteils (wenn nicht Vernunft und Wachsamkeit dabei sind) ein Übermaß und folglich auch die Begierden, die aus ihnen hervorgehen. Wozu noch kommt, daß wir infolge des Affekts das für das Wichtigste halten, was in der Gegenwart verlockend ist, und nicht imstande sind, das Zukünftige mit gleichem Gemütsaffekt einzuschätzen. Siehe die Anmerkung zu Lehrsatz 44 und die Anmerkung zu Lehrsatz 60 des 4. Teils.

Hauptsatz 31. Der Aberglaube scheint gerade umgekehrt zu behaupten, gut sei, was Trauer bringt, dagegen schlecht, was Freude bringt. Allein, wie wir bereits sagten (siehe die Anmerkung zu Lehrsatz 45 des 4. Teils), es ergötzt sich niemand, es sei denn ein Neider, an meiner Ohnmacht und meinem Ungemach. Denn in je mehr Freude wir versetzt werden, zu desto größerer Vollkommenheit gehen wir über, und desto mehr haben wir folglich Anteil an der göttlichen

Natur; auch kann eine Freude niemals schlecht sein, wenn die rechte Rücksicht auf unseren Nutzen ihrer Meister ist. Wer dagegen umgekehrt von der Furcht geleitet wird, und das Gute tut, um das Schlechte zu vermeiden, der wird nicht von der Vernunft geleitet.

Hauptsatz 32. Indessen ist die menschliche Kraft sehr beschränkt und wird von der Kraft der äußeren Ursachen unendlich übertroffen; und daher haben wir keine unbedingte Gewalt, die Dinge außer uns zu unserem Gebrauche herzurichten. Jedoch werden wir mit Gleichmut tragen, was uns den Forderungen, die die Rücksicht auf unseren Nutzen stellt, zuwider begegnet, wenn wir uns bewußt sind, daß wir das unsrige getan haben, daß die Kraft, die wir besitzen, nicht soweit habe reichen können, uns in den Stand zu setzen, das Mißgeschick zu vermeiden, und daß wir nur ein Teil der ganzen Natur sind, deren Ordnung wir folgen. Wenn wir dies klar und deutlich einsehen, wird der Teil von uns, der durch die Einsicht definiert wird, das heißt der bessere Teil von uns dabei völlig befriedigt sein und in dieser Zufriedenheit zu beharren streben. Denn, sofern wir erkennen, können wir nur das, was notwendig ist, erstreben, und überhaupt nur bei Wahrem befriedigt sein; sofern wir daher dies richtig einsehen, insofern stimmt das Streben des besseren Teils von uns mit der Ordnung der ganzen Natur überein.

Ende des vierten Teils

DER ETHIK FÜNFTER TEIL

VON DER MACHT DES VERSTANDES
oder
VON DER MENSCHLICHEN FREIHEIT

Vorrede

Ich gehe endlich zum anderen Teile der Ethik über, der von der Weise oder von dem Weg handelt, der zur Freiheit führt. In diesem Teile werde ich also von der Macht der Vernunft handeln, indem ich zeige, was die Vernunft wider die Affekte vermag, und weiter, was die Freiheit der Seele oder die Glückseligkeit ist. Wir werden daraus ersehen, um wieviel der Weise mächtiger ist als der Unwissende. Wie aber und auf welchem Wege der Verstand vervollkommnet werden muß, und ferner, nach welchen Kunstregeln der Körper zu pflegen ist, damit er seine Funktionen richtig ausübe, gehört nicht hierher. Denn dieses hat seinen Ort in der Medizin, jenes in der Logik. Hier also werde ich, wie gesagt, allein von der Macht der Seele oder der Vernunft handeln und vor allem zeigen, wie groß und welcher Art die Oberherrschaft ist, die sie über die Affekte hat, diese zu hemmen und zu bemeistern. Denn daß wir eine unbedingte Oberherrschaft über sie nicht besitzen, haben wir schon oben bewiesen.

Die Stoiker freilich meinten, die Affekte wären von unserem Willen unbedingt abhängig, und wir könnten ihnen unbedingt gebieten. Indessen der Widerspruch der Erfahrung, keineswegs etwa ihre Prinzipien, zwang sie, wenigstens zuzugestehen, daß zur Hemmung und Bemeisterung der Affekte eine nicht geringe Übung und Mühe erforderlich sei. Einer hat (wenn ich mich recht erinnere) dies an dem Beispiele zweier Hunde, eines Haus- und eines Jagdhundes nachzuweisen versucht; er hatte es nämlich durch Übung endlich dahin bringen können, daß der Haushund sich an die Jagd gewöhnte, der Jagdhund dagegen von der Verfolgung der Hasen abzulassen lernte.

Sehr zugunsten dieser Meinung tritt auch Descartes ein. Denn er behauptet, das Seelenwesen oder die Seele sei mit einem gewissen Teile des Gehirns besonders eng vereinigt, nämlich mit der sogenannten Zirbeldrüse: vermittelst ihrer habe die Seele eine Empfindung von allen Bewegungen, die im Körper hervorgerufen werden, und von den äußeren Objekten; und die Seele könne sie allein dadurch, daß sie will, auf verschiedene Arten bewegen. Diese Drüse nun, behauptet Descartes, hänge in der Mitte des Gehirns dergestalt, daß sie durch die kleinste Bewegung der Lebensgeister bewegt werden könne. Des weiteren behauptet er, daß diese in der Mitte des Gehirns hängende Drüse, den mannigfach verschiedenen Arten des Auftreffens der Lebensgeister auf sie entsprechend, ebensoviel verschiedene Stellungen annehme, und daß außerdem so viel verschiedene Spuren in sie eingedrückt werden, als verschiedene äußere Objekte die Lebensgeister zu ihr hin treiben; woher es denn komme, daß die Drüse, wenn sie nachher durch den Willen der Seele, der sie verschiedenartig bewegt, in diese oder jene Stellung gebracht werde, in die sie bereits einmal von den auf diese oder jene Weise erregten Lebensgeistern gebracht worden war, alsdann die Lebensgeister auf die selbe Weise antreibe und bestimme, wie diese vorher bei der gleichen Stellung der Drüse zurückgetrieben waren. Ferner behauptet er, daß jeder einzelne Wille der Seele von Natur mit einer bestimmten Bewegung der Drüse vereinigt sei. Wenn z. B. jemand den Willen hat, ein entferntes Objekt anzuschauen, so wird dieser Wille bewirken, daß die Pupille sich erweitert; wenn er aber nur daran denkt, daß die Pupille sich erweitern soll, so wird es ihm nichts nützen, hierzu den Willen zu haben, weil die Natur die Bewegung der Drüse, die dazu dient, die Lebensgeister dergestalt gegen den Sehnerv zu treiben, daß die Pupille sich erweitert oder verengt, nicht mit dem Willen sie zu erweitern oder zu verengern verbunden hat, sondern eben nur mit dem Willen entfernte oder nahe Objekte anzuschauen. Endlich behauptet er, daß, wenn auch jede Bewegung dieser Drüse durch die Natur mit einzelnen unserer Gedanken von Anfang unseres Lebens an verknüpft zu sein scheine, sie doch durch die Gewohnheit mit anderen Gedanken verbunden werden könne; er sucht dies im Artikel 50 des 1. Teils der Schrift „von den Leidenschaften der Seele" nachzuweisen.

Hieraus schließt er dann, daß kein Seelenwesen so schwach sei, daß es nicht bei guter Leitung eine unbedingte Gewalt über seine Leidenschaften erlangen könne. Denn diese sind nach seiner Definition „Wahrnehmungen oder Empfindungen oder Bewegungen der Seele, die man ausschließlich auf sie bezieht, und die" — wohlgemerkt! — „hervorgebracht, erhalten und verstärkt werden durch irgend eine Bewegung der Lebensgeister" (siehe den Artikel 27 des 1. Teils der Schrift von den Leidenschaften der Seele). Da wir nun imstande sind, mit jedem Willen jedwede Bewegung der Drüse und folglich auch der Lebensgeister zu verbinden, und da die Bestimmung des Willens allein von unserer Gewalt abhängt, so werden wir demnach eine unbedingte Oberherrschaft über unsere Leidenschaften dann erlangen, wenn wir unseren Willen durch gewisse und feste Urteile bestimmen, nach denen wir unsere Handlungen im Leben regeln wollen, und wenn wir mit diesen Urteilen die Bewegungen der Leidenschaften, die wir haben wollen, verbinden.

Dies ist die Ansicht dieses berühmten Mannes (soweit ich sie aus seinen Worten herauslese); ich hätte schwerlich geglaubt, daß sie von einem so großen Manne herrühre, wenn sie weniger scharfsinnig wäre. Ich kann mich wahrlich nicht genug verwundern, daß ein Philosoph, der sich fest vorgenommen hatte, nichts anderswoher abzuleiten, als aus an sich einleuchtenden Prinzipien, und nichts zu bejahen, als das, was er klar und deutlich wahrnähme, und der so oft die Scholastiker getadelt hatte, daß sie dunkle Dinge durch verborgene Qualitäten hätten erklären wollen, eine Hypothese aufstellt, die verborgener ist als jede verborgene Qualität. Was versteht er denn eigentlich unter Vereinigung der Seele und des Körpers? Ich meine: welchen klaren und deutlichen Begriff hat er von einem Gedanken, der aufs engste vereinigt ist mit irgend einem Teilchen der Ausdehnung? Ich wollte wohl, daß er diese Vereinigung durch ihre nächste Ursache erklärt hätte. Er hatte aber die Seele als so verschieden vom Körper gedacht, daß er weder für diese Vereinigung, noch auch für die Seele selbst irgend eine Einzelursache anzugeben vermochte, sondern genötigt war, auf die Ursache des ganzen Universums, das heißt auf Gott zurückzugehen. Weiter möchte ich sehr gern wissen, wieviel Grade der Bewegung die Seele jener Zirbeldrüse mitzuteilen und mit wie großer Kraft sie sie in einer Stellung festzuhalten vermag. Denn ich weiß nicht, ob diese Drüse langsamer von der Seele hin und her gedreht wird als von den Lebensgeistern oder schneller, und ob die Leidenschaftsbewegungen, die wir mit festen Urteilen verbunden haben, von diesen Urteilen nicht wiederum durch körperliche Ursachen abgetrennt werden können; in welchem Falle dann die Folge eintreten möchte, daß wenn auch die Seele sich fest vorgesetzt hätte, den Gefahren entgegenzugehen, und mit diesem Beschluß die Bewegungen der Kühnheit verbunden hätte, gleichwohl die Drüse angesichts der Gefahr in eine solche Stellung gebracht würde, daß die Seele nur an die Flucht denken könnte. Und freilich, da es kein Verhältnis des Willens zur Bewegung gibt, so gibt es auch keine Vergleichbarkeit zwischen der Macht oder den Kräften der Seele und denen des Körpers, und folglich können die Kräfte dieses keinesfalls durch die Kräfte jener bestimmt werden. Man nehme hinzu, daß man diese Drüse gar nicht derart in der Mitte des Gehirns gelegen findet, daß sie so gar leicht und auf so viel Arten hin und her gedreht werden könnte, und daß sich nicht alle Nerven bis zu den Gehirnhöhlen hin fortsetzen.

All das endlich, was er über den Willen und dessen Freiheit behauptet, lasse ich beiseite, da ich genug und übergenug nachgewiesen habe, daß es falsch ist.

Da also die Macht der Seele, wie ich oben gezeigt habe,

allein durch die Einsicht definiert wird, so werden wir die Gegenmittel gegen die Affekte, die, wie ich glaube, alle Menschen zwar aus Erfahrung kennen, aber nicht genau beobachten und deutlich vor Augen haben, allein aus der Erkenntnis der Seele bestimmen, und aus dieser all das ableiten, was zu ihrer Glückseligkeit gehört.

GRUNDSÄTZE

1.

Wenn in dem selben Subjekt zwei entgegengesetzte Handlungen erregt werden, dann wird notwendigerweise entweder in beiden Handlungen oder in einer von ihnen allein eine Veränderung vorgehen müssen, bis sie aufhören, einander entgegengesetzt zu sein.

2.

Die Kraft der Wirkung wird durch die Kraft ihrer Ursache definiert, sofern ihre Wesenheit durch die Wesenheit ihrer Ursache erklärt oder definiert wird.
(Dieser Grundsatz erhellt aus Lehrsatz 7 des 3. Teils.)

Lehrsatz 1. *Je nachdem die Gedanken und die Ideen der Dinge in der Seele sich ordnen und verketten, ordnen und verketten sich im Körper genau entsprechend die Körperaffektionen oder die Vorstellungsbilder der Dinge.*

Beweis: Die Ordnung und Verknüpfung der Ideen ist (nach Lehrsatz 7 des 2. Teils) die selbe wie die Ordnung und Verknüpfung der Dinge, und ebenso ist umgekehrt die Ordnung und Verknüpfung der Dinge (nach den Folgesätzen zu Lehrsatz 6 und 7 des 2. Teils) die selbe wie die Ordnung und Verknüpfung der Ideen. Sowie daher die Ordnung und Verknüpfung der Ideen sich in der Seele (nach Lehrsatz 18 des 2. Teils) gemäß der Ordnung und Verkettung der Körperaffektionen vollzieht, so vollzieht sich umgekehrt die Ordnung und Verknüpfung der Körperaffektionen (nach Lehrsatz 2 des 3. Teils), je nachdem die

Gedanken und Ideen der Dinge in der Seele sich ordnen und verketten. W. z. b. w.

Lehrsatz 2. Wenn wir eine Gemütsbewegung oder einen Affekt von dem Gedanken der äußeren Ursache loslösen und mit anderen Gedanken verbinden, dann werden die Liebe oder der Haß gegen die äußere Ursache sowie auch die Schwankungen des Gemüts, die aus diesen Affekten entspringen, zerstört werden.

Beweis: Das nämlich, was die Form der Liebe oder des Hasses ausmacht, ist Freude oder Trauer, begleitet von der Idee einer äußeren Ursache (nach 6 und 7 der Definitionen der Affekte); wird also die Idee aufgehoben, so wird damit zugleich die Form der Liebe oder des Hasses aufgehoben; und demnach werden diese Affekte und die, die aus ihnen entspringen, zerstört. W. z. b. w.

Lehrsatz 3. Ein Affekt, der eine Leidenschaft ist, hört auf, eine Leidenschaft zu sein, sobald wir uns von ihm eine klare und deutliche Idee bilden.

Beweis: Ein Affekt, der eine Leidenschaft ist, ist (nach der allgemeinen Definition der Affekte) eine verworrene Idee. Wenn wir daher von dem Affekt eine klare und deutliche Idee bilden, so wird diese Idee von dem Affekte selbst, sofern dieser sich allein auf die Seele bezieht, (nach Lehrsatz 21 des 2. Teils und der Anmerkung dazu) nur durch die Art der Betrachtung unterschieden sein; und somit wird der Affekt (nach Lehrsatz 3 des 3. Teils) aufhören eine Leidenschaft zu sein. W. z. b. w.

Folgesatz: Ein Affekt ist also umsomehr in unserer Gewalt und die Seele leidet umsoweniger von ihm, je bekannter er uns ist.

Lehrsatz 4. Es gibt keine Affektion des Körpers, von der wir uns nicht irgend einen klaren und deutlichen Begriff bilden können.

Beweis: Was allen Dingen gemeinsam ist, kann (nach Lehrsatz 38 des 2. Teils) nur adäquat begriffen werden; und somit gibt es (nach Lehrsatz 12 und Lehnsatz 2 hinter der Anmerkung zu Lehrsatz 13 des 2. Teils) keine Affektion des Körpers, von der wir uns nicht irgend einen klaren und deutlichen Begriff bilden können. W.z.b.w.

Folgesatz: Hieraus folgt, daß es keinen Affekt gibt, von dem wir uns nicht irgend einen klaren und deutlichen Begriff bilden können. Denn ein Affekt ist (nach der allgemeinen Definition der Affekte) die Idee einer Affektion des Körpers und muß deswegen als solche (nach dem vorigen Lehrsatz) irgend einen klaren und deutlichen Begriff in sich schließen.

Anmerkung: Da es (nach Lehrsatz 36 des 1. Teils) nichts gibt, woraus nicht irgend eine Wirkung folgte, und da wir all das, was aus einer Idee folgt, die in uns adäquat ist, (nach Lehrsatz 40 des 2. Teils) klar und deutlich einsehen, so folgt daraus, daß jeder die Gewalt hat, sich und seine Affekte, wenn schon nicht unbedingt, so doch wenigstens teilweise klar und deutlich einzusehen, und folglich zu bewirken, daß er von ihnen weniger leidet. Deshalb müssen wir uns vornehmlich darum Mühe geben, daß wir einen jeden Affekt, soweit es geht, klar und deutlich erkennen, damit auf diese Weise die Seele infolge des Affekts dazu bestimmt werde, an das zu denken, was sie klar und deutlich wahrnimmt und wobei sie völlig befriedigt ist; und sonach, daß der Affekt selbst von dem Gedanken der äußeren Ursache getrennt und mit wahren Gedanken verbunden werde. Die Folge davon wird sein, daß nicht nur (nach Lehrsatz 2 dieses Teils) Liebe, Haß usw. zerstört werden, sondern daß auch die Triebe oder Begierden, die aus einem solchen Affekt zu entspringen pflegen (nach Lehrsatz 61 des 4. Teils) kein Übermaß haben können. Denn es ist wohl zu merken, daß es ein und der selbe Trieb ist, um dessenwillen der Mensch sowohl als handelnd, wie auch als leidend bezeichnet wird. Zum Beispiel: wie wir gezeigt haben (siehe die Anmerkung zu Lehrsatz 31 des 3. Teils), ist die menschliche Natur derartig beschaffen, daß jeder es erstrebt, daß die anderen nach seinem Sinne leben sollen; dieser Trieb nun ist bei einem Menschen, der nicht von der Vernunft geleitet wird, eine Leidenschaft, die Ehrgeiz heißt und vom Hochmut nicht weit entfernt ist; dagegen bei einem Menschen, der nach dem Gebote der Vernunft lebt, ist sie eine Handlung oder Tugend, die Pflichtgefühl genannt wird (siehe die 1. Anmerkung zu Lehrsatz 37 des 4. Teils und den 2. Beweis des selben Lehrsatzes). Und in dieser Weise sind alle Triebe oder Begierden nur insofern Leidenschaften, als sie aus inadäquaten Ideen entspringen, und sie werden alle zur Tugend gerechnet, sobald sie von adäquaten Ideen erregt oder erzeugt werden. Denn alle Begierden, die uns bestimmen, etwas zu tun, können ebenso aus adäquaten, wie aus inadäquaten Ideen entspringen (siehe Lehrsatz 59 des 4. Teils). Es läßt sich (um wieder darauf zurückzukommen, wovon ich ausgegangen bin) kein wertvolleres, von unserer Gewalt abhängiges Gegenmittel gegen die Affekte erdenken als dieses, das in der wahren Erkenntnis der Affekte besteht, zumal da es in der Seele keine andere Kraft gibt als die Kraft zu denken und adäquate Ideen zu bilden, wie wir oben (in Lehrsatz 3 des 3. Teils) bewiesen haben.

Lehrsatz 5. Der Affekt gegen ein Ding, das wir uns schlechthin und weder als notwendig noch als möglich noch auch als zufällig vorstellen, ist bei sonst gleichen Umständen von allen Affekten am größten.

Beweis: Der Affekt gegen ein Ding, das wir uns als frei vorstellen, ist (nach Lehrsatz 49 des 3. Teils) größer als der Affekt gegen ein notwendiges Ding und folglich (nach Lehrsatz 11 des 4. Teils) erst recht größer als der Affekt gegen ein Ding, das wir uns als möglich oder als zufällig vorstellen. Nun kann aber „sich ein Ding als frei vorstellen" nichts anderes heißen, als daß wir uns das Ding schlechthin vorstellen, indem wir der Ursachen, die es zum Handeln bestimmt haben, unkundig sind (nach dem, was wir in der Anmerkung zu Lehrsatz 35 des 2. Teils gezeigt haben). Somit ist der Affekt gegen ein Ding, das wir uns schlechthin vorstellen, bei sonst gleichen Umständen größer als der Affekt gegen ein notwendiges, ein mögliches oder ein zufälliges Ding; und folglich ist er am größten. W. z. b. w.

Lehrsatz 6. Sofern die Seele alle Dinge als notwendig erkennt, insofern hat sie eine größere Macht über die Affekte oder leidet sie weniger von ihnen.

Beweis: Die Seele erkennt, daß alle Dinge notwendig sind (nach Lehrsatz 29 des 1. Teils) und durch den unendlichen Zusammenhang der Ursachen zum Existieren und Wirken bestimmt werden (nach Lehrsatz 28 des 1. Teils); und mithin bewirkt sie insofern, daß sie von den Affekten, die aus den Dingen entspringen, weniger leidet (nach dem vorigen Lehrsatz) und daß sie gegen die Dinge in geringeren Affekt gerät (nach Lehrsatz 48 des 3. Teils). W. z. b. w.

Anmerkung: Je mehr diese Erkenntnis, daß nämlich die Dinge notwendig sind, sich auf die Einzeldinge, die wir uns deutlicher und lebhafter vorstellen, erstreckt, um so größer ist diese Macht der Seele über die Affekte. Dies bestätigt ja auch die Erfahrung: denn wir sehen, daß die Trauer über ein verlorenes Gut gemildert wird, sobald der Mensch, der das Gut verloren hat, erwägt, daß es auf keine Weise erhalten werden konnte. So sehen wir auch, daß niemand deswegen ein kleines Kind bemitleidet, weil es nicht sprechen, nicht gehen und nicht vernünftig denken kann, und weil es zudem mehrere Jahre lang wie ohne Bewußtsein seiner selbst dahinlebt. Wenn aber die meisten Menschen als Erwachsene geboren würden, und nur der eine oder der andere als Kind, dann würde jeder die Kinder bemitleiden, weil man dann die Kindheit nicht als etwas natürliches und notwendiges, sondern als einen Fehler oder ein Gebrechen der Natur ansehen würde. Und der Art könnten wir noch mancherlei anderes anführen.

Lehrsatz 7. Die Affekte, die aus der Vernunft entspringen oder von ihr erregt werden, sind, wenn man auf die Zeit Rücksicht nimmt, mächtiger als die Affekte, die sich auf Einzeldinge beziehen, die wir als abwesend betrachten.

Beweis: Wir betrachten (nach Lehrsatz 17 des 2. Teils) ein Ding als abwesend nicht auf Grund des Affektes, bei dem wir es uns vorstellen, sondern deshalb, weil der Körper in einen anderen Affekt versetzt ist, der die Existenz jenes

Körpers ausschließt. Ein Affekt, der sich auf ein Ding bezieht, das wir als abwesend betrachten, ist daher nicht von der Natur, daß er die anderen Handlungen des Menschen und seine Macht überstiege (worüber man Lehrsatz 6 des 4. Teils nachsehen möge), sondern er ist im Gegenteil von der Natur, daß er von den Affektionen, die die Existenz seiner äußeren Ursache ausschließen, (nach Lehrsatz 9 des 4. Teils) auf manche Art gehemmt werden kann. Ein Affekt aber, der aus der Vernunft entspringt, bezieht sich notwendig auf die gemeinsamen Eigenschaften der Dinge (siehe die Definition der Vernunft in der Anmerkung 2 zu Lehrsatz 40 des 2. Teils), die wir immer als gegenwärtig betrachten (denn es kann nichts geben, was deren gegenwärtige Existenz ausschlösse) und die wir uns immer auf die selbe Weise vorstellen (nach Lehrsatz 38 des 2. Teils). Ein solcher Affekt bleibt daher immer der selbe; und folglich werden Affekte, die ihm entgegengesetzt sind und die von ihren äußeren Ursachen nicht genährt werden, sich ihm (nach Grundsatz 1 dieses Teils) mehr und mehr anpassen müssen, bis sie ihm nicht mehr entgegengesetzt sind; und insofern ist ein Affekt, der aus der Vernunft entspringt, mächtiger. W. z. b. w.

Lehrsatz 8. Von je mehr zusammenwirkenden Ursachen ein Affekt erregt wird, um so größer ist er.

Beweis: Mehrere Ursachen zugleich vermögen (nach Lehrsatz 7 des 3. Teils) mehr, als wenn es wenigere wären, und demzufolge ist (nach Lehrsatz 5 des 4. Teils) ein Affekt um so stärker, von je mehr Ursachen er zugleich erregt wird. W. z. b. w.

Anmerkung: Dieser Lehrsatz erhellt auch aus Grundsatz 2 dieses Teils.

Lehrsatz 9. Ein Affekt, der sich auf viele und verschiedene Ursachen bezieht, die die Seele mit dem Affekt zugleich betrachtet, ist weniger schädlich, und wir leiden weniger von ihm und werden gegen jede einzelne seiner Ursachen in geringeren Affekt versetzt als dies bei einem anderen gleichgroßen Affekt der Fall ist, der sich nur auf eine einzige oder auf wenige Ursachen bezieht.

Beweis: Ein Affekt ist (nach Lehrsatz 26 und 27 des 4. Teils) nur insofern schlecht oder schädlich, als die Seele durch ihn am Denken gehindert wird; und darum ist ein Affekt, der die Seele dazu bestimmt, viele Objekte zugleich zu betrachten, weniger schädlich als ein anderer gleichgroßer Affekt, der die Seele bei der alleinigen Betrachtung eines einzigen oder weniger Objekte dergestalt festhält, daß sie an andere Objekte nicht denken kann. Dies war das erste. Da sodann die Wesenheit der Seele, das heißt (nach Lehrsatz 7 des 3. Teils) ihre Kraft (nach Lehrsatz 11 des 2. Teils) allein im Denken besteht, so leidet mithin die Seele von einem Affekt, der sie dazu bestimmt, vielerlei zugleich zu betrachten, weniger, als von einem gleichgroßen Affekt, der die Seele in der alleinigen Betrachtung eines einzigen oder weniger Objekte festgebannt hält. Dies war das zweite. Endlich ist ein solcher Affekt, sofern er sich auf mehrere äußere Ursachen bezieht, (nach Lehrsatz 48 des 3. Teils) auch gegen jede einzelne von ihnen geringer. W. z. b. w.

Lehrsatz 10. Solange wir nicht von Affekten bedrängt werden, die unserer Natur entgegengesetzt sind, solange steht es in unserer Gewalt, die Körperaffektionen gemäß der dem Verstande entsprechenden Ordnung zu ordnen und zu verketten.

Beweis: Affekte, die unserer Natur entgegengesetzt sind, das heißt (nach Lehrsatz 30 des 4. Teils) die schlecht sind, sind insofern schlecht, als sie die Seele am Erkennen hindern (nach Lehrsatz 27 des 4. Teils). Solange wir also nicht von Affekten bedrängt werden, die unserer Natur entgegengesetzt sind, solange wird die Kraft der Seele, mit der sie die Dinge zu erkennen strebt (nach Lehrsatz 26 des 4. Teils), nicht behindert, und mithin steht es solange in ihrer Gewalt, klare und deutliche Ideen zu bilden und die einen aus den anderen herzuleiten (siehe die 2. Anmerkung zu Lehrsatz 40 und die Anmerkung zu Lehrsatz 47 des 2. Teils); und folglich steht es (nach Lehrsatz 1 dieses Teils) solange in unserer Gewalt, die Körperaffektionen gemäß der dem Verstande entsprechenden Ordnung zu ordnen und zu verketten. W. z. b. w.

Anmerkung: Auf Grund dieser Kraft, die Körperaffektionen richtig zu ordnen und zu verketten, können wir bewirken, daß wir nicht leicht in schlechte Affekte versetzt werden. Denn es ist (nach Lehrsatz 7 dieses Teils) eine größere Gewalt nötig, um Affekte, die gemäß der dem Verstand entsprechenden Ordnung geordnet und verkettet sind, zu hemmen, als um Affekte zu hemmen, die ungewiß und unsicher sind. Das beste also, was wir tun können, solange wir eine vollkommene Erkenntnis unserer Affekte nicht haben, ist, uns eine richtige Lebensweise oder gewisse Lebensregeln im Verstande zu entwerfen, diese unserer Erinnerung einzuprägen, und sie auf die besonderen Fälle, die im Leben häufig vorkommen, beständig anzuwenden, damit so unser Vorstellungsvermögen von ihnen weitgehend beeinflußt werde und sie uns jederzeit vor Augen stehen. Wir haben z. B. als eine Lebensregel aufgestellt (siehe Lehrsatz 46 des 4. Teils und die Anmerkung dazu), daß man den Haß durch Liebe oder Edelmut besiegen und nicht durch Gegenhaß vergelten solle. Um aber diese Vorschrift der Vernunft jederzeit vor Augen zu haben, sobald ein Fall ihrer Anwendung eintritt, müssen wir die gewöhnlichen Beleidigungen der Menschen durchdenken und oft über sie nachsinnen, sowie auch über die Weise und den Weg, auf dem sie sich durch Edelmut am besten abwehren lassen; denn dadurch werden wir das Vorstellungsbild der Beleidigung mit der Vorstellung dieser Lebensregel verbinden, und diese Regel wird uns dann (nach Lehrsatz 18 des 2. Teils) jederzeit vor Augen stehen, sobald uns eine Beleidigung zugefügt wird. Wenn wir dann weiter auch noch die Rücksicht auf unseren wahren Nutzen vor Augen haben und ebenso die Rücksicht auf das Gute, das aus gegenseitiger Freundschaft und staatlicher Gemeinschaft entspringt, und wenn wir außerdem vor Augen haben, daß (nach Lehrsatz 52 des 4. Teils) aus der richtigen Lebensweise die höchste Zufriedenheit des Gemüts entspringt, und daß die Menschen wie alle anderen Dinge infolge der Notwendigkeit der Natur handeln, dann wird die Beleidigung oder der Haß, der aus einer solchen zu entspringen pflegt, nur einen sehr kleinen Teil unseres Vorstellungsvermögens einnehmen und leicht überwunden werden; und wenn auch der Zorn, der aus sehr großen Beleidigungen zu entspringen pflegt, nicht so leicht überwunden wird, so wird er dann doch, obschon nicht ohne Schwankung des Gemüts, in viel kürzerer Zeit überwunden werden, als wenn wir uns jene Erwägungen nicht vorher eingeprägt hätten, wie aus den Lehrsätzen 6, 7 und 8 dieses Teils erhellt. Auf die selbe Weise muß man, um die Furcht abzulegen, über die Willenskraft nachdenken; man muß sich dabei die im Leben gewöhnlichen Gefahren herzählen und sie sich oft vorstellen und ebenso auch die Art, wie sie durch Geistesgegenwart und Seelenstärke am besten vermieden und überwunden werden können.

Es ist aber darauf hinzuweisen, daß wir beim Ordnen unserer Gedanken und Vorstellungsbilder (nach Folgesatz zu Lehrsatz 63 des 4. Teils und nach Lehrsatz 59 des 3. Teils) immer nur das Gute an jeder Sache ins Auge fassen müssen, um so immer durch den Affekt der Freude zum Handeln bestimmt zu werden. Wenn z. B. jemand sieht, daß er zu sehr dem Ruhm nachtrachtet, so soll er über dessen rechten Gebrauch nachdenken sowie über den Zweck, um dessenwillen ihm nachzutrachten sei, und über die Mittel, durch die er sich erwerben läßt, nicht aber über den Mißbrauch des Ruhmes und seine Eitelkeit und über der Menschen Unbeständigkeit und anderes dergleichen, worüber nur jemand nachdenkt, dessen Gemüt sich in einem krankhaften Zustand befindet; denn gerade die Ehrgeizigen quälen sich mit solchen Gedanken am allermeisten, sobald sie daran verzweifeln, die Ehre, nach der sie geizen, zu erlangen, und während sie ihren Zorn ausschäumen, wollen sie weise scheinen. Es ist deshalb gewiß, daß am meisten die nach Ruhm begierig sind, die über seinen Mißbrauch und über die Eitelkeit der Welt am lautesten schreien. Doch ist dies Betragen nicht ausschließlich den Ehrgeizigen eigen, sondern es ist allen gemeinsam, die ein widriges Geschick erleiden und dabei ein ohnmächtiges Gemüt haben. Denn auch ein

Habgieriger, der arm ist, redet unaufhörlich über den Mißbrauch des Geldes und die Laster der Reichen; wodurch er denn nichts anderes bewirkt, als daß er sich selbst quält und anderen zeigt, wie sehr nicht nur seine eigene Armut, sondern auch der Reichtum anderer seinen Unmut erregt. Ganz ebenso verhalten sich die, die von ihrer Geliebten schlecht aufgenommen sind; sie denken an nichts als an die Unbeständigkeit der Weiber, an ihr falsches Gemüt und wie sonst das alte Lied von ihren Fehlern lautet; und all das ist sofort vergessen, sobald die Geliebte sie wieder annimmt. Wer daher bemüht ist, seine Affekte und Triebe allein durch die Liebe zur Freiheit zu bemeistern, der wird alle Kräfte daran setzen, die Tugenden und ihre Ursachen kennen zu lernen und das Gemüt mit jener Freudigkeit zu erfüllen, die aus deren richtiger Erkenntnis entspringt; keineswegs aber daran, die Fehler der Menschen zu betrachten, die Menschen herabzusetzen und sich eines falschen Scheines von Freiheit zu erfreuen. Und wer dies sorgfältig beobachtet (denn es ist nicht schwer) und übt, wahrlich der wird in kurzer Zeit imstande sein, seine Handlungen meistenteils auf Grund der Oberherrschaft der Vernunft zu regeln.

Lehrsatz 11. Auf je mehr Dinge ein Vorstellungsbild sich bezieht, um so häufiger ist es oder um so öfter wird es lebendig, und um so mehr nimmt es die Seele ein.

Beweis: Auf je mehr Dinge sich nämlich ein Vorstellungsbild oder ein Affekt bezieht, um so mehr Ursachen gibt es, von denen er erregt und genährt werden kann, welche Ursachen alle die Seele (nach der Voraussetzung) auf Grund des Affekts zugleich betrachtet. Und mithin ist der Affekt entsprechend häufiger oder wird um so öfter lebendig und nimmt (nach Lehrsatz 8 dieses Teils) die Seele um so mehr ein. W. z. b. w.

Lehrsatz 12. Die Vorstellungsbilder der Dinge werden leichter mit solchen Vorstellungsbildern verbunden, die wir klar und deutlich einsehen, als mit anderen.

Beweis: Die Dinge, die wir klar und deutlich einsehen,

sind entweder gemeinsame Eigenschaften der Dinge oder was aus diesen abgeleitet wird (siehe die Definition der Vernunft in der 2. Anmerkung zu Lehrsatz 40 des 2. Teils), und sie werden folglich (nach dem vorigen Lehrsatz) öfter in uns erregt. Und daher kann es leichter kommen, daß wir andere Dinge zugleich mit diesen betrachten, als zugleich mit anderen, und daß sie folglich (nach Lehrsatz 18 des 2. Teils) leichter mit diesen als mit anderen verbunden werden. W. z. b. w.

Lehrsatz 13. Mit je mehr anderen Vorstellungsbildern ein Vorstellungsbild verbunden ist, um so öfter wird es lebendig.

Beweis: Mit je mehr anderen Vorstellungsbildern nämlich ein Vorstellungsbild verbunden ist, um so mehr Ursachen gibt es, von denen es erregt werden kann (nach Lehrsatz 18 des 2. Teils). W. z. b. w.

Lehrsatz 14. Die Seele kann bewirken, daß alle Körperaffektionen oder Vorstellungsbilder der Dinge auf die Idee Gottes bezogen werden.

Beweis: Es gibt (nach Lehrsatz 4 dieses Teils) keine Körperaffektion, von der die Seele nicht irgend einen klaren und deutlichen Begriff bilden könnte, und folglich kann sie (nach Lehrsatz 15 des 1. Teils) bewirken, daß alle Körperaffektionen auf die Idee Gottes bezogen werden. W. z. b. w.

Lehrsatz 15. Wer sich und seine Affekte klar und deutlich einsieht, liebt Gott, und um so mehr, je mehr er sich und seine Affekte einsieht.

Beweis: Wer sich und seine Affekte klar und deutlich einsieht, freut sich (nach Lehrsatz 53 des 3. Teils), und zwar ist seine Freude (nach dem vorigen Lehrsatz) begleitet von der Idee Gottes; und folglich liebt er Gott (nach 6 der Definitionen der Affekte) und (aus dem selben Grunde) um so mehr, je mehr er sich und seine Affekte einsieht. W. z. b. w.

Lehrsatz 16. Diese Liebe zu Gott muß die Seele am meisten einnehmen.

Beweis: Diese Liebe ist nämlich (nach Lehrsatz 14 dieses Teils) mit allen Körperaffektionen verbunden, und wird von ihnen allen (nach Lehrsatz 15 dieses Teils) genährt; und mithin muß sie (nach Lehrsatz 11 dieses Teils) die Seele am meisten einnehmen. W. z. b. w.

Lehrsatz 17. Gott kennt keine Leidenschaften und wird von keinerlei Affekt der Freude oder Trauer gerührt.

Beweis: Alle Ideen sind, sofern sie sich auf Gott beziehen, wahr (nach Lehrsatz 32 des 2. Teils), das heißt (nach Definition 4 des 2. Teils) adäquat; und somit kennt Gott keine Leidenschaften (nach der allgemeinen Definition der Affekte). Ferner kann Gott (nach Folgesatz 2 zu Lehrsatz 20 des 1. Teils) weder zu größerer noch zu geringerer Vollkommenheit übergehen; und somit wird er (nach 2 und 3 der Definitionen der Affekte) von keinerlei Affekt der Freude oder Trauer gerührt. W. z. b. w.

Folgesatz: Eigentlich zu reden, liebt oder haßt Gott niemanden. Denn Gott wird (nach dem vorigen Lehrsatz) von keinerlei Affekt der Freude oder Trauer gerührt, und folglich liebt oder haßt er auch niemanden (nach 6 und 7 der Definitionen der Affekte).

Lehrsatz 18. Niemand kann Gott hassen.

Beweis: Die Idee Gottes in uns ist (nach Lehrsatz 46 und 47 des 2. Teils) adäquat und vollkommen; und daher sind wir insofern, als wir Gott betrachten, (nach Lehrsatz 3 des 3. Teils) handelnd; und folglich kann es (nach Lehrsatz 59 des 3. Teils) keine Trauer geben, die von der Idee Gottes begleitet wäre, das heißt (nach 7 der Definitionen der Affekte) niemand kann Gott hassen. W. z. b. w.

Folgesatz: Die Liebe zu Gott kann sich nicht in Haß verwandeln.

Anmerkung: Man wird hiergegen vielleicht einwenden, daß wir, indem wir Gott als die Ursache aller Dinge erkennen, ja eben damit Gott als die Ursache der Trauer ansehen. Allein hierauf antworte ich, daß die Trauer insofern, als wir ihre Ursachen erkennen, (nach Lehrsatz 3 dieses Teils) aufhört Leidenschaft zu sein, das heißt (nach Lehrsatz 59 des 3. Teils) insofern aufhört, Trauer zu sein. Sofern wir also einsehen, daß Gott die Ursache der Trauer ist, freuen wir uns.

Lehrsatz 19. Wer Gott liebt, kann nicht danach streben, daß Gott ihn wiederliebt.

Beweis: Wenn ein Mensch hiernach strebte, würde er mithin (nach Folgesatz zu Lehrsatz 17 dieses Teils) begehren, daß Gott, den er liebt, nicht Gott wäre, und folglich würde er (nach Lehrsatz 19 des 3. Teils) begehren, sich zu betrüben, was (nach Lehrsatz 28 des 3. Teils) ungereimt ist. Sonach kann, wer Gott liebt, usw. W. z. b. w.

Lehrsatz 20. Diese Liebe zu Gott kann weder durch den Affekt des Neides noch durch den Affekt der Eifersucht getrübt werden, sondern sie wird um so mehr genährt, je mehr Menschen wir uns als durch das selbe Band der Liebe mit Gott verbunden vorstellen.

Beweis: Diese Liebe zu Gott ist (nach Lehrsatz 28 des 4. Teils) das höchste Gut, das wir nach dem Gebote der Vernunft erstreben können; es ist allen Menschen (nach Lehrsatz 36 des 4. Teils) gemeinsam, und wir begehren (nach Lehrsatz 37 des 4. Teils), daß alle sich seiner erfreuen. Und somit kann sie durch den Affekt des Neides (nach 23 der Definitionen der Affekte) nicht befleckt werden und ebensowenig durch den Affekt der Eifersucht (nach Lehrsatz 18 dieses Teils und nach der Definition der Eifersucht, die man in der Anmerkung zu Lehrsatz 35 des 3. Teils nachsehen möge), sondern sie muß im Gegenteil (nach Lehrsatz 31 des 3. Teils) um so mehr genährt werden, je mehr Menschen wir uns als sich ihrer erfreuend vorstellen. W. z. b. w.

Anmerkung: Wir können auf die gleiche Art beweisen, daß es keinen Affekt gibt, der dieser Liebe unmittelbar entgegengesetzt wäre, so daß von ihm diese Liebe zerstört werden könnte; und mithin können wir den Schluß ziehen, daß diese Liebe zu Gott von allen Affekten der beständigste ist, und daß sie, sofern sie sich auf den Körper bezieht, nur mit dem Körper zugleich zerstört werden kann. Von welcher Natur sie aber ist, sofern sie sich allein auf die Seele bezieht, werden wir nachher sehen.

In den vorangehenden Ausführungen habe ich alle Gegenmittel gegen die Affekte oder all das, was die Seele, für sich allein betrachtet, wider die Affekte vermag, zusammengefaßt. Wie daraus erhellt, besteht die Macht der Seele über die Affekte:

1. in der Erkenntnis der Affekte (siehe die Anmerkung zu Lehrsatz 4 dieses Teils),
2. darin, daß die Seele die Affekte von dem Gedanken an die äußere Ursache, die wir uns verworren vorstellen, trennt (siehe Lehrsatz 2 und die eben erwähnte Anmerkung zu Lehrsatz 4 dieses Teils),
3. in der Zeit, vermöge deren die Affektionen, die sich auf Dinge beziehen, die wir einsehen, die Affektionen überwinden, die sich auf Dinge beziehen, die wir verworren oder verstümmelt begreifen (siehe Lehrsatz 7 dieses Teils),
4. in der großen Zahl der Ursachen, von denen die Affektionen genährt werden, die sich auf die gemeinsamen Eigenschaften der Dinge oder auf Gott beziehen (siehe Lehrsatz 9 und 11 dieses Teils).
5. Endlich in der Ordnung, in der die Seele ihre Affekte ordnen und miteinander verketten kann (siehe die Anmerkung zu Lehrsatz 10, und dazu die Lehrsätze 12, 13 und 14 dieses Teils).

Zur besseren Einsicht in diese Macht der Seele über die Affekte ist vor allem darauf hinzuweisen, daß wir Affekte groß nennen, wenn wir den Affekt eines Menschen mit dem Affekt eines anderen vergleichen und sehen, daß von einem und dem selben Affekt der eine mehr bedrängt wird als der andere; oder wenn wir die Affekte eines und des selben Menschen untereinander vergleichen und dabei bemerken, daß der selbe Mensch von einem Affekt mehr erregt oder bewegt wird als von einem anderen. Denn die Kraft jedes Affekts wird (nach Lehrsatz 5 des 4. Teils) definiert durch die Kraft der äußeren Ursache im Vergleich mit unserer Kraft. Nun wird die Kraft der Seele allein durch die Erkenntnis definiert, ihre Ohnmacht oder Leidenschaft aber wird nach dem bloßen Mangel an Erkenntnis geschätzt, das heißt nach dem Moment, um dessenwillen Ideen inadäquat heißen. Daraus folgt, daß die Seele am meisten leidet, die zum größten Teil aus inadäquaten Ideen besteht, dergestalt, daß sie besser an dem, was sie leidet, als an dem, was sie tut, zu erkennen ist; und daß umgekehrt die Seele am meisten handelt, die zum größten Teil aus adäquaten Ideen besteht, dergestalt, daß sie, selbst wenn sie ebensoviel inadäquate Ideen enthält als jene, gleichwohl besser an adäquaten Ideen zu erkennen ist, wie sie der menschlichen Tugend angehören, als an inadäquaten Ideen, die von der menschlichen Ohnmacht zeugen.

Ferner ist zu bemerken, daß die krankhaften Zustände und unglücklichen Zufälle des Gemüts ihren Ursprung vornehmlich in der übergroßen Liebe zu einem Dinge haben, das vielen Veränderungen unterworfen ist, und das wir niemals sicher besitzen können. Denn niemand ist um ein Ding besorgt oder unruhig, wenn er es nicht liebt; und alle Beleidigungen, Verdächtigungen, Feindschaften usw. entspringen nur aus der Liebe zu Dingen, die niemand in Wahrheit sicher besitzen kann.

Auf Grund hiervon begreifen wir leicht, was die klare und deutliche Erkenntnis, und insbesondere jene dritte Gattung der Erkenntnis (über die man die Anmerkung zu Lehrsatz 47 des 2. Teils nachsehen möge), deren Grundlage die Erkenntnis Gottes ist, wider die Affekte vermag. Wenn sie nämlich die Affekte, sofern sie Leidenschaften sind, auch nicht unbedingt aufhebt (siehe Lehrsatz 3 und die Anmerkung zu Lehrsatz 4 dieses Teils), so bewirkt sie doch wenigstens, daß die Affekte nur einen sehr kleinen Teil der Seele ausmachen (siehe Lehrsatz 14 dieses Teils). Sodann erzeugt sie die Liebe zu dem Dinge, das unveränderlich ist und ewig (siehe Lehrsatz 15 dieses Teils) und das wir in Wahrheit sicher besitzen (siehe Lehrsatz 45 des 2. Teils). Und deswegen kann diese Liebe von all den Fehlern, die der gemeinen Liebe innewohnen, nicht getrübt werden; sie kann vielmehr (nach Lehrsatz 15 dieses Teils) immer größer und größer werden und (nach Lehrsatz 16 dieses Teils) den größten Teil der Seele einnehmen und weitgehend affizieren. Und hiermit habe ich alles, was dieses gegenwärtige Leben anlangt, erledigt. Denn daß ich, wie ich zu Beginn dieser Anmerkung sagte, in diesen wenigen Sätzen alle Gegenmittel gegen die Affekte zusammengefaßt habe, wird jeder leicht sehen können, der das, was wir in dieser Anmerkung gesagt haben und zugleich die Definitionen der Seele und ihrer Affekte und endlich auch noch die Lehrsätze 1 und 3 des 3. Teils in Erwägung zieht. Es ist daher nun an der Zeit, zu dem überzugehen, was die Dauer der Seele ohne Beziehung auf den Körper betrifft.

Lehrsatz 21. Die Seele kann nur, solange der Körper dauert, sich etwas vorstellen und sich der vergangenen Dinge erinnern.

Beweis: Die Seele drückt die wirkliche Existenz ihres Körpers nur aus und begreift ebenso die Körperaffektionen als wirklich nur, solange der Körper dauert (nach Folgesatz zu Lehrsatz 8 des 2. Teils), und folglich begreift sie (nach Lehrsatz 26 des 2. Teils) einen Körper als wirklich existierend nur, solange ihr eigener Körper dauert; und mithin kann sie sich etwas vorstellen (siehe die Definition des Vorstellungsvermögens in der Anmerkung zu Lehrsatz 17 des 2. Teils) und sich der vergangenen Dinge erinnern (siehe die Definition der Erinnerung in der Anmerkung zu Lehrsatz 18 des 2. Teils) nur, solange der Körper dauert. W. z. b. w.

Lehrsatz 22. In Gott gibt es aber notwendig eine Idee, die die Wesenheit dieses und jenes menschlichen Körpers unter einer Art der Ewigkeit ausdrückt.

Beweis: Gott ist (nach Lehrsatz 25 des 1. Teils) nicht nur die Ursache für die Existenz dieses und jenes menschlichen Körpers, sondern auch die Ursache für dessen Wesenheit;

diese muß deshalb (nach Grundsatz 4 des 1. Teils) durch Gottes Wesenheit selbst notwendig begriffen werden, und zwar (nach Lehrsatz 16 des 1. Teils) nach einer gewissen ewigen Notwendigkeit; und dieser Begriff muß (nach Lehrsatz 3 des 2. Teils) notwendig in Gott vorhanden sein. W. z. b. w.

Lehrsatz 23. Die menschliche Seele kann mit dem Körper nicht völlig zerstört werden, sondern es bleibt von ihr etwas bestehen, das ewig ist.

Beweis: In Gott gibt es (nach dem vorigen Lehrsatz) notwendig einen Begriff oder eine Idee, die die Wesenheit des menschlichen Körpers ausdrückt, und die deshalb (nach Lehrsatz 13 des 2. Teils) notwendig etwas ist, das zur Wesenheit der menschlichen Seele gehört. Wir legen aber der menschlichen Seele eine Dauer, die durch die Zeit definiert werden kann, nur insofern bei, als sie die wirkliche Existenz des Körpers ausdrückt, die durch die Dauer erklärt wird und durch die Zeit definiert werden kann; das heißt (nach Folgesatz zu Lehrsatz 8 des 2. Teils) wir legen der Seele eine Dauer nur bei, solange der Körper dauert. Da aber nichtsdestoweniger das, was nach einer gewissen ewigen Notwendigkeit durch Gottes Wesenheit selbst begriffen wird (nach dem vorigen Lehrsatz), etwas ist, so wird notwendig dieses etwas, das zur Wesenheit der Seele gehört, ewig sein. W. z. b. w.

Anmerkung: Es ist diese Idee, die die Wesenheit des Körpers unter einer Art der Ewigkeit ausdrückt, wie gesagt, ein gewisser Modus des Denkens, der zur Wesenheit der Seele gehört, und der notwendig ewig ist. Doch ist es nicht möglich, daß wir uns erinnern, vor dem Körper existiert zu haben, da es im Körper keine Spuren davon geben und die Ewigkeit nicht durch die Zeit definiert werden noch überhaupt irgendeine Beziehung zur Zeit haben kann. Nichtsdestoweniger aber empfinden und erfahren wir, daß wir ewig sind. Denn die Seele empfindet die Dinge, die sie durch den Verstand begreift, nicht minder als die, die sie in der Erinnerung hat. Die Augen der Seele, vermöge deren sie die Dinge sieht und beobachtet, sind nämlich die Beweise. Wenngleich wir uns also nicht erinnern, vor dem Körper existiert zu haben, so empfinden wir doch, daß unsere Seele, sofern sie die Wesenheit des Körpers unter einer Art der Ewigkeit in sich schließt, ewig ist und daß diese ihre Existenz nicht durch die Zeit definiert oder durch die Dauer erklärt werden kann. Unsere Seele kann daher nur insofern dauernd heißen und ihre Existenz nur insofern durch eine gewisse Zeit definiert werden, als sie die wirkliche Existenz des Körpers in sich schließt; und nur insofern hat sie das Vermögen, die Existenz der Dinge durch die Zeit zu bestimmen und sie unter der Dauer zu begreifen.

Lehrsatz 24. Je mehr wir die Einzeldinge erkennen, um so mehr erkennen wir Gott.
Beweis: Dies erhellt aus dem Folgesatz zu Lehrsatz 25 des 1. Teils.

Lehrsatz 25. Das höchste Streben der Seele und ihre höchste Tugend ist, die Dinge in der dritten Gattung der Erkenntnis einzusehen.
Beweis: Die dritte Gattung der Erkenntnis schreitet von der adäquaten Idee einiger Attribute Gottes fort zu adäquaten Erkenntnis der Wesenheit der Dinge (siehe ihre Definition in der 2. Anmerkung zu Lehrsatz 40 des 2. Teils); und je mehr wir auf diese Weise die Dinge erkennen, um so mehr erkennen wir (nach dem vorigen Lehrsatz) Gott; mithin ist es (nach Lehrsatz 28 des 4. Teils) die höchste Tugend der Seele, das heißt (nach Definition 8 des 4. Teils) Kraft oder Natur der Seele oder (nach Lehrsatz 7 des 3. Teils) ihr höchstes Streben, die Dinge in der dritten Gattung der Erkenntnis einzusehen. W. z. b. w.

Lehrsatz 26. Je fähiger die Seele dazu ist, die Dinge in der dritten Gattung der Erkenntnis einzusehen, desto mehr begehrt sie danach, die Dinge in eben dieser Gattung der Erkenntnis einzusehen.
Beweis: Dies ist klar. Denn insofern wir die Seele als fähig begreifen, die Dinge in dieser Gattung der Erkenntnis

einzusehen, insofern begreifen wir sie als bestimmt, die Dinge in eben dieser Erkenntnisgattung einzusehen, und folglich (nach 1 der Definitionen der Affekte) begehrt die Seele dies um so mehr, je fähiger sie hierzu ist. W. z. b. w.

Lehrsatz 27. Aus dieser dritten Erkenntnisgattung entspringt die höchste Zufriedenheit der Seele, die es geben kann.

Beweis: Die höchste Tugend der Seele ist (nach Lehrsatz 28 des 4. Teils) Gott erkennen oder (nach Lehrsatz 25 dieses Teils) die Dinge in der dritten Erkenntnisgattung einsehen; und diese Tugend ist (nach Lehrsatz 24 dieses Teils) um so größer, je mehr die Seele die Dinge in dieser Erkenntnisgattung erkennt. Wer daher die Dinge in dieser Erkenntnisgattung erkennt, der geht zur höchsten menschlichen Vollkommenheit über und wird folglich (nach 2 der Definitionen der Affekte) in die höchste Freude versetzt, und zwar ist diese seine Freude (nach Lehrsatz 43 des 2. Teils) begleitet von der Idee seiner selbst und seiner Tugend. Und mithin entspringt (nach 25 der Definitionen der Affekte) aus dieser Erkenntnisgattung die höchste Zufriedenheit, die es geben kann. W. z. b. w.

Lehrsatz 28. Das Streben oder die Begierde, die Dinge in der dritten Erkenntnisgattung zu erkennen, kann nicht aus der ersten Erkenntnisgattung entspringen, wohl aber aus der zweiten.

Beweis: Dieser Lehrsatz erhellt von selbst. Denn alles was wir klar und deutlich erkennen, erkennen wir entweder durch sich selbst oder durch etwas anderes, das seinerseits dann durch sich selbst begriffen wird; das heißt die Ideen, die in uns klar und deutlich sind oder die zur dritten Erkenntnisgattung gehören (siehe die 2. Anmerkung zu Lehrsatz 40 des 2. Teils), können nicht aus verstümmelten und verworrenen Ideen folgen, wie sie (nach der selben Anmerkung) zur ersten Erkenntnisgattung gehören, sondern nur aus adäquaten Ideen oder (nach der selben Anmerkung) aus der zweiten und dritten Erkenntnisgattung. Und sonach kann (nach 1. der Definitionen der Affekte) die Begierde, die Dinge in der dritten Erkenntnisgattung zu erkennen, nicht aus der ersten entspringen, wohl aber aus der zweiten. W. z. b. w.

Lehrsatz 29. Alles, was die Seele unter einer Art der Ewigkeit erkennt, erkennt sie nicht auf Grund davon, daß sie die gegenwärtige wirkliche Existenz des Körpers begreift, sondern auf Grund davon, daß sie die Wesenheit des Körpers unter einer Art der Ewigkeit begreift.

Beweis: Insofern die Seele die gegenwärtige Existenz ihres Körpers begreift, insofern begreift sie eine Dauer, die durch die Zeit bestimmt werden kann; und nur insofern hat sie das Vermögen, die Dinge mit Beziehung auf die Zeit zu begreifen (nach Lehrsatz 21 dieses Teils und Lehrsatz 26 des 2. Teils). Die Ewigkeit aber kann (nach Definition 8 des 1. Teils und der Erläuterung dazu) durch die Dauer nicht erklärt werden. Folglich hat die Seele insofern nicht das Vermögen, die Dinge unter einer Art der Ewigkeit zu begreifen, sondern sie hat dies Vermögen darum, weil es (nach Folgesatz 2 zu Lehrsatz 44 des 2. Teils) in der Natur der Vernunft liegt, die Dinge unter einer Art der Ewigkeit zu begreifen, und es (nach Lehrsatz 23 dieses Teils) zur Natur der Seele auch gehört, die Wesenheit des Körpers unter einer Art der Ewigkeit zu begreifen, und weil außer diesen beiden (nach Lehrsatz 13 des 2. Teils) nichts anderes zur Wesenheit der Seele gehört. Folglich gehört dies Vermögen, die Dinge unter einer Art der Ewigkeit zu begreifen, nur insofern zur Seele, als sie die Wesenheit des Körpers unter einer Art der Ewigkeit begreift. W. z. b. w.

Anmerkung: Die Dinge werden von uns auf zweierlei Weisen als wirklich begriffen: entweder sofern wir sie als mit Beziehung auf eine gewisse Zeit und einen gewissen Ort existierend begreifen oder sofern wir sie als in Gott enthalten und aus der Notwendigkeit der göttlichen Natur folgend begreifen. Die Dinge nun, die auf diese letztere Weise als wahr oder real begriffen werden, die begreifen wir unter einer Art der Ewigkeit, und deren Ideen schließen die ewige und unendliche Wesenheit Gottes in sich, wie wir in Lehrsatz 45 des 2. Teils nachgewiesen haben, dessen Anmerkung man auch nachsehen möge.

Lehrsatz 30. Insofern unsere Seele sich und den Körper unter einer Art der Ewigkeit begreift, insofern hat sie notwendig die Erkenntnis Gottes und weiß, daß sie in Gott ist und durch Gott begriffen wird.

Beweis: Die Ewigkeit ist (nach Definition 8 des 1. Teils) die Wesenheit Gottes selbst, sofern diese notwendige Existenz in sich schließt. Die Dinge unter einer Art der Ewigkeit begreifen heißt also, die Dinge begreifen, sofern sie vermöge der Wesenheit Gottes als reale Wesen begriffen werden oder sofern sie vermöge der Wesenheit Gottes die Existenz in sich schließen. Und demnach hat unsere Seele insofern, als sie sich und den Körper unter einer Art der Ewigkeit begreift, notwendig die Erkenntnis Gottes und weiß usw. W. z. b. w.

Lehrsatz 31. Die dritte Erkenntnisgattung hängt von der Seele als der formalen Ursache ab, sofern die Seele selbst ewig ist.

Beweis: Die Seele begreift etwas unter einer Art der Ewigkeit (nach Lehrsatz 29 dieses Teils) nur, sofern sie ihres Körpers Wesenheit unter einer Art der Ewigkeit begreift, das heißt (nach Lehrsatz 21 und 23 dieses Teils) nur, sofern sie ewig ist; und sofern sie ewig ist, hat sie mithin (nach dem vorigen Lehrsatz) die Erkenntnis Gottes, und zwar ist diese Erkenntnis (nach Lehrsatz 46 des 2. Teils) notwendig adäquat; und demnach ist die Seele, sofern sie ewig ist, (nach Lehrsatz 40 des 2. Teils) fähig, all das zu erkennen, was aus dieser gegebenen Erkenntnis Gottes folgen kann, das heißt sie ist fähig, die Dinge in der dritten Erkenntnisgattung zu erkennen (deren Definition man in der 2. Anmerkung zu Lehrsatz 40 des 2. Teils nachsehen möge), und deswegen ist für diese Erkenntnisgattung die Seele, sofern sie ewig ist, (nach Definition 1 des 3. Teils) die adäquate oder formale Ursache. W. z. b. w.

Anmerkung: Je weiter daher jeder in dieser Erkenntnisgattung gelangt ist, desto mehr ist er sich seiner selbst und

Gottes bewußt, das heißt desto vollkommener und glückseliger ist er, was noch klarer aus dem folgenden erhellen wird. Hier ist noch eins zu bemerken: obwohl wir nämlich jetzt dessen gewiß sind, daß die Seele ewig ist, sofern sie die Dinge unter einer Art der Ewigkeit begreift, so werden wir sie doch, wie wir es bisher getan, um der leichteren Darstellung und des besseren Verständnisses willen so betrachten, als ob sie erst jetzt anfinge zu sein, und erst jetzt anfinge, die Dinge unter einer Art der Ewigkeit zu erkennen. Wir dürfen dies ohne Gefahr eines Irrtums tun, wenn wir nur sorgfältig darauf acht geben, daß wir unsere Schlüsse allein aus völlig klar erkannten Vordersätzen ziehen.

Lehrsatz 32. An allem, was wir in der dritten Erkenntnisgattung einsehen, ergötzen wir uns, und zwar unter Begleitung der Idee Gottes als der Ursache.
Beweis: Aus dieser Erkenntnisgattung entspringt (nach Lehrsatz 27 dieses Teils) die höchste Zufriedenheit der Seele, die es geben kann, das heißt (nach 25 der Definitionen der Affekte) die höchste Freude, und zwar ist diese Freude begleitet von der Idee der Seele selbst, und folglich (nach Lehrsatz 30 dieses Teils) begleitet von der Idee Gottes als der Ursache. W. z. b. w.
Folgesatz: Aus der dritten Gattung der Erkenntnis entspringt notwendig die geistige Liebe zu Gott. Denn aus dieser Gattung der Erkenntnis entspringt (nach dem vorigen Lehrsatz) Freude, begleitet von der Idee Gottes als der Ursache, das heißt (nach 6 der Definitionen der Affekte) Liebe zu Gott, nicht sofern wir ihn als gegenwärtig vorstellen (nach Lehrsatz 29 dieses Teils), sondern sofern wir einsehen, daß Gott ewig ist; und dies ist es, was ich die geistige Liebe zu Gott nenne.

Lehrsatz 33. Die geistige Liebe zu Gott, die aus der dritten Erkenntnisgattung entspringt, ist ewig.
Beweis: Die dritte Erkenntnisgattung nämlich ist (nach Lehrsatz 31 dieses Teils und nach Grundsatz 3 des 1. Teils)

ewig; und somit ist die Liebe, die aus ihr entspringt (nach dem selben Grundsatz des 1. Teils) ebenfalls notwendig ewig. W. z. b. w.

Anmerkung: Obgleich diese Liebe zu Gott (nach dem vorigen Lehrsatz) keinen Anfang gehabt hat, so hat sie doch alle Vollkommenheiten der Liebe, ganz ebenso, als wenn sie entstanden wäre, wie wir im Folgesatz zum vorigen Lehrsatz fingierten. Der einzige Unterschied ist der, daß die Seele eben die Vollkommenheiten, die sie nach unserer dortigen Fiktion erst jetzt erlangt, von Ewigkeit her gehabt hat, und zwar begleitet von der Idee Gottes als der ewigen Ursache. Wenn die Freude im Übergang zu größerer Vollkommenheit besteht, so muß die Glückseligkeit ja wohl darin bestehen, daß die Seele sich im Besitz der Vollkommenheit selbst befindet.

Lehrsatz 34. Die Seele ist den Affekten, die zu den Leidenschaften gehören, nur unterworfen, solange der Körper dauert.

Beweis: Die Vorstellung ist eine Idee, vermöge deren die Seele ein Ding als gegenwärtig betrachtet (siehe ihre Definition in der Anmerkung zu Lehrsatz 17 des 2. Teils); doch zeigt die Vorstellung (nach Folgesatz 2 zu Lehrsatz 16 des 2. Teils) mehr den gegenwärtigen Zustand des menschlichen Körpers an als die Natur des äußeren Dinges. Es ist also der Affekt (nach der allgemeinen Definition der Affekte) eine Vorstellung, sofern diese den gegenwärtigen Zustand des Körpers anzeigt; und demzufolge ist die Seele (nach Lehrsatz 21 dieses Teils) den Affekten, die zu den Leidenschaften gehören, nur unterworfen, so lange der Körper dauert. W. z. b. w.

Folgesatz: Hieraus folgt, daß keine andere Liebe ewig ist als die geistige Liebe.

Anmerkung: Wenn wir die gemeine Meinung der Menschen ins Auge fassen, so sehen wir, daß sie sich der Ewigkeit ihrer Seele zwar bewußt sind, daß sie sie aber mit der Dauer verwirren und sie dem Vorstellungsvermögen oder der Erinnerung beilegen, von der sie glauben, daß sie nach dem Tode bestehen bleibe.

Lehrsatz 35. Gott liebt sich selbst mit unendlicher geistiger Liebe.

Beweis: Gott ist (nach Definition 6 des 1. Teils) unbedingt unendlich, das heißt (nach Definition 6 des 2. Teils) Gottes Natur erfreut sich unendlicher Vollkommenheit, und zwar (nach Lehrsatz 3 des 2. Teils) unter Begleitung der Idee ihrer selbst, das heißt (nach Lehrsatz 11 und Definition 1 des 1. Teils) der Idee ihrer Ursache; und dies ist es, was wir im Folgesatz zu Lehrsatz 32 dieses Teils als geistige Liebe bezeichnet haben.

Lehrsatz 36. Die geistige Liebe der Seele zu Gott ist Gottes Liebe selbst, womit Gott sich selbst liebt, nicht sofern er unendlich ist, sondern sofern er durch die Wesenheit der menschlichen Seele, insoweit diese unter einer Art der Ewigkeit betrachtet wird, erklärt werden kann; das heißt die geistige Liebe der Seele zu Gott ist ein Teil der unendlichen Liebe, womit Gott sich selbst liebt.

Beweis: Diese Liebe der Seele muß (nach Folgesatz zu Lehrsatz 32 dieses Teils und nach Lehrsatz 3 des 3. Teils) zu den Handlungen der Seele gerechnet werden; sie ist also eine Handlung, wodurch die Seele sich selbst betrachtet unter Begleitung der Idee Gottes als der Ursache (nach Lehrsatz 32 dieses Teils und dem Folgesatz dazu), das heißt (nach Folgesatz zu Lehrsatz 25 des 1. Teils und nach Folgesatz zu Lehrsatz 11 des 2. Teils) eine Handlung, durch die Gott, sofern er durch die menschliche Seele erklärt werden kann, sich selbst betrachtet unter Begleitung der Idee seiner selbst. Und demzufolge ist diese Liebe der Seele (nach dem vorigen Lehrsatz) ein Teil der unendlichen Liebe, womit Gott sich selbst liebt. W. z. b. w.

Folgesatz: Hieraus folgt, daß Gott, sofern er sich selbst liebt, die Menschen liebt, und folglich, daß die Liebe Gottes zu den Menschen und die geistige Liebe der Seele zu Gott ein und das selbe sind.

Anmerkung: Auf Grund hiervon erkennen wir klar, worin unser Heil oder unsere Glückseligkeit oder Freiheit besteht; nämlich in beständiger und ewiger Liebe zu Gott oder in der Liebe Gottes zu den Menschen. Und diese Liebe oder Glückseligkeit wird in der Heiligen Schrift „Ruhm" genannt; und nicht mit Unrecht. Denn mag diese Liebe nun auf Gott bezogen werden oder auf die Seele: man kann ihr mit Recht den Namen der Zufriedenheit des Gemüts, die (nach 25 und 30 der Definitionen der Affekte) vom Ruhm in Wahrheit nicht verschieden ist, beilegen. Denn sofern sie auf Gott bezogen wird, ist sie (nach Lehrsatz 35 dieses Teils) Freude — wenn man dies Wort hierbei noch gebrauchen darf —, begleitet von der Idee von sich selbst, und das gleiche gilt, sofern sie auf die Seele bezogen wird (nach Lehrsatz 27 dieses Teils). Weil ferner die Wesenheit unserer Seele allein in der Erkenntnis besteht, deren Prinzip und Grundlage (nach Lehrsatz 15 des 1. Teils und nach Anmerkung zu Lehrsatz 47 des 2. Teils) Gott ist, so wird uns damit klar verständlich, wie und auf welche Weise unsere Seele nach Wesenheit und Existenz aus der göttlichen Natur folgt und beständig von Gott abhängt. Ich hielt es für der Mühe wert, dies hier zu erwähnen, um an diesem Beispiel zu zeigen, wie viel die Erkenntnis der Einzeldinge, die ich die anschauende oder die der dritten Gattung genannt habe (siehe die 2. Anmerkung zu Lehrsatz 40 des 2. Teils), vermag, und um wieviel mächtiger sie ist als die allgemeine Erkenntnis, die ich als die der zweiten Gattung bezeichnet habe. Denn obgleich ich im 1. Teil im allgemeinen bewiesen habe, daß alles (und folglich auch die menschliche Seele) nach Wesenheit und Existenz von Gott abhängt, so kann dieser Beweis, obwohl er richtig geführt ist und nicht den geringsten Zweifel zuläßt, die Seele doch nicht derartig affizieren, wie wenn eben dies aus der Wesenheit jedes Einzeldinges, das wir von Gott abhängig heißen, selbst geschlossen wird.

Lehrsatz 37. Es gibt in der Natur nichts, was dieser geistigen Liebe entgegengesetzt wäre oder was sie aufheben könnte.

Beweis: Diese geistige Liebe folgt notwendig aus der Natur der Seele, sofern sie (nach Lehrsatz 33 und 29 dieses Teils) vermöge der göttlichen Natur als eine ewige Wahrheit betrachtet wird. Wenn es also etwas gäbe, was dieser Liebe entgegengesetzt wäre, so wäre dies dem Wahren entgegengesetzt; und folglich würde das, was diese Liebe aufheben könnte, bewirken, daß das Wahre falsch wäre, was (wie sich von selbst versteht) ungereimt ist. Also gibt es in der Natur nichts usw. W. z. b. w.

Anmerkung: Der Grundsatz des 4. Teils betrifft die Einzeldinge, sofern sie mit Beziehung auf eine gewisse Zeit und einen gewissen Ort betrachtet werden, worüber ja wohl niemand zweifelhaft sein wird.

Lehrsatz 38. Je mehr Dinge die Seele in der zweiten und dritten Erkenntnisgattung einsieht, desto weniger leidet sie von den Affekten, die schlecht sind, und desto weniger fürchtet sie den Tod.

Beweis: Die Wesenheit der Seele besteht (nach Lehrsatz 11 des 2. Teils) in der Erkenntnis; je mehr Dinge die Seele also in der zweiten und dritten Erkenntnisgattung erkennt, ein um so größerer Teil von ihr bleibt (nach Lehrsatz 23, 29 und 33 dieses Teils) bestehen, und folglich bleibt ein um so größerer Teil von ihr (nach dem vorigen Lehrsatz) unberührt von den Affekten, die unserer Natur entgegengesetzt, das heißt (nach Lehrsatz 30 des 4. Teils) die schlecht sind. Je mehr Dinge die Seele daher in der zweiten und dritten Erkenntnisgattung einsieht, ein um so größerer Teil von ihr bleibt unverletzt, und desto weniger leidet sie folglich von den Affekten usw. W. z. b. w.

Anmerkung: Von hier aus verstehen wir, was ich in der Anmerkung zu Lehrsatz 39 des 4. Teils berührt und was ich in diesem Teil zu erklären versprochen habe; nämlich, daß der Tod um so weniger schädlich ist, je größer die klare und deutliche Erkenntnis der Seele ist, und folglich, je mehr die Seele Gott liebt. Da ferner (nach Lehrsatz 27 dieses Teils) aus der dritten Erkenntnisgattung die höchste Zufriedenheit entspringt, die es geben kann, so folgt daraus, daß die menschliche Seele von der Natur sein kann, daß der Teil von ihr, von dem ich gezeigt habe, daß er mit dem Körper zugrunde geht (siehe Lehrsatz 21 dieses Teils), im Verhältnis zu dem Teil von ihr, der bestehen bleibt, von keiner Bedeutung ist. Doch hiervon alsbald ausführlicher.

Lehrsatz 39. Wer einen Körper hat, der zu sehr vielerlei fähig ist, der hat eine Seele, deren größter Teil ewig ist.

Beweis: Wer einen Körper hat, der fähig ist, sehr vielerlei zu tun, der wird (nach Lehrsatz 38 des 4. Teils) sehr wenig von den Affekten, die schlecht sind, bedrängt, das heißt (nach Lehrsatz 30 des 4. Teils) von den Affekten, die unserer Natur entgegengesetzt sind; und mithin steht es (nach Lehrsatz 10 dieses Teils) in seiner Gewalt, die Körperaffektionen in der dem Verstande entsprechenden Ordnung zu ordnen und zu verketten, und folglich (nach Lehrsatz 14 dieses Teils) zu bewirken, daß alle Körperaffektionen auf die Idee Gottes bezogen werden; und infolge davon wird er (nach Lehrsatz 15 dieses Teils) zu Gott in Liebe versetzt werden, welche Liebe (nach Lehrsatz 16 dieses Teils) den größten Teil der Seele einnehmen oder ausmachen muß; und somit hat er (nach Lehrsatz 33 dieses Teils) eine Seele, deren größter Teil ewig ist. W. z. b. w.

Anmerkung: Da die menschlichen Körper zu sehr vielerlei fähig sind, so können sie zweifellos von einer solchen Natur sein, daß die Seelen, zu denen sie gehören, eine große Erkenntnis von sich selbst und von Gott haben und zum größten oder hauptsächlichsten Teil ewig sind, und mithin daß sie den Tod kaum fürchten. Um dies aber noch klarer einzusehen, muß man hier beachten, daß wir in beständiger Veränderung leben und, je nachdem wir uns in Besseres oder Schlechteres verwandeln, glücklich oder unglücklich heißen. Denn wer als Kind oder Knabe zur Leiche wird, heißt unglücklich, und umgekehrt gilt es als Glück, wenn wir die ganze Spanne unseres Lebens mit gesunder Seele in gesundem Körper haben durchlaufen können. Und in der Tat: wer, wie ein Kind oder ein Knabe, einen Körper hat, der zu sehr wenigem fähig ist und vornehmlich von äußeren Ursachen abhängt, der hat eine Seele, die für sich allein betrachtet beinahe gar kein Bewußtsein von sich selbst oder von Gott oder von den Dingen hat; und umgekehrt, wer einen Körper hat, der zu sehr vielerlei fähig ist, der hat eine Seele, die für sich allein betrachtet viel Bewußtsein von sich und von Gott und von den Dingen hat. In diesem Leben also streben wir vor allem danach, daß der Körper der Kindheit, soweit seine Natur es leidet und soweit es ihm zuträglich ist, sich in einen anderen verwandelt, der zu sehr vielem fähig ist, und der zu einer Seele gehört, die von sich und von Gott und von den Dingen sehr viel Bewußtsein hat; und zwar so, daß all das, was zu ihrer Erinnerung oder ihrem Vorstellungsvermögen gehört, im Verhältnis zu ihrem Verstande kaum von Bedeutung ist, wie ich schon in der Anmerkung zum vorigen Lehrsatz gesagt habe.

Lehrsatz 40. Je mehr Vollkommenheit jedes Ding hat, desto mehr handelt und desto weniger leidet es; und umgekehrt, je mehr es handelt, desto vollkommener ist es.

Beweis: Je vollkommener jedes Ding ist, desto mehr Realität hat es (nach Definition 6 des 2. Teils), und folglich (nach Lehrsatz 3 des 3. Teils und der Anmerkung dazu) handelt es desto mehr und leidet es desto weniger. Dieser Beweis wird in umgekehrter Ordnung auf die selbe Weise geführt, woraus folgt, daß ein Ding umgekehrt um so vollkommener ist, je mehr es handelt. W. z. b. w.

Folgesatz: Hieraus folgt, daß der Teil der Seele, der bestehen bleibt, mag er so groß oder so klein sein, als will, vollkommener ist, als der andere Teil. Denn der ewige Teil der Seele ist (nach Lehrsatz 23 und 29 dieses Teils) der Verstand, um dessenwillen allein wir (nach Lehrsatz 3 des 3. Teils) handelnd heißen; der Teil aber, von dem wir zeigten, daß er zugrunde geht, ist (nach Lehrsatz 21 dieses Teils) das Vorstellungsvermögen, um dessenwillen allein wir (nach Lehrsatz 3 des 3. Teils und der allgemeinen Definition der Affekte) leidend heißen. Und somit ist (nach dem vorigen Lehrsatz) jener Teil, mag er so groß oder so klein sein, als er will, vollkommener als dieser. W. z. b. w.

Anmerkung: Das ist es, was ich von der Seele, sofern sie ohne Beziehung auf die Existenz des Körpers betrachtet wird, zu zeigen mir vorgenommen hatte; hieraus und zugleich aus Lehrsatz 21 des 1. Teils und aus anderen Sätzen erhellt, daß unsere Seele, sofern sie erkennt, ein ewiger Modus des Denkens ist, der von einem anderen ewigen Modus des Denkens bestimmt wird, und dieser wieder von einem anderen, und so weiter ins Unendliche: dergestalt, daß alle diese Modi zugleich Gottes ewigen und unendlichen Verstand ausmachen.

Lehrsatz 41. Wenn wir auch nicht wüßten, daß unsere Seele ewig ist, so würden wir doch Pflichtgefühl und Religion und überhaupt alles, wovon wir im 4. Teile gezeigt haben, daß es zur Willenskraft und zum Edelmut gehört, für das Wichtigste halten.

Beweis: Die erste und einzige Grundlage der Tugend oder der richtigen Lebensweise ist (nach Folgesatz zu Lehrsatz 22 und nach Lehrsatz 24 des 4. Teils) das Suchen nach dem eigenen Nutzen. Wir haben aber, um das zu bestimmen, was die Vernunft als nützlich vorschreibt, keine Rücksicht auf die Ewigkeit der Seele genommen, die wir ja erst in diesem 5. Teile kennen gelernt haben. Obwohl wir also damals noch nicht wußten, daß die Seele ewig ist, haben wir doch das, wovon wir zeigten, daß es zur Willenskraft und zum Edelmut gehört, für das Wichtigste gehalten; und mithin würden wir, im Fall wir eben das auch jetzt nicht wüßten, doch die selben Vorschriften der Vernunft für das Wichtigste halten. W. z. b. w.

Anmerkung: Die gemeine Überzeugung der großen Menge scheint eine andere zu sein. Denn die meisten scheinen zu glauben, daß sie frei seien, sofern sie ihren Gelüsten fröhnen dürfen, und daß sie ihr Recht darangeben, sofern sie angehalten werden, nach der Vorschrift des göttlichen Gesetzes zu leben. Pflichtgefühl und Religion und überhaupt alles, was zur Seelenstärke gehört, halten sie also für Lasten, und sie hoffen, nach dem Tode diese Lasten abzulegen und den Lohn für ihre Knechtschaft, nämlich für ihr Pflichtgefühl und ihre Religion, zu empfangen; doch nicht diese Hoffnung allein, sondern auch und hauptsächlich die Furcht, nach dem Tode mit schrecklichen Martern bestraft zu werden, veranlaßt sie, nach der Vorschrift des göttlichen Gesetzes zu leben, soweit es wenigstens ihre Armseligkeit und ihr ohnmächtiges Gemüt erlaubt. Und wenn diese Hoffnung und Furcht den Menschen nicht innewohnte, wenn sie vielmehr umgekehrt glaubten, daß die Seele mit dem Körper untergehe und daß den Unglücklichen, die unter der Last des Pflichtgefühls zusammengebrochen sind, kein weiteres Leben bevorstehe, dann würden sie zu ihrer ursprünglichen Sinnesweise zurückkehren und alles nach ihren Gelüsten einzurichten trachten und lieber dem Ungefähr gehorchen wollen als sich selbst. Es scheint mir das nicht minder ungereimt, als wenn jemand deswegen, weil er nicht glaubt, mit guten Nahrungsmitteln seinen Körper in Ewigkeit unterhalten zu können, sich lieber mit Gift und todbringenden Dingen sättigen wollte, oder wenn jemand, weil er die Seele nicht als ewig oder unsterblich ansieht, darum lieber ohne Verstand sein oder ohne Vernunft leben will, was derartig ungereimt ist, daß es kaum Beachtung verdient.

Lehrsatz 42. Die Glückseligkeit ist nicht der Lohn der Tugend, sondern selbst Tugend; und wir erfreuen uns ihrer nicht deshalb, weil wir die Gelüste hemmen, sondern umgekehrt, weil wir uns ihrer erfreuen, deswegen können wir die Gelüste hemmen.

Beweis: Die Glückseligkeit besteht (nach Lehrsatz 36 dieses Teils und der Anmerkung dazu) in der Liebe zu Gott, welche Liebe (nach Folgesatz zu Lehrsatz 32 dieses Teils) aus der dritten Erkenntnisgattung entspringt; und somit muß diese Liebe (nach Lehrsatz 59 und Lehrsatz 3 des 3. Teils) auf die Seele, sofern sie handelt, bezogen werden; und daher ist sie (nach Definition 8 des 4. Teils) selbst Tugend. Dies war das erste. Ferner, je mehr die Seele sich dieser göttlichen Liebe oder der Glückseligkeit erfreut, um so mehr erkennt sie (nach Lehrsatz 32 dieses Teils), das heißt (nach Folgesatz zu Lehrsatz 3 dieses Teils), um so größere Macht hat sie über die Affekte und um so weniger leidet sie von den Affekten, die schlecht sind (nach Lehrsatz 38 dieses Teils); und mithin hat die Seele infolge davon, daß sie sich dieser göttlichen Liebe oder der Glückseligkeit erfreut, die Gewalt, die Gelüste zu hemmen. Und da die Kraft des Menschen, seine Affekte zu hemmen, allein im Verstande besteht, so erfreut sich folglich niemand der Glückseligkeit, weil er die Affekte gehemmt hat, sondern umgekehrt, seine Gewalt, die Gelüste zu hemmen, entspringt aus der Glückseligkeit selbst. W. z. b. w.

Anmerkung: Hiermit habe ich alles, was ich von der Macht der Seele über die Affekte und von der Freiheit der Seele zeigen wollte, vollständig dargelegt. Es erhellt daraus, wie viel der Weise vermag und wie sehr er dem Toren überlegen ist, der allein vom Gelüst getrieben wird. Denn abgesehen davon, daß der Tor von äußeren Ursachen auf vielerlei Arten hin und her bewegt wird und sich niemals im Besitz der wahren Zufriedenheit des Gemüts befindet, lebt er überdies wie unbewußt seiner selbst und Gottes und der Dinge, und sobald er zu leiden aufhört, hört er zugleich auch auf zu sein; der Weise dagegen, sofern er als solcher betrachtet wird, wird kaum in seinem Gemüt bewegt, sondern seiner selbst und Gottes und der Dinge nach einer gewissen ewigen Notwendigkeit bewußt, hört er niemals auf zu sein, sondern ist immer im Besitz der wahren Zufriedenheit des Gemüts. Wenn nun der Weg, der, wie ich gezeigt habe, hierhin führt, äußerst schwierig zu sein scheint, so läßt er sich doch finden. Und freilich schwierig muß sein, was so selten gefunden wird. Denn wie wäre es möglich, wenn das Heil leicht zugänglich wäre und ohne große Mühe gefunden werden könnte, daß fast alle es unbeachtet lassen? Aber alles Erhabene ist ebenso schwer wie selten.

Ende

ANMERKUNGEN
des Übersetzers

Durchgesehen auf grund der Ausgabe der Heidelberger Akademie der Wissenschaften. (Herausgeber Carl Gebhardt. Verlag C. Winter, Heidelberg 1926.)

Seite 3, Zeile 5 v. u.:

„Ausmachend" gehört gemäß der Stelle Seite 55, Zeile 5/6 zu „was" und nicht zu „der Verstand".

Seite 9, Zeile 8:

Vgl. 26, 10. In der Übersetzung von Schmidt und in der von Auerbach heißt es umgekehrt wie im Text: „eine richtige Vorstellung sei falsch geworden." Die eine wie die andere Lesart läßt sich verteidigen. Aber eben darum ist kein Grund da, von der überlieferten abzuweichen, die man etwa interpretieren kann: eine falsche Idee, nämlich die der nicht existierenden Substanz, sei wahr geworden, nämlich zur Idee der existierenden Substanz.

Seite 13, Zeile 29:

Statt fluunt muß es hier im lateinischen Text wohl fiunt heißen, da an den entsprechenden Stellen Zeile 37 und 40 beidemal fiunt steht.

Seite 14, Zeile 5:

Das Res enim des lateinischen Textes im Sinne von: Quod enim ad res attinet etc.

Seite 14, Zeile 3 v. u.:

Meijer möchte hier statt Lehrsatz 6 lieber Lehrsatz 7 lesen.

Seite 16, Zeile 25:

Diese Anmerkung gehört eigentlich zu Lehrsatz 14. Vgl. Freudenthal: Spinoza-Studien, 1898. S. 251. (Zeitschr. f. Philos. Bd 108.)

Seite 19, Zeile 32:

„Worüber anderswo": gemeint ist wohl Lehrsatz 3 des 2. Teils von Spinozas Darstellung der Prinzipien der Philosophie des Descartes. Dieser Lehrsatz lautet: *Daß es einen leeren Raum gibt, widerspricht sich selbst.* Beweis: Unter einem leeren Raum versteht man (nach Definition 5) eine Ausdehnung ohne körperliche Substanz, das heißt (nach Lehrsatz 2 dieses Teils: die Natur des Körpers oder der Materie besteht allein in der Ausdehnung) einen Körper ohne Körper, was ungereimt ist.

Seite 21, Zeile 20/21:

Ursache durch sich (causa per se) ist eine Ursache, deren Wirkung aus ihrer wesenheitlichen Beschaffenheit hervorgeht und durch zufällige Umstände nicht alteriert wird; z. B. der Baumeister baut ein Haus; der Fischer fängt einen Fisch. Ursache durch Zufall (causa per accidens) dagegen ist eine Ursache, deren Wirkung ihrer wesenheitlichen Beschaffenheit nicht entspricht, sei es, daß sie aus einer zufälligen, zur Wesenheit der Ursache nicht gehörigen Beschaffenheit hervorgeht; z. B. der Baumeister singt ein Lied; sei es, daß sie durch zufällige Umstände alteriert wird; z. B. der Fischer fängt einen goldenen Dreifuß. Vgl. Adriani Heereboord: Meletemata philosophica, Seite 275. Da alles, was ist, aus der Notwendigkeit der göttlichen Wesenheit folgt, kann Gott nicht Ursache durch Zufall sein.

Seite 21, Zeile 23:

Erste Ursache (causa prima) ist eine Ursache, die von keiner vorangehenden abhängt; zweite Ursache (causa secunda) dagegen ist eine Ursache, die von einer anderen abhängt. Die erste Ursache ist entweder unbedingt erste Ursache (causa absolute prima): wenn sie überhaupt von keiner anderen abhängt, oder erste Ursache in ihrer Gattung (causa prima in suo genere): wenn sie das Anfangsglied einer besonderen Ursachenreihe ist. Vgl. Heereboord S. 282.

Seite 24, Zeile 5 v. u.:

Inbleibende Ursache (causa immanens) ist eine Ursache, die die Wirkung in sich selbst hervorbringt; übergehende Ursache (causa transiens) dagegen ist eine Ursache, die die Wirkung außer sich hervorbringt. Heereboord: Meletemata, Seite 266.

Seite 25, Zeile 26:

Dieser Lehrsatz lautet folgendermaßen: *Gott ist ewig.* Beweis: Gott ist (nach Definition 8) das allervollkommenste Wesen, woraus (nach Lehrsatz 5: die Existenz Gottes wird aus der bloßen Betrachtung seiner Natur erkannt) folgt, daß er notwendig existiert. Wenn wir ihm nun eine beschränkte Existenz beilegen, so müssen die Schranken seiner Existenz, wo nicht von uns, so doch notwendig (nach Lehrsatz 9: Gott ist allwissend) von Gott selbst gewußt werden, weil Gott allwissend ist; Gott wird daher jenseits jener Schranken sich, das heißt (nach Definition 8) das allervollkommenste Wesen, als nicht existierend wissen, was (nach Lehrsatz 5: siehe oben) ungereimt ist. Sonach hat Gott keine beschränkte, sondern eine unendliche Existenz, die wir die Ewigkeit nennen. Gott ist also ewig.

Seite 26, Zeile 1 bis Seite 28, Zeile 15:

Vgl. Brief 64 (II, 392): Beispiele der ersten Gattung [der unmittelbar aus der unbedingten Natur eines Attributes Gottes folgenden ewigen und unendlichen Modi] sind im Denken der unbedingt unendliche Verstand und in der Ausdehnung Bewegung und Ruhe; ein Beispiel der zweiten Gattung [der durch Vermittelung einer ewigen und unendlichen Modifikation folgenden ewigen und unendlichen Modi] ist die Gestalt (facies) des ganzen Universums, die, obwohl sie unendlichfach wechselt, gleichwohl immer dieselbe bleibt, worüber man die Anmerkung zu Lehnsatz 7 vor Lehrsatz 14 des 2. Teils [68, 4—8] nachsehen möge.

Seite 26, Zeile 11:

Der Beweis des Lehrsatzes bespricht die beiden Merkmale der Ewigkeit und Unendlichkeit in umgekehrter Reihenfolge als sie im Lehrsatz selbst vorkommen.

Seite 28, Zeile 22f.:

Die Kraft eines Dinges, im Existieren zu beharren, ist (nach 18, 30f.) eins mit seiner Wesenheit oder seinem Sein (vgl. 60, 5 und 117, 10). Als Ursache der Wesenheit der Dinge (causa rerum essentiae 28, 33) oder ihres Seins (causa essendi 28, 26, causa secundum esse 59, 6) ist Gott mithin auch die Ursache ihrer Erhaltung in der Existenz. — Thomas Aquinas macht die selbe hier obwaltende Unterscheidung zwischen Ursache des Werdens (causa fiendi; Spinoza 59, 4: causa secundum fieri) und Ursache des Seins (causa essendi) in der Summa theol. I, 104, 1.

Seite 29, Zeile 23:

Meijer möchte statt: „und daher“ (adeoque) lieber lesen: „nun aber“ (atqui) und dann vor: „Das war usw.“ ein kurzes: „Also.“ (ergo) zwischen zwei Punkten einschieben, an das die vollständige Anführung des ersten Teils des Lehrsatzes angeschlossen zu denken wäre. Diese Lesart hat vor der überlieferten jedenfalls den Vorzug der größeren logischen Korrektheit.

Seite 30, Zeile 3 v. u.:

Im Lateinischen lautet die Stelle: Cum quaedam a Deo immediate produci debuerunt, videlicet ea, quae ex absoluta eius natura necessario sequuntur, et alia mediantibus his primis, quae tamen sine Deo nec esse nec concipi possunt, etc. Land ergänzt das Objekt zu mediantibus aus dem folgenden Relativsatz. Leopold (Ad Spinozae opera posthuma, Hagae 1902, Seite 71) möchte, wie mir scheint mit Recht und wie ich demgemäß auch übersetzt habe, unter Berufung auf Eth. I, 23, Beweis (24, 6—8), den Brief 63, der von Schuller geschrieben ist, und in dem es heißt: Exempla eorum, quae immediata a Deo producta, et quae mediante aliqua modificatione infinita, desiderarem, und die erste, nach Spinozas Handschrift angefertigte holländische Übersetzung der Ethik, die an dieser Stelle lautet: dewijl enige dingen onmiddelijk van God ... en anderen door middel van deeze ersten“ etc., im Text lesen: „,... necessario sequuntur, quaedam mediantibus his primis, quae tamen..." etc.; für das Asyndeton quaedam..., quaedam verweist er auf Eth. III, 3, Beweis (106, 40).

Seite 31, Zeile 2—10:

Nächste Ursache (causa proxima) ist eine Ursache, die die Wirkung unmittelbar hervorbringt; entfernte Ursache (causa remota) dagegen ist eine Ursache, die die Wirkung durch eine nähere Mittelursache hervorbringt. Die nächste Ursache ist entweder unbedingt nächste Ursache (causa absolute proxima): wenn sich zwischen ihr und der Wirkung überhaupt nichts befindet, weder eine andere Ursache sei es der selben, sei es einer verschiedenen Reihe, noch irgend eine Kraft, noch eine zum Verursachen erforderte Bedingung; oder in ihrer Gattung nächste Ursache (causa proxima in suo genere): wenn sich zwischen ihr und der Wirkung keine andere Ursache der selben Reihe oder Art befindet, ungeachtet dessen, daß sich zwischen ihr und der Wirkung Mittelursachen einer verschiedenen Reihe oder Art oder eine vermittelnde Kraft oder vermittelnde Bedingung befinden können. Vgl. Heereboord: Meletemata, Seite 298f.

Seite 31, Zeile 26, 27:

Im lateinischen Text steht hier: vel quatenus certo modo ad agendum determinata consideratur (per Prop. 27). Dies hat keinen Sinn; zudem ist vom Handeln und Wirken erst im zweiten Teil des Beweises die Rede, wobei allein die Anführung des Lehrsatzes 27 mit Recht erfolgt. Ich lese daher mit Meijer: vel quatenus certo modo modificata consideratur (per Prop. 22), und übersetze demgemäß.

Seite 32, Zeile 4—19:

Naturende Natur: natura naturans; genaturte Natur: natura naturata. Das Begriffspaar geht seinem Inhalte nach bis auf die Neuplatoniker zurück. Die bei Spinoza wiederkehrende Form, die er im kurzen Traktat I, 8 von den Thomisten übernommen zu haben erklärt, hat es im 13. Jahrhundert erhalten, von wann an es sich öfter findet; so spricht Meister Eckhart von der ungenatûrten natûre und genatûrten natûre. Vgl. hierüber Siebeck im Archiv für Geschichte der Philosophie III, 370ff.

Seite 33, Zeile 14f.:

„Verstand als möglicher" (intellectus potentia) bedeutet dasselbe wie „Vermögen zu erkennen" (facultas intelligendi). Das Vorhandensein derartiger Vermögen bestreitet Spinoza später (98, 11ff.). Verstand als wirklicher (intellectus actu) bedeutet einen Inbegriff klarer und deutlicher Ideen. Vgl. 103, 3.

Seite 37, Zeile 16—19:

Im Sinne derer, deren Meinung Spinoza bekämpft.

Seite 42, Zeile 26:

Hinter „Menschen“ findet sich in der ersten holländischen Übersetzung der eigentlich unentbehrliche Zusatz: „doch sehr wenige im Verhältnis zum ganzen menschlichen Geschlecht.“ Im Originaltext nach der Urtextausgabe von Carl Gebhardt (Heidelberg 1926, Seite 79): doch zeer weinig, ten opzicht van 't geheel menschelijk geslacht.

Seite 43, Zeile 21—22:

Zweck des Bedürfnisses (finis indigentiae) eines Dinges ist das, dessen Bedürfnis zu dienen des Dinges Aufgabe ist; so sind der Zweck des Bedürfnisses der Leiden Christi die der Erlösung bedürftigen Gläubigen. — Zweck der Anähnlichung (finis assimilationis) eines Dinges ist das, dem ähnlich zu werden des Dinges Aufgabe ist; so ist das Originalbild Zweck der Anähnlichung der Kopie. — Die Meinung der Theologen und Metaphysiker ist also die, daß Gott die Dinge nicht geschaffen hat, damit sie einem Bedürfnis, das er etwa hätte, dienen sollen, sondern, damit sie ihm ähnlich werden. Vgl. hierzu Keckermannus: Systema Logicae, Hanoviae 1606, Seite 172f., Scheibler: Metaphysik, lib. I, cap. 22, Art. IV, Heereboord: Meletemata, Seite 672.

Seite 45, Zeile 12—16:

Ich gebe diesen Satz nach dem Wortlaut der ersten holländischen Übersetzung. In deren Vorlage hat offenbar das nicht recht passende „nihil de rebus affirmant“ unseres lateinischen Textes gefehlt; hinter capiunt muß dagegen noch gestanden haben: „et in imaginatione acquiescunt“, als wodurch sich dann das et vor imaginationem als erstes Glied eines et — et erweist, das an das vorhergehende imaginantur nicht anknüpft.

Seite 48, Zeile 5:

Nach Leopold (Seite 47, Anmerkung) folgen in der ersten holländischen Übersetzung hier noch die Worte: „daher finde ich keine Ursache, bei diesen Dingen länger zu verweilen usw.“, so daß es scheint, daß dem ersten Buche ebenso wie eine Vorrede auch der rechte Schluß fehlt. Gebhardt ist der Auffassung, daß Spinoza den Tractatus de intellectus emendatione als Vorrede gedacht habe und den Anhang an dieser Stelle dadurch deutlich als abgeschlossen kennzeichnete, daß er bei der Abschrift das Wort etc., holländisch enz., strich. (Gebhardt, Textausg. 1926, Seite 356—57.)

Seite 50, Zeile 14:

Unbestimmt: indefinitus. Vgl. Prinzipien der Philosophie des Descartes, Teil 2, Definition 4: Unbestimmt ist das, dessen Grenzen (wenn es welche hat) vom menschlichen Verstande nicht erforscht werden können.

Seite 51, Zeile 2:

Hier fügt die erste holländische Übersetzung noch bei: „oder anders: wir wissen, daß wir denken."

Seite 51, Zeile 40:

In der ersten holländischen Übersetzung steht hier als Erläuterung von: „keine andern Einzeldinge" noch: „oder nichts von der genaturten Natur."

Seite 53, Zeile 12:

Hier hat die erste holländische Übersetzung: „kann nur eine und einzig sein."

Seite 53, Zeile 6 v. u.:

Hier habe ich Meijer folgend „nur" eingefügt, wie es dem Lehrsatz entsprechend heißen muß. Im lateinischen Text wäre also hinter quatenus tantum einzuschieben.

Seite 56, Zeile 28—30:

Nempe circulus talis est naturae, ut omnium linearum rectarum, in eodem sese invicem secantium, rectangula sub segmentis sint inter se aequalia. Die Worte sub segmentis sind dunkel; es fehlt jedenfalls ein Partizipium (Leopold 72). Ich übersetze entsprechend den Worten Tschirnhausens (Brief 59): eadem (sc. adaequata idea circuli) quoque consistit in infinitis rectangulis sibi invicem aequalibus, factis a segmentis duarum linearum.

Seite 57, Zeile 2:

Die Worte: „die aus den Segmenten der Linien" habe ich als vom Sinn durchaus erfordert hinzugefügt.

Seite 59, Zeile 2—6:

Vgl. die Anmerkung zu 24, 17f.

Seite 59, Zeile 30f.:

Nach der ersten holländischen Übersetzung lautet der Anfang dieses Satzes: „Denn meine Absicht war hier nicht sowohl, jenen zu widersprechen, als die Ursache anzugeben usw." (Leopold 47, Anm.)

Seite 59, Zeile 2 v. u.:

Die Notwendigkeit, das dixi des lateinischen Textes in dixerim zu verändern (wie Meijer will), sehe ich nicht.

Seite 67, Zeile 10:

In der ersten holländischen Übersetzung folgt hier noch der Hinweis: „Siehe die Definition vor Lehnsatz 4" und dann heißt es

Seite 60, Zeile 16:

Dies erhellt auch aus seiner Definition. (Leopold Seite 47, Anm.)

Seite 71, Zeile 2 v. u.:

Diese Anführung wird in der ersten holländischen Übersetzung hinter „existiert“ wiederholt. Vielleicht ist sie dort mehr am Platze. Gebhardt (Textausg. 1926, Seite 106) hat sie übernommen.

Seite 80, Zeile 18f.:

Diese Anmerkung ist vermutlich eine in den Text hineingekommene Randbemerkung, da sie teils den Inhalt des Lehrsatzes 28 wiederholt, als ob er etwas Neues wäre, teils den Inhalt des Lehrsatzes 29 in einer Art vorausnimmt, die die nochmalige ausführliche Darstellung dieses Inhalts in Form eines Lehrsatzes nicht erwarten läßt. Gebhardt (Textausg. 126, Seite 363) widerspricht und weist darauf hin, daß diese Anmerkung „sich in beiden Redaktionen (Spinozas) findet und zwar in der zweiten mit einer Streichung (26), die deutlich die überdachte Weiterarbeit erkennen läßt. Inhaltlich scheint mir aber das Scholium von höchster Bedeutung, denn daß die im Selbstbewußtsein lebendige Idee der Seele an sich nicht adaequat ist, wird prinzipiell weder in Prop. 28 noch in Prop. 29 zum Ausdruck gebracht.“

Seite 84, Zeile 10:

Die erste holländische Übersetzung erläutert hier: „das heißt glauben, daß sie freiwillig etwas tun und lassen können.“

Seite 84, Zeile 20:

Seelenwesen: anima. Vgl. Tractatus de intellectus emendatione I, 18, Anm. 2: Es geschieht oft, daß der Mensch, wenn er sich dies Wort „Seelenwesen“ in Erinnerung ruft, dabei zugleich ein körperliches Vorstellungsbild bildet. Wenn er sich nun dies beides zugleich vergegenwärtigt, so glaubt er leicht, daß er sich ein körperliches Seelenwesen vorstellt und einbildet, weil er die Bezeichnung von der Sache selbst nicht unterscheidet. Vgl. ferner Prinzipien der Philosophie von Descartes, Teil I, Definition 6: ich rede hier lieber von der Seele (mens) als von dem Seelenwesen (anima), da die Bezeichnung Seelenwesen doppeldeutig ist und oft für ein körperliches Ding in Anspruch genommen wird. In der Ethik wird das Wort Seelenwesen, abgesehen von 164, 13, von der Seelensubstanz des Descartes gebraucht 76, 3. 244f.

Seite 87, Zeile 19:

Statt „Begriffen“ muß es wohl, wie in der ersten holländischen Übersetzung auch zu lesen ist, „Gemeinbegriffen“ heißen.

Seite 87, Zeile 28:

Zweite Begriffe (notiones secundae) sind im Gegensatz zu den ersten Begriffen, unter denen die Begriffe von den Dingen selbst, wie z. B. der Begriff des Menschen, des Tiers usw. zu verstehen sind, die Begriffe der Logik, wie z. B. Gattung, Art, Kategorie usw., das heißt die Begriffe, die das Ergebnis der wissenschaftlichen Untersuchung der ersten Begriffe sind, sofern diese nur als Begriffe betrachtet werden. Vgl. Zabarella: de Natura Logicae, cap. 3; Keckermannus: Systema Logicae, Seite 32.

Seite 87, Zeile 6 v. u.:

Gemeint ist wohl die Abhandlung über die Verbesserung des Verstandes.

Seite 87, Zeile 1 v. u.:

Transcendente oder transcendentale Ausdrücke (termini transcendentales) sind die allerallgemeinsten Ausdrücke, die kraft ihrer übergroßen Allgemeinheit auch die Reihe der Kategorien, das heißt die Reihe der obersten Gattungen des Seins übersteigen oder transcendieren. Vgl. Thomas Aquinas: Quaestiones disputatae de veritate I, 1 (wo sie vollständig aufgezählt werden, aber die Bezeichnung „transcendental" fehlt); De natura generis, cap. 1. 2; Summa theol. I, 39, 3 ad 3; Keckermannus: Systema Logicae, Seite 37. Außer den von Spinoza hier aufgezählten: „Wesen (ens), Ding (res), Etwas (aliquid)" rechnete man dazu die Ausdrücke: „eines (unum), wahr (verum), gut (bonum)", deren Spinoza anderswo auch ausführlich Erwähnung tut, nämlich Cogitata Metaphysica I, wo ihrer Betrachtung und Kritik das 6. Kapitel gewidmet ist. Thomas Aquinas spricht ferner noch von einer „transcendenten Vielheit" (multitudo transcendens vgl. Summa theol. I, 30, 3) unter der im Gegensatz zu der aus der Einteilung eines Kontinuums hervorgehenden und der Kategorie der Größe untergeordneten zahlenmäßigen Vielheit (numerus) die Mannigfaltigkeit begrifflich verschiedener Einheiten zu verstehen ist.

Seite 89, Zeile 14:

Ein Tier, das lacht: animal risibile. Diese Definition findet sich in dieser Form (nach Leopold 75) zuerst bei Martianus Capella Lib. IV pag. 100; vgl. übrigens Aristoteles *Περί ζῴων μορίων* III 10 (673a 8): *μόνον γελᾶν τῶν ζῴων ἄνθρωπον.*

Seite 89, Zeile 15:

Ein zweifüßiges Tier ohne Federn: animal bipes sine plumis. Diese Definition findet sich wohl zuerst in den Platon zugeschriebenen *Ὅροι*; vgl. Platonis Opp. omn. ed. Baiterus, Orellius etc. Turici 1839, pag. 887b 35: *Ἄνθρωπος ζῷον ἄπτερον, δίπουν, κτλ.*

Seite 94, Zeile 2 v. u.:

Unter einer gewissen Art der Ewigkeit; sub quadam aeternitatis specie. Daß species hier mit „Art", und nicht, wie man traditionell, aber ohne sachlichen Grund anzunehmen pflegt, mit „Form" oder

„Gesichtspunkt" zu übersetzen sei, scheint mir aus folgenden Erwägungen hervorzugehen: in der Bedeutung Gesichtspunkt findet sich, soviel ich sehe, species bei Spinoza sonst nicht; „unter dem Gesichtspunkt", „im Hinblick auf" heißt bei ihm vielmehr sub ratione (vgl. 38, 23 im Hinblick auf das Gute: sub ratione boni); species dagegen bezeichnet entweder den Schein, und zwar den falschen (256, 1 v. u. 258, 11. 275, 17), welche Bedeutung hier nicht in Betracht kommt, oder die Art im Gegensatz zur Gattung (137, 15. 160, 3 v. u. 188, 29. 257, 20). In dieser letzteren Bedeutung wird es nun zweifellos in der Anmerkung zum nächsten Lehrsatz gebraucht und zwar in ganz ähnlicher äußerlicher Zusammensetzung, indem es wie hier quaedam aeternitatis species, dort (95, 5 v. u.) quaedam quantitatis species heißt; es scheint mißlich, species hier und dort verschieden zu interpretieren. Ferner lautet der parallele Ausdruck für die Dauer sub duratione (283, 12 vgl. Tract. de intell. em. Seite 26 und 33); sub duratione und sub specie aeternitatis entsprechen einander aber nur dann genau, wenn species Art bedeutet; bedeutete es Gesichtspunkt, so sollte man demgemäß sub specie durationis erwarten; species durationis ist jedoch an der einen Stelle, wo es bei Spinoza vorkommt, (Cog. met. II, 1, 3) mit „Art der Dauer" zu übersetzen.
Aber man kann umgekehrt fragen: warum sagt Spinoza nicht sub aeternitate? Die Antwort hierauf bietet meines Erachtens die Lösung der Schwierigkeit. Spinoza definiert die Ewigkeit als die in der Definition oder Wesenheit eines Dinges enthaltene notwendige Existenz (4, 20ff. 286, 7); in diesem Sinne sagt er dann: Notwendigkeit der Existenz oder Ewigkeit (28, 6), oder auch nur: Notwendigkeit oder Ewigkeit (11, 18). Nun sind die Wesenheiten der Dinge nicht durch sich selbst notwendig (50, 4 v. u.), sondern sie schließen die ewige Existenz nur als Wirkungen der durch sich selbst notwendigen Natur Gottes in sich (95, 1 v. u. 29, 7. 285, 4 v. u.). Während Spinoza daher schlechthin von der „ewigen Notwendigkeit der Natur Gottes" redet (95, 3. 96, 5), erklärt er demgegenüber, daß die Wesenheit eines Einzeldinges durch die Wesenheit Gottes „nach einer gewissen ewigen Notwendigkeit: aeterna quadam necessitate" begriffen werden müsse (282, 2, 20. 275, 22). Und dem entspricht es, wenn er nicht sagt, daß wir die Dinge, sofern sie vermöge der Wesenheit Gottes die Existenz in sich schließen (286, 11), unter der Ewigkeit, sondern daß wir sie insofern unter einer gewissen Art der Ewigkeit oder, wie es einmal auch heißt (243, 10), unter einer Art der Ewigkeit oder Notwendigkeit erkennen.

Seite 95, Zeile 5 v. u.:

Die Frage, ob die Dauer oder Zeit eine eigene Art der Größe sei, hat u. a. Suarez: Met. Disp. 44 Sect. 9 behandelt. Vgl. auch Aristoteles Kategorien (4b 24ff.) und Metaphysik (1020a 23).

Seite 97, Zeile 22:

Hinter „irre sich“ folgen nach der ersten holländischen Übersetzung die Worte: „(obwohl seine Worte ungereimt waren)“ usw. (Leopold 47, Anm.)

Seite 99, Zeile 2:

In der ersten holländischen Übersetzung folgen hier (nach Leopold 47 und Gebhardt, Seite 130 und 366) noch die Worte: „oder das objektive Sein der Dinge, sofern es nur im Denken existiert.“

Seite 100, Zeile 13:

Diese Zeile lautet nach der ersten holländischen Übersetzung: hänge so beharrlich am Falschen, daß er auf keine Weise zum Zweifel daran gebracht werden kann, so usw. (Leopold 47, Anm.)

Seite 101, Zeile 4:

Nach der ersten holländischen Übersetzung wäre hinter „von solchen Dingen“ einzuschieben: die keine Spur in unserem Gehirne hinterlassen (facere) können oder usw. (Leopold 47, Anm.)

Seite 102, Zeile 27:

Johannes Buridan, Rektor der Pariser und Mitbegründer der Wiener Universität, lebte um 1330. Seine Hauptleistung ist die vertiefte Behandlung des Problems der Willensfreiheit. „Die ihm von altersher zugeschriebene Ansicht, wonach ein Esel in der Mitte zwischen zwei Heubündeln oder zwischen Futter und Wasser wegen der gleichen Stärke der von entgegengesetzter Seite ziehenden Motive infolge des Mangels der spontanen Wahlfreiheit zu keinem Entschlusse kommen könne und daher verhungern müsse, wovon in den gedruckten Schriften nichts zu finden ist, war vielleicht nur ein von ihm in seinen mündlichen Vorträgen oder von einem seiner Schüler besonders drastisch gewähltes Beispiel zur Erläuterung seiner Ansicht von der Unfreiheit der Tiere im Gegensatz zu der Wahlfreiheit des Menschen.“ Vgl. Siebeck: Beiträge zur Entstehungsgeschichte der neueren Psychologie. Gießener Universitätsprogramm. 1891. Seite 18ff.

Seite 106, Zeile 6 v. u.:

Die hier in Aussicht gestellten Nachweisungen finden sich nicht im 3. Teil, sondern im 4. Vgl. 216, 3ff.

Seite 110, Zeile 17:

Die von Meijer vorgeschlagene Änderung des lateinischen Textes (statt Affectum Affectus) scheint mir unnötig (vgl. Def. 5 des 1. Teils).

Seite 111, Zeile 9:

Hier ist im lateinischen Text zu lesen: per Schol. 2 Prop. 40 p. 2. Gebhardt (Textausg. 1926, Seite 368) betrachtet im Gegensatz hierzu das Zitat als auf das ungeteilte Scholium 1 und 2 bezogen und läßt daher die Ziffer weg.

Seite 111, Zeile 17:

Hier ist im lateinischen Text zu lesen: sed quatenus etiam aliarum, statt: sed etiam quatenus.

Seite 112, Zeile 27:

Die von Meijer im lateinischen Text vorgenommene Änderung von nec Corpus Mentem in nec Mens Corpus scheint mir unrichtig: es soll der ganze Lehrsatz wiederholt werden.

Seite 115, Zeile 18:

Vgl. Ovid: Metamorphosen VII, 20, 21. Video meliora proboque, Deteriora sequor.

Seite 120, Zeile 3 v. u.:

Das etc. des lateinischen Textes ist zu streichen. Gebhardt hat es trotzdem beibehalten (Textausg. 1926, Seite 369).

Seite 122, Zeile 15:

In der Editio princeps wird hier Lehrsatz 8 des 2. Teils angeführt. Land hat statt dessen Lehrsatz 17 des 2. Teils eingesetzt; Meijer will die ursprüngliche Lesart wieder herstellen. Ich finde weder die Anführung von Lehrsatz 8, noch die von Lehrsatz 17 passend. Einzig sinngemäß scheint mir eine nochmalige Berufung auf Lehrsatz 6 des 2. Teils. Gebhardt (Textausg. 1926, Seite 369) weist diesen Vorschlag ab.

Seite 128, Zeile 25:

Spinoza gebraucht hier das Wort Gewissensbiß, conscientiae morsus, offenbar in einem ganz anderen Sinne, als in dem gewöhnlichen, in dem er es im kurzen Traktat II, 10 verwendet hatte; vgl. Kuno Fischer: Spinoza, 4. Aufl. 434. Daß Spinoza den gewöhnlich so bezeichneten Seelenzustand in der Ethik auch erklärt, lehrt die Definition der Reue (143, 9), weswegen Fr. Nietzsche (zur Genealogie der Moral II 15) mit Unrecht gegen Kuno Fischer polemisiert.

Seite 130, Zeile 4 v. u.:

Im Deutschen haben wir das Wort Mitfreude.

Seite 133, Zeile 20:

Meijer wünschte hier statt: et illa (nämlich laetitia) denique Despectus lieber: et Despectus denique Tristitia zu lesen. Er verweist dafür auf 22 der Definitionen der Affekte, wonach die Unterschätzung zur Trauer gehöre. Das ist jedoch so nicht richtig. Dort steht nur, daß das von einem anderen weniger, als recht ist, halten aus Haß entspringt. Die so entstandene Vorstellung muß dann aber (etwa nach Lehrsatz 20 des 3. Teils) Freude hervorrufen. Daher scheint mir die überlieferte Lesart vollkommen sinngemäß zu sein.

Seite 134, Zeile 5:

Das W. z. b. w. gehört sachlich ohne Zweifel an diese Stelle und nicht an den Schluß von Zeile 42. Die Zeilen 40—42 gehören vielleicht hinter die nächste Anmerkung als Anmerkung 2, vielleicht sind sie aber auch eine in den Text gedrungene Randbemerkung.

Seite 137, Zeile 19, 23:

Ich lese gemäß der ersten holländischen Übersetzung mit Camerer (Die Lehre Spinozas, 1877, Seite 160) und Leopold (42) internae; vgl. 161, 23. Gebhardt begründet (Textausg. 1926, Seite 371—72), daß es an der ersten Stelle „externae", an der zweiten Stelle „internae" heißen muß.

Seite 138, Zeile 21:

Ovidius, Amores II 19, 5 und 4 (also umgekehrte Versfolge):

> Speremus pariter, pariter metuamus amantes; (5)
> Ferreus est, siquis, quod sinit alter, amat. (4)

Das Zitat paßt nicht, wenn man es richtig versteht. Die Elegie wendet sich an einen nachsichtigen Ehemann, der seine Frau ihrem Liebhaber läßt. Der Liebhaber bittet den Ehemann, die Frau anstatt dessen lieber streng zu behüten. Die zitierten Verse dienen folgendermaßen zur Begründung der Bitte. Liebe vergeht, wenn sie unbehinderter Befriedigung sicher ist, und nur bei jemandem, der ein rohes Gefühlsleben hat, erhält sie sich unter dieser Bedingung (4). Damit eine Liebe dauere, muß der Hoffnung auf Befriedigung ein gleiches Maß Furcht vor Zurückweisung beigemischt sein (5). Diese Furcht soll die erbetene Strenge des Ehemanns hervorrufen. — Offenbar haben die Verse in dieser dem Zusammenhang, in dem sie bei Ovid stehen, einzig entsprechenden Bedeutung mit dem Inhalt des Folgesatzes, den sie doch poetisch umschreiben sollen, gar nichts zu tun.

Das Zitat paßt aber auch nicht, wenn man es falsch versteht; wenigstens habe ich keine passende Interpretation finden können. Meijer hat es in der ersten Auflage seiner Übersetzung etwa in folgender Weise, dem Sinne nach übrigens ebenso, wie die deutsche Übersetzung von 1744, wiedergegeben.

> Haben einander wir lieb, so teilen wir Hoffen und Fürchten; (5)
> Fühllos ist, wer da liebt das, was der andre verschmäht. (4)

Vers 4 fügt sich dem ganzen Gedankenzusammenhang des Textes so verstanden gewiß leichter ein. Genau betrachtet ist er dann aber doch da, wo er steht, durchaus fehl am Ort: allenfalls ließe er sich als negative Bestätigung hinter dem Satz Seite 138 Zeile 8 bis 11 rechtfertigen, wenn Spinoza in Beweisen zitierte, was jedoch nicht der Fall ist. Inwiefern aber der Umstand, daß Menschen, die einander lieben, infolgedessen die Affekte der Furcht und Hoffnung in gleicher Weise erleiden, als Beleg der völlig andersartigen Regel gelten soll, dergemäß jeder die Liebe, die er zu einem Dinge hat, auch anderen mitzuteilen strebt, ist gar nicht einzusehen. In der zweiten Auflage seiner Übersetzung hat Meijer eine neue Interpretation gegeben. Ich kann mich leider auch mit dieser nicht zufrieden erklären. Ich halte die Sache für hoffnungslos.

Seite 148, Zeile 13:

Im lateinischen Text ist fecit statt facit zu lesen. Gebhardt (Textausg. 1926, Seite 372—73) behält facit als Durativ bei.

Seite 149, Zeile 19:

Da im Lehrsatz 37 oder genauer im Beweis dazu nicht gezeigt wird, daß der Haß Trauer in sich schließt, was sich nach der Definition des Hasses in der Anmerkung zu Lehrsatz 13 von selbst versteht, sondern vielmehr, daß die Trauer und folglich auch der Haß das Streben hervorrufen, die Trauer zu entfernen, so scheint mir der überlieferte Text: conatus amovendi Tristitiam, quam odium involvit, unrichtig zu sein, und ich lese deswegen statt quam: quem und übersetze demgemäß. Diese Ansicht wird von Gebhardt (Textausg. 1926, Seite 373) widerlegt.

Seite 159, Zeile 1 v. u.:

Meijer meint, daß hinter Begierde die Worte fehlen: dem, den er haßt, Übles zu tun.

Seite 168, Zeile 8:

Ich folge Leopold (76), der unter Berufung auf die erste holländische Übersetzung, die an dieser Stelle lautet: „'t zij de zelfde ingeboren, of van buiten aangekomen, of da zij alleenlijk...“, im Text liest: „sive ea sit innata, sive adventicia...“

Seite 170, Zeile 19:

Unter den Schriftstellern versteht Spinoza die Cartesianer. Vgl. Descartes: De passionibus animae. II, art. 79: Liebe ist die von einer Bewegung der Lebensgeister hervorgerufene Erregung der Seele, die sie dazu antreibt, sich durch den Willen den Objekten zu verbinden, die ihr passend erscheinen.

Seite 171, Zeile 13, 16:

Vorher (125, 8 u. 9) hieß es statt Zuneigung und Abneigung Sympathie und Antipathie.

Seite 175, Zeile 2:

Den Seelenzustand, den Spinoza hier Barmherzigkeit (misericordia) nennt, bezeichnen wir deutsch als Mitgefühl.

Seite 177, Zeile 26:

Der Kleinmut ist nicht vorher geometrisch abgeleitet worden.

Seite 178, Zeile 35:

Die hier in Aussicht gestellte Nachweisung findet sich in der Ethik nicht. Die Schamlosigkeit wird überhaupt nicht mehr erwähnt; nur einmal 239, 26 wird kurz von dem Schamlosen gesprochen.

Seite 180, Zeile 27:

Dem Wortlaut des lateinischen Textes nach müßte es heißen „durch die jemand angereizt wird". Allein dann würde die Definition ihrem Sinne nach nicht mit der Definition Seite 136, 10 übereinstimmen. Ich bin daher Meijer gefolgt, der statt „aliquis concitatur" „concitamur" lesen möchte. Gebhardt widerlegt diese Auffassung und behält aliquis concitatur bei (Textausg. 1926, Seite 201).

Seite 180, Zeile 29:

Hier fehlt der Hinweis: „siehe die Anmerkung zum Folgesatz des Lehrsatz 41 dieses Teils."

Seite 186, Zeile 19:

Die folgenden Auseinandersetzungen Spinozas beruhen darauf, daß für „vollendet" und „vollkommen" im Lateinischen ein gemeinsames Wort da ist. „Vollendet" bedeutet im Deutschen fertig, gelegentlich aber auch werthaltig, und entspricht daher dem lateinischen perfectus mehr, als das Wort vollkommen, das wir nicht im Sinne von fertig gebrauchen können. Es wäre daher im Interesse der Einheitlichkeit der Übersetzung tunlich gewesen, perfectus stets mit „vollendet" und perfectio mit „Vollendung" wiederzugeben. Da jedoch perfectus sonst bei Spinoza durchgehends werthaltig heißt, und wir der deutschen philosophischen Terminologie des 18. Jahrhunderts gemäß gewohnt sind, diesen begrifflichen Sinn durch das Wort „vollkommen" auszudrücken, war es notwendig, auf die Einheitlichkeit der Übersetzung zugunsten des üblichen Sprachgebrauchs zu verzichten: Solange also die Bedeutung fertig allein in Betracht kommt, übersetze ich perfectus mit „vollendet".

Seite 187, Zeile 8—9:

Sodann, wo die Bedeutung werthaltig wieder in den Vordergrund tritt, gewinne ich den Übergang dadurch, daß ich es mit „vollendet oder vollkommen" übersetze. — Imperfectus gebe ich in analoger Weise 186, 2 v. u. und 187, 3 mit „unvollendet", und 187, 11/12 mit „unvollendet oder unvollkommen" wieder.

Seite 202, Zeile 22:

Daß das etiam des lateinischen Textes an einem falschen Platze steht, wie Meijer glaubt, kann ich nicht finden.

Seite 203, Zeile 26:

Vgl. Ovid Metam. VII, 20, 21.

Seite 203, Zeile 29:

Prediger Salomonis I, 18.

Seite 203, Zeile 4 v. u.:

Hier muß es im lateinischen Text heißen: tam impotentiam quam potentiam. Gebhardt (Textausg. 1926, Seite 379—80) nimmt nachträgliche Umstellung durch Spinoza an, der dann zunächst von der potentia, danach erst von der impotentia spricht, von dem, was „ratio ... possit", und dem „quid non possit".

Seite 210, Zeile 2 v. u.:

Bei Land fehlt die Angabe der Zahl der Anmerkung.

Seite 218, Zeile 6:

Die hier angekündigte ausführliche Betrachtung findet sich nirgends.

Seite 220, Zeile 28:

Dieser Satz paßt hier nicht; er gehört vielleicht an das Ende der Anmerkung hinter 221, 22, wobei dann das „habe ich gezeigt" (ostendi) in „werde ich zeigen" (ostendam) zu verändern wäre. Vgl. Meijer. Gebhardt (Textausg. 1926, Seite 380—81) wehrt sich gegen eine solche „Verkennung des Zusammenhangs".

Seite 221, Zeile 1—20:

Spinoza scheint dies nachträglich eingefügt zu haben. Zeile 21 schließt sich wohl ursprünglich an Zeile 1 unmittelbar an.

Seite 222, Zeile 29:

Fest begründet werden: firmari. Tönnies (Vierteljahrschrift für wissenschaftliche Philosophie. Bd. 7, Seite 346) schlägt unter Berufung auf die ähnliche Stelle im Tractatus theol. pol. cap. 10 Abschnitt 6, vor, statt firmari, formari (gebildet werden) zu lesen.

Seite 227, Zeile 26:

Meijer will hier im lateinischen Text statt igitur lieber autem lesen. Nicht mit Recht, wie ich meine; doch hat er gefühlt, daß logisch etwas nicht in Ordnung ist. Streng logisch müßte es im lateinischen Text lauten: ... causae externae; Titillatio autem est species Laetitiae (per Schol. Prop. 11 p. 3): Titillatio igitur concomitante...

Seite 229, Zeile 17 f.:

Mea haec est ratio et sic animum induxi meum. Diese Worte sind ein Zitat: vgl. Terentius Adelph. 68: Mea sic est ratio et sic animum induco meum. Ich habe sie nach der Donnerschen Übersetzung (Leipzig 1864, Seite 332) wiedergegeben. — Über zahlreiche unbedeutendere Anklänge an Terenzstellen vgl. Leopold, Seite 24 bis 27, 33—35.

Seite 230, Zeile 30:

Dem lateinischen Text nach sollte es heißen: ebenso leicht Einem Menschen als vielen, was aber keinen Sinn gibt. Die erste holländische Übersetzung bringt in den Berichtigungen die notwendige Vertauschung (Leopold 79).

Seite 235, Zeile 26:

Terret vulgus, nisi metuat. Vgl. Tacitus, Annalen I, 29: nihil in vulgo modicum; terrere, ni paveant. Im Tract. polit. Cap. 7, § 27 hat Spinoza die Tacitusstelle wörtlich benutzt.

Seite 239, Zeile 6:

Die erste holländische Übersetzung scheint statt conservetur „observetur" gelesen zu haben, da es in ihr an dieser Stelle heißt: en dies halven verdwijnt het gerucht wel haast, ze het niet waargenommen word. (Vgl. Leopold 79.) Auch bei Gebhardt (Textausg. 1926, Seite 253): conservetur.

Seite 240, Zeile 12:

So muß die Anführung lauten, nicht, wie im Text: per Prop. 41 et 43 huius.

Seite 240, Zeile 28:

Hier ist im lateinischen Text zwischen determinatur und aptus das Wort Ratione ausgefallen. Gebhardt (Textausg. 1926, Seite 385) lehnt diese Ergänzung ab: „Da der Ton auf dem Gegensatzpaar actiones — passiones liegt, ist kaum anzunehmen, daß Spinoza den völlig unmißverständlichen Sinn noch weiter erläutert hätte."

Seite 255, Zeile 2 v. u.:

Ich halte das tamen des lateinischen Textes aufrecht: obwohl veränderlich, doch in gewisser Weise sich gleichbleibend, nämlich meistens neidisch usw.

Seite 256, Zeile 2:

Hier ist im lateinischen Text imitemur zu lesen statt imitetur. Gebhardt (Textausg. 1926, Seite 387) hält entgegen, daß ein imitemur auch die Änderung von sese continere in nos continere fordere, und läßt die Schreibung imitetur bestehen. „Die lateinische Konstruktion ist so fehlerhaft, daß sie auch mit einer bloßen Umwandlung des imitetur in imitemur .... nicht wesentlich verbessert wird."

Seite 257, Zeile 8:

Land hat das in den Corrigendis der Ed. Pr. gestrichene Wort ingenii wieder in den Text gesetzt und liest facultas ingenii limitatior ist. Ich sehe keinen Grund, ihm zu folgen. Auch Gebhardt (Textausg. 1926, Seite 271) läßt ingenii aus und schreibt: Unius praeterea viri facultas limitatior est. Er begründet seine Schreibung ausführlich (Seite 387—88).

Seite 257, Zeile 22:

Ich lese im lateinischen Text nicht mit den bisherigen Ausgaben: Vide Coroll. Prop. 31, p. 3, sondern: Vide Schol. Prop. 31, p. 3, weil nicht im Folgesatz, sondern in der Anmerkung des angeführten Lehrsatzes vom Übergang der Liebe in Haß die Rede ist. Gebhardt (Textausg. 1926, Seite 271) schließt sich dieser Auffassung an und gestaltet den Text: Vid. Schol. Prop. 31, p. 3.

Seite 259, Zeile 5 v. u.:

Hier ist zwischen dem ersten und dem zweiten Teil dieses Hauptsatzes, die gar nichts miteinander zu tun haben, wohl etwas ausgefallen. Meijer meint, daß der zweite Teil bereits zu Hauptsatz 29 gehört, so aber, daß darin noch etwas vorangegangen wäre, woran die Betrachtung über das Geld sich passend angeschlossen hätte. Gebhardt (Textausg. 1926, Seite 388) erwidert, daß dieses Bedenken nur durch die falsche Schreibung verùm statt verum in den Nachgelassenen Schriften Spinozas hervorgerufen sei. Das am Satzanfange stehende verum könne nur Adjektiv nicht aber Partikel sein. „Das wahre Regulativ gegenseitiger Hilfeleistung ist das Geld, schädlich, wo es als Selbstzweck erscheint, gut, wo es nur dem Bedürfnis dient.“

Seite 263, Zeile 15:

Lebensgeister sind die Teile des Blutes, die sich in dem zartesten Adernetz des Gehirns absondern, dadurch, „ohne irgend eine andere Zubereitung oder Verwandlung außer der, daß sie von den gröberen Teilen getrennt sind, und noch die höchste Geschwindigkeit bewahren, die sie von der Wärme des Herzens erhalten haben, aufhören, die charakteristischen Eigenschaften des Blutes zu haben,“ und „einen feinsten Hauch oder besser eine sehr bewegliche und reine Flamme“ bilden. Vgl. Descartes, Tractatus de Homine I, art. 14. Die Annahme von Lebensgeistern geht auf Aristoteles und dessen Lehre vom πνεῦμα ἔμφυτον zurück. Vgl. über sie Zeller: Philosophie der Griechen, III, 483, Anm. 4.

Seite 274, Zeile 29:

Im lateinischen Text muß es heißen: talibus enim cogitationibus ambitiosi se maxime afflictant. Gebhardt (Textausg. 1926, Seite 389) weist diesen Änderungsvorschlag zurück. Aus der Parallele in den beiden aufeinander folgenden Sätzen maxime ambitiosi se maxime afflictant und maxime cupidi maxime clamant gehe hervor, daß das zweite maxime in beiden Fällen das erstere fordere. Auch in den Nachgel. Schr. Spinozas heißt es: degenen, die meest roemzuchtig, pijnigen sich meest met zodanige denkingen.

Seite 279, Zeile 12—30:

In dieser Aufzählung fehlt das im Lehrsatz 6 angegebene Gegenmittel, nämlich die Erkenntnis der Notwendigkeit der Dinge.

Seite 281, Zeile 3:

Hier scheint aus dem lateinischen Text, wie auch die erste holländische Übersetzung voraussetzt, das unverständliche qui zu entfernen zu sein. Vgl. Leopold, Seite 80. Gebhardt (Textausg. 1926, Seite 390): „Der Text der Nagelate Schriften scheint entschieden dafür zu sprechen, daß vor propterea ein qui stand; trotzdem wird man das et (vor qui) beibehalten und nur eine irrtümliche Umstellung des qui annehmen dürfen."

Seite 281, Zeile 15:

Meijer möchte hier mit Berufung auf Lehrsatz 40 Anm. (273, 21) im lateinischen Text lesen: ad Corporis existentiam pertinent. Es wäre also zu übersetzen: ohne Beziehung auf die Existenz des Körpers betrifft. Trotz der „Inconcinuität" der Handschrift behält Gebhardt (Textausg. 1926, Seite 294 und 390) die Lesung bei: sine relatione ad corpus pertinent. Er sieht sich hierzu durch den Textwortlaut der Nachgel. Schr. Spinozas veranlaßt: zonder betrekking tot het lighaarn und zonder de betrekking tot de wezentlijkheit van 't lighaarn.

Seite 289, Zeile 17:

Mit Meijer möchte ich lesen: „seiner selbst als der Ursache." Im lateinischen Text wäre also hinter „idea sui" einzufügen: „tanquam causa." Gebhardt (Textausg. 1926, Seite 391) begründet dementgegen die Beibehaltung der Lesung (Seite 302): „Wenn auch gedanklich der Begriff tanquam causa in der idea sui liegt, so kann doch wohl die ausdrückliche Hinzufügung im Hinblick auf 303, 10 (Seite 290 Zeile 11 unserer Übers.) entbehrt werden."

Seite 290, Zeile 2:

Vgl. Jesaja 6, 3. Luther übersetzt dort: Ehre.

Seite 291, Zeile 13:

Die zweite Hälfte des Lehrsatzes wird erst in den Anmerkungen zu diesem und dem nächsten Lehrsatze bewiesen. Vielleicht sind die Worte „und desto weniger fürchtet sie den Tod" nachträglich beigefügt.

Seite 291, Zeile 19:

So muß die Anführung lauten, nicht wie im lateinischen Text: per Prop. 29 et 23 huius. Gebhardt (Textausg. 1926, Seite 392) weist darauf hin, daß im selben Zusammenhang auch im Folgesatz zu Lehrsatz 40 (Seite 306 seiner Ausg. und Seite 293, Zeile 26 unserer Übers.) „nur auf Prop. 23 u. 29 verwiesen wird". Der Hinweis auf Lehrs. 33 gebe keinen rechten Sinn. G. behält daher die überlieferte Verweisung bei.

NAMEN- UND SACHREGISTER

A

Aberglaube, *superstitio,* entspringt aus einem Vorurteil 41; aus Hoffnung und Furcht 153; verbietet, sich zu ergötzen 229; behauptet gut sei, was Trauer bringt, dagegen schlecht, was Freude bringt 260. Ein eitler A. erlaubt nicht, Tiere zu schlachten 221.

Abergläubischen, Die, *superstitiosi,* sind bemüht, die Menschen durch Furcht einzuschüchtern 244.

Abneigung, *aversio,* definiert 171, ist das selbe wie Antipathie.

abstrakt, *abstracte,* = allgemein 105, 244; = oberflächlich, außer Zusammenhang mit den Gründen vorgestellt 20, 95.

adäquate Idee, definiert 50; siehe: Idee.

adäquate Ursache, definiert 110; siehe: Ursache.

Affekt, *affectus,* im weitesten Sinne = Affektion 69, 156; im engeren und vorherrschenden Sinne eine Affektion des Körpers, durch die die Wirkungskraft des Körpers vermehrt oder vermindert wird, und deren Idee 110 (Definition). Ein A. ist entweder eine Handlung oder eine Leidenschaft 110f. Im letzteren Falle ist er eine verworrene Idee, durch die die Seele von ihrem Körper größere oder geringere Existenzkraft bejaht als vorher 184 (Allgemeine Definition der Affekte). Als Zustand des Körpers (133) ist der A. ein Vorstellungsbild 275. Als Zustand der Seele eine Vorstellung, sofern diese den gegenwärtigen Zustand des Körpers anzeigt 198, 285; und so sagt Spinoza gelegentlich A, oder Meinung 247. Es gibt zwar affektlose Ideen, aber nicht Affekte ohne die Idee eines Dinges, auf das sie sich beziehen 51. Spinoza erkennt nur drei ursprüngliche oder Grundaffekte (affectus primitivi seu primarii) an: Freude, Trauer, Begierde 163, 120. Von jedem A. gibt es soviel Arten, als uns affizierende Objekte vorhanden sind 160.

Affektion, *affectio,* ein bestimmter Zustand eines Dinges. So sind die Modi Affektionen der Substanz 3; die Vorstellungsbilder und Affekte Affektionen des Körpers 71, 110. Gelegentlich sagt Spinoza für A. Affekt 69, 161, 160, und umgekehrt für Affekt A. 279.

allgemein, *universalis,* auch *generalis,* bedeutet im Gegensatz zu gemein oder gemeinsam, communis, das abstrakt Allgemeine, worin reale Einzeldinge übereinstimmen, das aber an sich nicht Wirklichkeit besitzt, also die allgemeinen Begriffe, notiones universales 88, zu denen Spinoza auch die sog. Vermögen der Seele rechnet, wie den Willen, den Verstand usw. 99ff. Übrigens hält Spinoza die Begriffe allgemein und gemeinsam nicht sorgfältig auseinander, vgl. 89, 108, 109; ferner 103.

allgemeine Erkenntnis, *cognitio universalis*, = Erkenntnis der zweiten Gattung 284f.

Allmacht, *omnipotentia*, Gottes, war von Ewigkeit wirklich 23.

Angst, *timor*, definiert 144, 180.

ängstlich, *timidus*, definiert 154.

Anmerkung, *scholium*.

Anschauen, Das, *intuitus*, 90.

anschauen, *intueri*, 192.

anschauende Erkenntnis, *cognitio intuitiva*, 254, 284 = anschauendes Wissen, *scientia intuitiva*, = Erkenntnis der dritten Gattung, definiert 90ff.

Antipathie, definiert 125, ist dasselbe wie Abneigung 171.

Anwachsen, Das, *incrementum*, einer Leidenschaft wird durch die Kraft der äußeren Ursache im Vergleich mit unserer Kraft definiert 195.

a posteriori 13.

a priori 13.

Art, im Gegensatz zur Gattung, *species*, 188.

Attribut, *attributum*, inhaltliche Bestimmtheit eines Dinges im Gegensatz zu äußeren Begriffen 223. 45. Im besonderen heißen Attribute die Bestimmtheiten der Substanz, definiert 3. Jedes A. muß durch sich selbst begriffen werden 10. Verschiedene Attribute machen nicht verschiedene Substanzen aus 11. Die Einheit aller Attribute ist Gott 11, 25, 4.

Ausdehnung, *extensio*, ist ein Attribut Gottes 49, 52, 112 usw.

ausgedehntes Ding, *res extensa*, nach 16 entweder Gott, sofern es unter dem Attribut der Ausdehnung begriffen wird 52, 56, oder ein einzelner Modus des Attributs der Ausdehnung.

ausgedehnte Substanz = Attribut der Ausdehnung 16, 55.

ausmachen, *constituere*, 4 und öfter; ausgemacht werden *constitui* = bestehen aus constare 58.

B

Barmherzigkeit, *misericordia*, definiert 175. Sie wird dem Neid entgegengesetzt 174; weibische B. 103, 221.

bedrängt werden, von Affekten, *conflictari*, 110, 141 und öfter.

begehren, *cupere*, Gegensatz verabscheuen 206.

Begierde, *cupiditas*, im engsten Sinne Trieb mit dem Bewußtsein des Triebes 115. Im weiteren Sinne überhaupt das Streben einer, und besonders der menschlichen Natur 161, 253; und so definiert Spinoza sie so, daß sie Trieb, Wille, Begierde, Drang unter sich befaßt 163. In dieser Bedeutung ist sie ein Grundaffekt 165, 115. Gelegentlich wird sie dem Willen entgegengesetzt 98. Die B. beziehen sich auf die Seele, sofern sie aus adaequaten, und sofern sie aus inadaequaten Ideen besteht 253, 164. Die B. kann übermäßig sein 227.

begreifen, *concipere.*

Begriff, *conceptus,* gelegentlich *notio,* ohne daß ein Unterschied zwischen beiden Worten bemerkbar wäre, vgl. 47, 248 (conceptus) mit 86, 245 (notio). B. ist eine Idee 49, 86. Spinoza erwähnt im besonderen allgemeine Begriffe, notiones universales, die 89 beschrieben werden; äußere Begriffe, notiones extrinsecae, das heißt Beziehungsbegriffe im Gegensatz zu den Attributen eines Dinges 223; Gemeinbegriffe, notiones communes, die das den Dingen real Gemeinsame bezeichnen 87; zweite Begriffe, notiones secundae 87, das heißt die Begriffe der Logik.

Beharren im Existieren, *in existendo perseverare,* 28, 190; in seinem Sein, *in suo esse perseverare* 119f.

bejahen, *affirmare,* 38. Vermögen zu b. ist der Wille 98.

Bejahung, *affirmatio,* ist die in der bejahten Idee, sofern sie Idee ist, eingeschlossene Wollung 99.

Beleidigungen, *iniuriae,* 42; es ist besser, sie gleichmütig zu ertragen 256; und den Haß, dem sie entspringen, durch Liebe und Edelmut zu bekämpfen 230, 273.

Bescheidenheit, *modestia,* oder Liebenswürdigkeit, definiert 182; als Handlung ist sie eine Art des Edelmuts 165; und gehört sie zum Pflichtgefühl 258; als Affekt ist sie Ehrgeiz 258.

Beschluß, *decretum,* 36, 114. B. der Seele, definiert 116.

Besondere Dinge, *res particulares,* = Einzeldinge, vgl. 29 mit 283.

bestimmen, *determinari.*

Bestimmung, *determinatio.* Was im Attribut des Denkens Beschluß heißt, heißt im Attribut der Ausdehnung B. 116. Doch braucht Spinoza das Wort auch in weiterem Sinne, vgl. 151 usw.

Bestürzung, *consternatio,* entspringt aus doppelter Angst 145; aus Furcht und Bewunderung 156, 181. Beide Ursprünge in einer Definition zusammengefaßt 181.

betrachten, *contemplari.*

Betrachtung, *contemplatio,* 114.

Bewegung und Ruhe, *motus et quies*; es folgt daraus unendlich Vieles 34, vgl. 63ff.

Bewunderung, *admiratio,* definiert 156, 169; ist kein Affekt 169; wann sie Bestürzung, Hochachtung, Entsetzen, Verehrung heißt 156f.; ihr entgegengesetzt ist die Geringschätzung 156.

Billigkeit, *aequitas,* erzeugt Eintracht 256, vgl. 258.

Bürger, *civis,* ist, wer durch das Recht eines Staates geschützt wird 222f. Die B. sind so zu regieren, daß sie freiwillig das Beste tun 106.

bürgerlicher Zustand, *status civilis,* Gegensatz zum Naturzustand 221, 223.

Buridans Esel 102, 105.

C

Christi Geist, *Spiritus Christi,* ist die Idee Gottes 248.

D

Dank oder Dankbarkeit,

gratia seu gratitudo, definiert 147, 180. Nur die freien Menschen sind einander vollkommen dankbar 250.

Dankesbezeigungen 257.

Dauer, *duratio*, definiert 50, 95; wird durch die Zeit bestimmt 119. Unsere Seele hat nur insofern, als sie die wirkliche Existenz des Körpers in sich schließt, das Vermögen, die Dinge unter der Dauer, sub duratione, zu begreifen 283. Wir haben von der Dauer unseres Körpers, wie überhaupt der Einzeldinge, nur eine sehr inadäquate Erkenntnis 81, 82. Die Dauer der Dinge kann auf Grund ihrer Wesenheit nicht bestimmt werden und daher ist die Vollkommenheit der Dinge von ihrer Dauer unabhängig 190. Die Dauer wird der Ewigkeit entgegengesetzt 4. Siehe auch: Zeit.

Definition, definitio, die wahre D. drückt die Natur des definierten Dinges aus 9. Daher sind Natur und Wesenheit einerseits und Definition andererseits gleichbedeutende Ausdrücke 9, 21, 27, 35 usw. Keine Definition schließt eine bestimmte Anzahl von Individuen in sich 9.

Demut, *humilitas*, definiert 158, 175. Sie ist der Zufriedenheit mit sich selber entgegengesetzt (175) und dem Hochmut 177. Sie ist äußerst selten 178. Sie ist keine Tugend 234; doch bringt sie mehr Nutzen als Schaden 235.

Denken, Das, *cogitatio*, ist ein Attribut Gottes 51, 55, 75, 26, 112 usw.; ist unendlich 26.

denken, *cogitare, concipere*.

denkendes Ding, *res cogitans*, nach 16 entweder Gott, sofern er unter dem Attribut des Denkens begriffen wird, 51, oder ein einzelner Modus des Attributs des Denkens 53.

Denkkraft, *cogitandi potentia*, die der Wirkungskraft des Körpers entsprechende seelische Kraft 122, 124 usw. Spinoza spricht auch im selben Sinne von der Wirkungskraft der Seele 157, 164 usw.

Descartes, sein Beweis für die Ewigkeit nach Spinozas Darstellung angeführt 23, 25, ferner seine Ansicht über die Affekte 108, die sich mit der der Stoiker berührt 262. Seine Theorie von der Wechselwirkung zwischen Körper und Seele in der Zirboldrüse dargestellt und widerlegt 263 bis 265. Anspielung auf seine Definition der Liebe 166.

Ding, *res*, ist ein transcendentaler Ausdruck 88.

Drang, *impetus*, gehört zur Begierde 168. Drang zu reden 116. Wer aus bloßem Affekt es zuwege zu bringen strebt, daß andere nach seinem Sinne leben, handelt gewalttätig, ex impetu, 220.

Dreieck, *triangulum*. Aus seiner Natur folgt, daß seine drei Winkel gleich zwei rechten sind: Beispiel zur Veranschaulichung der Notwendigkeit der Dinge 22, 23, 105, 238.

E

Edelmut, *generositas*, ein Teil der Seelenstärke 165; definiert 165. Seine Arten sind: Bescheidenheit, Milde usw. 165.

Durch E. vergilt der Weise anderer Haß, Zorn usw. 230.
Ehe, *matrimonium*, stimmt unter bestimmten Voraussetzungen mit der Vernunft überein 257.
Ehrbar, *honestus*, definiert 220. Vgl. 179, 206; das Gegenteil ist: schimpflich 176, 220.
Ehrbarkeit, *honestas*, definiert 220.
Ehrfurcht, *reverentia* 235.
Ehrgeiz, *ambitio*, definiert 136, 138, 162, 182, 269; ist gleich der Bescheidenheit, die eine Leidenschaft ist, 258; ist vom Hochmut nicht weit entfernt 269.
Ehrgeizig, *ambitiosus*, 139, 145, 274.
Eifersucht, *zelotypia*, definiert 141; erwähnt 183.
Eigenliebe, *philautia*, oder Zufriedenheit mit sich selber 158. Hochmut ist eine Wirkung der Eigenliebe 176.
Eigenschaft, *proprietas*, oder inneres Merkmal eines Dinges 50; drückt nicht die Wesenheit des Dinges aus 170; wird aus der Definition des Dinges erschlossen 21; Natur und Eigenschaften der Seele 39, 107. E. oder Wirkung 176. E. Gottes 39ff. E. der Substanz 58; vgl. noch 82, 90, 109, 162.
eigentümlich, *proprium*, einer Natur e. sind ihre Eigenschaften vgl. 160; gemeinsam und eigentümlich (86) sind den Dingen ihre gemeinsamen Eigenschaften.
einbilden, sich, *fingere*, 8, 16, 19, 84, 101; willkürlich sich etwas e., fingieren 288.
Einbildung, *figmentum*, 42, 59, 101; fictitium, 170; commentum, 188; Fiktion, 288.
Einsames Leben, können die Menschen kaum ertragen 217.
Einsamkeit 251.
einsehen, *intelligere*, vorwiegend = klar und deutlich erkennen.
Eintracht, *concordia*, ihre Ursachen 256.
einträchtig, was bewirkt, daß die Menschen e. leben, ist nützlich 225.
Einzeldinge, *res singulares*, definiert 50; vgl. 29; sind zufällig und vergänglich 82. Existenz der E. in Gott 95; jedem E. ist ein anderes an Kraft überlegen 192. Siehe auch: Besondere Dinge.
Ekel, *taedium*, definiert 167.
Elend, *miseria*, 134, 232.
empfinden, *sentire*, 51, 101; oder wahrnehmen 103; die Tiere empfinden 221.
Empfindungsvermögen, *facultas sentiendi*, 103.
endlich, *finitus*, definiert 3, 7; vgl. 29, 50.
entgegengesetzt, *contrarius*, definiert 118; vgl. 266.
Entrüstung, *indignatio*, definiert 130, 174; ist schlecht 233, 254; trägt den Schein der Billigkeit an sich 258.
Entsetzen, *horror*, definiert 156, vgl. 109.
Erfahrung, *experientia*, ist auf Grund von Lehrsatz 13 des 2. Teils unbezweifelbar 71. Spinoza beruft sich daher zur Bestätigung seiner Sätze gelegentlich auf die E.: 101, 113, 139, 176 usw. Unsichere E., e. vaga, heißt die erste Art der Erkenntnis der ersten Gattung 89.

erfreuen, sich einer Sache, *gaudere aliqua re*, gelegentlich = sie besitzen 138, 289, 295.

Erinnerung, *memoria*, definiert 73; oder Vorstellungsvermögen 288, 116. Wir können durch einen Beschluß der Seele nichts tun, dessen wir uns nicht erinnern, 116.

erkennen, *cognoscere*, *intelligere*, = die Idee von etwas haben 74.

Erkenntnis, *cognitio*, = Idee 58, 74, 75. E. des Guten und Schlechten ist der bewußte Affekt 197. E. der ersten Gattung = Meinung oder Vorstellung, definiert 89, ist die einzige Ursache der Falschheit 90. Das Streben nach der dritten E.-Gattung kann aus ihr nicht entspringen 284. E. der zweiten Gattung = Vernunft, definiert 90; ist notwendig wahr 90, = allgemeine E. 290. E. der dritten Gattung = anschauendes Wissen definiert 90, 283; oder anschauende E. 290; hängt von der Seele ab, sofern diese ewig ist 286; kann aus der zweiten E.-gattung entspringen 284, 97; ist die höchste Tugend der Seele 283; aus ihr entspringt die höchste Zufriedenheit (284) und die geistige Liebe zu Gott 287. Je mehr die Seele die Dinge in der zweiten und dritten E.-gattung einsieht, desto weniger fürchtet sie den Tod 291.

erstreben, *appetere*, einen Trieb (appetitus) haben, Gegensatz: zu entfernen streben 216.

Erziehung, 159, 256.

Etwas, *aliquid*, ist ein transcendentaler Ausdruck 88.

ewige Wahrheit, *aeterna veritas*, 4, 9.

ewige und unendliche Wesenheit 4, 11; Gottes 95.

Ewigkeit, *aeternitas*, definiert 4. Im Ewigen gibt es kein Wann, kein Vor und kein Nach 36. E. = die Wesenheit Gottes, sofern sie notwendige Existenz einschließt 285; daher Notwendigkeit oder E. 11, 243. Sofern die Dinge vermöge der Wesenheit Gottes die Existenz in sich schließen, kommt ihnen eine gewisse Art der Ewigkeit zu; wenn wir die Dinge als notwendig oder in Gott erkennen, erkennen wir sie daher unter einer Art der Ewigkeit, sub specie aeternitatis, 94, 95, 281.

Existenz, die, sofern sie abstrakt begriffen wird, ist die Dauer 95; bestimmte E. oder Dauer 25, vgl. 50. E. Gottes 11, bis 14. Die E. der Einzeldinge, sofern sie in Gott sind 95, vgl. 285.

existieren können ist Macht, nicht o. k. Ohnmacht 13.

F

falsche Idee schließt keine Gewißheit ein 100. Von einem, der bei f. I. befriedigt ist, sagen wir, er zweifle nicht 100, vgl. 91. Das Positive, das sie enthält, wird durch die Gegenwart des Wahren, sofern es wahr ist, nicht aufgehoben 192.

Falschheit, *falsitas*, definiert, 83, 192, 100; gleich Mangel an Gewißheit 100; Irrtum oder F. 83; wird verursacht durch die Erkenntnis der ersten Gattung 90.

Folgesatz, *corollarium*.

Forderung, *postulatum*, F. oder Grundsatz 110.
Form, *forma*, = Gestalt, Figur 109, vgl. 66; = Natur 66, 83, 187; = Wesenheit 189, 224.
formal, an sich wirklich, Gegensatz zu objektiv 56.
formales Sein, *esse formale*, das Sein an sich 54, 55, 57.
formale Wesenheit, *essentia formalis*, Wesenheit an sich 23, 90.
frei, *liber*, definiert 4; die Menschen halten sich für frei 40, 84, 116.
freier Mensch, definiert, 247. Über ihn 247—53.
freier Wille, siehe: Wille.
freie Ursache, siehe: Ursache.
Freiheit, *libertas*, 106, definiert 289.
Freude, *laetitia*, ein Grundaffekt 121, 168; definiert 121, 165; unmittelbar gut (226) und nur insofern schlecht, als sie des Menschen Fähigkeit zum Handeln behindert 240. Jedes Ding kann durch Zufall Ursache einer F. sein 124. Die aus ihr entspringende Begierde ist stärker als die aus Trauer entspringende 204. Außer der F., die Leidenschaft ist, gibt es auch F., die Handlung ist 164. Vgl. noch 260—261.
Freudigkeit, *gaudium*, definiert 128, 173. Zeichen eines ohnmächtigen Gemüts 231.
Freundschaft, 220, 256, 273.
Furcht, *metus*, definiert 128, 172. Jedes Ding kann durch Zufall Ursache einer Furcht werden 152; sie ist nicht ohne Hoffnung 153, 172; sie ist ein Quell des Aberglaubens 153; ist nicht an sich gut 231; zeigt einen Mangel an Erkenntnis und Ohnmacht der Seele an 231. Wer von ihr geleitet wird, wird nicht von der Vernunft geleitet 244; sie wird durch Seelenstarke überwunden 274.

G

Gattung, *genus*, Gegensatz zu Art 188, vgl. 3, 21, 67, 89 ff., 116, 144, 183.
Gedanke, *cogitatio*, im selben Sinne wie Idee gebraucht 3, 53, 73; mens 97, 187.
Gefahr, *periculum*, definiert 249.
Gegenhaß 145; vermehrt den Haß 148.
Gegenmittel, *remedia*, gegen die Affekte 279.
Gegensatz, *oppugnantia*, G. der Dinge erkennt die Seele klar und deutlich 81.
Gegenstand, *ideatum*, 5, 32, 50, 83, 92, 93; oder wahrgenommene Dinge 53.
gegenständliche Dinge, *res ideatae*, 54.
Geist Christi = Idee Gottes 248.
Geistesgegenwart, *animi praesentia*, Art der Willenskraft 165, vgl. 249, 274.
geistige Liebe, siehe: Liebe.
Geld, *pecunia*, bündiger Ausdruck für alle Dinge 259; richtiger Gebrauch des G. 260.
Gelüst, *libido*, 294, 295.
gemein, gemeinsam, *communis*, im Gegensatz zu allgemein, das in den Einzeldingen als real das selbe Enthaltene und was daraus folgt. Es macht nicht die Wesenheit eines Einzeldinges aus 85, wird nur adäquat begriffen 85, 269. Spinoza hält die Begriffe allgemein und gemeinsam nicht

sorgfältig auseinander, vgl. 103, 105, 108, 109.
Gemeinbegriffe, *notiones communes*, die Begriffe vom Gemeinsamen der Dinge, die allen Menschen gemeinsam sind 86, 87; auf ihnen beruht die Erkenntnis der zweiten Gattung oder die Vernunft 90; sie werden unter einer gewissen Art der Ewigkeit begriffen 95; ihre Erkenntnis klarer als die von Gott 96; G. oder Grundsatz 8.
Gemeinschaftsleben, *vita socialis*, 103.
Gemeinschaft, *societas*, 222f.; staatliche G., *communis s.*, 103, 273; was zu ihr beiträgt, ist nützlich 226, 256.
Gemüt, *animus*, allgemeine Bezeichnung für den affektiven Teil der Seele 51, 106, 126, 256, 280.
gerecht, *iustum*, definiert 223.
Gerechtigkeit, *iustitia*, 256, 258.
Geringschätzung, *contemptus*, definiert 156, 170; ist schlecht 228, vgl. noch 232.
Geschwindigkeit, *celeritas*, 63, 65, 113.
Gesetz, *lex*, die göttliche Natur oder, was das selbe ist, die Gesetze der göttlichen Natur 21; Gesetze der Natur 108, 114; ein Lehrsatz als Gesetz bezeichnet 222; Gesetze des Staates 223, 256.
Gestalt, *figura*, 16, 66.
Gewalt, *potestas*, 22, 38, 52 und öfter.
gewalttätig siehe: Drang.
Gewissensbiß, *conscientiae morsus*, definiert 128, 173; Zeichen eines ohnmächtigen Gemüts 231.
Gewißheit, *certitudo*, definiert 92; ist etwas Positives, nicht der Mangel des Zweifels 100.
gezwungen, *coactus*, Gegensatz zu frei 4, vgl. 21.
Gleichmut, *aequus animus*, 106, 259.
Glück, im Sinne von Glückseligkeit, *felicitas*, definiert 106, 208, 254, vgl. noch 145, 174, 292; im Sinne von Geschick, *fortuna*, 230.
Glückseligkeit, *beatitudo*, definiert 106, 254, 288, 289; G. oder Heil oder Freiheit 289; ist Tugend 295; G. oder göttliche Liebe 296, vgl. noch 207. 235.
Gott, *Deus*, definiert 4; G. oder alle Attribute 25; G. oder die Natur 187, 194, 195. Gottes Eigenschaften 39: notwendige Existenz 13; Einzigkeit 16; Unabhängigkeit 20; Allmacht 23; Ewigkeit 25; Unveränderlichkeit 25; Alles ist in G. 16; und konnte von ihm nicht anders hervorgebracht werden 34. G. handelt nicht aus Freiheit des Willens 34. Seine Existenz ist eine ewige Wahrheit 25. Seine Macht = seine Wesenheit 38. G. ist Ursache seiner selbst 29; ist die bewirkende Ursache aller Dinge 21; ihrer Existenz wie ihrer Wesenheit 28, 56f.; Ursache durch sich 21; unbedingt erste Ursache 21; freie Ursache 22; inbleibende Ursache 24; unbedingt nächste Ursache 31. Denken und Ausdehnung Attribute Gottes 51f. G. kennt keine Leidenschaften 277; liebt sich selbst 289; und insofern auch die Menschen 290. Idee Gottes (Genetivus objectivus) 26, 27, 52, 53, 56, 74;

= Geist Christi 248. Gottes Ideen (Genetivus subjectivus) 93. Gottes unendlicher Verstand 60, 93, 294.
Gottheit, *numen*, 229.
Grausamkeit, *crudelitas*, definiert 148, 180; oder Roheit 180.
Größe, im Sinne der Ausdehnung, *quantitas*, 16; die G. im Vorstellungsvermögen teilbar und zusammengesetzt, im Verstande unendlich einzig und unteilbar 20; Dauer eine gewisse Art der G. 95; im Sinne der Maßbestimmtheit, *magnitudo*, 65, 88, 195.
Grund, *ratio*, Ursache oder G. 13, 187, vgl. 168 mit 169.
Grundsatz, *axioma*, = Gemeinbegriff 8; G. oder Begriff 87; die auf den zweiten Begriffen beruhenden G. 87; Forderung oder G. 110.
Gunst, *favor*, definiert 130, 173; widerstreitet der Vernunft nicht 233.
Gut, *bonum*, im allgemeinen Sinne definiert 144, vgl. 45. Wir beurteilen etwas als gut, weil wir danach streben usw. 120, 145, 206. Im Sinne Spinozas definiert 190, 189; alles, wovon der Mensch die bewirkende Ursache ist, ist g. 254; wir dürfen, was gut ist, zu unserem Nutzen verwenden 255. Die Erkenntnis des Guten ist der Affekt der Freude, sofern wir uns seiner bewußt sind 197; kann einen Affekt nur hemmen, sofern sie Affekt ist 201. Nur was zur Einsicht beiträgt, ist gewiß als gut zu erkennen 210. Ein Ding kann für uns g. sein nur, sofern es etwas mit uns gemein hat 211. Und gerade dadurch ist es gut für uns 212, und um so mehr, je mehr es mit uns übereinstimmt 213. Vgl. noch im einzelnen Seite 224. Wir wählen nach der Leitung der Vernunft von 2 Gütern das größere (246), und ein kleineres Gut lassen wir fahren, um ein größeres Übel zu vermeiden 246, ohne Rücksicht auf die Zeit 246; das höchste Gut, summum bonum, ist die Erkenntnis Gottes 211; ist die Liebe zu Gott 278; ist allen gemein 218.

H

Habgier, *avaritia*, definiert 162, 182.
Habgierige, Der, 145, 183, 228, 259, 275.
handeln, *agere*, definiert 110; je mehr ein Ding handelt, desto vollkommener ist es 293.
Handlung, *actio*, definiert 110, 253.
hart, definiert 66, vgl. 46.
Haß, *odium*, definiert 123, 171; kann niemals gut sein 228; ist größer gegen ein vorher geliebtes Ding, als gegen andere Dinge 144; wird durch Gegenhaß vermehrt 148; kann durch Liebe ausgetilgt werden (148) oder durch Edelmut 230, und geht dann in Liebe über 149. Der H. gegen ein Ding verschwindet, wenn er mit der Idee einer anderen Ursache verbunden wird 151; ist größer gegen ein freies, als gegen ein notwendiges Ding 152. Niemand kann Gott hassen 277.
häßlich, *deformis*, definiert 46.
Häßlichkeit, *deformitas*, 40, 45.
Hebräer, einige 55.

Heiterkeit, *hilaritas*, definiert 121, 169; ist immer gut 226.
Herr, *Dominus*, im Naturzustand ist niemand Herr eines Dinges 223.
Hochachtung, *veneratio*, definiert 156; erwähnt 170. Wir haben H. vor einem Menschen, weil seine Tugenden ihm eigentümlich und nicht unserer Natur gemeinsam sind 160.
Hochmut, *superbia*, definiert, 133, 176, 236; eine Wirkung oder Eigenschaft der Eigenliebe 176; eine Art des Wahnsinns (133) ist die größte Unkenntnis seiner selbst 235; ein Zeichen der größten Ohnmacht des Gemüts 236; ihm kann schwer abgeholfen werden 236; er ist ein Hindernis der wahren Erkenntnis 252.
Hochmütige, Der, *superbus*, sein Betragen 177; ist neidisch 238; liebt die Gegenwart der Schmeichler 237, 257; ist den Affekten am meisten unterworfen 237; vor allem denen der Liebe und Barmherzigkeit 237.
Hoffnung, *spes*, definiert 128, 172. Jedes Ding kann durch Zufall Ursache einer H. werden 152; sie ist nicht ohne Furcht 153, 172; ein Quell des Aberglaubens 153; ist an sich nicht gut 230; zeigt einen Mangel an Erkenntnis und Ohnmacht der Seele an 231.

I

Idee, *idea*, definiert 49; formales Sein der I. 55; die I. schließt, sofern sie Idee ist, Bejahung und Verneinung ein 99, 101; einzelne Idee und einzelne Wollung das selbe 99. Idee = Begriff 47, 86. I. oder Erkenntnis 74, 75, 76, 77. I. genau zu unterscheiden von den Vorstellungsbildern und Worten 100. Es gibt I. ohne Gemütsaffekt 51; wahre Idee definiert 5. Eine I. ist wahr, sofern sie sich auf Gott bezieht 83; die wahre I. schließt die höchste Gewißheit ein (92) und dient als Wahrheitsnorm 92; adäquate I. definiert 50 = klare und deutliche I. 85. Aus adäquaten Ideen folgende I. sind gleichfalls adäquat 87. Aus adäquaten I. entspringen die Handlungen der Seele 117, 253, 280; inadäquate oder verstümmelte und verworrene I. 84; in dem Mangel, den sie einschließen, besteht die Falschheit 84. Aus inadäquaten I. entspringen die Leidenschaften 117; sie zeugen von der menschlichen Ohnmacht 280. Die falsche I. schließt keine Gewißheit ein 100. Idee der Idee definiert 76; allgemeine oder gemeinsame I. 103; allgemeine Idee wird für ein Musterbild gehalten 187. Ordnung und Verknüpfung der I. ist die selbe wie die der Dinge 54 und öfter. Ordnung der I. gemäß der Verkettung der Körperaffektionen = Erinnerung 73. Verkettung der I. gemäß der Ordnung des Verstandes 73. Die I. der Modi, die nicht existieren 55. Idee Gottes, siehe: Gott.
inadäquate Idee, siehe: Idee.
inadäquate oder Teil-Ursache 110, 111, siehe: Ursache.
inbleibende Ursache 24, siehe: Ursache.
indifferent 22; = weder gut noch böse 212.

Individuum = Exemplar einer Natur 9; des Allgemeinen 105; überhaupt = Einzelding 50. Zusammengesetzte Individuen 66—68; die ganze Natur Ein Individuum 68.
Irren, Nichtwissen und Irren nicht das selbe 84.
Irrtum, *error*, definiert 72, 84; vgl. 192. Ursprung der meisten Irrtümer 97. I. oder Falschheit 83.

K

Kampf des Gemüts, *conflictus animi*, 131, 166.
Ketzer, *haereticus*, 44.
Keuschheit, *castitas*, keine Leidenschaft sondern eine Macht des Gemüts, die der Wollust entgegengesetzt wird 162, 183.
Kinder, wir bemitleiden sie nicht deshalb, weil sie nicht sprechen usw. können 270.
Kindheit, wir streben den Körper der K. in einen anderen zu verwandeln 293.
Klasse, Liebe und Haß zu dem Angehörigen einer anderen K. 150.
Kleinmut, *abjectio*, definiert 177; ist sehr selten 178; ist größte Unkenntnis seiner selbst 236; ein Zeichen der größten Ohnmacht 236; ihm ist leichter abzuhelfen, als dem Hochmut 236; ihm wohnt ein falscher Schein von Pflichtgefühl und Religion bei 257.
Kleinmütige, Der, *abjectus*, ist zum Neide am meisten geneigt 238; steht dem Hochmütigen am nächsten 237, 258. Da der Kleinmut sehr selten ist, so sind die, die im Rufe des Kleinmuts stehen, meistens nur ganz besonders neidisch und ehrgeizig 178.
Klugheit, 156f.
Knaben, deren Körper sich ja fortwährend wie im Gleichgewicht befindet, lachen und weinen bloß darum, weil sie andere es tun sehen 139.
Knecht, *servus*, definiert 247; als Knecht dienen: *servire*, 106.
knechtische Gesinnung, *servitus*, 257.
Knechtschaft, *servitus*, definiert 186.
Körper, *corpus*, definiert 49, 16; über die Natur der Körper 63—68; ein K. wird durch einen K. begrenzt 3. Der menschliche Körper 68, 110; ist das Objekt der Seele 61; und mit ihr vereinigt 62; kann aber auf sie nicht einwirken 112ff.; er verfällt dem Tode, wenn seine Teile eine andere Regel der Bewegung und Ruhe zueinander bekommen 225.
Korrelationsbegriffe, *correlata*, gut und schlecht sind K. 248.
Kraft, meistens *vis* oder *potentia*, gelegentlich (13, 51) *virtus*. Kraft oder Streben 163, 119 = Wesenheit 119. K. = Tugend 191. Jedem Einzelding ist ein anderes an K. überlegen 192. Die K. des Menschen ist beschränkt 194. Die K. einer Leidenschaft wird durch die K. der äußeren Ursache im Vergleich mit unserer K. definiert 195. Siehe außerdem: Macht, Wirkungskraft, Denkkraft, Tugend.
kühn, *audax*, definiert 154.
Kühnheit, *audacia*, definiert 181; es wird eine gleich große Seelenstärke erfordert, um die

K., wie um die Furcht zu hemmen 249.
Kunst, menschliche 114.

L

Lachen, *risus,* ist vom Spott verschieden und an sich gut 229; bezieht sich nur auf den Körper 167.
Langsamkeit, *tarditas,* 63.
Lebensführung 230.
Lebensgeister, *spiritus animales,* 263.
Lebensregeln 273.
Lehrart, geometrische, *mos geometricus,* 109.
Lehrsatz, *propositio.*
leiden, *pati,* definiert 110, 193f.
Leiden, Das, *pathema,* 184.
Leidenschaft, *passio,* definiert 110, 253; Gott kennt keine Leidenschaften 277. Eine L. hört auf, eine solche zu sein, wenn wir sie klar und deutlich erkennen 267.
Leitung, nach der L. der Vernunft, *ex ductu Rationis,* 106 und öfter.
Liebe, *amor,* definiert 123, 166; kann ein Übermaß haben 227; kann den Haß austilgen (148) und ist dann größer, als wenn kein Haß voraufgegangen wäre 149. Die L. gegen ein Ding hört auf, wenn sie mit der Idee einer anderen Ursache verbunden wird 151. Die L. ist größer gegen ein freies, als gegen ein notwendiges Ding 152;
geistige L. zu Gott, *amor Dei intellectualis,* definiert 287; entspringt aus der dritten Erkenntnisgattung 287; nimmt die Seele am meisten ein 277; kann sich nicht in Haß verwandeln 277; kann nicht durch Neid und Eifersucht getrübt werden 278; ihr ist nichts in der Natur entgegengesetzt 290; sie ist ewig 288; ist ein Teil der unendlichen Liebe Gottes zu sich selbst 289. In ihr besteht unsere Glückseligkeit oder Freiheit 289.
Liebenswürdigkeit, *humanitas,* definiert 136, 182. L. oder Bescheidenheit 182, vgl. noch 220.
Lob, *laus,* definiert 136; erwähnt 40, 45, 221.
loben oder lieben 138.
Lohn der Tugend 295.
Lust, *titillatio,* definiert 121, 169; kann ein Übermaß haben und schlecht sein 227; eine L., die von der Idee einer äußeren Ursache begleitet wird, ist Liebe 227.

M

Macht, *potentia,* = Kraft. Gottes M. oder seine unendliche Natur 22; Gottes M. ist seine Wesenheit selbst 38; gemeinsame M. der Natur 108; M. Gottes oder der Natur 194; existieren können ist M. 13; *virtus,* M. der Natur 109.
Mangel, *privatio,* an Erkenntnis ist Falschheit 84, 100, 192.
Mäßigkeit, *temperantia,* ist die der Schwelgerei entgegengesetzte Macht des Gemüts 162, 182; ist eine Art der Willenskraft 165.
Materie, *materia,* als Substanz = Ausdehnung 20.
Mathematik, *mathesis,* hat es nicht mit Zwecken sondern mit der Wesenheit von Figuren zu tun 42.
Meinung, *opinio,* = Vorstellung oder Erkenntnis der ersten

Gattung; als solche definiert 89; vgl. 38, 84, 177, 203. Affekt oder M. 247.
Menge, Die große, *vulgus*, 52, 136, 239, 294 und sonst; sie ist schrecklich, wenn sie sich nicht fürchtet 235.
Mensch, *homo*, er denkt (cogitat) 51; seine Wesenheit schließt nicht notwendige Existenz ein 50 vgl. 58; besteht aus gewissen Modi der Attribute Gottes 58; und zwar aus Seele und Körper 62; ist ein Teil der Natur 194, 254; für den M. ist nichts nützlicher als der M. 205; und zwar der, der nach der Leitung der Vernunft lebt 216, 258. Sofern sie von Affekten bedrängt werden, können die M. einander entgegengesetzt sein 214. Dagegen stimmen sie überein, sofern sie nach der Leitung der Vernunft leben 216. Des M. letzter Zweck 254. Moses Erzählung vom ersten M. 248.
Merkmal, *denominatio*, innere M. oder Eigenschaften 50; äußere M. 50, 92, 183.
Metaphysiker 43.
Milde, *clementia*, eine Art des Edelmuts 165; die der Grausamkeit entgegengesetzte Macht des Gemüts 180.
Mitfreude (Spinoza hat nicht das Wort, aber die Sache) definiert 130 vgl. 173.
Mitleid, *commiseratio*, definiert 130, 134, 173; ist bei einem Menschen, der nach der Leitung der Vernunft lebt, an sich schlecht und unnütz 232; trägt den Schein des Pflichtgefühls an sich 256.
Modifikation, *modificatio*, 8, 27; = Affektion oder Modus vgl. 58, 60; unendliche M. 27.
Modus, *modus*, definiert 3; vgl. 16, 30; unendlicher M. 27f.; die besonderen Dinge sind Modi 29; die M. folgen aus der göttlichen Natur notwendig 31; es gibt nichts als Substanzen und Modi 30; die gesamten M. bilden die genaturte Natur 32; ein M. und die Idee dieses M. sind ein und das selbe Ding 55.
möglich, *possibilis*, oder zufällig 35; definiert 35; im Unterschiede von zufällig definiert 190.
Moses 248.
Musterbild, *exemplar*, im allgemeinen besprochen 187; M. der menschlichen Natur 189.
mutig, *intrepidus*, definiert 154.

N

Nachahmung der Affekte. *affectuum imitatio*, 134, vgl. 179.
Nachtwandler, *somnambulus*, 113.
Natur, *natura*, eines Dinges = Wesenheit 77, 162, 191; wird durch die wahre Definition ausgedrückt 9; Natur und Form 77, 67. Natur und Ursprung 163; die göttliche Natur 21, 22. Da diese alle Dinge in sich enthält, so erweitert sich die Bedeutung des Worts zu: Inbegriff aller Dinge: In diesem Sinne: Gott oder die Natur 187; Natur der Dinge 6, 9, 36 und öfter. Unterschied von naturender und genaturter Natur 32; die Natur hat keinen Zweck 41, 188; ist immer dieselbe 109; gemeinsame Ordnung der Natur 80, 81 u. ö.; allgemeine körperliche Natur 12; ist Ein Individuum 68; Recht der Natur 222.

Neid, *invidia*, definiert 132, 174, vgl. 139, 178, 252; mit Haß verbunden Eifersucht 141.
neidisch sind die Menschen von Natur, 139, 159; aber nur auf ihresgleichen 160.
notwendig, *necessarius*, definiert 4, 35. Die Vernunft betrachtet die Dinge als notwendig 93.
Notwendigkeit, *necessitudo*, der göttlichen Natur 21, 32. N. und Macht der Natur 109, 273. N. der menschlichen Natur 222. N. oder Ewigkeit 11, 29, 243; eine gewisse ewige N. 282, 296.
Nüchternheit, *sobrietas*, der Trunksucht entgegengesetzte Macht des Gemüts 162, 182; eine Art der Willenskraft 165.
Nutzen, *utile*, *utilitas*, die Vernunft fordert, daß jeder seinen N. suche, soweit es wahrhaft sein N. ist 204f. Niemand unterläßt es, seinen N. zu suchen 207. Der N., den wir von äußeren Dingen ziehen, definiert 259.
nützlich oder gut 212; ein Ding ist um so nützlicher, je mehr es mit unserer Natur übereinstimmt 213.

O

objektiv = Inhalt des Denkens, als Idee sein 23, 31. Das o. Sein der Einzeldinge oder ihre Ideen 56, vgl. noch 55.
Ohnmacht, *impotentia*, definiert 221; = nicht existieren können 13. O. oder Schwachheit 175; oder Verneinung 213. Tränen, Schluchzen, Furcht, Zeichen von O. 229. Von der menschlichen O. zeugen die inadäquaten Ideen 280.
ohnmächtig, *impotens*, ist, wer sein Sein zu erhalten unterläßt 207.
Ordnung, *ordo*, im Gegensatz zur Verwirrung eine Art des Vorstellens 45. O. der Natur 12; kann nicht eine andere sein 34; ist eine gemeinsame Eigenschaft der Dinge, vgl. 82 mit 81; gemeinsame Ordnung der Natur 80, 195, 238. O. und Verknüpfung der Ideen die selbe wie die der Dinge 55. O. der Ideen gemäß der O. der Körperaffektionen = Erinnerung 73. O. der Handlungen und Leidenschaften des Körpers = der O. der Handlungen und Leidenschaften der Seele 112f. Verstandesmäßige O., ordo ad intellectum, 88, 272f., vgl. 59. O. des Verstandes, nach der die Seele die Dinge vermittelst ihrer ersten Ursachen wahrnimmt und die bei allen Menschen die selbe ist, im Gegensatz zur O. der Ideen der Affektionen des Körpers 74.
Ovid, zitiert 138, 203.

P

Parteilichkeit, *partialitas*, 106.
Patriarchen, haben die Freiheit wiedererlangt 248.
Pflichtgefühl, *pietas*, 106, 206; definiert 220, 269, vgl. 233, 294. P. und Religion und alles, was zur Seelenstärke gehört 294.
Prediger Salomonis, zitiert 203.
Prinzip, *principium*, 188. Das Suchen nach dem eigenen Nutzen ist das P. der Tugend 206, 209. P. oder vornehmliche Ursache 188.

Propheten, haben Demut, Reue und Ehrfurcht empfohlen 235.

Q

Qualitäten, verborgene, *qualitates occultae*, 125, 264.

R

Rache, *vindicta*, definiert 147, 180; ist schlecht 228. Die Menschen üben leichter Rache, als daß sie Wohltaten vergelten 147.
Raum, leeren, gibt es nicht 19.
Realität oder Sein 10, oder Vollkommenheit 14, 51, 92; = Vollkommenheit 50, 189. Wesensgehalt oder R. 188f.
Recht, *ius*, 52; R. der Natur 222; definiert 221. R. des Staats 252.
redlich, *fidus*, 206.
Redlichkeit, *fides*, 251, 256.
Regel, *regula*, der Natur 109; der Vernunft 204; R. der Bewegung und Ruhe, nach der die Teile des menschlichen Körpers sich zueinander verhalten, ratio quietis et motus 66 usw. 224.
Religion, definiert 220, vgl. 252, 256, 294; ist nicht bei allen Menschen die selbe 176.
Reue, *poenitentia*, definiert 137, 155, 175; ist keine Tugend 235; bringt mehr Nutzen als Schaden 235.
Roheit, *saevitia*, oder Grausamkeit, definiert 180.
Ruf, *fama*, 239.
Ruhe, siehe: Bewegung und Ruhe.
Ruhm, *gloria*, definiert 137, 178; kann aus der Vernunft entspringen 238; was in der Heiligen Schrift R. genannt wird 290. Der eitle R. definiert 239; wie er zu bekämpfen ist 274.
Ruhm fühlen, *gloriari*, 140.
Ruhmfühlende, Der, *gloriosus*, wird leicht hochmütig 137.

S

Satiriker 217.
schädlich, *noxius*, definiert 223.
Scham, *pudor*, definiert 137, 178; ist selten 146; ist keine Tugend, aber ein Zeichen des ehrbar leben Wollens 239, 258; trägt zur Eintracht bei 258.
Schamlose, Der, *impudens*, hat keine Begierde, ehrbar zu leben 239.
Schamlosigkeit, *impudentia*, ist kein Affekt 178.
Schein, *species*, 257, 258, 275; einmal auch *imago* 259.
Scherz, *iocus*, an sich gut 229.
Schicksal, *fortuna*, 106, 231; blindes Sch., *fatum*, 38.
Schimpflich, *turpis*, definiert 220, 229, vgl. 176.
schlecht, Das Schlechte, *malum*, im allgemeinen Sinne definiert 145, vgl. 206; im Sinne Spinozas definiert 189, 190. Das S. entspringt nur äußeren Ursachen 254; wir dürfen, was s. ist, uns fern halten 255. Die Erkenntnis des S. ist der Affekt der Trauer, sofern wir uns seiner bewußt sind 197; sie ist daher inadäquat 245; sie kann einen Affekt nur hemmen, sofern sie Affekt ist 201. Nur, was unsere Einsicht hindert, ist gewiß als schlecht zu erkennen 211. Ein Ding kann für uns schlecht sein nur, wenn es mit uns etwas gemein hat 211. Doch ist es schlecht für uns, sofern es uns entgegengesetzt ist 212. Vgl. im einzelnen noch S. 225ff.

Schmarotzer, *parasitae*, werden von den Hochmütigen geliebt 237.
Schmeichelei, *adulatio*, erzeugt Eintracht 257.
Schmeichler, werden von den Hochmütigen geliebt 237.
Schmerz, *dolor*, definiert 121, 169; hat unendlich viel Stärkegrade 227; kann gut sein 227.
Scholastiker 264.
scholastischer Ausdruck 28.
Schönheit, *pulchritudo*, 40, definiert 45.
Schüchternheit, *verecundia*, definiert 145, 178.
Schwachheit, *imbecillitas*, 159, 177; oder Ohnmacht 175.
Schwankung, *fluctuatio*, des Gemüts, definiert 126, vgl. 138, 153, 166, 183; unterscheidet sich vom Zweifel nur dem Grade nach 126. S. des Vorstellungsvermögens 94, 100.
Schwelgerei, *luxuria*, definiert 162, 182.
Seele, *mens*, definiert 60; ist ein Teil des göttlichen Verstandes 60, 93, 154, 293. Ihr Objekt ist der Körper 61, dessen Existenz sie bejaht 184; ihre Vereinigung mit diesem 62. Die Seele kann auf den Körper nicht einwirken 113, 265. Die Idee der Seele 76; ist mit der Seele vereinigt, wie diese mit dem Körper 76f. Die die Seele ausmachende Idee ist sehr zusammengesetzt 70; teils aus adäquaten, teils aus inadäquaten Ideen 117; in der einen Beziehung handelt, in der anderen leidet sie 117. In beiderlei Beziehung strebt die S. in ihrem Sein zu beharren 119. Doch geht der Teil, der aus inadäquaten Ideen besteht, mit dem Körper zugrunde, der andere dagegen ist ewig 293. Die S. hat eine adäquate Erkenntnis Gottes 96; keinen freien Willen 97. Die Seele strebt, sich vorzustellen, was ihre Wirkungskraft fördert 122. Ihr höchstes Streben ist, die Dinge in der dritten Erkenntnisgattung einzusehen 283, aus der ihre höchste Zufriedenheit entspringt 284.
Seelenstärke, *fortitudo*, definiert 165; besteht aus Willenskraft und Edelmut 165, vgl. 252, 274, 294.
Seelenwesen, *anima*, 84, 164, 263.
Sein, Das, eines Dinges, *esse*, = Wesenheit, Form, Natur 58, vgl. 60 mit 117, 58 mit 7. Das formale S. 53. Das objektive S. der Dinge oder ihre Ideen 56. = Realität 10, 11. Ursache des S. 59, 28.
Selbstbewußtsein, 76—78, 80f., 90, 296.
Selbstmord 207, vgl. 205.
Seneca 207.
sicher, *securus*, 151, 230.
Sicherheit, *securitas*, definiert 128, 172. Zeichen eines ohnmächtigen Gemüts 231.
Sinn, *sensus*, 45, 46, 47; nach seinem Sinn, ex suo ingenio, 41, 138, 221.
Sinnesschärfe, *sagacitas*, 113.
Sitten des Staates 256.
Skeptizismus 46.
Sonne, ihre Entfernung von uns kleiner vorgestellt als sie ist 84, 192.
Spott, *irrisio*, definiert 157, 171; ist schlecht 228f.; unterscheidet sich vom Lachen 229. Hindernis der wahren Erkenntnis 252.

Staat, *civitas*, definiert 223. S. im S., *imperium in imperio*, 108.

staatliche Gemeinschaft, siehe: Gemeinschaft.

Stärke, *fortitudo*, = Seelenstärke 160.

Staunen, Das, *stupor*, 44.

Stoiker meinten, die Affekte seien von unserem Willen unbedingt abhängig 262.

streben, *conari*.

Streben, Das, *conatus*, eines Dinges, definiert 118; schließt unbestimmte Zeit in sich 118. Kraft oder S. 119. S. oder Trieb 141, 143. S. oder Geneigtheit (*dispositio*) 179. S. oder Begierde 143, 165, 253.

Streitigkeiten 46, 97; unter den Philosophen 89.

Subjekt 118, 266.

Substanz, *substantia*, definiert 3; ist vor ihren Affektionen 5; es gibt von demselben Attribut nur eine 6. Es gibt nichts außer S. und ihren Affektionen 6, 30; die Attribute der S. werden durch sich selbst begriffen 10; sie kann nicht hervorgebracht werden 6; existiert notwendig 7; ist unendlich 7; unteilbar 14; es gibt keine außer Gott (15) oder der Substanz, die aus unendlich vielen Attributen besteht 4, 11; körperliche S. ist Gottes nicht unwürdig 16—20; die denkende S. und die ausgedehnte S. sind eine und die selbe S. 55. Die S. macht nicht die Form des Menschen aus 58.

Sympathie, definiert 125. Dafür heißt es in der Definition 171: Zuneigung.

T

Tadel, *vituperium*, definiert 136; erwähnt 40, 44, 221.

Theologen 43, 217.

Tiere, haben Empfindung 164, 221. Recht des Menschen auf die Tiere 221.

Tod, definiert 225. Der freie Mensch denkt nicht an den T. 247; der T. ist um so weniger schädlich, je mehr die Seele Gott liebt 291.

Tor, Der, wird allein vom Gelüst getrieben 296.

transcendentale Ausdrücke, ihr Ursprung 87.

Trauer, *tristitia*, ein Grundaffekt 163, 121; definiert 121, 168; an sich schlecht 226; kann sich nicht auf die Seele beziehen, sofern diese handelt 165. Jedes Ding kann durch Zufall Ursache einer T. sein 124. Die aus der T. entspringende Begierde ist weniger stark als die aus Freude entspringende 204; T. über ein verlorenes Gut 270.

Traum 104.

Trieb, *appetitus*, definiert 120; sein Unterschied von der Begierde 120. Trieb oder Begierde 143. Streben oder T. 141. Wille oder T. 135 = Begierde 135. Einen T. haben = erstreben, *appetere*.

Trübsinn, *melancholia*, definiert 121; erwähnt 169; ist immer schlecht 226.

Trübsinnige, Der, *melancholicus*, Musik ist ihm gut 189; er lobt das ländliche Leben usw. 217.

Trunksucht, *ebrietas*, definiert 162, 182.

Tugend, *virtus*, definiert 191; ihre Grundlage ist das Suchen nach dem eigenen Nutzen 204f.,

206f.; aus T. handeln ist nach der Leitung der Vernunft leben 209. Die höchste T. ist Gott erkennen 211. Die T. ist um ihrer selbst willen zu erstreben 205. T. = Wirkungskraft 160. Die Glückseligkeit ist T. 295, vgl. 106.

tun, *agere*, 111 und öfter; siehe: handeln.

U

Übel, *malum*, definiert 145. Wir wählen nach der Leitung der Vernunft von zwei Übeln das kleinere (246) und ein kleineres Übel um eines größeren Gutes willen 246, ohne Rücksicht auf die Zeit 246f.; siehe auch: schlecht.

Überdruß, *fastidium*, definiert 167.

Übereinstimmung, Die, *convenientia*, der Dinge erkennt die Seele klar und deutlich 81.

übergehende Ursache, siehe: Ursache.

Übermaß, *excessus*, der Affekte 227.

Überschätzung, *existimatio*, definiert 133, 174; ist immer schlecht 231.

unbestimmt, *indefinitus*, 50, vgl. 119, 202, 214.

Undankbarkeit, *ingratitudo*, ist kein Affekt, aber als äußeres Zeichen schlechter Affekte schimpflich 250.

unendlich, *infinitus*, definiert 7; „unbedingt u.“ und „in seiner Gattung u.“ 4. Das Unendliche ist nicht teilbar 15.

ungerecht, *iniustum*, definiert 223, 221f.; ist ein äußerer Begriff 223.

Unglück, *infelicitas*, 145.

Unmensch, *inhumanus*, definiert 232.

unmöglich, *impossibilis*, definiert 35.

Unterschätzung, *despectus*, definiert 133, 174; ist immer schlecht 231.

Unterschied, *differentia*, der Dinge wird von der Seele klar und deutlich wahrgenommen 81.

Unvollkommenheit, *imperfectio*, ausführlich definiert 186 bis 189; hebt die Existenz eines Dinges auf 14.

Unwissenheit, Freistatt der, ist der Wille Gottes 44.

Ursache, *causa*, für jedes Ding gibt es eine bestimmte U., kraft deren es existiert 9; U. oder Grund 13, 187. Es werden folgende Arten der Ursache erwähnt: bewirkende U., *causa efficiens*, 21, 125, 254. Adäquate U., *c. adaequata*, definiert 110; oder formale U., *c. adaequata sive formalis* 286. Inadäquate U. oder Teil-U., *c. inadaequata sive partialis*, definiert 110, vgl. 194. Äußere U., *c. externa*, 10, 14. Innere U., *c. interna*, 137, 175. U. seiner selbst, *c. sui*, definiert 3, vgl. 7. 14, 29, 30, 289, 9. Erste U., *c. prima*, 8, 73, 110, 168, 188; unbedingt erste U. = Gott 21. Inbleibende U., *c. immanens*, 24. Übergehende U., *c. transiens*, 24. Nächste U. 117, 216, 253; unbedingt nächste U., *c. absolute proxima*, 31; in ihrer Gattung nächste U., *c. proxima in suo genere*, 31. Entfernte U., *c. remota*, 31. Mittelursache, *c. intermedia*, 44. U. durch sich, *c. per se*, 21, 126. U. durch Zufall, *c. per accidens*, 21, 124, 126, 142, 171. Freie U.,

c. libera, ist Gott allein 22, 39; nicht aber die Seele 97. Notwendige U., *c. necessaria*, 34. Einzelursache, *c. singularis*, 265. Vornehmliche U., *c. primaria*, oder Prinzip 188. Zweckursache, *c. finalis*, 188. Ewige U., *c. aeterna*, 288. U. des Seins, *c. essendi*, *c. secundum esse*, 29, 59. U. hinsichtlich des Werdens, *c. secundum fieri*, 59.
Ursprung, *origo*, 49. U. und Natur 108, 163.
Urteil, *iudicium*, Urteilsenthaltung 102, 104. Die Menschen sind in ihren Urteilen so verschieden wie in ihren Affekten 154.

V

verabscheuen, *aversari*, 98. Gegensatz zu: erstreben 98; zu: begehren 207.
Verachtung, *dedignatio*, definiert 157; erwähnt 166.
Verbrechen, *peccatum*, definiert 223; vgl. 40.
Verdienst, *meritum*, definiert 223; vgl. 40.
Verehrung, *devotio*, definiert 156, 171; geht leicht in einfache Liebe über 171.
Vereinigung von Seele und Körper, definiert 62.
vergänglich, *corruptibilis*, = zufällig 82.
Vergänglichkeit, *corruptibilitas*, = Zufälligkeit, definiert 82.
vergegenwärtigen, *repraesentare*, 45, 72, 89.
Verkettung, *concatenatio*, der Dinge 39. Ordnung und V. der Ideen 73.
Verknüpfung, *connexio*, Ordnung und V. der Ideen ist dieselbe wie die der Dinge 54, 75, 266.
Vermögen, *facultas*, zu begreifen 103; zu bejahen und zu verneinen 99; zu empfinden 103; zu erkennen, zu begehren, zu lieben usw. 98; zu wollen und nicht zu wollen 98, 103. Diese und ähnliche V. sind entweder rein eingebildet oder weiter nichts als metaphysische oder allgemeine Wesen, wie wir sie aus den besonderen zu bilden pflegen 98.
verneinen, *negare*, Vermögen zu v. ist der Wille 98.
Verneinung, *negatio*, teilweise V. = Endlichsein 7. Ohnmacht oder V. 213.
vernünftig denken, *ratiocinari*, 210; adäquate Ideen haben oder v. d. 210.
Vernunft, *ratio*, definiert als Erkenntnis der zweiten Gattung 90. Verstand oder V. 254; die V. betrachtet die Dinge als notwendig 95; und unter einer gewissen Art der Ewigkeit 94; nach der V. handeln, definiert 240; was die V. vorschreibt 204; in ihrer Vervollkommnung besteht die Glückseligkeit 254.
Vernunftwesen, *ens rationis*, 47; und abstrakte Wesen 106.
Verstand, *intellectus*, umfaßt Gottes Attribute und Gottes Affektionen 32; ist ein gewisser Modus des Denkens 33. Inbegriff klarer und deutlicher Ideen 103. Sein Unterschied vom Vorstellungsvermögen im Begreifen der Größe 20f. V. als Vermögen ein allgemeines metaphysisches Wesen 98; ein allgemeiner Begriff 98; vgl. 33; Wille und V. das selbe 99; verhalten sich zu Gott, wie Ruhe und Bewegung 34. V. oder Vernunft 254; der unendliche V.,

intellectus infinitus; was sein Objekt sein kann 21, 32, 47, 51; gehört zur genaturten Natur 32. Die Seele ist ein Teil des ewigen und unendlichen V. Gottes 294, 60, 93, 154; der göttliche V. 86, 154.

Verstehen, Das, *intellectio*, 33; ipsum intelligere, 92; verhält sich zu Verstand, wie Wollung zu Wille.

Verwirrung, *confusio*, 40; definiert 45.

verworrene Idee, *idea confusa*, siehe: Idee.

Verzweiflung, *desperatio*, definiert 128, 172; Zeichen eines ohnmächtigen Gemüts 231.

Volk, *natio*, Liebe und Haß zu dem Angehörigen eines andern V.s 150.

Vollkommenheit, *perfectio*, besprochen 186—189; = Realität 50, 13; = Wesenheit 188. V. setzt die Existenz eines Dinges 14; vgl. 293.

Vorbedeutung, *omen*, definiert 153.

vorstellen, *imaginari*, definiert 72; ist abstrakt und oberflächlich 20; steht im Gegensatz zum verstandesmäßigen Erkennen 47, 84; gelegentlich entspricht es dem allgemeinen „betrachten" oder „wahrnehmen" 270; — vgl. außerdem 122, 123, 124, 125 usw. v. und erinnern 124; die Seele kann nur, solange der Körper dauert, sich etwas v. 281

Vorstellung, *imaginatio*, definiert 192, 288; enthält an sich keinen Irrtum 72, 84. Affekt ist eine V., sofern sie den gegenwärtigen Zustand des Körpers anzeigt 192, 288. Meinung oder V. = Erkenntnis der ersten Gattung 89; vgl. 200; siehe auch: Vorstellungsvermögen.

Vorstellungsbild, *imago*, definiert als das den Ideen äußerer Körper entsprechende körperliche Bild 72; vgl. 101, 98, 74, 88, 111, 127, 199, 241 275 und öfter. V. oder Affekt 275.

Vorstellungskraft, *potentia imaginandi*, 72, 122.

Vorstellungsvermögen, *imaginatio*, der Inbegriff der einzelnen Vorstellungen 20, 45f.; wird für den Verstand genommen 45. Das V. ist die Ursache, daß wir die Dinge als zufällig betrachten 93; ist die Ursache der Falschheit 90; es geht mit dem Körper zugrunde 293. V. oder Erinnerung 288, 293; vgl. Vorstellung. Schwankung des V. 94. Wesen des V. 47.

Vorurteil, *praeiudicium*, 13, 39, 87, 101, 187.

Vorzug, *virtus*, 72, 178.

W

Wahnsinn, *delirium*; Arten des W.: Hochmut 133; Habgier, Ehrgeiz, Wollust 228.

wahr, *verus*, = klar und deutlich 9; wahre Idee 8f., 91.

Wahrheit, *veritas*, ist die Norm ihrer selbst und des falschen 93; ewige W. 4, 9, 24, 25.

Wahrheitsnorm ist eine wahre Idee 92. Die von der Mathematik gezeigte W. 42.

wahrnehmen, *percipere*, allgemeinster Ausdruck für die theoretischen seelischen Tätigkeiten 3, 28 und oft.

Wahrnehmung, *perceptio*, darin scheint zu liegen, daß die Seele vom Objekte leide 50.

Weise, der, *sapiens*, ergötzt sich an den Dingen 229; ist dem Toren überlegen 296.

Wert, *praestantia*, der Ideen, wird nach dem ihrer Objekte abgeschätzt 185, 62f.

Wesen, *ens*, ein transcendentaler Ausdruck, wie Ding, Etwas, und das selbe wie diese bedeutend 88; unendliches W. 4, 52; endliche W. 13; abstrakte 105; reale 105, 286; Vernunftwesen 47. W. des Vorstellungsvermögens 47; vgl. noch 11, 13 und öfter.

Wesenheit, *essentia*, eines Dinges, definiert 49, vgl. 59; was W. ausdrückt und keinerlei Verneinung in sich schließt 4; W. = ewige Wahrheit 4, 23; = Definition 20, 35; = Form 58, 189; = Natur 161f., 192; = Sein vgl. 60 mit 118, 122; = Macht, Kraft 39, 52, 119; = Streben 118; = Trieb 120; = Begierde 162; = Tugend 192. W. und Eigenschaft sind unterschieden 168.

Wesensgehalt, *entitas* = Realität, 189.

Wetteifer, *aemulatio*, definiert 134, 179.

Wille, *voluntas*, ein gewisser Modus des Denkens, wie der Verstand 34; das Vermögen zu bejahen und zu verneinen 98; ein allgemeiner Begriff, der das den einzelnen Wollungen Gemeinsame erklärt 98, 105. W. und Verstand das selbe 99; verhalten sich zu Gott, wie Ruhe und Bewegung 34. W. nicht Begierde 98; vgl. 170. W. = Streben, sofern es allein auf die Seele bezogen wird 120. W. oder Trieb 135, wofür auch Begierde; es gibt keinen freien W. 97, 34; unendlicher W. 34. Polemik gegen die Behauptung einer Bewegung des Körpers durch den W. 84, 112f., 263.

Willenskraft, *animositas*, definiert 165; ihre Arten sind Mäßigkeit, Nüchternheit, Geistesgegenwart 165; vgl. 183, 249, 294.

Wirkung, *effectus*, die Erkenntnis der W. schließt die der Ursache ein 5; es folgt aus allem eine W. 39, 111; die vollkommenste W. ist die von Gott unmittelbar hervorgebrachte 43; W. oder Eigenschaft 176; vgl. 177.

Wirkungskraft, *agendi potentia*, der Natur 109; des Körpers 110; entspricht der Denkkraft der Seele 122f. Doch sagt Spinoza auch W. der Seele 157, 164; = Wesenheit der Seele 158. W. eines Menschen = seiner Natur 190. W. = Tugend 158f.

Wissen, anschauendes, *scientia intuitiva*, definiert 90.

Wohltaten 148, 249.

Wohlwollen, *benevolentia*, definiert 135, 180.

Wollung, *volitio*, = diese und jene Bejahung und diese und jene Verneinung 99; nichts als die Idee 99. Unter Begierde verstehe ich ... jede Wollung 168; vgl. noch 33, 38, 98.

Wollust, *libido*, definiert 162, 182; vgl. 64.

Worte, ihre Wesenheit besteht in körperlichen Bewegungen 101.

Wunsch, *desiderium*, definiert 142, 178.

Z

zaghaft, *pusillanimus*, definiert 155.

Zaghaftigkeit, *pusillanimitas*, definiert 181. Eine Art der Z. ist die Bestürzung 181.
Zeit, *tempus*, Dauer oder Z. 4. Ursprung der Zeitvorstellung 93f. Die Dauer wird durch die Zeit bestimmt 119.
Zeitstrecke, *temporis intervallum*, 190, 199.
Zirbeldrüse, *glans pinealis*, 263 ff.
Zorn, *ira*, definiert 147, 180; ist schlecht 228; seine Überwindung bei anderen 230; bei sich selber 274.
Zuchtlosigkeit, *impietas*, 206, vgl. 252.
Zufall, im Sinne des nicht Wesenheitlichen, *accidens*, 190; vgl. 218 u. Ursache durch Z.
zufällig, *contingens*, es gibt nichts Zufälliges in der Natur 32; z. oder möglich definiert 35; z. oder vergänglich 82. Das Vorstellungsvermögen betrachtet die Dinge als z. 93; dagegen tut dies nicht die Vernunft 93; z. im Unterschied von möglich definiert 191; vgl. 200f., 269.
Zufälligkeit, *contingentia*, = Vergänglichkeit 82.
Zufriedenheit mit sich selber, *acquiescentia in se ipso*, definiert 137, 155, 175, 254. Eigenliebe oder Z. m. s. s. 159; vgl. 176. Die, die aus der Vernunft entspringt, ist die höchste, die es geben kann 233f., und das Höchste, das wir hoffen können 234. Diese entspringt aus der dritten Erkenntnisgattung 284; ist vom Ruhm nicht verschieden 290; und eins mit der geistigen Liebe 290.
Zuneigung, *propensio*, definiert 171; das selbe wie Sympathie 125.
Zweck, *finis*, die Natur hat sich keinen Z. vorgesetzt 42; vgl. 189. Z. des Bedürfnisses, *finis indigentiae*, 43. Z. der Anähnlichung, *finis assimilationis*, 43. Spinoza selbst definiert den Zweck als den Trieb 188; der letzte Z., *finis ultimus*, des Menschen ist, die Dinge adäquat zu begreifen 254.
Zweifel unterscheidet sich von der Schwankung des Gemüts nur dem Grade nach 126. Mangel des Z.s ist nicht Gewißheit 100.
Zwietracht, *discordia*, 225 f., 258.

PHILOSOPHISCHE BIBLIOTHEK

BARUCH DE SPINOZA

Sämtliche Werke

In Verbindung mit Otto Baensch und Artur Buchenau herausgegeben und mit Einleitungen, Anmerkungen und Registern versehen von Carl Gebhardt

Kurze Abhandlung von Gott, dem Menschen und seinem Glück. Nachdruck 1965. (PhB 91) XXVIII, 156 S. Kart. 16,–

Die Ethik nach geometrischer Methode dargestellt. Übersetzung, Anmerkungen und Register von Otto Baensch. Einleitung von Rudolf Schottlaender. Mit ergänztem Literaturverzeichnis. Nachdruck 1976. (PhB 92) XXXVI, 337 S. Kart. 19,–

Theologisch-Politischer Traktat. Auf der Grundlage der Übersetzung von Carl Gebhardt neu bearbeitet, eingeleitet und herausgegeben von Günter Gawlick. 1976. (PhB 93) XXXVI, 367 S. Kart. 38,–

Descartes' Prinzipien der Philosophie auf geometrische Weise begründet. Mit einem Anhang „Metaphysische Gedanken". Übersetzung, Einleitung und Anmerkungen von Artur Buchenau. Nachdruck in Planung. (PhB 94)

Abhandlung über die Verbesserung des Verstandes. – Abhandlung vom Staate. Neu eingeleitet von Klaus Hammacher. Nachdruck 1977. (PhB 95) Ca. 240 S. Kart. ca. 28,–

Briefwechsel. Neu eingeleitet und mit einem Anhang versehen von Manfred Walther. Nachdruck 1977. (PhB 96 a) Ca. 460 S. Kart.

Lebensbeschreibungen und Gespräche. Mit einer Bibliographie zu den Lebensbeschreibungen Spinozas sowie zu Spinoza und seiner Zeit von Manfred Walther. Nachdruck 1976. (PhB 96 b) XXVIII, 147 S. Kart. 18,–

*

Manfred Walther, *Metaphysik als Anti-Theologie.* Die Philosophie Spinozas im Zusammenhang der religionsphilosophischen Problematik. 1971. VIII, 176 S. Kart. 24,–